# 民國文化與文學 <sup>研究</sup>文叢

## 三　編
李　怡　主編

## 第 1 冊

## 國民黨南京時期(1927～1937)的文藝統制

牟　澤　雄　著

國家圖書館出版品預行編目資料

國民黨南京時期（1927～1937）的文藝統制／牟澤雄 著 -- 初
版 -- 新北市：花木蘭文化出版社，2014〔民 103〕
目 2+290 面；19×26 公分
（民國文化與文學研究文叢 三編；第 1 冊）
ISBN：978-986-322-773-1（精裝）
1. 中國文學　2. 文藝評論
541.26208　　　　　　　　　　　　　　　　103012740

ISBN-978-986-322-773-1

9 789863 227731

民國文化與文學研究文叢
三 編 第 一 冊　　　　　　　ISBN：978-986-322-773-1

## 國民黨南京時期（1927～1937）的文藝統制

作　　者　牟澤雄
主　　編　李　怡
企　　劃　四川大學現代中國文化與文學研究中心
　　　　　民國文學與海外漢學研究中心（籌）
　　　　　北京師範大學民國歷史文化與文學研究中心
總 編 輯　杜潔祥
副總編輯　楊嘉樂
編　　輯　許郁翎
出　　版　花木蘭文化出版社
社　　長　高小娟
聯絡地址　235 新北市中和區中安街七二號十三樓
　　　　　電話：02-2923-1455／傳真：02-2923-1452
網　　址　http://www.huamulan.tw 信箱 hml810518@gmail.com
印　　刷　普羅文化出版廣告事業
初　　版　2014 年 9 月
定　　價　三編 20 冊（精裝）新台幣 35,000 元

# 國民黨南京時期（1927～1937）的文藝統制

牟澤雄　著

## 作者簡介

牟澤雄，1973 年出生，雲南省鎮雄縣人，華東師範大學文學博士，現爲昆明理工大學國際學院副教授，主要從事中國現當代文學、跨文化傳播與交流的教學與研究工作。1994 年大學畢業，做過中學教師。2004 年碩士畢業後在昆明某大學工作，2010 年到昆明理工大學國際學院工作至今。在《當代文壇》、《新疆大學學報》、《長城》、《民族論壇》等刊物發表學術論文多篇。

## 提　　要

　　國民黨南京政府（1927 ～ 1937 年）在文藝領域的統制是其整個國家統制的組成部分之一，它爲新興國家政權提供政治合法性與意識形態支持。這一階段的文藝統制，主要表現在國家對文藝領域的全面介入與干預。一方面，通過文藝與文藝運動傳播國家意識形態，並作爲政黨宣傳、民眾教育和社會動員的重要一環；另一方面，通過文藝政策的制定、文學社團的組建、傳播媒介的建立、文藝審查幾方面，初步建立起文藝領域全面的國家管控體系。

　　國民黨在南京建立政權後的十年間，將三民主義中的「民族主義」一翼上昇爲一種官方意識形態，將文藝作爲意識形態鬥爭的重要領域和意識形態話語建構的最重要手段，是這一時期國民黨在文化宣傳領域的國家選擇。不過，國家政權、知識精英、底層民眾在「民族」這一話語框架內既和解又疏離，呈現出民族主義作爲一種意識形態話語的多面性和複雜性。本書試圖從國民黨實施文藝統制的思想基礎、它所實施的一系列文化舉措（包括制定的文藝政策以推動文藝運動，成立文學社團以促進作家的組織化，創辦文藝期刊雜誌以便於意識形態話語生產與傳播，實施審查制度以保證話語單向傳輸）以及產生的影響幾個方面，透過細緻的史料梳理與分析，釐清 20 世紀 30 年代民族主義話語內部的複雜關係，研究民族主義如何成爲一種權力話語參與到國家文藝體制的構建和實施，呈現國民黨文藝統制的複雜面貌，並進一步探討這一時期文藝和文體現象產生的文化和政治根源。

# 「民國熱」與民國文學研究
## ——第三輯引言

李　怡

　　經過多學界多年的倡導和努力，「民國文學」的概念在越來越大的範圍內獲得了人們的理解和接受，從民國歷史文化的角度闡述文學現象也正在成為重新定位「現代文學」的重要思路，從某種意義上看，這可以說是近年來中國文學研究的一大動向。當然，面對我們業已熟悉的一套概念、思路和批評方式，「民國文學」的價值、意義和研究方式也依然需要更多的學者共同參與，並貢獻自己的創造性思想，在更獨特更具規模的「民國文學史」問世之前，種種的疑問是不可避免的。其中之一，就是困惑於社會上越來越強烈的「民國熱」：在不無喧鬧、魚龍混雜的「民國消費」的浪潮中，所謂的「民國文學研究」又意味著什麼？它根源於何方？試圖通往何處？如何才能將流俗的迷亂與學術的理性劃分開來？

　　在這個意義上，釐清當前中國社會的「民國熱」與學術研究的「民國文學」思潮之相互關係，也就成了一件極有必要的事情。

## 作為當代大眾文化的民國熱

　　民國熱，這個概念的所指本身並不明確：一種思想潮流？一種社會時尚？一種消費傾向？我們只能先這樣描述，就目前一般報章雜誌的議論而言，主要還是指由媒體與出版界渲染之後，又部分轉入社會時尚追求與大眾想像的「趣味的熱潮」。

　　在一個相當長的時期內，「民國」這一概念通常被另外一個色彩鮮明的詞語代替：舊中國，它指涉的就是那一段早已經葬身歷史墳墓的「軍閥當道，

萬馬齊喑，民不聊生」的時代，因早已結束而記憶發黃，因過於黑暗而不願詳述。而所謂的「民國熱」就是對這些固化概念的反動，重新生發出瞭解、談論這段歷史的欲望，並且還不是一般的興趣，簡直引發了全社會範圍內的廣泛而強烈的熱潮。據說，當代中國的「民國熱」要追溯到 2005 年。餘世存的《非常道》、美籍華人學者唐德剛的《袁氏當國》、張鳴的《歷史的壞脾氣》相繼出版，一反過去人們對「民國」的刻板印象，種種新鮮的歷史細節和「同情之理解」，喚起了中國人對原本早已塵封的這段「舊中國」歷史的新的興味。接下來的幾年中，陶菊隱、傅國湧、何兆武，楊天石、智效民、邵建、李輝、孫郁等「民國見證人」與「民國史學者」不斷推出各種鮮活的「民國話題」，使得我們在不斷「驚豔」的發現中似乎觸摸到了「真實」的歷史脈搏，而且，這些關於民國往事、民國人物的敘述又不時刺激到了我們當今生活的某些負面，今昔對比，但不再是過去那種模式化的「憶苦思甜」，在不少的時候，效果可能恰恰相反，民國的細節令人欣羨，反襯出今天的某種不足，這裡顯然不無記憶者的美化性刪選，也難免闡釋者的想像與完善，但對於廣大的社會讀者而言，嚴謹考辨並不是他們的任務，只要這些講述能夠填補我們的某種欠缺，滿足他們的某些精神需要，一切就已經夠了。「民國熱」在「辛亥百年」的紀念中達到高峰，如今，在大陸中國的稍具規模的書店裏，我們都能夠看到成套、成架、成壁的民國專題圖書，圖書之外的則是更多的報刊文章、電視節目，甚至服飾的民國懷舊潮流，大陸中國的民國熱還在一定程度上波及到了海峽對岸，在臺灣的圖書與電視中，也不時晃動著「民國記憶」的身影，只是，對於一個自稱「民國進行時」所在，也會同我們一起講述「過去的民國」，多少令人覺得詫異，它本身似乎也生動地提醒我們：民國熱，主要還真是一種大眾趣味的流變，而非知識精英的文化主題，儘管我們的知識界在其中推波助瀾。〔註1〕

作為當代大眾文化體現的「民國熱」是由知識分子津津樂道的「民國掌故」喚起興味的，正是借助於這些「恍如隔世」的故事，人們逐漸看到了一個與我們熟悉的生活格局迥然有別的時代和社會，以及生活於其中的個性色彩鮮明的歷史人物，出於某種可以理解的現實補償心理，人們不免在這一歷史意象中寄予了大量的想像，又逐漸將重塑的歷史意象召喚進現實，成為某

---

〔註1〕 參看周為筠：《「民國熱」之下的微言大義》，載《南方都市報》，2008 年 1 月
　　　20 日。

種時尚趣味的符號，如在一些婚紗藝術照與大學畢業紀念照中流行「民國服飾」。應當說，作為這一社會趣味的推動力量，一些知識分子的「關於民國」的寫作發揮了明顯的作用，但是，作為流行的社會趣味本身的「民國熱」卻還不能是一種自覺的時代思潮，而只是知識分子的個人的某種精神訴求與社會情緒的並不嚴密的合流，一方面，知識界對這些「民國文化」的提取和發掘尚未進入系統的有序的理性層面，本身就帶有明顯的趣味化和情緒性色彩，包括目前流行甚廣的所謂「民國范兒」，這個本來是一個值得深入探討的精神現象，但是到目前為止，依然主要流於種種極不嚴格的感性描述與文學比喻，而且據說提出者本人也還試圖放棄其概念發明權。〔註2〕

大眾文化，不管我們今天對它的評價究竟如何，都應該看到，這是一種與通常所說的由知識分子自覺建構的並努力納入到精英文化傳統的追求所不一樣的「文化」，它更多地與人們的日常生活方式及生活趣味緊密聯繫，是指普通大眾基於日常生活的需要而生成的種種精神性追求和傾向，它與精英知識分子出於國家民族意識、歷史使命或文化獨創性目標而刻意生產的成果有所不同。當然，作為個體的知識分子既致力於精英文化的建構，又同時置身於大眾生活的氛圍之中，所以嚴格地講，他同樣也擁有大眾文化的趣味和邏輯，受到日常生活文化的影響，也自覺不自覺地影響著以日常生活為基礎的大眾文化。

從精英知識分子的邏輯出發，我們不難發現大眾文化的若干消極面，諸如與媒體炒作對真正的個性的誤導甚至覆蓋，工業化生產的趣味同質化，五彩繽紛背後隱含的商業利益，對世俗時尚缺乏真正的批判和反思，甚至對國家意識形態的某種粉飾和媾和等等，當年的法蘭克福學派就因此對資本主義的大眾文化大加鞭撻。的確，源於日常生活需要的物質性、享受性與變異性等特點使得大眾文化往往呈現出許多自我矛盾的形態，這裡就有法蘭克福學派所痛心疾首的「商品性」、「同質化」、「工業生產式的批量化」、「傀儡化」、解構主體意識等消極面，如霍克海默和阿多洛在《啟蒙辯證法》中指出的那樣：「文化工業的產品到處都被使用，甚至在娛樂消遣的狀況下，也會被靈活地消費。」〔註3〕「文化工業反映了商品拜物教的強化、交換價值的統治和國

---

〔註2〕 舒非：《「民國熱」》，見 2012 年 8 月 10 日「大公網」，http://www.takungpao.com/fk/content/2012-08/10/content_913084.htm。

〔註3〕 霍克海默、阿多諾：《啟蒙辯證法》，洪佩郁、藺月峰譯，重慶：重慶出版社，1990 年版，第 118 頁。

家壟斷資本主義的優勢。它塑造了大眾的鑒賞力和偏好，由此通過反覆灌輸對於各種虛假需求的欲望而塑造了他們的幻覺。因此，它所起的作用是：排斥現實需求或真實需求，排斥可選擇的和激進的概念或理論，排斥政治上對立的思維方式和行動方式。」〔註4〕

所以，我們今天也不難發現大眾「民國熱」中的一些為消費主義牽引的例證。例如今天的「民國熱」也開始透露出不少獵奇和窺隱的俗套，諸如《民國公子》、《民國黑社會》、《民國八大胡同》一類黑幕消費、狹邪消費同樣開始流行一時，走上被法蘭克福學派抨擊的文化解構、文化異化的萎靡之路。

## 作為學術史演進的「民國文學研究」

上述大眾之熱，在最近一些年給人留下了深刻的印象（有人稱之為「愈演愈烈」），所以當「民國文學研究」的呼聲出現，便自然引起了不少的聯想：這是不是「民國熱」的組成部分呢？又會不會落入獵奇窺隱的窠臼呢？

在我看來，「民國熱」與「民國文學研究」的出現，其最大的相關性可能就在時間上。拋開臺灣學界基於意識形態原因而書寫「中華民國文藝史」不算，中國大陸最早的「民國文學」設想出現在 1990 年代末（陳福康），最早的理論倡導出現在 2000 年代早期（張福貴），但形成有聲有勢的多方位研究則還是在 2000 年代後期（張中良、丁帆、湯溢澤、李怡及「西川論壇」研究群體），這一逐漸成熟的時間剛好與所謂的「民國熱」相重疊，所以難免會給令人從中尋覓關聯。不過，值得我們注意的是，在前述大眾趣味的民國熱之外，其實還有另外一條線索被我們忽略了，這就是學術界對中國近現代歷史的考察和追問方式。

20 世紀初，劍橋史書已經成為英語世界的多卷本叢書典範，《劍橋中國史》從 1966 年開始規劃，迄今已經完成 16 卷，它對歷史的劃分很自然地採用了朝代與政治形態的變化加以命名，至我們所謂的現代與當代分別編寫了《中華民國史》與《中華人民共和國史》各兩大卷，在這裡，「民國」歷史的梳理和描述已經成為國際學界的正常工作，絲毫不涉及流行趣味的興起問題。

在大陸中國，雖然因為政治原因，「民國」一詞一度包含了某種政治禁

---

〔註4〕斯道雷：《文化理論與通俗文化理論導讀》，楊竹山譯，南京：南京大學出版社，2001 年版，第 71 頁。

忌，需要謹慎使用，但總體來看，除了「文化大革命」這樣的極端的文化專制時期之外，對「民國史」的關注和研究一直獲得了國家層面的包容甚至支持。《中華民國史》的編修工作可以追溯到半個世紀以前，早於《劍橋中國史》的編寫計劃。1956 年，在「向科學進軍」及「百花齊放、百家爭鳴」的熱潮中，國家科學發展十二年規劃中就已經列入了「民國史」的研究計劃。1961 年是辛亥革命 50 週年紀念，作爲辛亥革命親歷者的董必武、吳玉章等人又提議開展民國史研究。1971 年全國出版工作會議期間，周恩來總理親自指示，將編纂民國史列入國家出版規劃，具體交由中國科學院哲學社會科學學部（今中國社會科學院）近代史研究所負責組織實施，由著名史學家李新先生負責統籌。由於「文革」的環境所限，編寫工作眞正開始於 1977 年，但作爲項目卻始終存在。作爲民國史研究系列之一，《民國人物傳》第一卷於 1978 年出版，1981 年，《中華民國史》第一卷上下兩冊亦由中華書局正式出版，至 2011 辛亥革命一百週年前夕，全套《中華民國史》共 36 卷全部出齊，被稱爲是中國出版界在近年來的一件大事。有趣的是，《中華民國史》第一卷在當年問世之後，遭到了臺灣學界的激烈批評，被認爲是政治色彩濃厚、評價偏頗的「官史」，當時大陸方面特意回應，辯解說我們的民國史研究不是政治行爲，是完全的學術行爲。雖然這辯解未必完全道出了我們學術制度的現實，但是從那時起，「民國史」的研究至少在形式上已經成爲學術而不是政治的一部分，卻是值得肯定的事實。到今天，史學界內部的民國史研究已經成爲中國學術重要的方向，中華民國史研究被確立爲中國社會科學院重點學科也已經十多年了；致力於「民國史」研究的自然也不只中國社會科學院一家，如南京大學、復旦大學、北京師範大學、中國人民大學等諸多學術機構都在這方面投入甚多，且頗有成就，就是一部《中華民國史》今天也不僅有中國社會科學院牽頭版，也另有南京大學版（南京大學出版社，2005 年，張憲文主編）、中國現代史學會版（四川人民出版社，2006 年）等，2000 年 9 月，南京大學中華民國史研究中心被批准爲教育部普通高等學校人文社會科學重點研究基地，多年來，他們通過編輯出版《民國研究》、承擔國家重點科研項目、連續舉辦中華民國史國際學術研討會、不斷推出大型研究叢書等方式穩健地推動著民國史的研究。

這一「民國史」的學術努力試圖突破當代「以論代史」之弊、還原歷史眞實，承襲的是實事求是的中國學術傳統，與當下社會文化的時尚毫無關

係。

民國文學研究的出現和發展同樣是歷史學界實事求是追求的一種有力回應。

同整個歷史學界一樣，中國文學史研究也一度成為「以論代史」的重災區，甚至作為學科核心概念的「現代」一詞也首先來自於政治思想領域，與中國文學發生發展的事實本身沒有關係，以致到了 1980 年代，我們的文學博士還滿懷疑惑地向學科泰斗請教「何謂現代」。1990 年代的「現代性」知識話語讓中國文學研究在概念上「與國際接軌」了，但同樣沒有解決「以中國術語表述中國問題」的困惑，凡此種種，好像都在一再證實「論」的重要性，於是，「以論帶史」的痕迹依舊存在。

如何回到中國歷史自己的現實，如何在充分把握這些歷史細節的基礎上梳理和說明我們文學的發展，我們需要走的路還很長很長。

「民國文學」概念的重新提出，其實就是創造了一種可能：我們能不能通過回到自己的國家歷史情態之中，就以這些歷史情態為基礎、為名詞來梳理文學現象──不是什麼爭議不休的「現代」，也不是過於感性的「新文學」，就是發生在「民國」這一特定歷史語境中的精神現象和藝術追求，一切與我們自己相關，一切與生存於「民國」社會的我們相關。

就是這樣，本著實事求是的治史傳統，我們可以盡可能樸素地返回歷史的現場，勘探和發掘豐富而複雜的文學現象。實事求是，這本來是當年「民國史」負責人李新先生的願望，他試圖倡導人們從最基礎的原始材料做起，清理和發現「民國」到底有哪些值得注意的史實，這樣的願望雖然在「文革」的當時並不能實現，但卻昭示了一代民國史學人的寶貴的學術理想。今天，文學史研究也正在經歷一場重要的轉型，這就是從空洞的理論焦慮中自我解放，重新返回歷史，在學術的「歷史化」進程中鳳凰涅槃，迎來自己新的生命。

只有在這樣的學術脈絡中，我們才有可能洞悉「民國文學」研究的真諦，也才可能將真正學術的自覺與大眾文化的潮流區分開來，為將來的文學史研究開闢嶄新的道路。

社會的時尚是短暫的，而文學史研究的發展卻有它深遠的思想淵源。

大眾的文化是躁動的，而我們需要的學術卻是冷靜的、理性的。

當下的潮流總是變動不居的，除了「民國」之熱，照樣還有「啓蒙」的

熱，「黨史」的熱，「國學」的熱……不是每一樁的「時髦」都可以牽動學術思想的重大演變，儘管它們可以在某種程度上相遇，也可以發生某種的對話。

　　一切都是如此的不同，一切本來也就是根本不同。

## 熱中之冷與冷中之熱

　　我如此強調文學史學術的冷靜與理性，與鼓譟一時的社會潮流區別開來，這當然並不意味著我們的工作是封閉於社會，不食人間煙火的學院活動，當代學術向著「歷史化」的方向轉型，這並不意味著學術從此與主體感受無關，與社會關懷無關，從根本上看，這是一種對於研究主體與歷史客體雙向關係的全新的調適，我們必須最充分地尊重未經干擾的事實本身，同時也要善於從歷史事實的豐富中把握我們感受的真實性，在過去的歷史敘述中，我們對此經驗欠缺，希望「民國文學史」研究能夠讓我們重新開始。

　　這也就是說，雖然我在根本上強調了學術邏輯與時尚邏輯的不同，但是，我也無意拒絕從社會的普遍感受中獲得關於「歷史價值」的追問和思考，包括對大眾文化內在意義的尊重和關注。法蘭克福學派曾經激烈地抨擊了大眾文化的諸多弊端，不過，這不能掩蓋另外一些學者如英國的文化研究（如費斯克的學說）從相反的角度所展開的正面的發掘與肯定，這指的是對大眾文化追求中積極的建構性意義的褒揚。如費斯克所欣賞的反抗性、自由選擇性，正所謂「身體的快感所進行的抵抗是一種拒絕式的抵抗，是對社會控制的拒絕。它的政治效果在於維持著一種社會認同。它也是能量和強有力的場所：即這種拒絕提供強烈的快感，並因而提供一種全面的逃避，這種逃避使身體快感的出現令上層覺得驚慌，卻使下層人民感到了解放。」〔註5〕中國的大眾文化是在結束文革專制、社會改革開放的過程中發展壯大的，這樣的過程本身就與法蘭克福學派所警惕的成熟的資本主義文化不盡相同，它在問題重重的同時依然帶有抵抗現實秩序的某些功能，因此值得我們認真對待。即以我們目前看到的「民國熱」為例，一方面其中肯定充斥了消費主義的萎靡之態與嘩眾取寵的不負責任，但是，在另外一方面，我們卻也應該承認，帶動了「民國熱」的許多講述者本身也是民國史的研究者和關注人，他們兼具知識

---

〔註5〕費斯克：《理解大眾文化》，王曉珏、宋偉強譯，北京：中央編譯出版社，2001
　　　年版，第64頁。

基礎與人文關懷，即使是對「民國」的浪漫化的想像也部分地指向了某種對理想信念的緬懷——教育理念、文化氛圍、人格風骨等等——顯然不都是歷史的事實，但是提出問題本身卻無不鑒古知今，繼續變革中國、造福民族的意味，這卻不是無的放矢的。這樣的大眾文化包含了某些值得深思的精神訴求，在信仰沉淪、物質至上、唯利是圖的時代，尤其不可為「治民國史」者所蔑視，在某些時候，其本質上胸懷民族未來的激情恰恰應該成為學術的內在動力。

當然，社會情懷的擁有並不就是學術本身。學術自有自己的理念和法則，作為學者，我們思考的不是改變這些法則去遷就大眾的情趣，相反，是更好地尊重和完善法則，讓法則成為社會情懷的合理的延伸和提煉。民國文學的研究首先是學術，不是轉瞬即逝的社會潮流，與那些似是而非的「民國熱」比較，我們起碼還應該在下面幾個方面意識清晰：

第一，作為學者而不是媒體人，思想是學者的第一生命，而思想的提煉必須來自於對現實生活的有距離的觀察和判斷。我們要特別強調一種理性的認知，以代替某些煽情式文字書寫。之所以這樣強調，乃是在「學術通俗化、市場化」的今天，學術著作有時混同於媒介時代大量的「抒情讀物」中，如果單純依從大眾閱讀的快感，難免會模糊掉學者的本位，使思想讓位於抒情。

其次，作為歷史敘述的工作者，我們應該盡力還原歷史的複雜性，以區別於對歷史的想像。作為大眾文化的精神需求，其實不可能「較真」，有時候似是而非的故事更能夠調動人們的情緒，但是對於歷史工作者就不同了，它必須對每一個細節展開盡可能的考察、追問，即使充滿矛盾之處，也必須接受仔細的勘探和分析，當然，這樣的刨根問底可能會打破不少的幻夢，瓦解曾經的想像，就是「歷史見證人」的「口述實錄」也必須接受專業的質疑，未經質疑和考證的材料不能成為我們完全信賴的根據，這樣的「工作」常常枯燥而繁瑣，並不如一般大眾想像的那麼自由和愜意，但是學術的真相必須在直面這樣的事實之中，只有洞察了所有這一切的矛盾困惑，我們方能獲得更高的事實的頓悟，也只有不間斷的疑問，才能推動我們對「問題」的不斷髮現。正如有學人指出的那樣：「民國自有許多值得我們繼承、借鑒的遺產，如自由之精神，如兼容並包的大學氣度等等，但我們不應不加辨析，只選取光鮮處，一味稱歎；更無意於要在民國諸賢中分個高低上下，使孔子大戰耶

穌，魯迅 PK 胡適，只是覺得我們在關注歷史人物時，首先要研究其思想、事功，而非僅僅作爲飯後談資的八卦、段子。」〔註6〕

第三，民國文學的研究最終是爲了解釋說明文學本身的問題而不是其他。這裡的「其他」常常就是大眾豐富的需求，或者爲了各自的政治道德目標，或者爲了心理的釋放，或者就是獵奇與八卦，一切事物都可以成爲談資，一切談論的方式都無不可，超越「專業」的任性而談往往更具某種「自由」的魅力。但是，一旦真正進入專業研究，這都是學術的大敵。民國文學研究最終是爲了深刻地解釋和說明民國時期的文學何以如此，所有「文學之外」的信息都必須納入到對「文學之內」的認定才有其必要的價值，而且這些信息的真正性也須得我們反覆校勘、多方考辨。在「文學解釋」的方向上，關於「民國」的種種逸聞趣事本身未必都有價值，未必都值得我們津津樂道，只有能夠幫助我們重新進入文學文本的「故事」才具有學術史料的意義。

最後，也是我們必須格外重視的一點，那就是學術研究所包含的社會情懷主要是通過對社會文化環境的緩慢的影響來實現的，它並不等於就是目標單純的政治抨擊，也不同於居高臨下的道德訓誡。就民國文學研究而言，如何我們能夠在學術研究中發掘某些民國文學的發展規律，揭示某些民國作家的精神選擇，闡述某些文學文本的藝術奧妙，本身就對當前的文學生態發生默默的轉移，又經過文學的啓迪通達我們更大的當代精神，誠如斯，學術的價值也就實現了。學術研究有必要與傳統所謂的「現實隱射」嚴格區別開來，雖然我們能夠理解傳統中國的專制主義壓抑下「隱射」思維出現的理由，但是在總體上看，精神活動對社會現實的影響應當是正大光明的，而「隱射」思維卻是偏狹的和陰暗的，文學研究是排除「預設」的對歷史現象的豐富呈現，「影射」卻將思想牽引到一個特定的主觀偏執的方向之上，不僅不能真正抵達真相，而且還可能形成對歷史事實的扭曲和遮蔽，學術擁有更爲開闊的目標和境界，而「影射」則常常被個人的私欲所利用。和一切嚴肅的學術研究一樣，民國文學研究是在健康和積極的方向上爲中國的當代文化貢獻自己的智慧和力量。

恰恰是「民國熱」之中，我們需要一種「冷」的研究，當然，這「冷」並非冷漠，而是學術的冷靜和理性的清涼。

---

〔註 6〕 王晴飛：《冷眼「民國熱」》，《文學報》，2012 年 7 月 5 日。

目

次

# 引　言

## 一、問題的緣起

　　民族主義作爲近現代一個重要的世界性思潮，從上世紀初進入中國開始，就在中國生根發芽。在中國語境中發酵形成的各式民族主義，圍繞著種族、文化、政治、階級、性別、語言等產生不同的民族主義話語，各有側重又相互融匯，對中國近現代政治經濟和文化都產生極爲重要的影響。

　　從中國近代民族主義產生的譜系來看，20 世紀 30 年代是一個極其重要的時期。在這個時期，隨著啓蒙、階級、革命敘述的出現，民族主義敘述呈現出現代性（世界主義）和民族性交融的特點；另一方面，國民黨南京國民政府的成立，一個形式上現代民族國家的出現，處於抵抗外侮與民族國家建構等的需要，民族主義話語迅速成爲官方話語而向社會各個領域滲透。不過，這一過程委實太複雜了。當一種攪和著啓蒙、革命等因子的民族主義話語與國家政權緊密結合在一起，革命性迅速褪色之後形成的新的理論難題便很難在民族國家話語自身範圍內得到解決。也就是說，當形式上的民族國家成立，革命的「他者」消失便意味著民族主義自身的合法性遭遇挑戰，如何在尋找外部資源（抵抗外侮）的同時，迅速構建新型的民族主義話語，成爲了取得政權之後的南京國民政府亟待解決的問題。從這個意義上說，三十年代出現的民族主義文藝運動、新生活運動、中國本位文化建設等政治思想文化事象，都僅僅是民族國家話語建構的外在顯現。這中間不時閃現的國粹主義、世界主義、儒家「修齊治平」、「四維八德」的身影，使得這種民族主義呈現出極爲複雜的面相。在特定歷史語境中生產出來的民族國家話語，通過文藝這一

中介被建構和展現，這在 20 世紀 30 年代是一個客觀的歷史事實。因此，從思想史的視角透視三十年代文化事象，考察民族主義話語的形成與演變，就極富研究價值。

然而，由於歷史和政治的原因，20 世紀 30 年代的歷史敘述結構呈現出啓蒙和革命敘述相互交替、互相輝映的局面。在不少現代文學史著述中，三十年代文學被簡化成爲代表進步力量的左翼文學界與代表反動勢力的右翼文藝的鬥爭和左翼進步力量最終取得勝利的過程。這種歷史敘述形成的壓抑性結構，使得民族主義在 20 世紀 30 年代被看作一支否定性力量，充當著現實政治的幫兇，而民族主義內部的複雜演變與話語協商被忽略了。三十年代中期左翼文學界提出的「國防文學」口號，就是這種協商的結果。除此之外，啓蒙、革命等話語修辭所構建的歷史敘述結構，一定程度上也阻礙著民族主義話語講述過去和未來的可能。事實上，無論是三十年代初期「民族主義文藝運動」，還是延安時期「中國作風和中國氣派」、「民族形式」討論，無不閃現著民族國家話語的言說，甚至於在八十年代「尋根小說」，九十年代興起的「國學」熱裡，也能依稀聽到這種話語的隱隱回聲。

本書力圖探究 20 世紀 30 年代民族主義話語建構與國家權力之間的互動關係，實際上主要涉及到民族主義話語如何被建構成爲官方權力話語，以及這種話語的建構策略和民眾灌輸方式等問題。其中，文學、戲曲、電影、期刊雜誌等文藝、媒介如何成爲話語的生產和再生產場所，如何作爲官方和民間的中介參與到這種話語的構建和實踐中，官方的文藝政策、文學活動、審查制度等在民族主義話語建構中起到什麼作用，客觀上又促成了什麼樣的結果，都是本書需要重點考察的。這種考察必然涉及到很多歷史細節，因此，材料的挖掘、梳理和整合也會成爲我們切入 20 世紀 30 年代歷史現場的一種方式。唯此，很多有價值有意義的問題可能才可以真正得到呈現與展開。

## 二、研究現狀

在對這一論題進行論述之前，有必要對近幾十年來的相關著述和研究作一回顧。

第一階段：（20 世紀 30 年代～50 年代）：從 1931 年起，左翼文藝陣營對有著官方背景的「民族主義文藝」運動發起了激烈的批判。「左聯」機關刊物

《文學導報》上，相繼發表了史鐵兒（瞿秋白）的《屠夫文學》〔註 1〕、《青年的九月》〔註 2〕，石萌（茅盾）的《「民族主義文藝」的現形》〔註 3〕，《〈黃人之血〉及其它》〔註 4〕，宴敖（魯迅）的《「民族主義文藝」的任務和運命》〔註 5〕，方英（阿英）的《大上海的毀滅》〔註 6〕，展開了對「民族主義文藝」的批判。緊接著，「自由人」胡秋原也在《文化評論》發表了《阿狗文藝論——民族文藝理論之謬誤》〔註 7〕、《藝術非至下》〔註 8〕，在《讀書雜志》發表了《錢杏邨理論之清算與民族文學理論之批評》〔註 9〕等文章，也開始了對「民族主義文藝」的清算。無論是左翼文學界還是胡秋原的文章，都將「民族主義文學」看作是「獨裁的文學」、「屠夫文學」、「大亞細亞主義文學」、「獨夫的屠戶文學」，是「土司政治的文化『前鋒』」，並犀利而尖銳地指出了「民族主義文學運動」在冠冕堂皇「民族」旗幟下的文化統制意圖及其現實政治目的。但客觀地說，在當時的政治化語境中，著眼於現實政治和文化鬥爭的需要，這些文章很難做到細緻而詳盡的學理分析。不過，這些文章的批判視角和基本思路，直接影響到後來對「民族主義文藝」運動的描述和研究，也成為 20 世紀 50 年代以後很長時間內文學史研究的基本價值判斷。

　　這一時期，將民族主義文藝納入文學史描述和評判的是李何林和徐懋庸。李何林在其 1940 年出版的《近二十年中國文學思潮論》中將「民族主義文藝運動」總結為「曇花一現」；〔註 10〕徐懋庸也在其《文藝思潮小史》裡說「令人奇怪的是，一九三一年的『九一八』國難發生了以後，所謂『創作民族的新生命』的民族主義文學，卻反而銷聲匿迹了」，「左翼的思想自此就成為中國文學的主潮，一直發展下去了」。〔註 11〕李何林和徐懋庸所作的判斷強

〔註 1〕 《文學導報》第 1 卷第 3 期，1931 年 8 月 20 日。後改為《狗樣的英雄》，收入《亂彈》集中。

〔註 2〕 《文學導報》第 1 卷第 4 期，1931 年 9 月 13 日。

〔註 3〕 《文學導報》第 1 卷第 4 期，1931 年 9 月 13 日。

〔註 4〕 《文學導報》第 1 卷第 5 期，1931 年 9 月 28 日。

〔註 5〕 《文學導報》第 1 卷第 6、7 期合刊，1931 年 10 月 23 日。

〔註 6〕 《文學月報》第 1 卷第 3 期，1932 年 10 月 15 日。

〔註 7〕 《文化評論》創刊號，1931 年 12 月 15 日。

〔註 8〕 《文化評論》創刊號，1931 年 12 月 15 日。

〔註 9〕 《讀書雜志》第 2 卷第 1 期，1932 年 1 月 30 日。

〔註 10〕 李何林：《近二十年中國文學思潮論（1917～1937）》，上海：生活書店，1940年版；陝西人民出版社，1981 年重印，第 258～263 頁。

〔註 11〕 徐懋庸：《文藝思潮小史》，上海：生活書店，1936 年版，第 148 頁。

調民族主義文學的「曇花一現」、「銷聲匿迹」，即認為民族主義文學運動從時間上就是從 1930 年開始到 1931 年不足一年的時間。這個時間點的界定成為了後來文學史描述的基本認識，認為「左翼文學是中國現代文學的主流」的觀點也肇始於此。

第二階段（20 世紀 50～80 年代）：由於 20 世紀五六十年代對文學的政治性的異常強調，文學研究也加入到為新中國的國家政權的合法性建設之中，20 世紀 30 年代文學成為中國現代文學研究的熱點，但基本的評判標準除了對其做簡單的政治意識形態批評外，還進一步強化了左翼和右翼文藝之間的對抗性關係及左翼文藝最終取得主導地位的過程。比較有代表性的是王瑤的《中國新文學史稿》、丁易的《中國現代文學要略》、劉綬松的《中國新文學史初稿》、唐弢、嚴家炎主編的《中國現代文學史》（三卷本）。〔註12〕王瑤在《中國新文學史稿》中，直接就將三十年代稱為「左聯十年」，劉綬松進一步闡述說「這是我們偉大的奠基者和導師——魯迅在黨的領導之下號召和領導全國革命的文藝工作者，向反動統治者及其幫兇、幫閒的走狗們進行堅韌不屈的戰鬥的年代」（上冊 199 頁）。這種敘述幾乎成了諸多文學史敘述的範本，對三十年代文學史敘述，成為僅僅是左翼文學戰鬥的歷史。這樣刪繁就簡的結果，使得三十年代文學被簡潔化為魯郭茅等幾座文學高峰，「自由主義」文學群體如京派、海派等文學也被輕描淡寫地一筆帶過了。在這種經過意識形態的過濾、立場分明的文學敘述結構中，當然不可能完整系統地敘述「民族主義文學運動」與相關文學社團，連「新月派」和「現代派」都被稱之為「兩股逆流」，像傅彥長、張道藩、葉秋原、黃震遐、王平陵、華林、胡紹軒等與官方有或多或少關係的人，更不可能在文學研究中占什麼地位。

第三階段（20 世紀 80 年代至今）：這一時期，是研究打破僵局並取得一定學術成績的時期。1982 年，蔣洛平發表了《關於「民族文學」——一個備忘的提綱》，文章認為「清理一下『民族文學』（或「民族主義文學」），應該是必要的，它是文學客觀過程的一個側面」。該文還認為「從三十年代到四十年代，『民族文學』鬧騰過三次：一次在『左聯』成立、左翼文藝運動獲得了重大發展的一九三〇年；一次在文藝界抗日救亡運動和抗日民族統一戰線運動蓬勃開展起來的一九三七年初，再一次在一九四二年前後的反共高潮中，

---

〔註12〕 這四部教科書分別由新文藝出版社，1954 年出版；作家出版社，1956 年；作家出版社，1956 年出版；人民文學出版社，1979 年出版。

這時抗戰文藝運動堅持抗戰、團結、進步的原則正承受著嚴竣的考驗。把這看作『民族文學』『發展』曲線上的三個波峰，比把這看作彼此無關的三個孤立的文藝現象，可能更接近真實」。它提出「把『民族文學』僅僅看作文藝現象，這至少是迂闊的。它首先是或主要是政治現象。它是國民黨蔣介石集團的政治—— 也即『國策』在文藝上的直接伸延」。〔註13〕1986 年，《南京師大學報》第三期發表南京師大中文系秦家琪的《關於開展「國統區右翼文學」研究的若干問題的思考》、朱曉進的《從〈前鋒月刊〉看前期「民族主義文藝運動」》、袁玉琴的《從〈黃鐘〉看後期「民族主義文藝運動」》和唐紀如的《國民黨1934 年〈文藝宣傳會議錄〉評述》四篇研究國統區「右翼文學」的文章。這組論文從對右翼文學的總體概括轉向了更為深入的研究，是對這一領域研究的重大拓展。他們將國民黨扶持或與其觀念一致的文學命名為「右翼文學」，〔註14〕賦予其文學研究的文學史意義，也打破了自20 世紀30 年代以來認為「民族主義文藝運動」僅僅1930 年到1931 年不到一年時間的看法，以細緻的材料分析和史料考證把三十年代「民族主義文藝運動」的時間下限推進到抗戰前夕，並將之分為前後兩個時期，前期即1930 年到1931 年底，後期是1932 年到1937 年抗戰前；尤其是肯定「民族主義文學」中的一些傳記文學、歷史劇、歷史小說，更是前所未有；此外將杭州黃鐘文學社編的《黃鐘》雜誌和國民黨中央宣傳委員會編印的《文藝宣傳會議錄》等新材料納入民族主義文學的研究範圍，不但拓寬了民族主義文學研究的範圍，而且改變了既往對三十年代民族主義文學的一些認識與判斷。1987 年王觀泉發表《一項有意義的研究課題——漫議「國統區右翼文學研究」》，認為文學研究不但要知「己」，而且要知「彼」，研究「右翼文學」，「可以檢查成績，統計損失，

〔註13〕蔣洛平：《關於「民族文學」——一個備忘的提綱》，《重慶師範學院學報》（哲學社會科學版），1982 年第4 期。

〔註14〕政治上的「右翼」是相對「左翼」而言，左右翼的劃分本來是一個政治和黨派上的劃分。秦家琪先生這樣界定：所謂「國統區右翼文學」，「是國民黨取得統治地位以後，為了強化其反革命獨裁統治，用以進行文化統制，圍剿、打擊革命文學、進步文學的統治文學」。其中包括「兩種類型的文學。第一類是國民黨直接策劃與操縱的黨派文學，包括他們的文藝運動、文藝政策、理論指導與創作實踐等；第二類，並非國民黨的黨派文學，但是在政治立場、思想傾向及文學活動等方面，都與國民黨的黨派文學相一致的資產階級右翼文學」。本書中使用「右翼文學」這一範疇基本沿用秦家琪對「右翼文學」的界定。參見秦家琪：《關於開展「國統區右翼文學」研究的若干問題的思考》，《南京師範大學學報》，1986 年第3 期。

總結教訓，還有助於研究中國共產黨的文化政策和統戰政策」，〔註15〕對南京師大的「右翼文學」研究表示贊同和肯定。

不過，相比較而言，這一領域研究仍然較爲冷清。除了政治上的因素之外，隨著這個時期文學「審美」特性被凸現，文學遠離政治成爲一種學術時尚和潮流。由於是對極左政治的反撥，20世紀30年代自由作家群得到了空前的關注，「新月派」、「現代派」、都市通俗文學等都被發掘出來並且重新賦予了一份意義，梁實秋、林徽因、沈從文、施蟄存、劉吶鷗、穆時英、張愛玲、蘇青等都重新進入人們的視野並迅速成爲研究的熱點，客觀上使得左翼文學研究都逐漸淡出人們的視線，與政治同樣密切相關的右翼文學就更難以引起研究者的關注和興趣了。

直到1998年，華東師範大學倪偉的博士論文《1928～1937年國民黨文學研究》，重新開啓了對這一領域的系統研究。他提出要擴大文學史研究視野就必須「徹底地從傳統的以某種意識形態爲經、以作家作品爲緯的文學研究模式中超脫出來」〔註16〕，認爲這樣才能給中國現代文學研究注入新的活力。論文將民族主義的文學思潮與現代民族國家建立的宏大敘事話語體系建立起特定聯繫，並對南京國民政府的文藝政策及文學運動展開詳實的論證。2001年，北京師範大學錢振綱也以《民族主義文藝運動研究》爲題完成了其博士論文。他比較全面地對20世紀30年代「民族主義文藝運動」中的代表性文藝理論和創作進行了學理上的梳理和研究。對「民族主義文藝運動」的雙重意義作出相對客觀的評價。他的評論建立在掌握和收集許多原始的現代文學期刊資料並作細緻的考證和梳理的基礎之上，有較強的說服力。此外，2004年，武漢大學方長安在《河北學刊》上主持了一個「民族主義與二十世紀中國文學」的專題討論，王本朝的《從「民族主義文藝運動」到「戰國策派」》〔註17〕文章中也曾對民族主義文學有相關論述，但囿於篇幅，相關問題沒能完全展開。2005年，復旦大學周雲鵬博士的《「民族主義文學」論》也推動了民族主義文學的研究。2007年，湖南師範大學畢豔的博士論文《三十年代右

〔註15〕中國人民大學書報資料：《中國現代、當代文學研究》，1987年2月第5期，第75～77頁。
〔註16〕倪偉：《「民族」想像和國家統制》，上海：上海教育出版社，2003年版，第7頁。
〔註17〕王本朝：《從「民族主義文藝運動」到「戰國策派」》，《河北學刊》，2004年第2期。

翼文藝期刊研究》，也從期刊的角度論述了以民族主義文學爲中心的右翼文學，並作了細緻的史料梳理。總之，這一時期對右翼文學產生了一些成果，但相對於整個中國現代文學研究而言，這一領域的研究仍然較爲薄弱。不單表現在成果仍然相對較少，最主要還在於研究視角相對單一。相關資料的遺失和缺漏，也一定程度上制約了研究的開展和深入。

## 三、研究的必要性

「民族主義文藝運動」及其相關研究應該得到重視，一些基本的史實有待有待清理，很多有價值的問題需要得到進一步的討論。

### （一）「民族主義文藝運動」的評價及社團、刊物和作家的關係

以往的研究主要根據瞿秋白、魯迅、茅盾三位權威的評判和他們文章中提到的有限的作品，判定民族主義文藝運動作品少、時間短、影響小，不值一提。然而事實是，上海的民族主義文學刊物《前鋒月刊》等停刊後，創刊於南京的官方刊物《文藝月刊》堅持辦刊 12 年之久，直到「抗戰」爆發輾轉搬遷至武漢、重慶，《文藝月刊》都未曾停刊。20 世紀 30 年代不少有份量的作品，最初都發表於該刊；而杭州的《黃鐘》從 1932 年一直堅持到 1937 年「抗戰」前夕，幾乎從未斷刊。此外，相繼出現的《矛盾》（月刊）、《民族文藝》、《汗血月刊》、《中國文學》、《民族主義文藝月刊》等宣揚民族主義文藝的刊物，很難說「民族主義文藝運動」就是在「左翼文藝界的猛烈批判下」煙消雲散了。並且令人不解的是，《文藝月刊》等右翼刊物上，發表作品的不單單是國民黨作家，還包括巴金、沈從文、李青崖、淩叔華、袁昌英等「民主主義」和「自由主義」作家。其中沈從文因發表文章批評「普羅文學」，後來被認爲是民族主義文藝最得力的作家。「現代派」的作家、《水星》、《文學季刊》的作者，以及很多剛登上文壇的青年作家，都爲右翼文藝刊物寫過稿。圍繞著民族主義文藝刊物爲什麼能聚集起這麼多作家和文人？刊物、社團與這些作家之間的關係如何？需要進一步的梳理與探討。李歐梵說「30 年代早期，一個有良心的文人去作政府的傳聲筒，幾乎是不可想像的。因此『民族主義文學』的提倡者們，自其開始之時就注定要失敗」〔註18〕這樣的論斷，是有點想當然的。

〔註18〕〔美〕費正清、費維愷編：《劍橋中華民國史 1912～1949 年》（下冊），北京：中國社會科學出版社，1994 年版，第 492～493 頁。

## （二）左右翼文學的對立問題

20世紀30年代開始，瞿秋白、魯迅、茅盾甚至包括「自由人」胡秋原等就指出「普羅文學」和「民族主義文學」的對抗性關係。此後幾十年間，相關研究幾乎都是在這一框架中進行，因此，對這一方面的研究應該是最為充分的。不過，由於對右翼文學的研究是在與左翼文學不對等的情況下進行，右翼文學實際上是一個靜態的被作為攻擊的對象和靶子，最終的目的是為了體現左翼文學艱難、偉大而光榮的鬥爭歷史，從而確立左翼文學的主流地位。因此，對右翼文學的研究不可能不疏漏和遺棄一些重要的歷史細節。特別是，在這種對抗性的歷史描述中，左右翼文學之間的相互鬥爭又相互生成的狀況被忽略了。最為明顯的例子就是二者在審美價值取向上共同的「工具論」傾向，它們都把「新月派」、「論語派」包括迎合市民趣味需求的「通俗文學」當作共同的敵人。左翼文藝界發動對新月派、「自由人」、論語派的攻擊，右翼文學期刊《汗血月刊》、《華北月刊》等對「幽默文學」的批判就是如此。另外，對「大眾」關注的一致性，使得左翼在發起「文藝大眾化」討論的同時，國民黨官方也在制定《通俗文藝運動計劃》，開始推行「改造民間」的文化運動。

仍可以進一步討論的是，如果左右翼文學之間的對抗是客觀的事實，那麼，這種對抗在何種層面上進行，尤其是作為統治者的國民黨一方，它又是如何運作的？有學者曾說：「國共兩黨的文藝思想和文藝政策，本是同一棵樹上的兩個果子，其內容上的相同相異，及其淵源和影響，是一個頗為耐人尋味的話題。說不清國民黨與現代文學的關係，一部現代文學史就永遠是殘缺不全的」。〔註19〕實際的情形似乎比這一看法還要嚴重，由於二者之間的緊密聯繫，不說清國民黨文學與現代文學的關係，左翼文學自身的問題也很難說清。賈植芳曾說「左聯」研究陷入停頓，「狀況堪憂」，〔註20〕深層次的原因，就與缺乏右翼文學研究的支持有關。

## （三）20世紀30年代對民族主義文學的批判問題

「民族主義文學運動」興起以後，引起了來自社會各方的批評。既然是以「民族」名義發起的文學運動，為什麼會引起如此強烈的社會反彈？來自

---

〔註19〕馬俊山：《走出下現代文學的「神話」》，北京：社會科學出版社，2002年版，第8頁。

〔註20〕賈植芳：《甘守寂寞探左聯》，《文匯報》2001年2月10日。

左翼文藝界的批判可以解釋爲國共兩黨之間的對抗使然，可是，「自由人」胡秋原接連發表文章，猛烈地批判和攻擊民族主義文學，其激憤和火力比起左翼文藝界有過之而無不及。而且令人困惑的是，左翼文藝界發動對民族主義文學的批判，主要集中在對上海《前鋒月刊》和《前鋒周報》兩個刊物上的作品，然而這兩個刊物在左翼文藝界發動批判之前就已經停刊。左翼最早對民族主義文藝的批判是瞿秋白（署名史鐵兒）的《屠夫文學》，發表於 1931年 8 月 20 日的《文學月報》，《前鋒月刊》卻已於 1931 年的 4 月 10 日停刊。阪口直樹曾說「『左聯』竟是將已停刊的雜誌作爲攻擊對象，並自稱是導致其停刊的原因，此種說法豈不誤謬」。〔註21〕阪口的說法當然是針對建國初期的主流文學史論述，但他的質疑卻引發我們進一步的思考，左翼文藝界發動這種「事後」的批判，這當中複雜的背景和原因是什麼？

　　此外，國民黨中央宣傳部制定的文藝政策與策動的「三民主義文藝運動」、「通俗文藝運動」之間，究竟是什麼關係？1929 年國民黨官方發起三民主義文藝運動後不久便迅速轉向對民族主義文藝運動的大力提倡，原因又是什麼？這一系列的問題，在以往的文學史研究中都沒能得到梳理。

　　本書選取國民黨南京政府十年間的文藝統制作爲研究對象，就是試圖將以「民族主義文藝」爲中心的右翼文學納入到一個宏觀的政治、歷史和思想背景中來認識，納入到國民黨南京政府的整個政策和話語體系中加以觀照，希望由此打破以往就事論事的研究方式，同時得出相對合理和客觀的結論。

　　因此，對「民族主義文學」爲中心的相關問題的研究，不完全是價值重估與正名，更重要的是從多角度的進行考察和觀照，尋找被遮蔽和過濾掉的存在，找到更多的闡釋可能。20 世紀 30 年代特殊的政治語境中，就事論事和就文學現象說文學現象顯然是不夠的，將文學現象納入到政治學視野和思想史脈絡中加以考察，似乎更能接近問題的眞相。

　　本書將把「民族主義文藝」爲核心的「右翼文學」置於政治學的研究視野中，呈現出文學作爲「國策延伸」和「意識形態國家機器」的特徵。同時，清理右翼文學生產機制的基本脈絡，試圖以此改變糾纏於國民黨文學是否有研究價值的思路，凸現出國民黨如何以國家力量介入文學生產和傳播領

---

〔註21〕阪口直樹：《十五年戰爭期的中國文學》，宋宜靜譯，臺北：稻鄉出版社，2001
　　　　年版，第 14～15 頁。

域從而納入國家意識形態建構的運行軌道中，擴大中國現代文學研究的視界。同時，本書對作爲官方意識形態話語的民族主義作理論和歷史的清理，意在廓清以往對國民黨民族主義以及其發動的民族主義文藝運動的一些模糊認識。

將民族主義看作是國民黨的官方意識形態，理清國民黨作爲執政基本原則的三民主義和民族主義之間的流變關係，從三民主義文藝到民族主義文學之間的轉變就變得很容易理解。過去將三民主義文藝和民族主義文學之間的這種轉變完全歸結到國民黨內部的以「西山會議派」葉楚傖、劉蘆隱等把持的中宣部和以陳立夫爲首的中組部之間的派系鬥爭，可能有些誇大了他們之間的矛盾；此外，國民黨的民族主義文學運動和文藝統制措施不但有著壓制新生力量，清除承載共產主義意識形態的左翼文藝的一面，同時也有對民眾進行民族觀念灌輸的一面。理解了這一點，對民族主義文藝刊物中大量出現歷史小說、歷史戲劇（這些作品著力於古代民族英雄的歌頌和對民族輝煌歷史的挖掘）等文藝作品就容易理解。對三十年代中期《黃鐘》、《前途》、《汗血月刊》、《汗血周刊》等刊物不同程度的鼓吹法西斯主義的傾向，放到國民黨的意識形態建構和對民眾進行民族國家觀念灌輸的背景下考察，就容易找到國民黨民族主義與法西斯主義之間的內在關聯和發展邏輯。

此外，本書的一個重要的考察視點是將國民黨的文藝審查制度與其一元意識形態建構聯繫起來，以此展現審查制度在構建一元意識形態過程中的作用和影響。20世紀30年代，國民黨的書刊、電影審查在具體的運作中不單表現爲打壓左翼書刊電影的發展，而且也表現出遏制商業性低俗書刊及電影的泛濫，加上在對上海租界電影的審查中表現出抵制外侮的民族主義傾向，使得國民黨的文藝審查表現出極爲複雜的特徵。本書力圖通過細緻的材料梳理，呈現國民黨文藝審查的複雜面貌，並將審查制度與三十年代文藝雜誌的迅速勃興以及雜文文體的出現聯繫起來，從而對20世紀30年代這兩種特別的文藝現象從根源上作出解釋。與過去簡單將國民黨的書刊審查制度作爲靜態的壓制文藝生成的外部力量的做法不同，筆者更關心的是國民黨的文藝審查制度這一外部力量是如何確立，以及在嚴厲的文藝審查制度下，國家控制和社會反控制的鬥爭過程中，出現了哪些值得注意的文藝景觀。

這一視角與做法應該是較具探索性的。在20世紀30年代，魯迅曾因爲嚴厲的書刊審查不無激憤的說希望編一本「文網史」，他在三十年代出版的幾

本雜文集的「前言」、「後記」中，就多次述及與批評國民黨的書刊審查制度並「立此存照」，以示反抗。特別在《且介亭雜文二集·後記》中，詳細記述了國民黨查禁一百四十九種文藝書刊的經過，最早注意到了國民黨的文藝審查制度。可是之後的幾十年，相關研究很少。直到 1995 年，倪墨炎出版了《現代文壇災禍錄》一書，對國民黨的書刊審查作了細緻的史料考證，提供不少的第一手材料。但此後的研究沒有取得更多進展。有的研究者認爲這種研究不符合「文學」研究的規範，或者認爲這樣的研究應該讓給歷史學、政治學去做，不過，缺少對文學外部生態的動態理解與關注，「文學」研究恐怕會有很多缺憾。魯迅七十多年前對文學研究者要「注意周圍情形」的告誡，我以爲就是提示我們對文學的理解與評價，要與文學的外部生態（文藝審查）聯繫起來。王本朝的《中國現代文學制度研究》、朱曉進的《政治文化與三十年代文學》中都注意到了書刊審查制度給文學所帶來的影響，但兩位先生的研究各有側重，並未對此進行系統和進一步的論述。因此，對國民黨的文藝審查作細緻的材料梳理，並進一步考察審查制度下「雜誌年」現象和「雜文」這一文體現象，應該是有價值的。

## 四、研究理論與方法

在研究理論與方法上，本書參考了部分文藝社會學著作和布迪厄（Bourdieu）的「文化場域」理論。布迪厄說：「由於文學場和權力場或社會場在整體上的同源性規則，大部分文學策略是由多種條件決定的，很多『選擇』都是雙重行爲，既是美學的又是政治的，既是內部的又是外部的」〔註22〕。本書引入了這一觀念，並構成研究這一選題的方法和基礎。另外，美國學者科內爾·韋斯特的理論也對本書的研究在方法上有較多的啓迪。

在布迪厄看來，「場域」是一個不斷建構的多重權力結構，整個場域又分爲許多次場，如藝術場、文學場、經濟場等。每一個場域都是一個獨特的空間和有一套獨特的運作法則，但相互之間並非互不聯繫，而是隨時交互影響，不斷變化。在這個不斷變化的場域空間中，權力的佔有者通過獲取各式資本的權力來控制場域中的生產和再生產，而其中的被控制者能否擺脫這種控制和採取的策略取決於他們在場域中的位置。在各種權力的相互交鋒和激蕩

---

〔註22〕〔法〕皮埃爾·布迪厄：《藝術的法則——文學場的生成和結構》，劉暉譯，北京：中央編譯出版社，2001 年版，第 248 頁。

中，舊的場域的穩定性和平衡性被破壞，連貫性斷裂從而產生新的場域。而其中最爲核心的是，所有的場域都包含在權力場之內，都與權力場有著控制與被控制的關係。一般情況下，藝術場和文學場等往往被占統治地位的權力場所控制。如果將 20 世紀 30 年代視爲一個巨大的場域，掌握政權的國民黨位於權力場的頂端。布迪厄的理論帶給本書研究的方法論啓示就是位於權力巔峰的政治場域如何影響文學場和藝術場的運作從而影響文學和藝術活動的開展。作爲特定的歷史時期出現的文學現象，右翼文學是國民黨在特定歷史時期「黨國體制」下的策略性選擇，政治和文學之間，文學和宣傳之間的界限很難劃清，這種文學策略的選擇完全體現出布迪厄所說的「既是美學的又是政治的」特點。而且國民黨的文藝審查制度的推行就完全是「政治場」干預「文學場」、「藝術場」的典型例子。引入布迪厄的理論和方法探討作爲執政黨的一方是如何借助於政治權力參與到三十年代的文學生產和文學傳播之中，應該說是有效的。

美國學者科內爾·韋斯特曾在他的《少數者話語和經典構成中的陷阱》一文中說：「我們聚焦的文學對象本身就是對特殊歷史時刻的特定危機的回應。因爲這些危機和時刻本身必須通過文本建構的中介，所以我們審視的文學對象絕不僅僅是文學的，應該從意識形態的內容、角色和功能來細讀文本，否則就是將文學文本非歷史化和非政治化。」〔註 23〕儘管科內爾·韋斯特說的是「經典化」的問題，但他這段話放在 20 世紀 30 年代這「特定危機」時刻也同樣適用，他提醒我們對這一時期的文學，尤其是右翼文學研究僅僅從文學的角度去觀察和審視顯然不合適。

與此同時，本書的研究引入了「意識形態」（*Ideology*）的概念，重點分析國民黨作爲統治者如何在特定時刻明確地形成其主導意識並使其穩固延續，由此保證自身能夠實施控制。特別是在本書的第五章對右翼文藝期刊的研究中，引入意識形態的媒介分析，梳理右翼文藝期刊如何進行意識形態的運作，揭示作爲媒介的右翼文藝期刊如何協助一元意識形態的建構和觀點信仰的維繫，爲國民黨南京政權提供合法性支持從而確立其作爲統治者的主導地位。

---

〔註23〕〔美〕科內爾·韋斯特著，馬海良，趙萬鵬譯：《少數者話語和經典構成中的陷阱》，羅鋼、劉象愚編：《文化研究讀本》，北京：中國社會科學出版社，2000年版，第 206 頁。

　　不過，需要指出，理論和方法都不是萬能的，任何理論也只在特定的時空才會適用，強行將它納入到一種理論框架，會有害於對問題的眞正探討，本書的研究也對此保持警惕。因此，在本書的研究中，許多時候基本都立足於材料的細緻考證與梳理，讓材料本身來證明和呈現問題的本來面目。

# 第一章　意識形態建構與民族國家想像

　　何謂「意識形態」？《布萊克維爾政治學百科全書》中這樣解釋：「意識形態是具有符號意義的信仰和觀點的表達形式，它以表現、解釋和評價現實世界的方式來形成、動員、指導、組織和證明一定的行為模式或方式，並否定其它一些行為模式或方式。」〔註1〕這一解釋闡明了意識形態是一種信仰和觀念體系。然而，它的缺點在於沒能指出意識形態與政治權力之間的契合關係。按馬克斯·韋伯的看法，暴力統治可以通過信仰體系獲得合法性，這種信仰體系就是說服人們服從統治的思想體系，它為統治的合法化提供理論依據。韋伯所說的「信仰體系」就是意識形態。每一個政權為了更好地維持其統治，除了「實際佔有權力來證明權力的正當性外，它還試圖為權力找到一個抽象的道德和法律的基礎，把它建立在那些被統治者接受的信仰和倫理系統之上」。〔註2〕這種為暴力統治尋找道德和法律的基礎的過程，與馬克斯·韋伯所謂的建立信仰體系類似，實際也就是意識形態的建構過程。對於 1927 年執政後的國民黨而言，建構一種意識形態不僅是為了維護其自身政權合法性的需要，而且也是進行政治整合、社會動員與國民教育的基礎。從 1928 年到 1937 年 10 年間，國民黨所在思想文化領域的建設目標，就是一元意識形態的建構和民族國家觀念的培育，它成為國民黨在文藝領域進行統制的思想基礎。

---

〔註 1〕　〔英〕戴維·米勒、韋儂·波格日諾：《布萊克維爾政治學百科全書》，北京：中國政法大學出版社，1992 年版，第 345 頁。

〔註 2〕　〔意〕莫斯卡（Gaetano Mosca）：《統治階級》（Ruling Class），賈鶴鵬譯，南京：譯林出版社，2002 年版，第 118 頁。

# 第一節　民族主義：作爲一元的意識形態

## 一、三民主義作爲一種意識形態

　　胡漢民是較早意識到將三民主義建構爲國民黨的意識形態，並以此進行政黨組織建設的人。1927 年 4 月胡漢民針對國民黨在改組後黨員數量增加，但內部組織凝聚力並未增強的問題說，很多「黨員不要說對三民主義不能瞭解，恐怕是連三民主義叫什麼也還說不出來」。胡漢民因此宣稱：「世界思想潮流的趨勢指示給我們一條革命的道路，就是三民主義的道路」，「中國國民黨無論名稱如何更換，組織如何改變，而宗旨和精神是始終一貫的，不能更改的。他的宗旨始終是實現三民主義，他的精神始終是革命的精神」，「除掉了革命的精神就不成其爲中國國民黨，抹殺了三民主義也不成其爲中國國民黨」。因此，「我們目前最重要的企圖，就是造成絕對統一的信仰」。〔註3〕1928 年 7 月 18 日蔣介石也發表《中國建設之途徑》一文，說：「我們要在二十世紀的世界謀生存，沒有第二個適合的主義，只有依照總理的遺教，拿三民主義來作中心思想才能統一中國」，「要拿三民主義來統一全國的思想，中國的制度才能確定」。他認爲現在一般青年的沉悶，社會的紛擾，統統是由於中國人思想不確定，不統一，因此「思想之統一，比什麼事情都要緊！」這是國家能夠健全，能夠獨立、自由的第一步工作，「確定總理三民主義爲中國唯一的思想，再不好有第二個思想來擾亂中國」。〔註4〕

　　從胡漢民到蔣介石的言論，可以看出將三民主義作爲國民黨的絕對信仰，是國民黨高層在南京政權建立前後普遍的一致認識。

　　因此，國民黨執政後，便開始有意識的將孫中山創立的三民主義作爲統一全黨的「中心思想」。在理論建設層面，國民黨開始了對三民主義的闡釋工作。將戴季陶在 1925 年 7 月出版的《孫文主義之哲學基礎》、《國民革命和中國國民黨》一再翻印，大力宣傳。1927 年，又出版《三民主義的一般意義與時代背景》，形成所謂的「戴季陶主義」〔註5〕。1928 年，胡漢民出版《三民

---

〔註 3〕 胡漢民：《清黨之意義》，《中央半月刊》第 2 期，1927 年 7 月 1 日。

〔註 4〕 蔣介石：《中國建設之途徑》，張其昀主編：《先總統蔣公全集》第 1 冊，臺北：中國文化大學出版部，1984 年版，第 577 頁。

〔註 5〕 戴季陶以反對階級鬥爭爲中心，宣揚三民主義的哲學基礎是「中國固有之倫理哲學的和政治哲學的思想，」繼承堯舜以至孔孟而中絕的仁義道德的思想，與共產主義完全不同。鼓吹中國不存在階級的對立，而只是「覺悟者與不覺

主義連環性》小冊子，系統的闡述民族、民權、民生之間的緊密聯繫；其它
較爲重要的理論書籍還有孫倬章出版的《三民主義要旨》（1928 年），周佛海
的《三民主義之理論體系》（1928 年）、《三民主義的基本問題》（1930 年），
楊幼炯的《三民主義概論》（1928 年）、《三民主義建設之原理》（1930 年），
甘乃光的的《孫文主義的理論和實際》（1926 年）、《孫文主義大綱》（1926
年）、《孫文主義研究集》（1929 年）等等。僅僅在 1927 年至 1930 間出版翻印
的以三民主義命名的書籍就不下幾十種。在制度保障層面，國民黨建立了中
央宣傳部及各級黨部宣傳機構，專門負責思想文化領域的宣傳和政治教育工
作。1928 年 3 月 22 日，國民黨中執委常務會議通過《中執委宣傳部組織條
例》，在國民黨中央宣傳部下特設「黨義股」，專門負責「宣傳本黨主義，草
擬各種宣傳大綱，辟除反動邪說等工作」；在出版科設立「藝術股」，專門負
責「宣傳之藝術，如圖畫電影劇曲播音等」工作。〔註 6〕其中，「宣傳本黨主
義」即是宣傳三民主義。在宣傳的途徑和方式上，不但設立專門的報刊、通
訊社等輿論陣地，而且將圖畫電影劇曲播音等也納入到這種黨義宣傳中。
1929 年 6 月，國民黨中央宣傳部召開「全國宣傳會議」，確立以黨誼黨德爲中
心的《對黨員之具體宣傳方法案》及確定以「三民主義」爲標準的《本黨之
文藝政策案》，開始了圍繞三民主義爲核心的意識形態建構。前者是針對黨員
教育的，要求黨內樹立黨誼黨德爲中心之精神，「消極方面使黨內一切傾軋之
惡現象消滅於無形，積極方面，亦可培養全體黨員之黨誼與黨德於不知不覺
之間」。〔註7〕後者是針對民眾教育的，國民黨中央宣傳部工作報告稱：「吾黨
必須更進一步，設法使民眾繼續維持其過去對黨之熱誠，而養成其愛護黨國
之情操，欲達此目的，必須以淺顯通俗之文字，解釋高深博大之理論，尤其
在以藝術的手腕，從很多方面來闡明枯燥艱窘的學理，方能引起民眾閱讀的
興味，而得精確的認識與瞭解，此本部今後對於民眾宣傳之計劃也」。〔註 8〕
應該說，三民主義文學的出現，就是國民黨有意識地將三民主義建構爲國民

悟者的對立，不能採取階級鬥爭的方式。真正的解放，必須以仁愛思想爲道
德基礎。因此國民革命是聯合各個階級共同革命，用仁愛喚起反動統治階級
覺悟爲被統治階級革命，被統治階級也應處於仁愛之心爲自己的階級革命。這
些理論成爲反共的思想武器，形成了戴季陶主義的思想基礎。

〔註 6〕　《中國國民黨整理黨務法令彙刊》，國民黨中執委組織部印行，1928 年 7 月。
〔註 7〕　《中央日報》1929 年 6 月 5 日。
〔註 8〕　《中央日報》1929 年 6 月 5 日。

黨意識形態，利用文藝作爲宣傳工具的具體實施。將文藝與政黨意識形態建構相連接，並將其作爲重要的手段和工具應該說是自此開始。

三民主義文學與「普羅文學」之間的對抗，實質上是兩種意識形態之間的鬥爭。一個政黨，尤其是執政黨的意識形態建構，本身就隱含著對異類意識形態的拒斥。國民黨的三民主義意識形態建構也是如此。一方面，三民主義作爲國民黨意圖指引全社會的思想體系，在極力證明自身正確性的同時就隱含著否定其它與三民主義價值相牴觸的價值目標的意義。國民黨將宣揚階級鬥爭的無產階級文藝視爲頭號的敵人，同時也將以胡適、梁實秋等爲代表的秉持自由主義立場的「純文藝」作爲頹廢的、萎靡的話語加以清除，就是極爲明顯的例子；另外一方面，既然它認爲三民主義的價值目標是正確的，其普遍性意義就無可懷疑，那些與三民主義價值觀相異的存在，就會自覺不自覺地成爲三民主義這種意識形態傳播的障礙。因此，在國民黨提倡創造本黨文藝以搶佔整個社會主流意識形態高地，宣揚三民主義的同時，一定要千方百計阻止其它意識形態的傳播。從意識形態建構的視角去觀察國民黨的文藝統制，就很容易理解三民主義文學出現的原因，同時也就理解了國民黨1929年開始實行嚴厲的書刊審查制度在意識形態建構中的意義。

不過，三十年代國民黨利用文藝進行三民主義意識形態建構是很不成功的。這裡面的原因非常複雜，但至少有以下兩點值得注意：

第一，三民主義自身的問題。孫中山最初對三民主義的表述，首見於1905年11月發表的《〈民報〉發刊詞》：

> 余維歐美之進化，凡以三大主義：曰民族，曰民權，曰民生。羅馬之亡，民族主義興，而歐洲各國以獨立。洎自帝其國，威行專制，在下者不堪其苦，則民權主義起。十八世紀之末，十九世紀之初，專制僕而立憲政體殖焉。世界開化，人智益蒸，物質發抒，百年銳於千載，經濟問題繼政治問題之後，則民生主義躍躍然動，二十世紀不得不爲民生主義之擅場時代也。是三大主義皆基本於民，遞嬗變易，而歐美之人種胄冶化焉。其它旋維於小己大群之間而成爲故說者，皆此三者之充滿發揮而旁及者耳。

> 今者中國以千年專制之毒而不解，異種殘之，外邦逼之，民族主義、民權主義殆不可以須臾緩。而民生主義，歐美所慮積重難返者，中國獨受病未深，而去之易。……

　　文中，孫中山只是追溯各國的歷史，把民族、民權、民生作爲三個問題提出，並且認爲從時間先後上看，中國當前的狀況首要解決的是民族、民權問題，其次才是民生問題。也就是說，推翻滿清建立一個現代的民族國家是孫中山三民主義所首要考慮的，民族、民權、民生之間的邏輯聯繫並沒有得到明確的解答。儘管經過《民報》的鼓吹和三民主義理論家廖仲愷、胡漢民、朱執信等人的不斷闡釋和完善，但這些追隨者並沒有把三民主義編織爲一個具有高度整合力且邏輯嚴密的思想體系，也沒有使三民主義成爲超越政綱的思想意識層面的絕對信仰。賀淵就指出：「應該看到，三民主義理論並沒有使同盟會歸於統一，它只是同盟會中並存的幾種思想之一。統一同盟會的眞正思想是民族主義和用暴力推翻清政府的革命論。正因爲如此，辛亥革命爆發後，同盟會立即分化，作爲一個政黨名存實亡。」〔註9〕這種狀況一直持續到所謂的「新三民主義」時期（1924 年國民黨「改組」後）仍然沒有得到多少改善。儘管孫中山在國民黨《第一次代表大會宣言》中，重新確定了三民主義在國民黨的絕對地位，對三民主義也作了修改與補充，但是，這種修改與補充幾乎是出於現實的政治考慮，〔註10〕三民主義自身理論的貧乏仍然沒有解決。胡適曾評價說：「三民主義算不上是什麼主義，只是一個『大雜燴』罷了。孫先生思想不細密，又在忙於革命，只是爲了給革命作號召，東抄一點西抄一點而已，哪裡談得上什麼主義？……國民黨內有思想的人，一定承認我的話——三民主義是雜亂無章的東西！」〔註11〕儘管胡適說這話沒有意識到「主義」也需要建構、闡發與論證，但他對三民主義理論上雜亂的批評不能說毫無根據。按照愛德華‧希爾斯（Edward Shils）的說法〔註12〕，一種成

---

〔註 9〕　賀淵：《三民主義與中國政治》，北京：社會科學文獻出版社，2002 年版，第
　　　　　56 頁。

〔註10〕　孫中山認爲「民生主義，就是社會主義，又名共產主義，即是大同主義」這
　　　　　種修改，王奇生認爲也是爲了吸引知識青年成爲三民主義信徒的現實需要，
　　　　　當時社會主義和共產主義在青年知識分子中頗爲流行。見王奇生：《論國民黨
　　　　　改組後的社會構成與基層組織》，《近代史研究》，2000 年第 2 期。

〔註11〕　陳世宏：《雷震案史料彙編：國防部檔案選輯》，臺北：臺北國史館，2002 年
　　　　　版，第 384 頁。

〔註12〕　愛德華‧希爾斯（Edward Shils）發展了韋伯的「奇理斯瑪」（Chrisma）概念，
　　　　　提出了「奇理斯瑪權威」理論，即意識形態理論。愛德華‧希爾斯指出：「社
　　　　　會有一個中心，社會結構有一個中心帶……而這個中心或中心帶是價值和信仰
　　　　　領域的一種現象。『奇理斯瑪』是符號秩序中心，是信仰和價值中心，它統治著
　　　　　社會。它所以是中心，因爲它是終極的，不能化約的；很多人雖不能明確說出

熟的意識形態（即希爾斯說爲的「奇理斯瑪權威」）至少應具備高度體系化的理論建構，超越世俗的神聖價值以及極富革命性的批判精神。然而，孫中山的三民主義自始至終缺少一種崇高的精神指向和終結意味的神聖價值追求，它幾乎完全是爲解決現實政治問題提出的政治構想，因此更多的時候側重於社會政治秩序設計。儘管三民主義也涉及到「主權在民」、自由以及「大同世界」等思想，但是孫中山在闡述「主權在民」時，又將人分爲三等：先知先覺、後知後覺和不知不覺。「民權」只有靠先知先覺爭得分給大家，表現出濃厚的個人英雄史觀。在闡述「自由」時，認爲自由「萬不可再用到個人上去，要用到國家上去」。將這些極具超越性質的思想統攝於建立一個現代的民族國家的敘述中，使「三民主義中幾乎所有的價值單元都被手段化了，它們統統服從於一個至高無上的目標——即建立一個強大的現代化國家」。〔註13〕而一旦一個形式上的民族國家實現之後，它的意識形態組織功能和動員能力便會迅速喪失。此外，孫中山創立的三民主義在文化價值取向上也較爲曖昧。一方面批判封建制度，主張採取西方的現代民主政體；另一個方面又固守傳統精神道德，認爲東方文化優於西方，宣稱「大同」理想的精神資源來源於儒家之政治理想。這與「五四」反傳統的新文化潮流是背道而馳不說，而且最大的問題是「既然中國傳統文化和封建制度是造成中華民族在近代落伍的重要根源，又怎麼可以依靠它來挽救民族的危亡呢？」〔註14〕

---

這點，但卻感到有這樣一個不能化約的中心。中心帶是具有神聖性質的……中心價值體系的存在，根本上取決於人類需要結合能超越平凡的具體個人存在（並使其改觀）的某種東西。人們需要與大於自己身體範圍的和在終極的實在結構中比自己的日常生活更爲接近核心的一個秩序的一些符號相接觸」。參見林毓生：《中國意識的危機》，貴州人民出版社，1986 年，第 39 頁。

在《國際社會科學百科全書》中，希爾斯進一步闡述：意識形態是那些由關於人、社會以及與人和社會有關的普遍的認知和道德信念所構成的普遍性模式之一，它通常圍繞著諸如拯救、平等和種族純粹性這樣一些突顯的價值建構起高度整合的理論體系。在觀念表達的明確性，高度的內部整合或體系化，內容的包羅廣富，訴諸行動的迫切要求，以及聚焦於某些最根本的主張和價值的強烈的核心化傾向等方面，意識形態都與一般的看法（outlook）、信條（creed）、綱領（program）以及思想學說和思想運動等區別開來。見愛德華·希爾斯（Edward Shils）：《國際社會科學百科全書》（International Encyclopedia of Social Science）中的界定。

〔註13〕倪偉：《民族想像與國家統制》，上海：上海教育出版社，2003 年版，第 32 頁。
〔註14〕皮明勇：《中國近代民族主義的多重架構》，《戰略與管理》，1994 年第 3 期。

第二，三民主義的分化問題。應該說，對於三民主義，孫中山是創立者，但同時也是最爲權威的闡釋者。如果把孫中山看作是韋伯所說的「奇理斯瑪」（Chrisma）式的人物（他確實以其自身的人格上的卓異品質和實幹的革命行動贏得了不少的追隨者），他所創立的三民主義是可能經由他的闡釋或者他的追隨者的不斷完善建構成爲一種成熟的意識形態，贏得更多的追隨者的。但是，孫中山並沒有對三民主義作出更多權威的理論闡釋，更沒有把它建構爲一套思想體系作爲國民黨建黨的思想武器。雖然在國民黨《第一次代表大會宣言》中曾經提及利用意識形態建構黨組織的問題，但孫中山並未予以足夠的重視，更沒有付諸於實際的行動，以至於三民主義實際上就是一些鬆散的信條和政治理念，在對三民主義的宣傳上也是局限於實際的政治運用。孫中山辭世後，有關三民主義的正當性之爭隨即就開始了。國民黨內各派各執一端，戴季陶、胡漢民、周佛海、甘乃光等分別從各自的政治立場出發將解決當下政治問題的綱領、信條、方案統統融合進對三民主義的重新闡釋當中，而且各派都以正統自居。連蔣介石都不得不承認：「就是同在三民主義之下，還有許多理論，自己任意解釋，有的以爲三民主義近於國家主義，有的以爲三民主義近於共產主義，現在可說正是一個思想很紛雜的時代，使得我們四萬萬同胞無所適從，不知究竟是怎麼一回事，究竟是聽哪一種說法好，究竟要怎樣的制度才適合中國的需要」。〔註15〕國民黨內各派將三民主義的理論闡釋與世俗政治紛爭和利益考慮聯繫在一起，使三民主義變成一個缺乏基本價值核心的可以隨意「打扮的小姑娘」，其意識形態功能和感召力量就不言而喻了。不要說對普通民眾的組織和動員，就是國民黨黨員也僅僅是將其作爲獲取利益的工具和晉升的階梯。1928 年冬，改組派主要成員陳公博在《今後的國民黨》一文中分析：

> 國民黨內工作，就他的綱領來說，是民族主義和帝國主義鬥爭，民權主義和封建勢力鬥爭，民生主義和資本主義鬥爭。惟是到了現在，因著帝國主義的壓迫，民族主義降低了；因封建勢力的反攻，民權主義淹滅了；因資本主義的脅持，民生主義淹沒了。
>
> ……
>
> 就黨方面來說，支離不可名言，——黨至今日，中央陷於飄搖

---

〔註15〕蔣介石：《中國建設之途徑》，張其昀主編：《先總統蔣公全集》第 1 冊，臺北：中國文化大學出版部，1984 年版，第 577 頁。

的局面，而各個黨員都由悲觀絕望各個只顧個人的生存，不遑顧及黨的生存。或者以個人主義爲結合，或者以地方主義爲結合。一言以蔽之，這種結合都以目前的利害爲結合，並非根據於黨的主義和政策。〔註16〕

基於以上原因，在 1929 年 6 月國民黨中央宣傳部提出《本黨之文藝政策案》，提出「創造三民主義文學」的口號一年左右的時間，社會上幾乎無任何響應，理論上只有在《民國日報》副刊《覺悟》、《中央日報》副刊《大道》、《青白》等幾個國民黨黨報副刊上發表了零零星星幾篇有關提倡「三民主義文學」的文章；創作上幾乎無什麼有分量的作品，除一些小詩、短篇敘事作品和短劇之外，就只有《中央日報》上號稱「三民主義文藝的第一部創作」的長篇小說《杜鵑啼倦柳花飛》。對什麼是三民主義文藝，連國民黨中央宣傳部部長葉楚傖也語焉不詳，他說：「所謂三民主義之文藝，乃是以三民主義之思想做我們的理，而以三民主義之時代爲我們的法」；對如何創造三民主義文藝，他說：「是要以三民主義之思想爲思想，思想統一以後，三民主義的文藝自然就會產生了」。〔註17〕這類邏輯混亂的表述實際上所要表達的並非是文藝需要三民主義，而是因爲三民主義需要文藝，完全是出於將三民主義作爲思想統一標準的需要。不但如此，提倡三民主義文藝的人，往往遭人嘲笑，連續在《中央日報》副刊《大道》上發文提倡三民主義文學的周佛吸，就曾說自己「曾以自己研究之所得，商之於研究文藝的朋友們，收穫到的卻是些譏笑與輕侮」。〔註18〕三民主義文學遭到漠視未能取得任何成績，不能說與三民主義自身的缺陷以及孫中山辭世後理論分裂與混亂無關。三民主義未能提供三民主義文學以理論和思想資源，三民主義文學從而也就無從提供三民主義意識形態建構的任何支持。從意識形態建構的角度看，三民主義文學的失敗似乎是一開始就已經注定的。

## 二、民族主義意識形態一統

國民黨執政後，表面上看，是將三民主義作爲「黨義」，作爲「中國唯一

---

〔註16〕榮孟源：《中國國民黨歷次代表大會及中央全會資料》，北京：光明日報出版社，1984 年版，第 564～565 頁。

〔註17〕葉楚傖：《三民主義的文藝底創造》，《中央日報》1930 年 1 月 1 日。

〔註18〕周佛吸：《怎樣實現三民主義的文學——復大道編者先生》，《中央日報·大道》1929 年 11 月 24 日。

的思想」，並通過理論教育、儀式化塑造（唱黨歌、念守則、背遺囑等）以及各種政治宣傳等形式，強化三民主義作爲國民黨「思想統一」的一元的意識形態地位，但實際上，眞正作爲國民黨南京政府執政基礎和主導的意識形態是「右翼三民主義」或者說「戴季陶主義」。孫中山辭世後，以戴季陶和蔣介石爲代表的國民黨右派著重強調孫中山的三民主義中與中國傳統道德關係的一面，並加以發揮，發展出了「戴季陶主義」。孫中山在《三民主義演講稿》第六講講到「中國固有的道德，中國人至今不能忘記的，首先是忠孝，次是仁義，其次是信義，其次是和平」，戴季陶便據此認爲「中山先生的主義最崇高的一點是在他說明忠孝、仁愛、信義、和平的道德精神是民族自信力的基礎」。他還進一步闡釋說：「民族主義的基礎，就是在孝慈的道德，民權主義的基礎，就是在信義的道德，民生主義的基礎，就是在仁愛和平的道德。」〔註 19〕戴季陶的這種闡釋路向深得蔣介石的讚賞，並且極大地啓發了蔣介石的思路，他將「忠孝、仁愛、信義、和平」解釋爲「八德」，借用《管子》中的「禮義廉恥，國之四維」〔註 20〕，並稱「四維八德」。認爲「四維」是「中國立國的綱維」；「八德」是「中國國民道德的教條」。1928 年「訓政」開始，「忠孝仁愛信義和平」就被作爲「訓民」的準繩，1934 年蔣介石在南昌提倡的「新生活運動」，又再次將「四維八德」確定爲運動的中心準則。1928 年國民黨的一份文件曾稱：「於三民主義中極力發揚中國民族固有之美德爲革命最高指導之原則，以期喚起我民族特殊之精神，俾恢復我民族固有之地位；於舊有道德，則主張恢復忠孝仁愛信義和平七端，於固有智慧，則主張恢復格物致知誠意正心修身齊家治國平天下八目，此實抉出吾民族文化之重心，示黨國唯一之正軌。」〔註 21〕將三民主義與中國傳統道德緊密聯繫並大力闡發，實際上主要承續的是孫中山三民主義中民族主義的一面。也就是說，國民黨南京政權在將三民主義作爲「中國唯一的思想」的實踐過程中，所極力推舉和宣傳的是民族主義，整個思想統一的過程其實是將民族主義建構爲國

---

〔註 19〕　《戴季陶主義資料選編》，中國人民大學中共黨史系編印，1983 年，第 14、51 頁。

〔註 20〕　《管子》中將「禮義廉恥」定爲「國之四維」，認爲這是國家興亡盛衰的基本依託，「四維張則君令行」，「四維不張，國乃滅亡」。

〔註 21〕　《行政院轉內政部關於發揚中國文化重心以奠國基呈與國民政府批》，《中華民國史檔案資料彙編》第一編文化（一），南京：江蘇古籍出版社，1994 年版，第 12 頁。

民黨一元意識形態的過程。

　　國民黨南京政權在三民主義旗幟下，側重於將民族主義意識形態的建構爲官方意識形態，其背後隱含著更爲複雜的理論和現實政治背景：

## （一）民族主義作爲一種意識形態

　　何謂民族主義（Nationalism）？〔註22〕按《布萊克維爾政治學百科全書》中的解釋：「民族主義是一種政治上的學說和情感，是一種迄今爲止世界上最強有力的意識形態。」〔註 23〕這一概念揭示了民族主義從本質上說就是一種意識形態，但與其它類型的意識形態不同之處，在於它不是依靠理想和信念的建構以說服和引導民眾，而是主要訴諸於天然的民族感情召喚和動員民眾。英國學者安東尼・史密斯也強調，民族主義作爲民族的意識形態「必須以一定的民族感情爲前提」，「在既定的群體中，即使這種民族感情沒有表現

---

〔註22〕由於「民族」概念的多義與曖昧，要給「民族主義」作一個科學的界定無疑是極爲困難的。休・賽頓－華生（Hugh Seton-Watson），這位被安德森認爲是關於民族主義的英文論著中最好、涵蓋面最廣的一部作品的作者曾說：「我被迫得出這樣的結論，也就是說，我們根本無法爲民族下一個『科學的』的定義；然而，從以前到現在，這個現象卻一直持續存在著。」參見休・賽頓－華生：《民族與國家》（Nations and States），第 5 頁。轉引自安德森《想像的共同體》，第 3 頁。英國學者霍布斯鮑姆、蓋爾納也認爲不要試圖爲「民族」尋找任何先驗的定義。法國歷史學家雷南（Ernest Renan）、美國學者漢斯・柯恩（Hans Kohn）、卡爾頓・海斯（Carleton B・Hayes）、安德森（Benedict Anderson）等人都試圖爲「民族主義」作一個明確的界定，但直到今天，仍然尚無一個公認和一致的定義。這些學者的觀點大致可以分爲兩類，一類認爲民族主義是觀念形態的東西，甚至直接等同於民族情感，代表人物有漢斯・柯恩（Hans Kohn）、卡爾頓・海斯（Carleton B・Hayes）、安東尼・吉登斯、安德森（Benedict Anderson）、米切爾特（Michelat）、托馬斯（Thomas）等人；一類認爲民族主義不僅是屬於觀念形態，而且一種現實的運動，代表人物有約翰・布勒依、安東尼・史密斯（Anthony D・Smith）等人。應該說安東尼・史密斯看法較具代表性。他認爲，儘管民族主義還可以包含民族的語言和象徵、民族的社會和政治運動，但是，民族主義象徵和運動的動力和方向是民族主義意識形態所賦予的，社會政治運動的諸目標不是由運動的行爲或參與者所界定，而是其意識形態中的基本觀點和原則來界定的。意識形態首先爲我們提供了使用的『民族主義』定義，因爲意識形態界定了民族主義的內容，他把民族放在其利害關係和行動目標的中心位置，同時也把民族意識形態與其它相近的意識形態區分開來。參見〔英〕安東尼・史密斯：《民族主義理論，意識形態，歷史》：上海：上海世紀出版集團，2006 年版，第 9 頁。

〔註23〕《布萊克維爾政治學百科全書》，北京：中國政法大學出版社，2002 年版，第 530～531 頁。

在所有人身上，無論如何一定要在民族主義者之中體現出來。這是因爲民族感情所起的作用是將該群體中主動的、有組織的部分與被動的、分散的、通常佔據更大人口比例的部分連接起來」。〔註24〕民族主義的這種特殊性，使其在政治功能的表現方式上與其它類型的意識形態稍有差異。它往往通過對民族歷史、傳統道德的文化建構與表現，培養民族成員對本民族的熱愛和忠誠，同時，通過民族國家和政府之間的同一性轉換，保證了本民族成員對聲稱代表民族利益的政府的服從。這種同一性轉換常常訴諸於質樸的民族情感，通過模糊民族國家和政府間的界限，將民族成員對民族、國家的忠誠通通替換成爲對政府的忠誠，使得民族成員相信政府採取的行動是合理的、正義的，並且代表著民族和國家內部成員的利益，從而心甘情願地接受其召喚、鼓動和驅使。由於取得民族成員的廣泛支持，國家政權的合法性就會增加，尤其是當面臨外來壓力和侵略的時候。不過，作爲一種意識形態，它仍然是以控制社會和人的行爲面目而出現，與統治階級和權力之間有著糾纏不清的關係。馬克思恩格斯曾經指出：「占統治地位的將是愈來愈抽象的思想，即愈來愈具有普遍形式的思想。事情是這樣的，每一個企圖代替舊統治階級地位的新階級，爲了達到自己的目的就不得不把自己的利益說成是社會全體成員的共同利益。抽象地講，就是賦予自己的思想以普遍性的形式，把它們描繪成唯一合理的、有著進步意義的思想。」〔註 25〕馬克思恩格斯這段話旨在說明，意識形態總是一定階級、政黨、集團的意識形態，它在表徵其合理性，宣稱代表全社會利益和掌握科學眞理的同時，其背後隱含的眞實目的就是精神控制，其出發點是維護現存社會制度和權力。民族主義作爲一種天然的政治資源，它在使民族國家取得「合法性」（legitimacy）〔註26〕的同時，也使政治權力披上

〔註24〕　〔英〕安東尼・史密斯：《民族主義理論，意識形態，歷史》，上海：上海世紀出版集團，2006 年版，第 7 頁。

〔註25〕　《德意志意識形態》，《馬克思恩格斯全集》第三卷，北京：人民出版社，2002年版，第 53～54 頁。

〔註26〕　「合法性」（legitimacy），是上世紀初馬克斯・韋伯提出的概念。他認爲，在任何一種具有命令——服從關係的統治形式中，都包含有最起碼的自願服從分。在政治統治中，這種自願服從一般出於理想和信仰。他指出，暴力統治可以通過信仰體系獲得合法性。這種信仰體系就是說服人們服從統治的理論思想體系，它爲統治的合法化提供理論依據。在韋伯看來，任何現存的統治系統都具有合法性根據，不合法的統治系統是不存在的，因爲如果被統治者不相信某一統治系統的合法性，那麼這個系統必然是不穩固的因而是注定要崩潰的。韋伯通過對人類歷史的經驗性考察發現，統治者一般根據三種理由

了合法的外衣，而合法化的政治權力就形成一種特殊的影響力——政治權威。「與用強制手段相比，用權威的手段進行統治要經濟得多」。〔註27〕

　　民族主義作爲一種意識形態的這種功能，構成了國民黨南京政權建構一元意識形態的重要理論基礎。相對於三民主義來說，強調其中民族主義的一面從理論上來說對執政後的國民黨更爲有利。一方面，隨著在野黨和執政黨位置的轉移，形式上的民族國家的建立，三民主義中的「民權主義」和「民生主義」在「以黨治國」的體制下已經不再成爲政治整合和民眾動員的工具，相反，它在某種情況下反而會成爲招致社會各方批評的根據和理由。因此，在理論上倡導和宣傳民族主義一定程度上更爲適合國民黨執政後實行「以黨治國」體制的需要；另一方面，民族主義終究屬於三民主義的重要一翼，倡導民族主義在理論上也具有其合法性，既可以堂而皇之以三民主義的正統闡釋者和繼承者自居，增加其政治正當性的砝碼，又可以爲國民黨宣佈進入「訓政」時期的以「保姆」身份訓導和教化民眾提供思想和理論保證。也就是說，在三民主義主義旗幟下推行民族主義意識形態的建構，可進可退，進則可以掩蓋「以黨治國」體制下極權主義傾向，爲政權的進一步鞏固提供思想保證；退可以將民族主義整合到在當時還有一定號召力的三民主義體系中，以取得黨內外社會各界的廣泛支持。

## （二）現實的政治需要

　　馬克思恩格斯在《德意志意識形態》中曾提出：「統治階級的思想在每一時代都是占統治地位的思想」，這著名論斷被阿爾都塞等西方馬克思主義者所繼承，不過，阿爾都塞等人意識到，統治階級在意識形態領域的統治並不是絕對的，完全佔據著優勢的，在這一領域存在著激烈的階級鬥爭。國民黨執政後，國共之間不但在政治和軍事上對抗，而且在思想上也存在著針鋒相對的鬥爭。民族主義作爲國民黨官方意識形態在一定程度上可以說是共產主義思想傳播和刺激的結果，也是三民主義進一步實用化的過程。國民黨上臺執政後，國民黨人幾乎都將共產主義思想的傳播認爲是思想混亂，民心浮動

爲自己爭得合法性，而被統治者也同樣基於這三種理由來接受他們的統治。這就是傳統、非凡的個人質量和法律性，它們構成了人類合法性統治的三種基本形式。參見王列：《國家的文化意識形態職能》，《文史哲》，1994年第6期。

〔註27〕〔美〕羅伯特·達爾：《現代政治分析》，上海：上海譯文出版社，1987年版，第77～79頁。

的根源，是阻礙國民黨進行國家建設的罪魁禍首。1928 年，國民黨南京政府內政部呈行政院的一份提議中就說：「我中華建國數千年，爲世界開化最早之民族，近百餘年來，內受君主專制之壓迫，外受列強無理之侵略，國勢因之不競，一般人士多失卻自信力，於是崇拜外人之心理日漸沸騰，而對於我國固有之文化反視若敝屣而鄙棄之。自共黨分子簒竊黨權，更持其荒謬之理論，直欲舉我國固有文化中所謂人倫道德者，盡行推翻而不留根株，人欲橫流，天理滅絕，瞻念前途，不寒而慄」。〔註 28〕湖南省政府委員曹伯聞的呈行政院的提案中，更直白地表達了共產主義思想的傳播所導致的「危害」：「近以風俗澆漓，人心浮僞，廉恥道喪，正氣不伸，共產黨徒，乘舊道德人心厭棄、勢力衰弱之餘，挾其邪說詖行起而代之；一般青年學子，頭腦簡單，趨之若鶩，惡化所極，遂爲梟桀兇悍之倫，假之以號召徒侶，劫持群眾，滅教廢義視爲固然，慘殺焚燒，託之主義，茫茫禹域，將見陸沉，渺渺神州，寢淪獸化，今欲救危亡而消隱患，自非遵照總理遺教，提倡固有道德不爲功」。〔註 29〕蔣介石對這些看法應該是極爲贊成的，在 1931 年 3 月 25 日，兼任行政院長的他就將這兩份提案轉呈國民政府「確定要則，命令公佈」。〔註 30〕而且早在 1928 年 2 月 2 日，他在國民黨第二屆四次中央全會開幕詞中說：「總理的三民主義、五權憲法於今一點也沒做到」，根本的原因在於「共產黨妨害我們的革命及本黨的主義」，目前「唯一的辦法，就是共同一致反對共產黨。我們不僅反對他的主義，而且要反對他的理論與方法」。〔註 31〕很明顯，國民黨人在面對共產主義思想的迅速傳播，所提出的應對方案，基本上著眼於「於三民主義中發揚中國民族固有之美德」，認爲「忠孝、仁愛、信義、和平」這種「特別的舊道德，便是我們民族的精神」，「非遵總理遺教，發揚光大，無以拯陷溺之人心，非中央確定圭臬，明白揭櫫，無以促人民之信仰」。〔註 32〕國民黨人強調「總理遺教」中的傳統舊道德，以發揚民族精神，

---

〔註 28〕中國第二歷史檔案館：《中華民國史檔案資料彙編》第五輯第一編文化（一），南京：江蘇古籍出版社，1994 年版，第 12 頁。

〔註 29〕中國第二歷史檔案館：《中華民國史檔案資料彙編》第五輯第一編文化（一），南京：江蘇古籍出版社，1994 年版，第 9 頁。

〔註 30〕中國第二歷史檔案館：《中華民國史檔案資料彙編》第五輯第一編文化（一），南京：江蘇古籍出版社，1994 年版，第 8 頁。

〔註 31〕榮孟源主編：《中國國民黨歷次代表大會及中央全會資料》（上），北京：光明日報出版社，1985 年版，第 507 頁。

〔註 32〕中國第二歷史檔案館：《中華民國史檔案資料彙編》第五輯第一編文化（一），

在現實政治意義上就是以建構民族主義的意識形態抵制共產主義思想的「侵襲」，民族主義變成了現實政治鬥爭的思想武器。民族主義一元意識形態的建構過程，也是國民黨官方意識形態對其他相敵對的意識形態的壓制和清除的過程。

　　不過，需要指出的是，國民黨人所倡導的民族主義在不同時期呈現出不同的色彩。如果說在孫中山主張「將儒家文化與西方政治經濟制度以及後來的蘇維埃主義結合在一起，納入三民主義的政治主張之中，賦予民族主義以新的含義」〔註33〕帶有明顯的捏合特色，那麼，在國民黨上臺執政後的蔣介石等人那裡，則基本拋棄了孫中山、朱執信試圖將反傳統與保守、排外兩種對立的民族主義糅合在一起的努力，傾向於提倡中國傳統文化和傳統道德，「把民族的歷史文化作爲認同符號，將民族情感與救亡意識結合在一起，擴大政治文化的認同感」，從而將一切可以徵用的文化符號通通納入到國家至上的政治民族主義範疇中。甚至有一度爲了適應越來越獨裁的集權政治的需要，國民黨人開始借鑒德意「法西斯主義」（fascism），宣揚國家至上和絕對權力的意志，主張在中國政治經濟文化等領域實行全面的統制。蔣介石在五大建設〔註34〕之「心理建設」中提倡的「力行」哲學，以及特務組織「力行社」的出現，很大程度上都是借鑒同時期德意法西斯主義的結果。在根源上說，法西斯主義就是一種極端民族主義，國民黨人對法西斯主義的極力鼓吹和推崇，一定程度上是建構一元的民族主義意識形態的過程中，消滅和排斥其它敵對思想的極端化表現。由此可以說，國民黨南京政權實施的意識形態——民族主義，它是三民主義的進一步實用化並與現實政治需要緊密結合的結果。

　　從以上國民黨執政後致力於將民族主義建構爲一元意識形態的分析，聯繫到國民黨的文藝統制措施，我們很容易梳理出國民黨文藝統制的基本脈絡。國民黨爲了構建一個一元的意識形態體系，在文化措施上通過文藝政策的國家干預，推動文藝創作和民間通俗文藝的改造，以「政治運動」的思維

---

　　　　南京：江蘇古籍出版社，1994 年版，第 8～13 頁。

〔註33〕郭洪紀：《儒家的華夏中心觀與文化民族主義》，《歷史教學問題》，1994 年第 5 期。

〔註34〕蔣介石把他的三民主義劃分爲政治建設、物質建設、心理建設與社會建設、倫理建設五個部分，統稱爲「五大建設的理論體系」。而其中以政治、心理、倫理建設三部分爲其理論之構成基礎。

和行爲方式介入到文藝領域，力圖全面將文藝導引向支撐政權合法性的意識形態目標。無論是以官方政策推行爲起點的「三民主義文學」運動還是官方或明或暗發動和積極扶持的「民族主義文學」運動，最終都與現實政治鬥爭和政權合法性有關，與一元意識形態的建構有關。從國民黨一元意識形態建構的這一角度來反觀其文藝政策與文藝運動，可以很清晰地透視三民主義文藝到民族主義文藝合乎情理的流變關係，從而改變以往的研究將三民主義文藝和民族主義文藝分割開來，並將這種情況歸結到國民黨內部的派系爭鬥和意氣用事的簡單邏輯，也更容易解釋爲什麼國民黨在提倡「三民主義文藝」或者「民族主義文藝」的同時，總是極力打壓和攻擊以左翼文學爲主要目標的一切與民族主義文學相左的文學，包括左翼作家的作品、林語堂提倡的幽默文學和「頹廢」的都市商業文學等，凡是對建立民族主義一元意識形態建構不利的文學樣式，都在民族主義文學掃蕩之列。

　　具體來講，國民黨的文藝統制主要從其檔中經常提到的「積極的」和「消極的」兩方面進行。「積極的」一面便是制定文藝政策，推進文藝運動，主要的便是民族主義文藝運動。推動民族主義文藝運動又主要從期刊雜誌的創辦和鼓吹，文學團體的扶持與對國民黨黨內外文人的聯絡與拉攏等方面去實施；「消極的」一面是加強對書刊雜誌以及電影等的審查，通過一系列法律法規的制定與施行，成立專門的審查機構等措施，打擊和禁止一切與民族主義意識形態相異的其它意識形態的傳播。

## 第二節　民族主義：作爲民族國家想像

　　民族主義作爲國民黨南京政府的官方意識形態，借助於政治權力對「偏離」的其它思想、觀念打擊、排擠，以維持一元存在的地位，實際就表現爲對思想文化領域的全面控制。不過，民族主義的中心理想還在於確立一個合法性的國家，並且使它的成員最大程度實現團結和整合，因此說，國民黨南京政府倡導的民族主義還有著國家建設的一面〔註35〕。英國學者安東尼·史

────────────

〔註35〕以往國民黨民族主義的研究，要麼將民族主義視爲捍衛國家主權的集體情感
　　　　力量（對外表現爲排外和抵禦外敵入侵，對內則表現爲對個體自由的壓迫），
　　　　要麼將民族主義視爲一種文化心理認同，國家建設的一面被忽略了。羅志田
　　　　最早注意到這一點，他在《近代中國民族主義的史學反思》中提到了中國民
　　　　族主義除了「抗議」的一面外，還具有「國家建設」的一面。參見羅志田：《二

密斯（Anthony D・Smith）反駁那種認爲民族主義僅僅是「華麗詞藻精心製作的一束未成熟的情感」的質疑時說：「民族主義不僅僅是情感和辭藻……各種民族主義的意識形態都有界定得很好的集體自治、疆土統一，以及文化認同等目標，並且經常有清楚的政治和文化計劃來完成這些目標。雖然確實存在著各種不同的民族主義意識形態——宗教的、世俗的、保守的、激進的、帝國主義的、分離主義的——並且每一種都需要分別來分析，但是它們卻都顯示出一些共同的基本因素，並且被貼上了某種認同的標記：異常地追求建立國家」。〔註36〕安東尼・史密斯的論述是以西歐民族國家的構建作爲觀察起點的，但是就近代中國而言，情形也基本相同。無論是民國以前的反滿的民族主義，還是孫中山修改後的三民主義中的「五族共和」、「中華民族」的民族主義，都同樣有著一個建立一個現代民族國家的內在要求，而且與文化認同的建構目標摻雜在一起。國民黨執政前後取得北伐成功和形式上的國家統一（疆土統一），可以說是民族主義的開花結果。但是，形式上民族國家的建立並不意味著一個獨立的民族國家建構的完成，在「內憂外患」構成了全部時代背景的前提下，提高國人民族意識和促進民族認同的形成就成爲國民黨南京政府的基本文化目標，它不僅是民族國家合法化的文化來源，也是進行現代民族國家建設的必經之路。

1927 年 1 月，蔣介石在一次演講中說：「大家如果不懂民族主義的意義，沒受民族主義教育的機會，中國的國民革命是難得有希望的，縱使中國國民革命成功，新中國建立，開宗明義，就當注重民族主義。」〔註 37〕蔣介石將民族主義的教育與「國民革命」成功聯繫在一起，實際上是將民族意識的確立和提高看作是挽救中國根本良策，因爲只有具備民族意識的良好國民，才能「盡忠於國家，犧牲個人來報效國家和民族，以盡國民的責任」，〔註38〕否則「到了國亡家破的時候，不僅自己做亡國奴，世世代代的子孫亦要永遠做

十世紀的中國思想與學術掠影》，廣州：廣東教育出版社，2001 年版，第 104 ～128 頁。

〔註36〕〔英〕安東尼・史密斯：《民族主義理論，意識形態，歷史》，上海：上海世紀出版集團，2006 年版，第 22 頁。

〔註37〕蔣介石：《黨化教育的重要》，貝華主編：《蔣介石全集》，臺北：臺北文化編譯館，1937 年版，第 150 頁。

〔註38〕蔣介石：《爲學做人與復興民族之要義》，張其昀：《先總統蔣公全集》，臺北：中國文化大學出版部，1984 年版，第 962 頁。

人家的牛馬」。〔註39〕

　　蔣介石的學生，曾任其侍從秘書的鄧文儀則表述得更爲直接：「我們只有增強民族意識，提倡民族主義，保障民族生存，建立民族國家，來沖過這個最後的『生死關頭』，求得自由獨立」。〔註40〕

　　國民黨人的這種看法，實際是 20 世紀 30 年代許多知識分子較爲普遍的看法。在三十年代存在的各種應對民族危機的解決方案中，各類民族主義都有著某種共通關係。即使是被冠以「自由民族主義」〔註41〕思想的胡適，他就認爲「民族主義最高又最艱難的是努力建立一個民族的國家」。由於「民國十四五年的遠東局勢又逼我們中國人不得不走上民族主義的路」，並且「十四年到十六年的國民革命的大勝利，不能不說是民族主義旗幟的大成功」，〔註42〕因此，在危機中建立一個民族的國家，就是自由主義實現的前提。這種期待在從政之前的蔣廷黻那裡，則進一步落實到「民族意識」上，他認爲：「民族意識是我們應付世界大變局的必須利器。現在的問題是：這民族意識能否結晶，能否具體化。我們是否從此團結一致來禦外侮：我們是否因爲受了民族主義的洗禮而就能人人以國事爲己任」。〔註43〕傅斯年也持類似的看法，不過，他進一步地將抵禦外侮和國民改造結合起來，認爲：「以今日中國上下一切社會之腐敗，不經一番徹底的締造，是沒有辦法的。……今日之局，正是小鬼不自量力，代可殺之天公以自傷其身耳。反正瘋狗咬渾蛋，是無不可的。我們一旦被咬得不混沌了，然後是中華民族的復興」。〔註44〕如何才能醫治中國的「混沌」，傅斯年認爲可以借抵抗日本之機訓練國民，日本人 1933 年進攻熱河，他認爲「中國人做人的機會到了」，「這是中國人挺起身子來做人的機會，以力效論這是我們這老大國民再造的機會。打個落花流水，中國人才有翻身之一日」。〔註45〕相比較而言，如何建立一個獨立自主的民族國家，國

---

〔註39〕蔣介石：《國父遺教概要》，張其昀：《先總統蔣公全集》，臺北：中國文化大
　　　　學出版部，1984 年版，第 5 頁。
〔註40〕鄧文儀：《中國國民黨之建設》，重慶：黃埔出版社，1940 年，第 232 頁。
〔註41〕陳儀深：《自由民族主義之一例──〈獨立評論〉對中日關係問題的處理》，
　　　　臺北：《中央研究院近代史研究所集刊》，1999 年第 32 期。
〔註42〕胡適：《個人自由與社會進步》，《獨立評論》第 150 號，1935 年 5 月 12 日。
〔註43〕蔣廷黻：《中國與近代世界的大變局》，《清華學報》第 9 卷第 4 期，1934 年
　　　　10 月 4 日。
〔註44〕傅斯年：《日寇與熱河平津》，《獨立評論》第 13 號，1932 年 8 月。
〔註45〕傅斯年：《中國做人的機會到了！》，《獨立評論》第 35 號，1933 年 1 月。

家社會黨領袖張君勱的論述是最爲系統和具體的。他認爲：「我國自秦漢以來，民族疆域雖日益廓大，但因爲和外敵接觸少，這『天下觀念』的心理，始終未能消滅，而民族國家的觀念也始終未能養成，所以中國始終未曾踏上近世國的路。」〔註 46〕張君勱不但將中國未能走上現代民族國家道路的原因歸結爲中國人傳統的「天下觀念的心理」未能消滅，而且指出近世建國運動失敗最大的問題在於民眾民族意識的缺失。在他看來：「人之所以異於動物者在有意識。民族之所以爲民族，亦在於意識，故民族意識，乃民族之第一基本也。」〔註47〕要解決這一問題，實現民族的復興，「先則須從教養入手，俾三萬萬九千萬人民，咸認識其爲中華民族之人民，乃當今根本問題。人民有教有養，民族情愛、民族知識乃能逐漸提高，其後乃由意志之統一（unity of will），終則爲行動之統一（unity of action）。如是民族可以自存，國家可以獨立矣。」〔註 48〕具體而言，張君勱提出了以下方案：從總體目標上，立足於開發人民的「心力」，即所謂「情」（民族情愛）、「知」（民族智力）、「意」（民族意志），三者都屬於「民族意識」培養的範疇；從民族意識的培養方式上，倡導學術和文藝創作，將「全國人所推崇之文藝與學說」作爲「灌漑」和「培植」之工具。與此同時，極力推崇民族文化，推崇祖先的豐功偉業，培養民族自信心，縱使祖先毫無成績可言。當「一國國民曉得自己文化之優點，曉得他的文化與自己有利益，他自然會相信自己，自然會推崇自己」，這種自信力是「民族性之第一礎石」。〔註49〕張君勱這一套救國主張儘管被後人稱之爲「文化救國論」，是一種遠離社會現實的救國主張〔註50〕，不過，我們發現相較於國民黨人的民族主義救國主張，實在是太相似了。

從理論主張上，當張君勱指出「我國人民之缺乏民族思想，至今日而已

---

〔註46〕 張君勱：《中華新民族性之養成》，《民族復興之學術基礎》（卷下），北京：中國人民大學出版社，2006 年版，第 206 頁。

〔註47〕 張君勱：《中華民族復興之精神基礎》，《民族復興之學術基礎》（卷下），北京：中國人民大學出版社，2006 年版，第 243 頁。

〔註48〕 張君勱：《中華民族復興之精神基礎》，《民族復興之學術基礎》（卷下），北京：中國人民大學出版社，2006 年版，第 243 頁。

〔註49〕 張君勱：《中華新民族性之養成》，《民族復興之學術基礎》（卷下），北京：中國人民大學出版社，2006 年，第 206 頁。

〔註50〕 參見陳先初：《從民族意識的培養到民族國家之建立》，《中國近代史上的民族主義》，鄭大華，鄒小站主編，北京：社會科學文獻出版社，2007 年版，第 210 頁。

極」，「吾國人民腦袋中充滿者，乃『天下』思想，而非民族思想」，〔註51〕需要全面更新國民意識才是「吾族起死回生之良劑」時，國民黨人蔣介石則宣稱：「我們中國人沒有國家的觀念，沒有民族的觀念，是最危險的一點」〔註52〕，「在現在這個世界要建立一個新的國家，就要有一個新的社會做基礎，要組織一個新的社會，就要有新的國民為基本」。〔註53〕「我們要救國，一定先要盡力來使全國四萬萬同胞都能成為健全的現代國民」；〔註54〕當張君勸認為歐洲國家儘管語言、風俗、宗教相同，但他們為了表現出自己的民族性特點，總在文學、哲學方面力求其異，盡量推崇自己的民族文化以培養民族自信力，蔣介石也進而認為「中國民族與國家整個的生命所賴以維持不替，並發揚光大，就是靠民族固有的道德文化」。〔註55〕

　　在具體的實踐上，國民黨上臺執政後實施的一系列文化教育措施，都與民族主義的教育和民族中心意識的培養有關。在 1930 年 6 月左右開始出現的「民族主義文學」潮流，就民族國家建設的一面來說，其立足點就在「民族中心意識」的開發與教育。從 1930 年到 1937 年國民黨人時斷時續地對民族主義文學的倡導，每一次都強調民族主義文學的最終目的就在促進民族「中心意識」的形成；1934 年開始蔣介石在南昌發動的「新生活運動」，則完全是一場民族主義的教育運動，用「四維八德」等傳統的民族道德作為教育的準則，使民眾的日常生活藝術化、生產化和軍事化，目的還在於培育和提高普通民眾的「民族國家意識」，從而隨時準備為國家盡忠。這與張君勸所設計的通過學術和文藝創作培植「民族意識」，通過教育開發人民「心力」的方案，可以說一脈相通。

　　由此看來，民族主義在 20 世紀初的中國有著較為廣泛的散佈。正如張灝

〔註51〕　張君勸：《中華民族復興之精神的基礎》，《民族復興之學術基礎》卷下，北京：中國人民大學出版社，2006 年版，第 243 頁。

〔註52〕　蔣介石：《雪恥救國之道》，秦孝儀主編：《先總統蔣公思想言論總集》第 10 卷，臺北：中國國民黨中央委員會黨史委員會，1984 年版，第 528 頁。

〔註53〕　蔣介石：《平實堅毅為成功之母》，秦孝儀主編：《先總統蔣公思想言論總集》第 11 卷，臺北：中國國民黨中央委員會黨史委員會，1984 年版，第 34～35 頁。

〔註54〕　蔣介石：《日本之聲明與吾人救國要道》，秦孝儀主編：《先總統蔣公思想言論總集》第 12 卷，臺北：中國國民黨中央委員會黨史委員會，1984 年版，第 200 頁。

〔註55〕　蔣介石：《軍隊教育的要旨》，秦孝儀主編：《先總統蔣公思想言論總集》第 12 卷，臺北：中國國民黨中央委員會黨史委員會，1984 年版，第 473 頁。

所說「民族主義在二十世紀中國不是屬於某一個特定的運動，或者特定的思想流派，而是到處彌漫的思想氛圍」。〔註56〕國民黨的民族主義也是在這樣一種語境中形成和產生的。它因政治環境的變化而變化，有時不僅表現爲統治者的意識形態，而且直接表現爲一種方案，或者是一種策略，只要與民族國家的建設有關，與民族性（國民性）的改造相關，就可以整合進入民族主義。不過，從國家建設層面來看，國民黨的民族主義在提升民眾民族觀念，維護國家基本穩定上，還是取得一定效果和產生了一定影響。以各地名義上歸順了南京中央政府的軍閥對國民黨中央政權統一軍政財權的反抗爲例，在民族主義的旗幟下，各地軍閥的反抗都難贏得普通民眾及輿論的同情和支持。反抗「中央」者，都會成爲「不愛國家，不愛民族，割據稱雄，自私自利的跳梁小丑」，會成爲「國民的公敵，民族的罪人」。〔註57〕即使在面臨日本入侵的嚴重危機面前，各地軍閥勢力的割據現象還是得到了有效的抑制。

　　從這樣一種歷史和思想背景出發，我們再回頭看國民黨南京政府前十年所發動的民族主義文藝運動以及一系列文化政策措施，很多以往曖昧不清的問題就會變得清晰起來，很多問題也會迎刃而解。如國民黨人爲什麼發動民族主義文藝運動，發動的動機和生存的土壤是什麼；這個運動爲什麼會時斷時續，自 1930 年到 1937 年抗戰爆發仍然不絕如縷，甚至在四十年代昆明出現的「戰國策派」那裡，也能聽到某種極爲相似的回聲；再如在民族主義文學運動中，爲什麼會出現民族主義文藝的創作者和提倡者並非都是國民黨人，也有很多無任何黨派背景的人，甚至還有一些秉持自由主義理念的知識分子，民族主義文藝在何種程度上贏得一些知識分子的支持，在何種程度上贏得讀者和市場；此外，民族主義文藝與左翼文學之間的此消彼長等問題，都可以在國民黨三十年代所致力的民族意識建構和民族國家想像這一文化目標和框架中得到合理的解釋。

---

〔註56〕 張灝：《關於中國近代史上民族主義的幾點省思》，《時代的探索》，臺北：臺北聯經出版公司，2004 年，第 75 頁。

〔註57〕 蔣介石：《抵禦外侮與復興民族》（上），張其昀：《先總統蔣公全集》，臺北：中國文化大學出版社，1984 年版，第 878 頁。

# 第二章 文藝政策：話語標準的建立與實踐

## 第一節 三民主義文藝政策的出臺

從中國新文學的發展過程來看，20 世紀 30 年代是政治與文學結合較為緊密的時期，為了組織動員的需要，宣傳與文學創作的邊界也越發模糊不清。不過，政治要對包括文學在內的一切文藝形式實行實質性的收編與徵用，把文藝作為宣傳的工具以實現其政治目標，必須通過文藝政策。在國家形態下，文藝政策是有意識的、自覺的文化統治行為和文化政治行為，是連通政治與文藝的中介，有什麼樣的政治形態，就會有什麼樣的文藝政策。

嚴格說來，以國家干預的方式介入文藝領域，把文藝納入到國家政治體制運行中來，加以改造、引導和管理，使之成為國家意識形態建構的重要工具，甚至直接就將之作為國家意識形態的重要組成部分，是從國民黨南京政府擬定文藝政策為開端的。

1929 年 6 月 4 日，國民黨中央宣傳部召開了第一次「全國宣傳會議」。這個會議通過了《確定適應本黨主義之文藝政策案》和《規定藝術宣傳方法案》兩個決議，形成有關文藝的兩個政策文本。從國民黨執政二十二年間所制定的一系列文藝政策來看，這兩個政策文本在國民黨南京政府的文藝政策體系中意義重大，它不僅標誌著現實政治以國家干預的形式介入文藝領域，引導和管理文藝的開始，而且形成了國民黨南京政府文藝政策體系的基本框架，初步奠定了國民黨南京政府的文藝體制基礎。這兩個政策文本的制定和實

施，客觀上推動了文藝團體的組建、文藝期刊的創辦、民間文藝形式改造等，並由此直接促成了民族主義文藝運動、通俗文藝運動等官方文藝運動的開展，影響著三十年代的文學基本面貌。

## 一、話語標準：《確定適應本黨主義之文藝政策案》

這一文藝政策案中主要有兩條：

> 一，創造三民主義文學（如發揚民族精神，闡發民治思想，促進民生建設等文藝作品）；二，取締違反三民主義之一切文藝作品，如斲喪民族生命，反映封建思想，鼓吹階級鬥爭等文藝作品）。

〔註1〕

這個政策案中不僅明確提出了「文藝政策」一詞，而且第一條還確定了文藝政策的總的方針就是創造三民主義的文學。從功能上對三民主義的文學作品作出了三個方面的限定。

以往的研究中一致認為國民黨的三民主義文藝政策是國民黨特定時期的權宜之計，僅僅停留於空洞的政治口號層面，沒有對文藝和文藝運動有著直接和間接的作用。從創造文藝作品的數量和成績來說，確實很難找出可以稱之為「三民主義文學」的作品，但是，從三十年代國民黨文藝政策的施行所帶來的影響來看，情況則有所不同。一些打著「三民主義」、「民族主義」旗號的文學作品和文學論著的產生，以及隨後掀起的有一定聲勢的民族主義文藝運動，不能說和「全國宣傳會議」所確立的「本黨文藝政策案」毫無關係。從現有資料來看，也並非如我們以往所說的很快就消失了，三民主義文藝政策所確立的文學方向在三四十年代也時斷時續有人在倡導。據王集叢〔註2〕在其《三民主義文學論文選·序言》中所說：「到現在為止（按：1942年），我所見到的三民主義文學論文已在百篇以上，這充分證明了三民主義文學工作

---

〔註1〕 國民黨中執委宣傳部編：《全國宣傳會議會議錄》，1929年6月，第31頁。
〔註2〕 王集叢（1906～1990），原名王義林，四川南充中和場人。中學畢業後曾赴重慶、成都、上海求學，後畢業於上海私立中華藝術大學。抗戰開始在江西主編《大路月刊》、《文藝建設》，抗戰後期任職重慶國民黨政府，曾兼任多家報刊撰稿人。1949年去臺灣，先後任臺南高級工業學校教職、中央廣播電臺編審、主編。又主持集荷出版社，並任《自立晚報》主筆，1976退休。著有《三民主義文學論》（時代思潮社，1943年）、《怎樣建設三民主義文學》（國民圖書出版社，1943年）、《戰鬥文藝論》（臺北文壇社，1955年）、《文藝新論》（臺灣商務印書館，1961年）、《三民主義與文藝》（臺灣商務印書館，1971年）等十餘種。是三民主義文藝最積極的鼓吹者之一。

者的努力，證明了這文學運動正在開展，即將成為新時代文學的主潮」。〔註3〕
趙友培〔註4〕在《三民主義文藝創作論》的序言中，也頗為自得地說，1937
年到 1942 年這五年間，「三民主義文藝運動之聲，也由少數人的呼號，逐漸
響及全國」。〔註5〕甚至於退守臺灣以後的 1950 年 3 月，國民黨改造委員會仍
然將文藝工作納入政綱，強調「建設三民主義的文學」，並且設立了以張道藩
為主任委員的文藝評選機構——中華文藝獎金委員會，徵集、獎勵「三民主
義」的戰鬥的文學作品。1967 年，國民黨九屆五中全會還通過了《當前的文
藝政策》的決議，建設三民主義的文藝。由此可見，國民黨提出的三民主義
文藝的文藝政策，實際上是國民黨在文藝領域制定的一個總的方針政策。作
為總的政策，它並不特別關心有關文藝發展中的某些具體的細節問題，而是
站在主體政治利益的高度來觀察和處理政策主體所體認到的根本的方向性問
題。在國民黨當局眼中，文藝的意識形態整合作用是最被看重的。它的目的
不在於在文藝領域創造多少「三民主義的文藝」，更多的是在這一政策框架下
樹立一個思想文化領域大一統的話語標準。

　　國民黨執政後，就力圖把「三民主義」建構為政黨的意識形態和思想話
語標準。在 1927 年 4 月 18 日《國民政府定都南京宣言》中以國民政府的名
義宣稱：「蓋惟三民主義為救中國之唯一途徑，亦惟三民主義為造成新世界之
唯一工具，本政府所行政策惟求三民主義之貫徹，凡反對三民主義者即反革
命，反對國民革命而有階級獨裁者即反革命」，強調思想的統一是中國走出貧
窮弱小的必要條件，聲言「貫徹三民主義，必先肅清革命陣地以內的反動勢
力，然後才能精密組織、整飭紀律、統一信仰」。〔註6〕把辛亥革命以來中國

〔註3〕 王集叢：《三民主義文學論文選》，重慶：時代思潮出版社，1942 年版。
〔註4〕 趙友培（1913～1999），評論家，江蘇揚中人。1930 年秋進入正風文學院中國
　　　文學系學習，畢業後曾任《揚中民報》社社長。抗戰時投身國民黨文宣機構，
　　　入「三青團」中央宣傳處服務。歷任重慶社會局視導，《市民周報》發行人，
　　　重慶市立圖書館館長、民眾教育館館長，中央政治學校訓導、副教授，中央
　　　文化運動委員會秘書，《文藝先鋒》月刊主編等職。抗戰勝利後，任中央文運
　　　會南京文化特派員、江蘇省參議員、「國大代表」。1949 年去臺灣，在臺灣師
　　　範學院任教。著有《三民主義文藝創作論》、《文藝論衡》、《國家基本結構研
　　　究》等 10 餘種。
〔註5〕 趙友培：《三民主義文藝創作論》，上海：正中書局，1944 年版。
〔註6〕 《國民政府定都南京宣言》（1927 年 4 月 18 日），中國第二歷史檔案館編：《中
　　　華民國史檔案資料彙編》第五輯第二編文化（一），南京：江蘇古籍出版社，
　　　1994 年版，第 1 頁。

軍閥割據、民不聊生的政治混亂狀態通通歸因於「思想的紛雜」，並且將這種思想的紛雜與國家的制度建設直接聯繫在一起。作為國民黨首腦的蔣介石就認為「現在主義的派別很多」，「使得我們四萬萬同胞無所適從」。因此，他提出，「拿三民主義來做中心思想，才能統一中國，建設中國」。〔註7〕沿襲著這種思路，1930 年，時任中宣部部長的葉楚傖在闡述文藝與意識形態，文藝建設與思想一統的關係時說：「現在文藝界眞是凌亂極了」，「這不是文藝之罪惡，乃是作文藝的人，他們表面上雖然已經站在三民主義的旗幟下，而他們的內心卻未曾革命，他們的思想不是三民主義的思想。所以要有三民主義的文藝，最大前提便是統一了思想。」〔註8〕出於「一黨專政」的集權政治的需要，把三民主義作為衡量一切思想意識正確與否的標準，既有對打壓其它思想的現實政治考慮，也有意圖在意識形態領域樹立獨尊一統地位的長遠構想。一方面，樹立三民主義主流意識形態地位，同時抵制外部一切與三民主義相牴觸的話語形態，重點是共產黨的意識形態；另一方面，國民黨借助國家力量推行政黨意識形態，以求得國民黨黨內外認識的統一。落實到具體的制度層面，南京政府開始制定相應的法律法規，為三民主義意識形態話語的建構掃清障礙，控制思想文化領域。在 1928 年 3 月 9 日頒佈的《暫行反革命治罪法》中，規定對宣傳與三民主義不兼容之主義者將以反革命罪論處。〔註9〕1929 年 1 月，國民黨中執委決議通過的《宣傳品審查條例》也規定，凡「宣傳共產主義及階級鬥爭者」、「宣傳國家主義、無政府主義及其它主義，而攻擊本黨主義、政綱、政策及決議案者」均為反動宣傳品，應予查禁、查封、或究辦之。由此看來，三民主義的文藝政策，從根本上說是國民黨樹立三民主義意識形態一統過程中的政策延伸。

由於視「藝術為宣傳之利器，視藝術為開化人心之一手段」，第一次全國宣傳會議間江蘇代表提案就提出：「目下中國之藝術運動與本黨不甚發生關係。有耽於空想，有耽於淫樂，已成時代上所不需要之贅物。本黨今後似宜注意及此，舉凡詩歌，小說，戲劇，繪畫，音樂，攝影等，力為提倡；通過革命的洗禮，使之成為本黨宣傳之利器，普遍的予一般民眾享受」。〔註10〕察

---

〔註 7〕 蔣介石：《中國建設之途徑》（1928 年 7 月 18 日），張其昀主編：《先總統蔣公全集》第 1 冊，臺北：中國文化大學出版社，1984 年版。

〔註 8〕 葉楚傖：《三民主義文藝底創造》，《中央日報》1930 年 1 月 1 日。

〔註 9〕 《安徽教育行政周刊》，1928 年第 2 期。

〔註 10〕 國民黨中執委宣傳部編：《全國宣傳會議會議錄》，1929 年 6 月。

爾哈省宣傳部提案也認為「今後宣傳部工作，宜利用藝術方法」，認為「普通之宣傳」，「尤須要用明顯感人，既有趣味之工具。如電影，圖畫，戲劇……種種寫實的藝術，實為宣傳最有力之方法」。〔註11〕1931 年 2 月 5 日，《國民黨中央宣傳部關於省市黨部宣傳工作實施方案》中，更為具體的闡述了這一意圖。其中一條是：「為使宣傳深入智識分子，應將三民主義應用到社會科學、社會問題及文藝的領域去，依三民主義的原理，……創造三民主義的文藝作品，同時應用學術上的新發明以證實三民主義，使智識分子深刻接受本黨主義」。由於國民黨人對文藝在意識形態建構中的特殊功能的體認，文學以及其它象徵性藝術符號都被納入到黨派政治宣傳中，文藝政策順理成章的成為了文藝與政黨政治互動的中介，成為了政黨領導和管理文學的重要方式。

　　如果說在「確定三民主義文藝政策案」的決議第一條「創造三民主義文學」著眼於三民主義話語標準的建構，那麼，第二條規定「取締反三民主義之一切文藝作品（如斲喪民族生命，反映封建思想，鼓吹階級鬥爭等文藝作品）」，〔註12〕則著眼於對三民主義意識形態相牴觸的話語形態的控制。也就是說，國民黨的文藝政策，一開始就有其現實的政治意圖和針對性。表面上，對「反映封建思想」的作品的取締似乎是一個宣稱「革命」的政黨上臺執政後的革命性舉措，也與三十年代的整個歷史和文化潮流合拍，但實際情形並非如此。從國民黨南京政府執政期間所推行的相對保守的政治文化來看，反映「封建思想」的作品當指反映儒家文化思想中與國民黨政治理念相牴觸的部分。所謂取締「斲喪民族生命作品，反映封建思想的作品，鼓吹階級鬥爭文藝作品」，最主要的立意還在於控制包括左翼在內的各種與之相違背的思想的傳播。這種意圖到 1935 年 5 月陳立夫等人發起的「中國文化建設協會」宣言中，就更為明確：「居今日而欲完成復興國家民族之大業，所需乎文化之積極的建設者，同時尤必致於消極的破壞，珠礫不能並存，薰蕕必致相妨，欲成培養之功，應有芟刈之力」，「消滅封建殘餘之意識，肅清階級鬥爭之邪說，糾正幽默頹廢之風氣，掃除奴隸自棄之思想，實為當務之急」。〔註13〕從政策的連續性來看，1929 年制定的三民主義文藝政策與 1935 年「中國文化建設」

---

〔註11〕國民黨中執委宣傳部編：《全國宣傳會議會議錄》，1929 年 6 月。
〔註12〕《中央日報》1929 年 6 月 6 日。
〔註13〕中國第二歷史檔案館：《中華民國史檔案資料彙編》第五輯第一編文化（二），南京：江蘇古籍出版社，1994 年版，第 769 頁。

是一脈相承的。左翼作家、自由主義作家或者中間作家，包括「新月」、後期「鴛鴦蝴蝶派」等作家的作品及幽默的文藝思想，都是國民黨文藝政策或文化政策所要規範與清理的。

　　將「普羅文學」作爲清理的重點，與「普羅文學」的迅速傳播和發展壯大緊密相關。在 1928 年春「革命文學」論爭推動下，隨著「普羅文學」陣線的擴大與馬克思主義意識形態的迅速傳播，使得國民黨體制內一些文人深感焦慮。廖平在《國民黨不應該有文藝政策嗎？》一文中就指出，中國文藝界現狀看上海的文藝界就知道了，「上海文藝界的情形大略可以分爲共產派、無政府派，以及保守派，至於我黨的文藝刊物可謂寥若星辰了」。他呼籲國民黨人及政府要「眞眞切切的注意到文藝方面」，仿傚蘇俄制定文藝政策，成立「國民黨文藝戰爭團」，「政府要給這種團體相當的援助，以及指導」，「而對一切反革命派的刊物，要檢查，禁止，以免影響青年，致有錯誤的思想」。〔註 14〕署名「紹先」在《革命的文藝和文藝的革命》中也建議把分散在各地的作家和藝術界人士組織起來結成「文藝革命底聯合戰線」，「運用國民黨的文藝政策」，「趕緊創造適於三民主義、富有革命性底民眾文藝」以推進黨義宣傳工作，進而起到組織民眾和訓練民眾的作用，「劃除腐化民眾的舊的或新的惡劣文藝。〔註 15〕「普羅文學」顯然是被包含在這種「惡劣文藝」之中的。三民主義的文藝政策方案的出臺，表明了國民黨當局意在建設「三民主義文學」以建構三民主義作爲中心意識形態，全面宰制文藝的發展。

　　但是，僅僅認識這一點還不夠，它無從解釋三民主義文藝政策提出前後國民黨制定的一系列文化政策行爲，諸如藝術改良與推進計劃，頒佈改良習俗、取締陋習方面的諸多政策。從政策學的角度來看，三民主義文藝政策的出現有其歷史的連續性。就社會性質而言，政策主體就文藝發展的某些重大問題所提出並加以實施的政治主張，目的是爲了從文藝方面落實政策主體有關社會發展的大政方針，以更好地鞏固和發展政策主體的根本利益。三民主義文藝政策的出臺，它承載著的是國民黨作爲政策主體的一系列設計與長遠構想。尤其相對在三十年代初南京政權剛剛建立，各種法律體制不夠健全的歷史階段，文藝政策所起的作用顯得更爲突出。

　　法國學者路易‧多洛（Louis Dollot）在描述現代國際文化關係的歷史演

---

〔註 14〕　《革命評論》（周刊），1928 年第 16 期。
〔註 15〕　《民國日報‧青白之園》（上海），1929 年 3 月 24 日～4 月 14 日連載。

變過程時，曾經提出過這樣的見解：從 20 世紀以來，文化領域已發生了三次革命。第一次革命是文化發展由自發的狀態轉而要求國家參與。國家要對國民的文化生活作出一定的安排，給與必要的指導，還要建立相應的機制，制定相應的政策。〔註16〕按照這一看法，文化政策的制定（作為它的發生）屬於第一次革命。雖然人類的這一次文化革命是個相當長的歷史過程，其起始階段也並不是多洛所說的那樣是「從 20 世紀以來」才發生的，但是，把國家對文化的參與，對文化生活的安排、指導和制定相應的文化政策看作是文化走出「自發狀態」的標誌性革命，則是一個深刻的見解。它提出了文化政策發生和文化政策性質構成的政治學基礎——國家行為。〔註17〕

國民黨定都南京以後，成為了名義上統一的中央政府，開始了一個雄心勃勃的建國計劃。國家開始對國民的文化生活作出一定的安排，給與必要的指導，建立相應的機制。路易‧多洛的這種觀察應該說大體是符合南京國民政府在所謂「訓政」時期的文化實踐的。1928 年 4 月，在南京國民政府行政院就轉呈內政部的「關於發揚中國文化中心以奠國基」的呈文中提出，由於「人欲橫流，天理滅絕」，「故於三民主義中極力發揚中國民族固有之美德」，「恢復忠孝仁愛信義和平七端，於固有智慧則主張恢復格物致知誠意正心修身齊家治國平天下八目，此實抉出吾民族文化之重心，示黨國以唯一之正軌」，「現當訓政時期，亟應依據斯旨，定位標準，俾全國人民有所遵循，其實行方法即從政治、教育兩方面力為提倡，其在政治方面，則由政府本發明令，昭示國人，以端趨向；其在教育方面，則由大學院首定教育宗旨，以立綱領，釐定革命進程中普通人民應有之德目編為公民常識課本，責成各學校實地教授訓誨，以培根柢。」〔註18〕同年 10 月 26 日，又發表了《訓政宣言》，宣佈進入以黨治國的訓政時期，這些都透露出了國家對國民文化生活的干預，隱含的是其國家建設中的制度構想。

---

〔註16〕路易‧多洛所說的第二次革命是隨著再現手段和傳播技術的發展，人民大眾真正獲得享受文化財富的權利，人與人之間的智力聯繫和精神聯繫，得到了空前的增強。第三次革命是國際間的文化合作，文化的給予與接受的會合而形成的文化互惠，將成為主導潮流。

〔註17〕〔法〕路易‧多洛（Louis Dollot）：《國際文化關係》，孫恒譯，上海：上海人民出版社，1987 年版。參見胡惠林：《文化政策學》，上海：上海文藝出版社，2003 年版。

〔註18〕中國第二歷史檔案館編：《中華民國史檔案資料彙編》第五輯第一編文化（一），南京：江蘇古籍出版社，1994 年版，第 12 頁。

更爲直接闡述這個文藝政策議案與國家文藝制度設想關係的是國民黨中宣部部長葉楚傖。在國民黨 1929 年「全國宣傳會議」召開後不久，他在一篇文章中說：「這是由削平叛變以進於政治建設的時候了。在這個時候裡面我們曉得，要有種種新制度之實現，無論在政治組織，社會組織，經濟組織各方面，都應該創造出新的來代替舊的，發現新的來改革舊的。在教育上，法律上莫不如此。現在特別提出一問題來說：在不久以前，中央宣傳部召集了一個全國宣傳會議，在這個會議裡面，發生了一個沒有辦法的提案，這件案子大家認爲重要，全體一致決定，交中央宣傳部設計辦理。這案子的內容是這樣，我們在革命以後，種種創造工作之中，要創造一種新文藝，要創造出中國民族的文藝，三民主義的文藝。因爲文藝創造，是一切創造根本之根本，而爲立國的基礎所在」〔註 19〕。這一政策思路一直延伸到四十年代。1942年，由張道藩發表《我們所需要的文藝政策》所引發的「文藝政策討論」中，丁伯騮在《從建國的理論說道文藝政策》中也指出：「中國以三民主義作爲建國的目標，是已經確定了的，沒有問題。問題在於怎樣根據三民主義的理論來制定各種活動的綱領或策略。有人誤會了，以爲三民主義只是政治和經濟的指標罷了，和別的活動沒有多大關係，這實在是大謬不然的。我們暫丟開別的。只就文藝這一文化部門來講，就可以知道實時向被人大不重視的文藝，都應該有一個依據三民主義制定的理論條文——即所謂文藝政策」。並且用蘇聯經驗來證明：「一個具有完整建國理論的國家必需要一個與那理論一致的文藝政策」。儘管這篇文章有爲張道藩捧場的嫌疑，但它也恰好道出了國民黨制定三民主義文藝政策的政治考慮。從這個意義上說，三民主義文藝政策正是國民黨在「訓政」時期文化政策的一個重要組成，是三民主義建國理論在文藝領域的實際應用。

## 二、制度設計：《規定藝術宣傳方法案》

從政策制定的角度來講，一項總的政策制定之後，必須有一些具體的落實措施來保證總的政策目標和方針的實現，否則，總政策的制定將變成一紙空文。爲了保證三民主義文藝政策的實現，第一次「全國宣傳會議」通過了另一個政策文本——《規定藝術宣傳方法案》，〔註 20〕從執行和保障措施層

〔註19〕葉楚傖：《三民主義文藝的創造》，《中央日報》1930 年 1 月 1 日。
〔註20〕《中央日報》1929 年 6 月 7 日。

面，確保「創造三民主義文藝」這一總目標和方針的實現。

有人曾將三民主義文藝運動失敗的原因歸結為缺乏有力的執行政策和保障措施。實際上，三民主義文藝運動失敗的原因是多方面的，從《規定藝術宣傳方法案》出臺後國民黨人所作的工作來看，還不能完全歸咎於執行和保障措施不力。以南京為例，由於「三民主義文藝作品的提倡」，「一向沉悶的首都，文藝的空氣也漸漸的濃厚起來了。文藝的團體，不要說，是多得很的；文藝的刊物，我們走到任何書鋪裡去，皆可以看到幾份的，這卻是在首都空前所未有的新氣象。這些新興的文藝團體與文藝刊物，雖各有各的主張，但其立場總是大致相同的，即以民族或三民主義的文藝，是他們唯一的責任」。〔註21〕說明《規定藝術宣傳方案》中的具體措施是被付諸實踐並取得一定成效的。特別是在制度建設層面，它已經涉及到文藝社團的組建、文藝刊物的創辦、民間文藝形式的改造、文藝獎勵和取締等諸多方面，從文藝人才、傳播媒介、宣傳方式、法律規章層面初步奠定了國民黨南京政府文藝體制的基本框架和基礎。

首先，組織文藝機構，成立或扶持官方或親官文藝組織和文學社團，利用社團的凝合作用，為三民主義文藝的創作提供文藝人才準備。20 世紀 30 年代一個重要的現象就是文藝社團林立，並且都有著較強的政治色彩，很大程度上與 20 世紀 30 年代特殊的政治語境下國共兩黨的文藝政策相關。在國民黨方面，《規定藝術宣傳方法案》規定：在各省市縣黨部宣傳部應遴選有藝術素養之同志若干人，組織藝術宣傳設計委員會。這種設計在當時有兩種考慮：一方面，成立官方文藝機構和組織文藝社團，各級黨部可以加強對文藝的引導與管理，獲取政策和經費上的支持，同時可以團結「黨內同志」，組成一個所謂由國民黨的文藝界組成的「文藝戰爭團」〔註22〕；另一方面，可以影響和吸引一批文藝青年，解決國民黨內文藝人才匱乏的局面。會議期間有代表的提案就專門說到「經費」和「黨內文藝人才缺乏」是制約宣傳的兩個問題，因此，就經費問題會議通過了《確定各級黨部宣傳經費案》，確定各級黨部宣傳部經費應占各級黨部總經費的一定比例，以解決諸如「創辦定期刊物」（廣州特別市黨部提案）、「普設無線電收發機」（福建省黨部提案）、「自

---

〔註21〕 武：《首都的文藝空氣》，《民國日報》1930 年 11 月 24 日。
〔註22〕 廖平：《國民黨不應該有文藝政策嗎？》，《革命評論》（周刊）第 16 期，1928 年 8 月 20 日。

辦印刷廠」（察哈爾黨部宣傳部提案）等問題，同時還確定「宣傳人才應多造就」〔註23〕，「未來宣傳人才固急需設法培養，而對日前固有之宣傳人才，尤急需設法集中」。〔註24〕儘管「藝術設計宣傳委員會」並沒有真正組織起來，但在官定政策的推動下，官方或者與官方有直接間接聯繫的文藝社團和文藝機構就紛紛成立。1929年至1937年間，南京成立了中國文藝社、流露社、開展社、線路社等，上海成立了前鋒社、草野社，杭州成立了黃鐘社、初陽社，江西成立了民族文藝社，形成了一定聲勢。國民黨文藝機構和社團的組建，也的確因此聚結了一批國民黨文人，影響了一批青年知識分子。以上海前鋒社為例，通過其刊物《前鋒周報》，廣泛招攬會員，條件是：「凡與本刊宗旨相同，不分性別，曾在本社出版之在《前鋒周報》上投稿三篇以上，經本社認為合格者，均得為本社會員」。上海的「草野社」就是一個被「前鋒社」影響和收編的文藝社團。「草野社」社員除了湯增敭年齡較長外，其餘原本都是一些在讀或者剛出大學校門的學生，由於「草野社」骨幹成員王鐵華、鄒枋、黃奐若、宓羅等人經常在「前鋒社」刊物上發表文章，按招聘社員慣例，應該就算是「前鋒社」社員。在「前鋒社」的扶持下，《草野周刊》宣稱在3卷1期（1930年7月26日）「革新號」起，正式投身民族主義文藝運動。而通過「草野社」這樣的學生文藝社團，就相對容易發展社員，培養文藝骨幹。據王鐵華《爽約者言》（2卷7期）中所說，截止1930年5月，草野社社員已經達到112人，並準備在蘇州、嘉興、濟南、南京等地設立分社；〔註25〕而魯迅先生所譏諷的「民族主義」旗下寫出的「憤激和絕望」的詩歌的邵冠華、甘豫慶、沙珊等「小勇士們」，〔註26〕也是在「前鋒社」等民族主義文藝社團影響下的結果。

其次，舉辦刊物及利用各種通俗文藝活動形式進行政策宣傳。《規定藝術宣傳方法案》規定：各省市縣黨部宣傳部在可能範圍內應根據本黨之文藝政策，舉辦文藝刊物、畫報、音樂會、繪畫及攝影展覽會、戲劇、電影、幻燈、化妝講演，並仿製民間流行之俗謠、鼓詞、灘簧、通俗故事等。在舉辦

〔註23〕國民黨中執委宣傳部：《全國宣傳會議會議錄》，1929年6月，第33頁。

〔註24〕《中央宣傳部報告》，《中央日報》1930年6月5日。

〔註25〕轉引自倪偉：《民族想像與國家統制》，上海：上海教育出版社，2003年版，第63頁注釋。

〔註26〕魯迅：《「民族主義文學」的任務和運命》，《魯迅全集》第4卷，北京：人民文學出版社，2005年版，第319～330頁。

刊物方面，廣州代表提案提出：

> 定期刊物在宣傳上的力量，早已被人們所重視，過去如共產黨
> 之嚮導中國青年，國家主義派之醒獅、獨立青年等，在宣傳上確會
> 發生不可以忽視的力量，這些刊物差不多具有超越普通報紙的威
> 力，而此威力足以轉移社會觀聽，成爲輿論中心。年來本黨發刊之
> 中央半月刊及新生命等定期刊物，在宣傳上所收之功效和在輿論界
> 所佔的地位，也是很不容易漠視的。但這是指一種比較良好的有價
> 值的刊物而言，並不是説一切的定期刊物無論他的質量怎樣，都會
> 發生如許的力量的。現查各地黨部或黨員個人所出版的定期刊物黨
> 報等，數量雖然不少，但言論卻異常龐雜，對於某一問題甲地和乙
> 地的刊物的主張論調往往不同，甚至違反黨的主義黨的決議的，也
> 所在常見。在此種情形之下，不但本黨的宣傳無法統一，且足使反
> 動宣傳乘機摻入，影響之大，非可言喻，此爲統一本黨宣傳，消滅
> 反動宣傳，造成各地健全輿論起見，中央宣傳部實有在重要市區創
> 辦一有力量之定期刊物之必要，蓋由中央直接派人主持，則可免除
> 上述之弊病，而收統一之效也。

並且提出舉辦定期刊物的具體辦法：

> 1、經費由中央負擔，或令當地政府撥給；2、一切主持人員，
> 概由中央委派，直接受中央指揮監督；3、爲使宣傳更爲有效起
> 見，在外表上不必用中央名義，使外界不知該刊與中央間之關係。

〔註27〕

於是，在政策的指導下，國民黨體制內文人著手文藝刊物的舉辦，積極地搶佔文藝陣地。除中宣部控制下的《中央日報》和《民國日報》專門開闢了文藝副刊《大道》、《青白》、《青白之園》、《覺悟》外，南京的就有《文藝月刊》、《文藝周刊》、《青年文藝》、《開展月刊》、《開展周刊》、《矛盾月刊》，上海有《前鋒周報》、《前鋒月刊》、《現代文學評論》、《青春月刊》、《南風月刊》，杭州有《黃鐘》、《初陽旬刊》、《西湖文苑》，加上各地定期不定期的刊物，如武漢的《奔濤》、江西的《民族文藝月刊》等，粗略統計20世紀30年代國民黨各級黨部自身創辦和在其扶持下創辦的大小文藝期刊不下三十種。〔註28〕

〔註27〕《請中央宣傳部於國內各重要市區創辦定期刊物案》，國民黨中執委宣傳部編：《全國宣傳會議會議錄》，1929年6月。
〔註28〕參見附錄一，《右翼文藝期刊一覽表》。

　　除此之外，以「通俗的、民間的文藝形式進行政策宣傳」這一決議，在《規定藝術宣傳方法案》出臺之前，國民黨體制內文人就已經意識到，要充分發動和爭取民眾，必須動用民間文藝形式，使老百姓喜聞樂見，不知不覺中接受「本黨之主義」。紹先在 1929 年 3 月 24 日《民國日報·青白之園》上連載的《革命的文藝和文藝的革命》文章中就將「創造適於三民主義、富有革命性底民眾文藝」作爲推進黨義宣傳的工作，進而「組織民眾和訓練民眾」，他較早地注意到三民主義宣傳教育與「合適於民眾」的文藝形式的關係。在文藝宣傳會議上，中央宣傳部報告稱：「惟本部細查民眾此種對黨之熱誠深切，吾黨必須更進一步，設法使民眾繼續維持其過去對黨之熱誠，而養成其愛護黨國之情操，欲達此目的，必須以淺顯通俗之文字，解釋高深博大之理論，尤其在以藝術的手腕，從很多方面來闡明枯燥艱窘的學理，方能引起民眾閱讀的興味，而得精確的認識與瞭解，此本部今後對於民眾宣傳之計劃也」。並且認爲：「蓋本黨今已進至建設時期，不獨政府的責任，比前艱巨，即在宣傳方面，亦較軍政時期爲不易。就本部所以設計者：民眾宣傳方面，當以小說詩歌戲劇電影圖畫照片，來代替理論，在主義反面，當建築三民主義於科學基礎之上」。〔註 29〕

　　察哈爾省宣傳部提案則更爲直接明瞭闡明這一理由：

> 　　現在本黨宣傳工作，最感困難者，厥爲方法。就過去之經驗而論，不但開會，講演，遊行，示威，貼標語，喊口號，打電報，散傳單……種種舉動，民眾視爲照例文章，漸失效用，即千篇一套之流行刊物，亦不能應付知識階級之要求。長此以往，本黨所謂喚起民眾，恐無若何效果矣——特殊之宣傳，固然要有博大精深，確切不磨之理論，而普通之宣傳，尤須要用明顯感人，既有趣味之工具。如電影，圖畫，戲劇……種種寫實的藝術，實爲宣傳最有力之方法。不論識字與不識字者，均能一目了然，觸動其不平的感情，堅定其革命的意志。對於知識階級，更示以革命文字的藝術品，亦較乾燥之講演，普通之刊物爲有力。前在北伐緊張時期，全體同志參加北伐，無暇顧及此種工作。今嘗訓政之始，自應平心靜氣，研究永久有效的方法，喚起民眾，共成建設大業。〔註 30〕

〔註 29〕　《中央宣傳部工作報告》，《中央日報》1930 年 6 月 5 日。
〔註 30〕　《今後宣傳部工作，宜利用藝術方法案》，國民黨中執委宣傳部編：《全國宣

　　這一政策意向延續到 1932 年 8 月，就是國民黨中央宣傳委員會制定的《通俗文藝運動計劃書》的出臺。而這個「通俗文藝運動」構想與「左聯」推動的「文藝大眾化」運動策略可以說是異曲同工，延續到 1937 年「抗戰」爆發，在戰爭語境又被不斷強化，成爲兩黨合作中文藝領域「文章入伍」、「文章下鄉」的基本認同基礎。不同的是，1929 年國民黨中執委宣傳部制定和通過利用「民間文藝形式進行宣傳」這一決議時，主要目的在於散播國民黨的意識形態，自上而下地對民眾進行民族意識的灌輸和教育，從而「訓練」和動員民眾。

　　第三，文藝獎勵措施和補助措施。文藝獎勵措施作爲國民黨官定文藝政策的重要一環，肇始於《規定藝術宣傳方法案》，其中第三、四項規定：「中央對於三民主義藝術作品應加以獎勵」；由於沒有更爲細緻的操作性規定，一開始這種獎勵措施並沒有眞正實施。直到 1933 年，國民黨中央宣傳委員會才頒佈了《文藝創作獎勵條例》（1933 年 4 月 13 日第四屆中央執行委員會第 66 次常務會議通過），明確了文藝創作獎勵的具體細則，並在內容上作出六條規定：「一、發揚中華民族精神者；二、表揚中國歷史上之偉大事迹者；三、激勵民族意識者；四、描寫被壓迫民族之痛苦並暗示奮鬥途徑而其思想正確者；五、描寫民生之凋敝及封建勢力之流毒並暗示改革途徑而其思想正確者；六、闡發人生之奧義而見解正確者。」〔註 31〕無論是黨內黨外的作家作品，只要符合以上條件，都可以申請獎勵。具體程序是由各省市黨部推薦或者個人自薦，報國民黨中央宣傳委員會申請。但這個條例頒佈後差不多一年時間，並沒有作家因創作而獲獎。一直到 1934 年 3 月 25 到 17 日國民黨中央宣傳委員會召開的「全國宣傳會議」上，才又通過了一個《請設立本黨文藝獎金案》，建議給《黃鶯兒》、《朱如玉》、《新年節》三個劇本發給獎金，並代爲印刷，國民黨的官方文藝獎勵措施才算落到實處。不過，此後媒體報刊上再難找到相關作家獲獎的報導，而民間文藝獎項如「大公報文藝獎」等卻開展得如火如荼，1937 年，何其芳、曹禺、帥陀（蘆焚）分別獲獎，就被當時的媒體大加宣揚。

　　這種通過文藝獎勵引導和規範文藝的疲軟狀況直至四十年代也並無太大

---

　　　傳會議會議錄》，1929 年 6 月。
〔註31〕中國第二歷史檔案館編：《中華民國史檔案資料彙編》第五輯第一編文化
　　　（一），南京：江蘇古籍出版社，1994 年版，第 326 頁。

改觀。1940 年 7 月，中央社會部、中央宣傳部等聯合出臺了《文藝作品獎勵條例》，這個條例除了第四條加上「描寫抗戰建國史實者」之外，其餘六條幾乎與 1933 年文藝獎勵條例完全一樣。此外，專門為此成立的「文藝獎助金管理委員會」，主要負責對「作家中窮的，病的，死去的，經請求核准就給一筆小錢，刊物則可請求加發一份稿費」，但「獎助金還只做到消極救濟性質，即以救濟而言，給予作家的稿費，就還不曾超過普通排字工人排版費」。〔註32〕1941 年教育部頒佈了一個《學術獎金條例》，陳銓的劇作《野玫瑰》在昆明公演後，並於 1942 年 3 月獲國民黨政府教育部給予的獎金，但這一獎勵遭到了來自中國共產黨方面的強烈反對。沈從文就評述說，這「頭一次戲劇獎，即引起種種不必要的紛擾，反而失去了獎金應有的莊嚴性」〔註33〕；1943 年 6 月 8 日，國民黨中央執行委員會通過並頒佈常年《三民主義文藝獎金辦法》九條，「獎勵闡明三民主義底理論及文藝之優良者」。成立了三民主義文藝獎金審議委員會，其主任委員由中央宣傳部部長兼任。三民主義獎金審查委員會有「決定徵集著作之題材範圍」之權。在「著作的徵集方面，對於已發表的，主張登報公開徵集」。中央組織部於 1943 年 7 月進行了「全國高中以上學校三民主義文藝競賽」，評出蔣實的《懺悔與咒詛》等五篇得獎作品，並分別給予獎金。國民黨關於文藝獎勵的這些舉措在一定程度上引起一些討論，產生了一定影響，但與官方想要達到的目標相比，差距依然很遠，沈從文就評論說：「即這幾件事情說來，也可看出我們國家運用這個『政策』，在實驗中，作用還不怎麼好。」〔註34〕國民黨文藝的獎勵政策沒有取得如期的效果，說明即使到四十年代，國民黨相對成熟的文藝獎勵制度體系還未形成。

第四，控制和取締措施。《規定藝術宣傳方法案》第五、六項規定：「中央應制定劇本電影審查條例，頒發各省及特別市宣傳部遵行；一切穢淫，萎靡，神仙，怪誕及反動作品，當地高級黨部宣傳部應予嚴厲之取締」。這兩條可以看作是「取締反三民主義之一切文藝作品」的政策補充。實際上，國共

〔註32〕上官碧（沈從文）：《「文藝政策」檢討》，《文藝先鋒》第 2 卷第 11 期，1943 年 1 月 20 日。
〔註33〕上官碧（沈從文）：《「文藝政策」檢討》，《文藝先鋒》第 2 卷第 11 期，1943 年 1 月 20 日。
〔註34〕上官碧（沈從文）：《「文藝政策」檢討》，《文藝先鋒》第 2 卷第 11 期，1943 年 1 月 20 日。

分裂後，在文化領域，國民黨就通過法律規範、密令搜查書店、設立郵件檢查所幾方面對所謂「反動」書刊和印刷品實行嚴厲的取締與查禁。

在法令規範方面，從 1929 年到 1937 年 10 年間，國民黨頒佈了《宣傳品審查條例》（1929.1.10）、《出版法》（1930.12 .16）、《新出書呈繳規程》（1930.3.28）、《出版法實施細則》（1931.10.17）、《新聞檢查標準》（1933.10.5）、《書店登記取締辦法》（1934.1.22）、《修正圖書雜誌審查辦法》（1934.6.1）《檢查書店發售違禁出版品辦法》（1937.8.12）等法律法規 50 餘項；各級黨政機關簽發各種密令如《查禁反動刊物令》（1929.6.4）、《取締銷售共產書籍辦法令》（1929.6.22）、《教育部查禁普羅文藝令》（1933 年）等，查禁「共產刊物、改組派及國家主義宣傳品」，「僅十八年四月至二十年八個月間，竟達一千零九十二種之多」。其中又以共產黨刊物最多，僅 1930 年查禁共產黨刊物 312 種，改組派刊物 80 種，國家主義派 17 種，第三黨及無政府主義派刊物 6 種。另外，查封書店及取締「共產別動團體」，如取締所謂「奸商」即是指上海平凡書局，而現代書局也受到警告。「共產別動團體」即是指左翼作家聯盟和中國社會科學家聯盟等九個團體。郵政檢查方面，頒佈了《全國重要都市郵電檢查辦法》，在南京、上海、漢口、廣州、天津、青島、北平、哈爾濱等地方設立了郵政檢查所，檢查和扣留「反動刊物」。僅 1928 到 1930 年，仕各重要城市就成立了 14 個郵政檢查所。〔註 35〕各種查禁手段的創造性使用，在此後逐步形成了極具特點的書報審查制度，成爲國民黨南京政府文藝統制的重要組成部份。不過，書刊審查制度的實施，引起了新聞出版界和文藝界的反抗與鬥爭，壓制和反壓制一直在「朝」與「野」之間進行，影響著 20 世紀 30 年代的出版與文藝生態，造就了文藝雜誌的畸形繁榮、雜文速寫等新文體隨之出現等中國現代文學史上的特殊文藝景觀。

# 第二節　文藝政策與民族主義文學運動

## 一、文藝政策與三民主義文學

三民主義文藝政策制定之後，並沒有如期推動三民主義文學的發展，也沒有形成一個所謂三民主義文藝運動。國民黨宣傳系統上下，並沒有眞正

---

〔註 35〕中國國民黨第四次全國代表大會：《第三屆中央執行委員會宣傳部工作報告》，1931 年 10 月，第 73～84 頁。

克服了全國宣傳會議之前，宣傳工作上的「散漫而不統一」的「缺點」,（按中央宣傳部工作報告的說法，這種「散漫」原因之一就是「本黨理論解釋之龐雜」）。〔註36〕以至於在政策制定後的差不多半年間，對何謂「三民主義文學」卻沒有任何有信服力的理論闡釋。在國民黨中央宣傳部所控制的《中央日報》《大道》、《青白》文藝副刊和上海《民國日報》《覺悟》文藝副刊上，幾乎找不到談論三民主義文學的文章。以《中央日報》為例，1929 年三民主義文藝政策提出到年底，只見到周佛吸的《倡導三民主義的文學》〔註37〕、《怎樣實現三民主義的文學——復大道編者先生》兩篇文章，但這兩篇文章，還基本屬於論證三民主義文藝的必要性，對何謂三民主義文藝並沒有深入的探討。並且作者在後一篇文章中抱怨說自己「曾以研究之所得，商之於研究文藝的朋友們，收穫到的卻是譏笑與輕侮」。〔註38〕創作上，《大道》副刊刊載的更多是一些小詩，歌劇。如洪為法的《奮飛的一箭》、《安眠之歌》，平凡的歌劇《解脫》，人鶴的小說《甜的夢》等與無涉三民主義的文藝作品。

到了 1930 年 1 月 1 日，國民黨中央宣傳部部長葉楚傖在《中央日報》「元旦特刊」上發表《三民主義的文藝底創造》，由於葉的特別身份，所以這篇文章的發表算是對三民主義文藝較為權威的闡述，從中可以一窺很多意味深長的問題。按葉的說法：為什麼要創造新的文藝呢？是因為「三民主義的革命與三民主義的文藝是相追隨和相依附的，沒有三民主義之文藝，則三民主義之革命成為孤立無援，而非常危險」。過去的宣傳「僅及於士大夫階級，至多僅及於學校中之一般青年」，「我們要使三民主義之基礎穩固，要把他切切實實建築在全體民眾上面，除了讀書人要接收主義之外，更要使平民接收了主義」。而且最為直接的原因是，共產黨一直在那兒做他們的文藝運動，「他們用一種很熱烈的情調，很富於挑撥性的色彩，用極富於煽動性的文字和不複雜的而簡易的構造，做共產黨文藝的宣傳。這種文藝宣傳的影響，是很值得我們覺悟的」。

到底怎樣才可以建設三民主義文藝呢？他說：

自古至今，不論新文藝舊文藝，其中重要元素，不外為「理」

〔註36〕《中央日報》1930 年 6 月 5 日。
〔註37〕《中央日報・大道》1929 年 9 月 29 日，10 月 1、2 日。
〔註38〕周佛吸：《怎樣實現三民主義的文學——復大道編者先生》，《中央日報・大道》1929 年 11 月 24 日。

「法」二字，過去談論文藝的人們，不高興這理法二字，以為中國的文藝，為理法二字所斷送。然而這兩個字，都是永遠不能丟的，他本身沒有罪惡，所以有罪惡者在於用之不當。……文藝因思想而來，過去即以理來約束思想，故文藝因之不進。現在，我們要以三民主義的思想為思想，以發揚三民主義為理，這樣斷不是聖人所約束得的了。至於法之一字，以前文章，非古人之法不可法，因此今人法古人，古人又法古人，結果回到十七八代老祖宗那裡去了。往往以模擬為能事，於是你是那派，他屬他派，那一個會作六朝文，那一個會作秦漢文，於是沒有人敢說我做的是我自己的文章，而文章因之送到墳墓裡面去了，我們所謂三民主義之文藝，乃是以三民主義之思想做我們的理，而以三民主義之時代為我們的法。從三民主義裡面長出新文藝之芽。

　　我們建立三民主義之文藝，便有一個前提，就是確立三民主義之思想。……青年們是本黨的中堅，為全民的領導者，現在最重要的勢力：是要以三民主義之思想為思想，思想統一以後，三民主義的文藝自然就會產生了。

從這篇算是比較「權威」的文章中，葉楚傖並沒有從理論上闡述清楚何謂三民主義文藝，如何建設三民主義文藝。只是一味強調思想的統一，但是思想統一和文藝創作之間卻沒有建立必然的邏輯關係。「法」的問題，本來是一個藝術問題，在這兒卻被歸結為政治立場的問題。只要思想統一，「法」是可以忽略的。文章提出不要盲目擬古，接著又說以「三民主義之時代為我們的法」，這種對「法」的闡述，讓人不知所云。倒是文章的前半部分，透露出了三民主義文藝針對「共產黨的文藝運動」的現實意圖。

由於把「三民主義」與「文藝」在理論上武斷的嫁接，以至於讓人不知所云，很長一段時間，連國民黨內文人都無法對何謂三民主義文藝，如何建設三民主義文藝做出有力的回應。除了 1930 年 1 月 13 日的《中央日報》「每周評論」上，署名「記者」的《中宣部盡力提倡三民主義的文藝》一文，極盡吹捧之能事，重複葉的說法外，其餘並沒有什麼新的發展。理論上貧困如此，創作自然就更談不上了。

對這種狀況，1930 年 4 月 28 日，上海特別市執委會宣傳部召開的第一次全市宣傳會議，宣傳部長陳德徵就檢討說：「有許多事情，往往我們想到但還

沒有做，如談了好久的三民主義文學，至今尚未完全實現，只看見一般不穩定思想結晶的文藝作品，以及表現不穩定思想的戲劇，對於這種，我們除消極方面的取締以外，根本方法，尤在我們自己來創造三民主義的文藝，來消滅他們」。並通過了《如何建設革命文藝以資宣傳案》。要求「本市各區黨部宣傳刊物上盡量刊載革命文藝之理論及創作」，市宣傳部要著手「編輯革命文藝刊物」。〔註39〕於是，在 5 月之後的上海《民國日報》《覺悟》副刊上，開始了一輪「本黨文藝之建設」熱潮。然而，統觀這些文章，立足於三民主義文藝理論建設的並不多，全部加起來也僅有：東方的《我們的文藝運動》（1930 年 5 月 21、28 日，6 月 18 日），張帆的《三民主義的文學之理論的基礎》（1930 年 11 月 22 日、29 日，11 月 5 日、19 日），郭全和的《三民主義文學的建設》（1930 年 11 月 19、26 日）等有限的幾篇，並且在何謂三民主義文藝，如何確立三民主義文藝理論來統一文藝界的思想等問題上，仍然莫衷一是。以至於在 1930 年 7 月 9 日，劉蘆隱（按：時任國民黨中宣部副部長）在《三民主義的文學之意義──中委劉蘆隱氏在中央黨部紀念周講》中還在解釋說：「在目前青年同誌感覺到大家有努力於三民主義的文藝之必要的時候，大家對於三民主義文藝這個名詞的內含（涵），都有很多不確定的見解，有些人望文生義以為文藝上面冠以三民主義的形容詞，心裡便升起一種呆笨的成見」。為了澄清這種「誤會」，他說：

　　三民主義文藝這一個名詞，是胡漢民先生葉楚傖先生和我們幾個人，有一天談起現在中國文藝幼稚的情形，覺得大家要提倡議中理想的文藝之必要，於是漢民先生就說我們應該提倡一種三民主義的文藝，而這個名詞就由是而起了，後來楚傖先生發表一篇文，題為《創造三民主義的文學》，更把我們需要一種理想文藝的感想和期望說得更明白，但是，兩先生所謂三民主義的文藝，意思是說中國現在所需要的文藝，是要能為中國民族整個利害打算，從種種事實與題材方面去發揚我們的精神生活，或道破我們共同的高尚的希望和思想，或詠歎我們過去的事迹、或抒寫我們現實的人生，而其影響都能把整個國家社會指點向中國民族所應走的大道上前進，明瞭這個思想，就曉得我們用三民主義的文藝這一名詞，是使大家認識中國所需要的文藝，乃一種有益於國家社會和個人的文藝。

〔註39〕　（上海）《民國日報》1930 年 4 月 29 日。

　　而不是一種於國家社會個人都毫無益處的文藝，尤其不是拿這個名
　　詞給我們中國的文藝作家，自己和自己去分什麼宗派，立什麼門
　　戶。〔註40〕

　　如此解釋三民主義文藝，實際上是把三民主義文藝泛化成了無所不包的
文藝，這樣一來便抽空了三民主義文藝存在的社會基礎和合法性，轉變成了
幾個文人政客在客廳裡面想當然的結果。也難怪連三民主義文藝的追隨者都
不得不無奈承認「文藝本來是不分派別的，加上三民主義四個字，不過是一
種標榜罷了」。〔註41〕

　　在《民國日報》《覺悟》副刊上，更多的則是對「普羅文學」的攻擊甚至
於謾罵。主要文章有眞珍的《大共鳴的發端》，管理的《解放中國文壇》，陳
穆如的《中國今日之新興文學》（以上均見 1930 年 5 月 14 日），陶愚川的
《談談左翼作家聯盟》（1930 年 5 月 21 日），唐熏南的《當今中國文壇的分
析》（1930 年 5 月 28 日），劉公任的《對普羅文學的驚訝與懷疑》（1930 年 6
月 11 日），遠觀的《普羅文學的譯者及其它》（1930 年 6 月 18 日），仲的《普
羅文學雜談》（1930 年 8 月 13 日），陶愚川的《如何突破現在普羅文藝囂張的
危機》（1930 年 8 月 16 日），何如的《什麼叫無產階級文學？》（1930 年 8 月
13 日、20 日）等。單從文章的數量對比，不難看出，圍繞著《覺悟》副刊進
行的三民主義文藝討論側重點還在於壓制和打擊「普羅文學」，甚至就是無聊
的謾罵。署名「王維」的《當代文藝與戲劇》一文中，把「普羅文學」稱之
爲「墮落文學」，文章一開始就是對普羅作家的人身攻擊與辱罵：「女人走到
了山窮水盡的時候，到四馬路當可憐的皮肉生涯；流氓弄到債臺高築的時，
鋌而走險做一次偷兒匪盜。但是一批野雞大學、日本的下宿屋裡抓出的留學
生呢？處在窮極無聊的情勢下玩一玩普羅——墮落呀的把戲。」並且說「中
國的普羅文學不是無產階級大眾本身所生長，而是宿屋裡爬出來的留學生們
利用時會，鬼計裡變出來的新花樣。」〔註42〕

　　而陶愚川在《談談左翼作家聯盟》中評價左翼作家「田漢是個急色兒，
魯迅對翻譯是不太懂，錢杏邨是個毫無主見信口雌黃自命爲批評家的傢伙，
蔣光慈是個資產階級，郁達夫天天在謳歌著女人，馮乃超的詩聽說是狗屁不

---

〔註40〕（南京）《中央日報》1930 年 7 月 9 日。
〔註41〕陶愚川：《我們走那條路》，（上海）《民國日報・覺悟》1930 年 8 月 13 日。
〔註42〕（上海）《民國日報・覺悟》1930 年 6 月 18 日。

通的……」〔註43〕這樣的譏嘲與醜化對方在以上文章中都不同程度的存在，缺少理論的建設和對問題的理性分析，對「普羅文學」的反擊效果就可想而知了。

在創作上，除了一些寡淡無味的詩歌之外，也只能找到有限的幾篇篇幅稍長的作品：寒梅的獨幕劇《詩人之覺醒》（1930 年 9 月 10 日至 10 月 8 日連載），朱復鈞的小說《古小五》（1930 年 10 月 15 日），朱公樸的獨幕劇《星夜》（1930 年 7 月 23 日），殷夢萍、朱白萍的獨幕劇《夜之歌》（1930 年 8 月 20 日）。但這幾篇作品，最多算是些淺薄地宣揚黨義的政治宣傳品，並且異常幼稚拙劣。

有趣的是，在上海《民國日報》《覺悟》副刊的邊縫，經常刊登「徵求三民主義文藝作品」的廣告。「三民主義的第一部創作」《杜鵑啼倦柳花飛》就是在三民主義文藝處於這種極端尷尬的時候橫空出世的。1930 年 7 月該書由上海建國月刊社出版之後，南京、上海各報就異常興奮，爲之大登廣告。作者魯覺吾，曾作爲山東省黨部宣傳部代表參加「全國宣傳會議」。據《中央日報》1930 年 7 月 14、15、16 日廣告稱，本書作者在兩年前已經開始創作，是作者「感覺到赤色份子利用所謂第四階級的文藝來破壞中國青年的心靈建築，他們的下層工作知道非創造純正的革命文藝不足以挽救這莫大的精神侵略」，在「全國宣傳會議決定了三民主義文藝政策後，即開始從事試作」。「全書情調完全爲反頹廢、反肉感、反普羅、有生氣、有血流，使中國青年向前向上的，其材料用青年最陶醉的革命戀愛合成，並不因主義化而乾枯。」那麼，此書到底如何呢？小說寫了一個堅定投身革命的青年初聲與一個受過新式教育、不滿現狀又無力走出家門的女子松青的愛情故事。實際上，這是一部及其平庸的作品，說是「反普羅」，但這個故事從頭到尾都非常接近普羅文學，從敘述方式來看，是用「青年最陶醉的革命戀愛合成」，這與普羅文學中常見的「革命＋戀愛」模式極其類似。本書之所以被視爲「三民主義文藝」恐怕就在於「在描寫熱烈純潔的愛的進程中，滲雜著有力的意識，無形間使這種意識灌注到讀者的腦海裡去。」〔註44〕這種意識當然也就是三民主義，尤其是所謂「爲民族生存而奮鬥的精神，爲民族生存而鬥爭」的民族主義意

〔註43〕 （上海）《民國日報‧覺悟》1930 年 5 月 21 日。
〔註44〕 楊企云：《書報介紹：杜鵑啼倦柳花飛》，《申報‧本埠增刊》1930 年 8 月 9 日。

識。在小說中，通過主人公大段的宣講國民黨黨義是其特點，但即使這樣，國民黨官方對這部小說並不滿意，稱其書名「單就這個名稱來講，就覺得滿含了有閒階級的頹廢口吻，沒有稍帶革命文學的意義」，「內容既甚平淡，描寫的技術又極蠢拙，修詞不文不白，造句異常生硬，更配不上稱爲三民主義的文藝。」〔註45〕1930 年 8 月 20 日，《覺悟》副刊「文壇消息」欄登了該作者的被稱之爲「三民主義文藝的第二部創作」《參差兩星》廣告，「全書近十萬字，一個月後可脫稿」，〔註46〕可後來這部小說卻一直沒有出版，應該與這個來自國民黨中宣部的批評有關。

　　此時的《中央日報》的《大道》、《青白》副刊也無所作爲，隨處可見的要麼是些應酬諂媚之作，如金石的散文《青天白日》(《青白》1929 年 2 月 23 日)，要麼就是對左翼作家不厭其煩的人身攻擊，如楊晉豪的《作家的濫與懶》(《大道》1929 年 5 月 28 日)。連同道中的民族主義刊物《開展》月刊也譏諷其：「天天替大偉人鑄版登刊詩詞……以逐個人捧大卵泡之奸計」。〔註47〕

　　由此可見，國民黨中央宣傳部爲配合政治宣傳而提出的三民主義文藝政策並沒有促成一個三民主義文藝運動的發生，也沒有促成一部稍有成就的「三民主義文藝作品」的出現。金平歐後來總結說：「我們知道三民主義的文藝，在一年前的全國宣傳會議裡，即有人提議，而且經大會通過。可是到了現在，只有少數人發表關於提倡三民主義的文藝論著。而實際上去努力三民主義的文藝，可以說是絕無僅有」。〔註48〕「三民主義文學」從上到下力圖以政治主導文藝，缺少廣泛的社會心理認同基礎，理論上混亂與闡釋上捉襟見肘，加上對文學藝術手段的貶斥和忽視，其結果是失敗了。

## 二、文藝政策與民族主義文藝運動的發生

　　創作和理論的雙重貧困使三民主義文藝最終走向失敗，但是，1929 年國民黨全國宣傳會議確定的文藝政策卻奠定了國民黨南京政府文藝體制的第一

〔註45〕《審查全國報紙雜誌刊物總報告（十九年七、八、九月份）》，南京：中國第二歷史檔案館藏，全宗號 718，卷號 925。
〔註46〕谷鳳田：《文壇消息》，《民國日報·覺悟》（上海）1930 年 8 月 20 日。
〔註47〕《開展·開展線下》創刊號，1930 年 9 月 9 日。
〔註48〕金平歐：《文藝與三民主義》，吳原編：《民族文藝論文集》，杭州：正中書局，1934 年版，第 226 頁。

塊基石。在三民主義文藝政策的總框架下，國民黨動用國家力量組織社團結構、舉辦、收編文藝刊物、發動文學論爭等一系列具體政策措施，客觀上促成了一個與普羅文藝運動相抗衡的民族主義文學運動的發生。

但在論述之前，有必要對「民族主義文藝思潮」和「民族主義文藝運動」做一個時間上的界定與區分。秦家琪、朱曉進的研究認為，「民族主義文藝運動」時間上可以分為前後兩個時期，前期從 1930 年 6 月到 1931 年底，後期從 1932 年持續到 1937 年抗戰爆發。〔註49〕嚴格意義上講，民族主義文藝作為「運動」來講高峰期是 1931 年「九一八」事變後至 1932 年「一二八」事變期間。1932 年後，「前鋒社」解體，上海、南京的其它民族主義文藝的刊物也紛紛停刊，民族主義文藝運動卻反而陷入低潮，一直到 1934 年國民黨中央宣傳委員會召開全國文藝宣傳會議後，民族主義文藝運動又才重新興盛起來，除了有宣傳會議的政策推動的原因外，後期的民族主義文藝運動又加上了一層借鑒德意法西斯主義的統制色彩；而民族主義文藝作為一種「思潮」〔註50〕卻是貫穿整個三四十年代，四十年代在昆明興起的「戰國策派」，就是民族主義文藝思潮的民間版本。民族主義文藝運動既然是官方發動的一場有目的、有組織的較大規模的文藝活動，那麼，它的下限應該就只能在 1937 年。從政治的層面看，「民族主義文藝運動」很大程度確實就因要對抗「無產階級文學運動」而發動，當 1937 年以後民族矛盾不斷上昇，國共開始政治上第二次合作之後，作為官方推動的民族主義文藝運動也就基本宣告一個段落。因此，說民族主義文藝運動的發生很大程度上就應歸因於國民黨官方文藝政策的推動是成立的。國民黨文藝政策從人才、媒介、理論三個方面為民族主義文藝運動發生準備了最基本的條件。

---

〔註49〕 朱曉進：《從〈前鋒月刊〉看前期的民族主義文藝運動》，《南京師範大學學報》，1986 年第 3 期。

〔註50〕 何謂「運動」？從社會學意義上來講，是指政治、文化、生產等方面有組織、有目的、規模較大的群眾性活動。按這樣的思路，文藝運動應該是側重在文藝領域的有組織、有目的規模性的文藝活動。而文藝思潮則指某一時期內在某一階級或階層中反映當時文藝狀況並有較大影響的思想潮流。思潮一旦產生，就可能迅速形成流派，然後以它的發源地為中心向四面八方輻射、傳播，造成一個頗具規模的文藝運動。不過，民族主義文藝運動並不像西方文學運動是文藝自身推動的結果，他完全是因為在政治的推動下出現的，因此說民族主義文藝運動可以看作是政治運動的一個部分。參見〔美〕R·韋勒克：《文學思潮與文學運動的概念》，北京：中國社會科學出版社，1989 年版，第 111～120 頁。

　　首先，文藝政策推動了文藝社團的組建，爲文藝運動準備了作家和理論家隊伍。文藝政策推動文藝社團的成立和發展，文藝社團又爲文藝運動準備了作家和評論家，並且在社團機制下，容易形成互爲補充的集體文藝理論，個體性「獨語」在通過規訓與自我約束走向集體性「合唱」，也爲文藝運動中「異口同聲」準備了條件。中國現代性文學的基本格局，就是以文學社團和文人集團爲單位建構的。1929 年國民黨文藝政策確定，要求各級黨部遴選有藝術特長的文藝人才，成立「藝術設計宣傳委員會」，可以算是國民黨官辦文藝社團的一個設想。儘管這個純官辦的「藝術設計宣傳委員會」的設想並沒有付諸實施，但這一政策構想卻推動官方或者半官方文藝社團的興起。有人曾經描述這種變化：「過去之首都，本無所謂文壇，有之，則不過各報紙之一二文藝副刊而已。乃自 1930 年以來，文藝集團如雨後春筍般茁發，點綴於此荒涼古國，頗形熱鬧。」〔註51〕

　　這種「文藝集團」，影響最大的當數「中國文藝社」。1930 年 7 月〔註52〕成立，直接由國民黨中宣部領導，是國民黨南京政府文藝政策的直接產物。上海「前鋒社」主要倡導人朱應鵬在接受訪問時就評價說「中國文藝社是三民主義的文藝，他們的作品我看得極少，但是我知道他是由於黨的文藝政策所決定的」。〔註53〕因此，在經費配備上主要來自國民黨官方。據《文藝新聞》（南京通訊）稱：「（中國文藝社）該社中央月有津貼一千二百元，主幹爲左恭等。因經濟來源富裕，故能收集一批作家，如沈從文等。」1931 年 6 月13 日，「中國文藝社」戲劇組舉行一度「三民主義的演劇」《茶花女》，共耗費三千餘元（思揚《南京通訊》一文說用去四五千元），僅演員在中央飯店的住宿費一項就 450 元。上海的同行不無嫉妒地稱爲「中國戲劇界之用錢記錄」。〔註54〕由於有了國民黨中宣部的支持，「中國文藝社」開始了擴大其影響的兩項舉措：一是直接面向社會招收社員。徵求贊成其宗旨「發揚民族精神，創造中國新文藝」的「黨內外同志」；〔註55〕二是通過旗下刊物優厚稿酬，網羅

〔註51〕《南京通訊：首都文壇新指掌》，《文藝新聞》1931 年 3 月 23 日。
〔註52〕 從 1930 年 7 月 4 日《中央日報》廣告欄刊登《中國文藝社徵求會員啓事》來推斷，「中國文藝社」成立時間應該就在 7 月前後。
〔註53〕《文藝新聞》1931 年 3 月 23 日。
〔註54〕《南京通信：現代中國文壇噪聲》，《現代文學評論》第 2 卷第 1、2 期合刊，1931 年 8 月 20 日。
〔註55〕《中國文藝社徵求社員啓事》，《中央日報》1930 年 7 月 4 日～7 月 9 日。

社員，吸引和拉攏中間派作家。「中國文藝社」旗下刊物《文藝月刊》稿酬是每千字二到五元，而同時期其它文藝刊物一般每千字一到三元，高出同類刊物一倍左右，並且《文藝月刊》「徵稿啓事」通常有那麼一條：「來稿經本刊登載後，其版權仍歸著譯者保留」。這樣優厚的條件很顯然對很多「中間」作家是有一定吸引力的。沈從文就因爲經常在「中國文藝社」的刊物發表文章而被認爲是「在反普羅文藝這一立場上而與民族主義的中心刊物中國文藝社很密切地聯繫著，同時也可以說是文藝月刊的中心作家」。〔註56〕巴金也因爲常在《文藝月刊》發表作品而被左翼作家所責難。「中國文藝社」通過各種手段招收社員，團結作家，形成了以南京爲主，覆蓋上海、杭州等地有較大影響的文人集團。儘管說「中國文藝社」作爲同人社團的特徵並不明顯，但「中國文藝社」自有其獨到的一套運作模式，將「黨內同志」及中間作家、學者網羅在一起，保證了旗下刊物的充足稿源與穩定的作家和評論家隊伍，從人才準備的角度完成了國民黨文藝政策所賦予的使命。

除此之外，對南京的其它文藝團體，如「開展文藝社」、「流露社」、「線路社」等，各級黨部也盡力扶持。據《首都文壇新指掌》（南京通訊）一文稱，南京市黨部每月對「開展文藝社」津貼一百二十元；「流露社」是「寄生在拔提書店的一個文藝社團，經費亦由中央津貼」；「線路社」的主要成員何洒黃，南京市黨部每月津貼六十元；其餘「尚有只有組織，而並無單獨發行刊物之社團頗多，如遊魂社等」。〔註57〕左翼方面曾經認爲，南京這幾個文藝社團的興起，是「陳派（CC系）爲謀對西山派之抵制（葉楚傖、劉廬隱爲西山派）」，收買南京「無聊青年」潘子農、曹劍萍等人組織「開展文藝社」，每月支給二百元，發行開展月刊。又由南京市黨部委員，《中央日報》主編賴連主使，收買市政府職員何洒黃等組織「線路社」，發行《橄欖月刊》。〔註58〕儘管來自左翼的說法可能有前後不一之處，但是也並非空穴來風。以「開展文藝社」爲例，從它在刊物上公佈第一屆社員名單來看，其骨幹成員曹劍萍、葉定、趙光濤、揚拔一、程景頤等都是中央及南京各黨政部門的中下層職員，〔註59〕後來加入的潘子農當時也是南京市衛生局職員。從與國民黨官方的關係來

---

〔註56〕亞孟：《論民族主義文藝的作家與作品》，《流露》第 1 卷第 6 號，1931 年 1 月 15 日。

〔註57〕《首都文壇新指掌》，《文藝新聞》1931 年 3 月 23 日。

〔註58〕思揚：《南京通訊》，《文學導報》第 1 卷第 4 期。

〔註59〕《開展》（月刊），1930 年 11 月 15 日。

看，完全有理由認爲南京的這些文藝社團的興起並迅速發展與官方文藝政策的扶持密切相關。

　　在上海，最先成立且影響較大的就是 1930 年 6 月 1 日成立的「前鋒社」，它是在「左聯」成立後不久，聚集在上海的一批國民黨文人籌建的一個文藝社團。說它是官辦的文藝社團，是因爲其主要成員朱應鵬、范爭波等成員的官方背景以及其鮮明的意識形態立場。就其立場來看，它本身就是針對「左翼作家聯盟」的成立而成立的，甚至社名都取自於國民黨黨歌《三民主義歌》中的「咨爾多士，爲民前鋒」兩句歌詞。〔註 60〕不過，就實際情形來看，其成員的構成要複雜得多。按「前鋒社」招募會員的條件，投稿其刊物《前鋒周報》、《前鋒月刊》三篇以上者即爲社員。那麼「前鋒社」的主要成員由兩部分人組成。一部分是以朱應鵬、范爭波、黃震遐、李翼之、方光明爲代表的國民黨黨政工作人員；一部份是以傅彥長、汪倜然、葉秋原、陳穆如、陳抱一、李金髮等沒有什麼官方背景的文藝界人士，其中還有比較活躍的一批青年學生，如「草野社」的王鐵華、黃奐若、鄒枋等人。需要指出的是，朱應鵬和傅彥長、徐蔚南、張若谷早在 1926 年就共同編輯出版了《藝術界周刊》，並圍繞著朱應鵬編輯的《申報‧藝術界》（1925 年 9 月～1931 年初）形成一個文人圈子〔註 61〕，其中就包括民族主義文藝運動中最重要的作家黃震遐和理論家葉秋原等人，因此說「前鋒社」成立之前還有著「藝術界」同人圈子這個過渡與準備。「前鋒社」成立的動機，用他們自己的話說：「封建思想，頹廢思想，出世思想，仍是烏煙瘴氣的彌漫著；所謂左翼作家聯盟，更深甘心出賣民族，秉承著蘇俄的文化委員會的指揮，懷著陰謀想攫取文藝爲蘇俄犧牲中國的工具，致使偉大作品之無從產生，正確理論之被抹殺；作家之被包圍，被排斥；青年之受迷蒙，受欺騙；一切都失了正確的出路：在蘇俄陰謀的圈套下亂轉。這些，無一不斷送我們的文藝，犧牲我們的民族」。由於看到這樣一些現象，它們便「實在不忍再坐視了」，因此，「便齊集於民

---

〔註 60〕1929 年 1 月 10 日，國民黨第 109 次中常委會正式決定以這首歌爲黨歌，定名爲《三民主義歌》，以孫中山一九二四年在黃浦軍校的訓詞爲歌詞，由程懋銘作曲。1930 年 3 月 13 日，國民黨中常委會通過議案，決定在中華民國國歌未正式制定前，暫以國民黨黨歌代之。1937 年 6 月，國民黨中常委會遂決定將國民黨黨歌作爲正式國歌。

〔註 61〕徐蔚南、張若谷後來沒有參加民族主義文藝運動的發起，但偶爾能見到徐蔚南的一兩篇作品。

0.000000

族主義文藝運動的旗幟下，而負起突破中國文壇當前的危機的任務；同時，更進一層，完成民族主義文藝的使命」。〔註62〕

在 1934 年的文藝宣傳會議上，陳立夫的講話中提到，「兩年前上海方面的同志曾經提出以民族文藝來驅逐普羅文藝，先是思想的鬥爭，接著引起行動的鬥爭。」〔註63〕這個「同志」當然就是指「前鋒社」同仁。再聯繫到 1929 年全國宣傳會議期間，廣州特別市黨部代表提案中建議中央舉辦定期刊物，「爲使宣傳更爲有效起見，在外表上不必用中央名義，使外界不知該刊與中央間之關係」的障眼法，似乎可以斷定「前鋒社」不過是在國民黨文藝政策驅動下，「黨內同志」爲使宣傳更有效而聯合上海文藝界的親官文人組建的文藝社團。

其次，舉辦刊物，準備了文藝運動所必需的媒介陣地。現代文藝社團一個重要的特點就是往往與一個或多個刊物聯繫在一起，刊物成了社團內部作家們發表作品的園地，也成爲社團內部作家交流與對外論爭的場所。民族主義文藝能成爲「運動」，首先就是這些文藝期刊雜誌大量的出版和傳播促成的。在與左翼刊物以及國家主義派、自由主義派刊物的對峙中，不同的政治觀念、文藝傾向尖銳對立，在相互的對抗與相互牽引中，通過文藝刊物連續、快捷的傳播特性傳達出來，在不長的時間內，使民族主義文藝成爲「運動」。

這些期刊總體上按辦刊路線可以分爲兩類：一類是宣揚「民族主義文藝」旗幟鮮明的期刊。以上海「前鋒社」旗下的《前鋒周報》、《前鋒月刊》、《開展》月刊等爲代表；另一類刊物也提倡「民族主義文藝」，但意識形態立場並不鮮明，辦刊路線較爲穩健老成。以「中國文藝社」的《文藝月刊》、「前鋒社」的《現代文學評論》爲代表。

《前鋒周報》和《前鋒月刊》是宣揚「民族主義文藝」的期刊中旗幟最爲鮮明、影響最大的。《前鋒周報》正式出刊於 1930 年 6 月 22 日，逢周日出版，署名「前鋒社」編，實際上主要由李錦軒（葉秋原）負責編輯，16 開 4 版。所見最後一期爲 1931 年 5 月 31 日出版的第 44、45、46 期合刊「狂風暴雨」特刊〔註64〕。在《前鋒周報》第二期、第三期上，刊登了有名的民族主義文藝的綱領《民族主義文藝運動宣言》，正式掀起了民族主義文藝運

〔註62〕《編輯室談話》，《前鋒周報》第 10 期，1930 年 8 月 24 日。
〔註63〕國民黨中央執委宣傳委員會編：《文藝宣傳會議錄》，1934 年。
〔註64〕按劉增人先生的說法爲 44 期，但現在所見僅有 1～26 期。劉增人等著：《中國現代文學期刊史論》，北京：新華出版社，2005 年版，第 293 頁。

動。此後，從理論上，《前鋒周報》刊發了大量的有關民族主義文藝的理論文章，其主要作者有朱大心、葉秋原、襄華、張季平、湯冰若等人，他們對民族主義文藝的理論基礎、使命、題材、創作方法、批評原則等都有詳細的論述，比以往「三民主義文藝」的理論要周詳得多。在創作上，儘管由於篇幅限制，《前鋒周報》還是盡量刊登少量的詩歌和小說，有代表性的詩歌有朱大心的《劃清了界限》、蕭葭的《我們的民族》；小說有李翼之的《白馬山》、《異國的青年》、《到武漢》、《胭脂馬》等。其中，其「談鋒」專欄主要刊登文藝時評，主要矛頭都指向左翼作家。國民黨中宣部的審查報告是這樣評價《前鋒周報》：「這個刊物，每周雖僅兩小張，但是它那勇猛向前的精神，在上海方面首先揭出了民族主義文藝運動的旗幟，衝破一切的障礙，努力宣傳民族主義文藝運動的主張，卻是引起了一般左翼作家非常的注意。」〔註65〕

　　爲了擴大民族主義運動影響，突破《前鋒周報》容量小的限制，1930 年10 月 10 日，「前鋒社」創辦了《前鋒月刊》。該刊每期容量可達十二萬字至十五萬字〔註 66〕。署名「前鋒社」編，實際編者爲朱應鵬、傅彥長等，現代書局出版發行，24 開本，1931 年 4 月 10 日出至 1 卷第 7 期終刊，共出 7 期。代表著民族主義文藝創作成績，被左翼作家猛烈攻擊的作品《隴海線上》、《黃人之血》、《國門之戰》等，也都發表於該刊。按「前鋒社」的計劃，《前鋒周報》「專刊短篇的文字，以文藝方面爲範圍」，《前鋒月刊》「刊登長篇的文字，除了文藝之外，還要刊登關於民族運動及社會科學等各種文字」。〔註 67〕該刊出版以來，除了陸續發表「闡述民族主義的中心意識」的理論文章外，還刊登了不少介紹世界各國民族運動和民族文藝的文章，一定意義上順應了民眾的反帝願望，激發和渲染了民族情緒。因此，自出版以來還「頗受讀者們的喜愛」。〔註 68〕由於「前鋒社」的這兩個刊物的倡導，上海還有一批刊物緊隨並積極響應其民族主義文藝號召。如對青年學生很有影響的《草野周刊》〔註 69〕，從 3 卷 1 期起「正式投身於民族主義文藝運動」；《時代青

<hr>

〔註65〕　《審查全國報紙雜誌刊物總報告（1930 年 7、8、9 月）》，中國第二歷史檔案
　　　　　館藏，全宗號 718、卷號 925。
〔註66〕　《前鋒周報》第 10 期《編輯室談話》中提到，按原計劃，「前鋒社」還打算
　　　　　推出《民眾文藝》的大型雜誌，後因故未能出版。
〔註67〕　《編者的話》，《前鋒月刊》第 1 卷第 1 期，1930 年 10 月 10 日。
〔註68〕　《出版界一周》第 10 期，1931 年 5 月 18 日。
〔註69〕　據說《草野周刊》「一般學生分子，差不多沒有一個不愛讀的，所以它的銷路

年》（1930 年 8 月 6 日創刊）「內容具有民族主義的中心意識」，被稱爲是「突現於國內出版界惟一的青年讀物」。〔註70〕而就其「思想的正確」和作品「充滿著力的美」而言，除《前鋒月刊》外，首推《當代文藝》（1931 年 1 月 5 日創刊）。〔註71〕另外，1931 年 4 月 1 日創刊，上海光華書局印行的《南風月刊》，也是民族主義文藝的堅定盟友。

南京方面，這類期刊有「開展文藝社」旗下的《開展》月刊、《開展》周刊、《青年文藝》，長風社旗下的《長風》半月刊。《開展》月刊於 1930 年 8 月 8 日創刊於南京，創刊號上《開端》稱：「民族主義文學，以水到渠成之勢，無疑成爲支配中國文壇的一種新勢力了，我們應該幫同來開展著，給中國的文學，開展一條新的路徑，建設起一種文學的革命的文學來。」第二期《緊要啓事》上自得的說「查本社《開展》月刊自創開號出版以來，即爲本黨民族主義文藝運動，放一異彩。」

在提倡「民族主義文學」上，《開展》月刊的態度更爲激進，甚至對「同志」刊物《文藝月刊》、《流露》、《橄欖》等也毫不留情，大加貶斥。批評《文藝月刊》不像個同人刊物，拉攏幾個偶像作家作幌子，社員的作品反而絕少，倒像個側重於商業化的書局的刊物了。痛罵《流露》、《橄欖》等刊物「篇幅甚多而實是烏合之衆」，這些人「都在一步一步得向自以爲是幼稚與醜惡裡走去，同時還極力要將這種醜惡與幼稚像糞坑得臭氣一樣地表現於外」。〔註72〕開展文藝社所辦的《青年文藝》附屬於《中央日報》，1931 年 4 月 28 日創刊，1931 年 9 月 22 日停刊。該刊宣稱其有兩大使命：「一、深覺現青年及我們自身意志之不安定與思想之離析，本自導人之旨，所以有本周刊的編刊；二、民族主義文藝已成爲現代中國文壇的中心思潮，我們必須努力地幹，始能發揚光大，本刊預備集合國內從事文學事業的青年，貢獻我們所有的力量，以赴此艱巨的工作」。〔註73〕

另外，長風社旗下的《長風》半月刊也宣稱其兩大使命：「一是介紹世界

　　　是一期一期的增加」。見南心：《草野社的新氣象》，《申報·本埠增刊》1931
　　　年 2 月 12 日。
〔註70〕南心：《書報介紹：〈時代青年〉第八、九期》，《申報·本埠增刊》1930 年 10
　　　月 13 日。
〔註71〕吳曉田：《書報介紹：〈當代文藝〉第二期》，《申報·本埠增刊》1931 年 3 月
　　　21 日。
〔註72〕《開展·開展線下》創刊號，1930 年 8 月 8 日。
〔註73〕《徵稿啓事》，《中央日報·青年周刊》第 2 號，1931 年 12 月 15 日。

文學；二是發揚民族精神」，〔註74〕旗幟鮮明地扛起民族主義文藝的大旗。民族主義文藝能形成較大聲勢，跟這些刊物的大力鼓吹有莫大的關係，甚至於從一定意義上說，有了這些刊物的強有力的推動，才可能使「民族主義文藝」成為「運動」。

　　當然，情況還遠遠不是那麼簡單，從政策學的角度看，舉辦期刊這樣的政策措施出臺之後，重要的是取得相當一部分作家和讀者的支持，其辦刊路線的選擇就異常重要。美國學者路易斯‧科塞認為，一項制度「只有相當一部分人接受並同意貫徹它時，它才能成功付諸於實施」。〔註75〕文藝領域是一個特殊的領域，相對來說與人們的物質利益保持著一定的距離，因此，與一般政策不同，文藝政策所起的作用主要是一種引導作用。從這個角度考慮，民族主義文藝之所以成為「運動」，還與另一類刊物的穩健而老成的支撐有關。這類刊物儘管也提倡「民族主義文藝」，但盡量淡化黨派立場，儼然純文藝刊物，這種刊物以「中國文藝社」旗下的《文藝月刊》以及「前鋒社」的外圍刊物《現代文學評論》。〔註76〕

　　南京的「中國文藝社」旗下，有大型文藝雜誌《文藝月刊》，創刊於1930年8月15日，每期容量十五至二十萬字，「格式頗似小說月報，聞每期約印五千冊左右」。另有期刊一種，即《文藝周刊》創刊於1930年9月，「係附於中央日報，占大道之地位」。〔註77〕「中國文藝社」在在徵求社員的啟事上，宣稱「站在革命的立場，發揚民族精神，介紹世界思潮，創造中國新文藝」，這和民族主義文藝的立場可以說是一致的。但其期刊《文藝月刊》民族主義文藝色彩卻不濃厚，只是從其發刊詞《達賴滿 DYNAMO 的聲音》、克川的《十年來的中國文壇》、繆崇群的《亭子間的話》等少數幾篇文章中，透露出其與

---

〔註74〕《本刊的使命》，《長風》（半月刊）創刊號，1930年8月15日。

〔註75〕〔美〕路易斯‧科塞：《理念人——一項社會學的考察》，北京：中央編譯出版社，2001年版，第90頁。

〔註76〕對李贊華主編的《現代文學評論》，倪偉將它看作是「前鋒社」旗下的刊物，但這一看法很難坐實。要將這一刊物看作是「前鋒社」的刊物，理由不外乎兩點：李贊華和「前鋒社」關係密切，常在《前鋒月刊》上發表文章，將李贊華看作是「前鋒社」社員似乎並無不可；加《現代文學評論》和《前鋒月刊》都是由現代書局出版發行。但是「前鋒社」的刊物通常都署名「前鋒社」主編，《現代文學評論》卻署名「李贊華」主編，並且從辦刊風格與「前鋒社」還是有不小的差異。筆者認為還是將《現代文學評論》看作是「前鋒社」的外圍刊物較為妥當。

〔註77〕《首都文壇新指掌》，《文藝新聞》第2號，1931年3月23日。

民族主義文藝的關係。不過，當時的刊物還是把它看作是民族主義文藝期刊，〔註78〕主編王平陵晚年也回憶說葉楚傖「倡導民族主義文藝運動，力圖挽救頹風，我在他的指導下舉辦《文藝月刊》」，〔註79〕把創辦《文藝月刊》看作是民族主義文藝運動的一項工作。

《文藝月刊》不像《前鋒周報》《前鋒月刊》那樣黨派立場鮮明，但辦刊策略更爲老成。淡化黨派色彩以取得「中間」作家的認同和支持，利用優厚的稿酬吸引「中間」作家的稿件，甚至還有個別左翼作家的文章。王平陵後來談自己編這份雜誌時的初衷時說：「《文藝月刊》在創刊的時候，本想藉此結合幾個同時代的同好，辦作『同人雜誌』那樣性質的。後來，感覺到所見太狹，而且有招兵買馬，自樹擂臺的嫌疑，便無條件地把原來的主張揚棄了。」〔註80〕不過，正是這種「揚棄」，不僅使《文藝月刊》聚集了廣大的作家，擁有大量的稿源，而且使其在動盪局勢下維持了十二年。從1930年8月15日創刊到1941年11月終刊，共出126期，成爲20世紀三四十年代辦刊時間較長，影響較大的大型文藝期刊之一。

受到南京《文藝月刊》辦刊路線的影響，1931年4月10日，「前鋒社」的外圍刊物《現代文學評論》創刊，李贊華擔任主編，相對於《前鋒周報》和《前鋒月刊》，《現代文學評論》的民族主義立場要模糊得多。按左翼的說法：「『民族派』又用『現代文學批論』的名義以敦請的威脅的利誘的各種手段招致中間作家去投稿。可是這些方法都失敗了！」〔註81〕實際上，這種辦刊方式並非都「失敗了」，在這份刊物上，不但吸引了趙景深、朱湘、張資平、錢歌川等一批中間作家，而且還有一批左翼作家如郁達夫、葉靈鳳、周毓英、周揚、陳子展、何家槐、孫席珍等在這個刊物上發表作品。1931年葉靈鳳和周毓英被「左聯」開除，葉靈鳳的罪名就是「實際的爲國民黨民族主義文藝運動奔跑，地道的做走狗」；周毓英是因爲「參加民族主義文藝運動，

---

〔註78〕 亞孟：《論民族主義文藝的作家的作品》，《流露》第1卷第6號，1931年1月15日。

〔註79〕 在王平陵看來，「三民主義文藝」和「民族主義文藝」是不矛盾的。1934年國民黨中央宣傳委員會召開的宣傳會議中，對當前本黨文藝的中心理論到底是使用「三民主義文藝」的提法還是使用「民族主義文藝」的提法仍然爭論不休，說明當時王平陵秉持這種看法也極平常。

〔註80〕 王平陵：《我與文藝月刊》，《人言》第2卷第1期，1935年2月2日。

〔註81〕 思揚：《南京通訊——三民主義的與民族主義的文學由體及刊物》，《文學導報》第1卷第4期，1931年9月13日。

及在日報上發表反聯盟言論」。〔註82〕這種辦刊路線應該說是國民黨文藝政策調整的一種策略，這種策略使民族主義文藝運動拉攏了「中間」作家，分化了左翼作家，客觀上對三十年代文學的發展產生了一定的影響。

第三，三民主義文藝理論的貧乏及與現實政治的衝突使民族主義文藝成爲當然選擇。

1929 年全國宣傳會議提出「創造三民主義文學」的口號，可是，一年多的時間，什麼是「三民主義文藝」、創造三民主義文學有哪些規定性等問題仍然混沌不清。國民黨中央宣傳部部長葉楚傖在《三民主義的文藝底創造》中解釋：「我們所謂三民主義之文藝，乃是以三民主義之思想做我們的理，而以三民主義之時代爲我們的法」。把「把三民主義之時代」作爲「法」是讓人摸不著頭腦。而國民黨中央宣傳部副部長劉蘆隱在《三民主義的文學之意義》中的說法：「用三民主義的文藝這一名詞，是使大家認識中國所需要的文藝，乃一種有益於國家社會和個人的文藝」也是模棱兩可。反過來理解，有益於「國家社會和個人的文藝」是否就是「三民主義文藝」。如果這種理解成立，那相當於取消了三民主義文藝。國民黨內「同志」要在理論上回答和釐清三民主義文藝的內在規定性，也的確不是一件容易的事情。作爲政策提出來的「三民主義文學」主要體現的是國民黨南京政府的現實政治訴求，它更多著眼於統一思想，用「中心意識」去統一文藝界的意識，剷除不符合國民黨現實政治要求的一切文藝形態，但是卻又無法找到一個堂而皇之的理論支點。連民族主義文學陣營的鼓吹者之一潘子農也對此表示不滿，他批評說：「一種政治組合對於整個國家的文藝想要用政策來統治，此事實無可非議之處；因爲這不僅是政治的欲望；而且也是文藝本身的需要。不過目前我們必須追究者，乃是這種政策的意義是在建設自己呢，還是在消滅人家？」〔註83〕

由於國民黨人胡漢民等都在強調孫中山「三民主義」的整體性和不可分割性，金平歐在《文藝與三民主義》裡對「三民主義文藝」內容的解釋可能是最爲符合三民主義的精神的一種解釋：「在民族主義方面，可以描寫帝國主義歷來所賜予大小慘案的事實，帝國主義者政治經濟壓迫的有形與無形的痛苦，以及各種不平等條約所造成之弊害，更可以指示民族的精神，表現中華

〔註82〕《開除周全平、葉靈鳳、周毓英的通告》，《文學導報》第 1 卷第 2 期，1931 年 8 月 5 日。
〔註83〕潘子農：《文藝政策》，《矛盾》（月刊）第 3 卷第 2 期。

－65－

民族的特性而有團結的必要。其次，民權主義方面，可以描寫軍閥政客，貪官污吏的罪惡，可以指示民主勢力的偉大，權能分離的必要。又次，民生主義裡的問題更多了，資本家、勞動者，均可爲描寫時的對象，指示階級鬥爭的錯誤，暗示解決經濟問題的手段和方法等等。總上以觀，舉凡三民主義所包含的民族、政治、經濟、社會的一切問題，都可描寫和暗示。」〔註84〕但是，上海的國民黨文人卻認爲：「以三民主義爲文藝之中心理論，在名義上言，固屬毫無疑義者，但……三民主義之內容含義太廣，與文藝之本身較少適應。」出於這種認識，上海的國民黨文人認爲「以民族主義爲文藝中心理論，在此外患方面殷國難未絕之際，爲啓導民眾愛國救國觀念，有相當見地」。〔註85〕可見，國民黨在三民主義文藝之外又單獨把民族主義文藝從中獨立出來，並且作爲文藝的「中心理論」，是看到了民族主義相對三民主義而言，更能適應現實的政治需要。

國民黨南京政府成立之後，力圖建立一個高度集權的中央政府，以應對所謂「安內」與「攘外」任務。一方面，「清黨」以後國共兩黨轉爲武裝對抗，由之前相近的意識形態轉爲馬克思主義與三民主義的對峙；另一方面，「中東路事件」後中蘇衝突，民眾民族主義情緒持續高漲，而當時「左聯」接受共產國際的指示，提出了「武裝保衛蘇聯」的口號，的確脫離中國現實太遠了。國民黨把民眾的視線引向禦外的民族主義，不但可以抑制共產黨意識形態，而且順應與滿足了民眾的民族主義情緒表達，獲得更多的民眾支持。更爲重要的是，「三民主義」中的「民權」、「民生」主義很顯然不是此時國民黨南京政府「訓政」階段所要張揚的。東方在《我們的文藝運動》中從民生史觀角度闡釋了如何創作三民主義文藝，作家要「以革命的宇宙觀認識大自然，以革命的歷史觀批判歷史的演變，以革命的人生觀解釋人生，肯定人生，以民生史觀探討大眾的要求，測候大眾生活的表象和內容」。三民主義文學在取材上，「舉凡帝國主義侵略的狂暴，手工業的沒落，小有產者的破產，豪紳地主的貪婪，貪污投機的卑污，反動分子的搗亂，男女的互相誤解，青年心理的矛盾，饑荒兵匪的繚亂，老弱的顛沛流離」都可以成爲描繪的對象。〔註86〕這種解釋在革命時期要發動民眾，強調「手工業的沒落，小

〔註84〕 吳原編：《民族文藝論文集》，杭州：正中書局，1934年版，第228頁。
〔註85〕 《上海市黨部宣傳部提案》，國民黨中執委宣傳委員會編印：《文藝宣傳會議錄》，1934年。
〔註86〕 《民國日報・覺悟》（上海）1930年5月21、28日，6月18日連載。

有產者的破產，豪紳地主的貪婪」肯定是沒問題的，但是，國民黨南京政府已經成為執政者的情況下，把三民主義文學當作「革命文學」的理論架設肯定和國民黨現實政治用意不相吻合。因此，在這種背景下，突出民族主義是國民黨南京政府最好的選擇。潘公展在《從三民主義的立場觀察民族主義的文藝運動》一文中曾這樣為民族主義文藝辯護：「就整個世界來說，民族、民權、民生三個問題在現代正是需要同時解決，而就二三百年以來，尤其是最近 80 多年來，中國所最需解決的問題而論，還是一個民族問題。」「故三民主義儘管是一貫的，儘管是連環的，但這個一貫的連環卻統有一個起點，那便是民族主義。」〔註 87〕實際上，這種解釋是極為蒼白的，既然已經意識到民族、民權、民生需要同時解決，卻又強調中國的特殊性，說明他看中的仍然是民族主義本身的政治功能。對民族主義的政治整合功用，胡漢民在 1929 年全國宣傳會議上有一段講話：「群眾心理，有類兒童，教以破壞，則遇物搗毀，為之狂喜」，「吾人鼓吹革命，其言論每側重於民族主義，使人興奮，故宣傳無異煽動」。〔註 88〕借「民族主義文藝」激發民族主義情感，強化中央集權，掩蓋民權與民生上的無所作為，恐怕正是國民黨捨棄「三民主義文藝」，發動與支持「民族主義文藝運動」的真正原因。換句話說，三民主義文藝的理論不能滿足特定時期現實政治的需要，作為冠冕堂皇的理論再生產能力與政治動員能力遠遠不能和單獨提出「民族主義文藝」相提並論。由此出發，三民主義文藝作為文藝政策沒有推動一個「三民主義文藝運動」，卻推動了民族主義文藝運動的發生。

## 第三節 「通俗文藝」改造運動

### 一、政治焦慮：《通俗文藝運動計劃書》的文本分析

　　1932 年 8 月 25 日，國民黨中央宣傳委員會制定了《通俗文藝運動計劃書》（簡稱《計劃書》），經國民黨第四屆中央執行委員會三十五次常務會議通過，「密函頒發各省市黨部依照辦理」。〔註 89〕《計劃書》分為甲、乙、丙、附說四個部分，從意義、內容、實施辦法等方面都作了詳細的規定，力圖通

---

〔註87〕《中央日報·大道》1930 年 7 月 18 日。
〔註88〕《中央日報》1929 年 6 月 4 日。
〔註89〕中國第二歷史檔案館編：《中華民國史檔案資料彙編》第五輯第一編文化（一），南京：江蘇古籍出版社，1994 年版，第 321 頁。

過文藝政策的倡導，使通俗文藝的影響「能普遍的及於全國」；通過周密的計劃和動員，「由全國各級黨部一致動員，從事於有計劃、有步驟之活動，以期造成一個大規模的通俗文藝運動」。〔註90〕

通過這一計劃書，可以看出國民黨在文藝政策制定上的變化。它已經由以往簡單的口號提倡轉到具體的實踐操作上來，不僅規定了通俗文藝運動所要達到的目標，還具體到通俗文藝的取材、體裁、以及實施辦法和獎勵措施。如果說 1929 年制定的《規定藝術宣傳方法案》提出「仿製民間流行之俗謠，鼓詞，灘簧，通俗故事等」，還是把這些民間通俗文藝形式作為宣傳工具的一種，並且是「仿製」的話，那麼，到了《計劃書》就已經是「官方」有計劃、有步驟大規模直接介入與改造「民間」的開始。通過對這一政策的擬定與實施的分析與考察，不僅可以透視出國民黨體制內精英階層一貫而又普遍的政治焦慮，而且可以延伸出「官方」與「民間」這一極有意味的話題。

約翰‧斯道雷認為通俗文化「是一種伴隨著工業化和城市化的出現而興起的文化」。〔註91〕他所說「通俗文藝」（popular culture）也許應該翻譯作「大眾文藝」（mass culture）。實際上，他只討論了「通俗文藝」中的一半。「在現代和後現代的文化類型中，通俗文化表現為流行文化或大眾文化，它以現代都市為中心，通過文化工業的生產、現代傳媒的散播而成為城市居民消費的文化產品，與之相對立的則是精英文化、先鋒藝術等。但是在古典文化類型中，通俗文化的代表是民間、民俗文化」，對立面則是由官方貴族和文人知識分子的「高級文化」。〔註92〕《通俗文藝運動計劃書》中所謂的「通俗文藝」，是「中國歷來流行民間之傳奇、演義、歌謠、曲調之類」，正是在後一種意義上來使用這一概念，大體上包括我們今天所說的民間文藝和以下層文人（藝人）創作為主，追求「俗」、「趣」、「豔」諸趣味的文藝形態。在國民黨人看來，「此種文藝因其內容切近現實生活，題材通俗，趣味濃厚，遂為一般民眾所愛好，而視為日常精神生活上必須之品，故於無形中對於民眾心理發生一種極大影響，而一般民眾對於人生及社會的觀念和認識，即由此種影響聯繫而來」。因此，國民黨官方這樣解釋其發動「通俗文藝運動」的

---

〔註90〕《中央宣傳委員會文藝宣傳工作報告》，國民黨中央宣傳委員會編：《文藝宣傳會議錄》，1934 年。

〔註91〕〔英〕約翰‧斯道雷：《文化理論與通俗文化導論》，楊竹山等譯，南京：南京大學出版社，2001 年版，第 7～21 頁。

〔註92〕鄒躍進：《通俗文化與藝術》，長沙：湖南美術出版社，2002 年版，第 9 頁。

動機：

> 惟中國流行的通俗文藝，其內容所表現的，大都關於神怪、迷
> 信、封建思想，狹義的英雄崇拜主義，俚俗的個人享樂主義等。此
> 種思想迄今還是深根蒂固的盤踞於一般民眾心裡，所以他們對於人
> 生始終沒有正確的認識，對於民族國家始終沒有正確的觀念。最近
> 一般所謂左翼作家已鑒及通俗文藝之急切需要，以著手提倡其所謂
> 「大眾文藝」，想把一般知識程度尚在水平低下的民眾，引誘到他的
> 階級鬥爭的路上去，故本黨要剷除根深蒂固的封建思想及遏止共產
> 黨之惡化宣傳，而使民眾意識有一種正確的傾向——三民主義的傾
> 向。在黨的文藝政策上，對於通俗文藝的提倡，實爲當今最緊要而
> 迫切的工作。爲欲使此種文藝的影響能普遍的及於全國，應有一個
> 具體的計劃，由全國各級黨部一致動員，從事於有計劃、有步驟之
> 活動，以期造成一個大規模的通俗文藝運動。

這個解釋大致包含以下兩層意思：一是通俗（民間）文藝對普通民眾心
理有極大的影響，目前民間文藝的內容是關於「神怪、迷信、封建思想、狹
義英雄崇拜主義、俚俗的個人享樂主義」，需要作改造以培養普通民眾的「正
確的人生認識」和國家觀念；二是左翼作家倡導「大眾文藝」，引導普通民眾
「到階級鬥爭的路上去」，因此，在「黨的文藝政策上，對於通俗文藝的提倡」，
目的是「本黨要剷除根深蒂固的封建思想及遏止共產黨之惡化宣傳」。這延續
了國民黨南京政府一貫的政策思路，在它的國家建設計劃和現實政治需要之
間遊移，我姑且稱之爲兩大政治焦慮。

關於第一點，在 1929 年「全國宣傳會議」中，《中央宣傳部報告》就有
過這樣的闡述：「惟本部細查民眾此種對黨之熱誠深切，吾黨必須更進一步，
設法使民眾繼續維持其過去對黨之熱誠，而養成其愛護黨國之情操，欲達此
目的，必須以淺顯通俗之文字，解釋高深博大之理論，尤其在以藝術的手腕，
從很多方面來闡明枯燥艱睿的學理，方能引起民眾閱讀的興味，而得精確的
認識與瞭解，此本部今後對於民眾宣傳之計劃也」。〔註93〕

因此在《通俗文藝運動計劃書》裡作了比較具體的規定：「通俗文藝的題
旨，須依據本黨主義，切合民眾心理，從思想上予以正確的指導，以改變其
生活意識」。所謂「本黨之主義」，即當時重點凸出的民族主義。具體列了十

---

〔註93〕《中央日報》1930 年 6 月 5 日。

二條，其中前四條都明顯是意在培養普通民眾的國家觀念。它們分別是：
「一、激發民眾應有之民族意識及民族自信力；二、灌輸民眾以犧牲個人自
由及爲民族及社會而工作之精神；三、指導群眾以正確的反帝思想；四、激
勵民眾使其有繼續抗日之耐心」。而第六條到第十條也跟民族國家建設相關：
「鼓勵民眾對社會有忍耐的服務精神；提高民眾對社會的普通知識及科學常
識；訓練民眾以服務社會之技能；鼓勵民眾自動的從事社會的建設事業」。可
以看出，通俗文藝運動一個極其重要的目標，就是爭取下層民眾，並將其訓
練成爲具有國民黨所需要的國家意識，具有爲社會服務之技能與道德的國
民。按《計劃書》在「附說」中的說法是：「將三民主義社會形成的過程中所
需訓練人民之要件藉文藝以灌輸於一般民眾，故在實施上不宜僅注重都市而
忽略縣城及農村，故省市以下各級黨部皆應從事此項運動，以期此項運動盡
可能的範圍普及全國及深入民間」。這與國民黨「訓政」時期的目標是一致
的。〔註 94〕但無論是把通俗文藝作爲啓蒙的工具還是政治動員的工具，這些
都是建立在一個對「民間」社會的基本認識之上，透露出國民黨體制內精英
階層內心的政治焦慮。

在國民黨官方看來，中國民間社會現狀會給國家的現代化造成不小的牽
制。愚昧落後的封建思想，低劣的知識技能和道德水平，散漫而無序的生活
狀態，甚至於邋遢而陳腐的衛生習慣等，都成爲國民黨建立現代化國家的障
礙，尤其是廣大鄉村的農民。在將通俗文藝分爲都市通俗文藝及農村通俗文
藝兩類時又在「附說」中強調：「依我們目前農村情形，農村通俗文藝實較都
市通俗文藝尤爲切要」。這種民族國家意識的缺乏、現代國民素質的低下使得
通俗文藝成爲塑造現代國民、把下層民眾特別是農民組織到國家政治生活中
來的一個急切選擇。原因是「其內容切近現實生活，題材通俗，趣味濃厚」，
是一般民眾「日常精神生活上必須之品」。

於是，《通俗文藝運動計劃書》規定：在題材選擇上，要選取「民眾日常
的家庭生活；民眾日常的職業生活；民眾一般的思想；民眾一般的信仰；民

---

〔註94〕中山把建立民國的程序分爲軍政時期、訓政時期、憲政時期三個時期，主張
在訓政時期施行約法，由政府派出經過訓練、考試合格的人員，到各縣籌備
地方自治，並對人民進行運用民權和承擔義務的訓練。一省之內全部縣實現
自治時，即可結束訓政，進入憲政時期。1928 年國民黨召開二屆五中全會，
宣告「軍政時期」結束，「訓政時期」開始。蔣介石打出「以黨治國」的旗號，
宣佈「統一軍政」，「實施訓政」。

眾日常所發生的家族關係；民眾日常所發生的社會關係」，總之，就是要貼近民眾的「現實生活」，做到「通俗」，「有趣」。在體裁選擇上，「必須用淺明的文字及簡易的圖形與結構，俾民眾易以瞭解，除創造民眾易於瞭解的新形式外，亦可採用舊形式之優點」。新形式包括「文學類：小說、話劇、劇詞、書詞、歌詞、小曲、歌謠及其它新體等八種；圖畫類：繪畫及照片等二種」。也可以「採用演義的體裁，創造短篇小說；採用流行曲調編製各類小唱；採用南北劇詞的曲調編製劇本；採用語體文，編製話劇；採用現代歌曲編製歌詞；採用各地俚曲編製歌謠；採用語體文編製有音律的彈詞；採用語體文，編製記事的說書」。為了達到更好的效果，還作出了四條規定：忌用高深的名詞與術語；忌用顛倒事實的結構法；避免機械的引用黨義名詞及理論；避免用各地政府機關及各地黨部名義出版。前兩條偏重於技術層面，後兩條是策略性的，表露出國民黨內部政策制定者的矛盾和焦慮。一方面認為普通下層民眾素質低劣需要塑造與訓練，但不得不顧及底層民眾的知識水平和審美趣味；另一方面不願以黨和政府的名義公開出版通俗文藝作品，並要極力避免機械「引用黨義名詞及理論」，害怕過於明顯的「黨義宣傳」會引起社會普遍的反感與抵制。

國民黨在 1928 年建都南京時，很多人曾對南京政府給予很高的期望。「喬治・索凱爾斯基（George Sokolsky）1929 年寫道：『在中國，沒有哪個政府能享受南京政府的殊榮，在一片讚揚聲中開始自己的工作，……人民熱望他們成功』。富蘭克林・何（何廉）記錄下了中國知識分子當時的感受：『我們住在北方，我卻真心實意的擁護南京政權，例如 1928 年，我、蔣廷黻、和幾個朋友是多麼激動啊——對我們來說，那或許是一個偉大新時代的象徵。』民眾對國民黨勝利的歡欣鼓舞是短暫的」。〔註 95〕路德維格・拉赫曼（Ludwing Rajchman）在 1930 年 2 月給國聯的報告中說：「政府……很快就開始喪失了它最初的那種統治力量；政府組建兩年之後，從前所擬的重建國家計劃終於所剩無幾了；中央政府臃腫的機構為那些死死抓住官位不放的保守官僚們所充斥，真正要求改革和重建的人越來越多地轉到反對派陣營裡。」而「美國駐南京的代辦，後成為駐華大使的克拉倫斯・E・高斯（Clarence E Gauss）1934 年 9 月寫到：『革命的動力已經消失。……從前革命的熱心者現在已在政府中

---

〔註95〕 〔美〕易勞逸：《流產的革命——1927～1937 年的國民黨》（The Abortive Revolution），陳謙平等譯，北京：中國青年出版社，1992 年版，第 11 頁。

安頓了舒適的工作。他們絕少關心自己的公共責任、自己的祖國、人民的幸福與進步，而更多地想到自己的前途和互相間勾心鬥角』」。〔註 96〕這些外國觀察家的評論，至少說明了國民黨推行「以黨治國」，加強中央集權，對共產黨的鎮壓與清洗以來社會心理的明顯變化，這種變化引發民眾對國民黨南京政府的信任危機，從一定程度上制約著國民黨高層在制定文藝政策時有所顧忌。特別是在實施措施上有兩條，表現出明顯的不自信：

> 各省黨部應調查當地通俗文藝作家刊物及社團，秘密派員聯絡
> 或參加，俾能發生社團作用；各省市黨部應用各種方法，秘密取得
> 當地報紙副刊或畫刊之編輯權，藉以刊載有關通俗文藝之作品。

不過，這卻恰好在另一方面透露出國民黨體制內政策制定者的急躁與焦慮。正如易勞逸所分析的那樣：「國民黨在創造一種富有生命力的政治制度方面明顯地表現得很急躁，正是急躁使它遭受挫折」。〔註97〕

這種焦慮投射到現實政治操作層面，還著重表現為對左翼作家所掀起的「文藝大眾化運動」的恐慌。1930 年，左聯成立之後就把文藝大眾化列為左聯的中心工作，並組織了「文藝大眾化研究會」負責這個工作。左聯的刊物，如《大眾文藝》、《北斗》及其它一些刊物，展開了熱烈的討論，文藝大眾化運動由此拉開帷幕。1931 年 11 月，左聯執行委員會通過的《中國無產階級革命文學的新任務》中指出：「為完成當前的迫切任務，中國無產階級革命文學必須確定新的路線。首先，第一個重大問題，就是文學的大眾化，……通過大眾化的路線，即實現了運動與組織的大眾化，作品、批評以及其它一切的大眾化，才能完成我們當前的反帝反國民黨的蘇維埃革命的任務，才能創造出真正的中國無產階級革命文學」。〔註98〕1932 年 3 月 9 日，「左聯」秘書處擴大會議作出《關於左聯目前具體工作的決議》再次強調「左聯」要「真正的實行著轉變——『面向群眾』，因此，切實的全般的實行這個轉變就是當前最緊要的任務」。〔註 99〕左翼作家就文藝大眾化問題進行三次大規模的討

---

〔註96〕轉引自〔美〕易勞逸：《流產的革命——1927～1937 年的國民黨》（The Abortive Revolution），陳謙平等譯，北京：中國青年出版社，1992 年版，第 11 頁。

〔註97〕〔美〕易勞逸：《流產的革命——1927～1937 年的國民黨》（The Abortive Revolution），陳謙平等譯，北京：中國青年出版社，1992 年版，第 12 頁。

〔註98〕《文學導報》，1931 年第 8 期。

〔註99〕上海魯迅紀念館編輯：《紀念與研究》第 2 輯，上海：上海魯迅紀念館，1980 年，第 113 頁。

論，涉及到大眾文學創作的內容、形式、語言等方方面面，奠定了文藝大眾化運動的理論基礎。通過組織工農兵貧民通信員運動，牆報運動，組織工農兵大眾的文藝研究會讀書班等具體手段的實施，文藝大眾化運動如火如荼地開展起來。作爲左翼來說，發動「文藝大眾化運動」，儘管想要發動的「群眾」包括工人、農民、士兵、貧民，但是實際的大眾化運動主要在工廠展開，爭取的對象主要是城市工人。這種強烈的政治目的引發了國民黨內部的憂慮，這種憂慮從「抑制普羅文學」，擬定「三民主義文藝政策」時期就一直在蔓延。在王平陵主持《中央日報》《青白》副刊時呼籲：「所謂 Proletain（普羅）的文學，在現代的中國，是否需要這些不倫不類的東西，也是絕對的疑問。只可憐一般青年的讀者，沒有抉擇力，最喜歡走容易的路徑。」因爲「反動派利用文藝的手段，作誘惑青年工具，所以在這個當兒，眞眞的『革命文藝』的建設，實在是刻不容緩的問題。今後的『青白』，願意和愛好文藝的讀者，共同在此方面努力，希望大家蹈進『革命文藝』的園地裡來」。〔註 100〕與其說《青白》副刊的目的是爲了文藝本身的建設，不如說是爲了爭取「青年讀者」，不願意看到「活潑潑的青年們，都傳染著流行的浪漫病，」「發出無謂的失望的呼聲」。所謂「三民主義文藝的第一部創作」《杜鵑啼倦柳花飛》，也是作者魯覺吾有感於「兩年前已感覺到赤色分子利用所謂第四階級的文藝來破壞中國青年的心靈」而「用青年最陶醉的革命戀愛合成」。到了《計劃書》，這種焦慮非但沒有被減弱，反而在一定程度上被強化。因爲從「普羅文學」運動到「文藝大眾化運動」，已經由一般的理論倡導轉向了實際的群眾動員。爲了應對來自左翼「文藝大眾化運動」的挑戰，國民黨中央宣傳委員會出臺《計劃書》，意圖策動「通俗文藝運動」與之抗衡，這在《計劃書》裡也毫不掩飾要「遏止共產黨之惡化宣傳」，並且在通俗文藝題旨的第五條和第十一條規定：「鼓勵民眾自動剿匪，並揭露赤匪之罪惡；考察民眾意識爲何種反動言論所迷惑而予以糾正」。在題材的選擇上，第八條就明確規定要選取「赤匪區域內民眾受害之悲慘事實」予以描寫。與左翼「文藝大眾化運動」主要在工廠進行不同的是，「通俗文藝運動」的政策重點是廣大農村，「依我們目前農村情形，農村通俗文藝實較都市通俗文藝尤爲重要」。「實施上不宜僅注重都市而忽略縣城及農村，故省市以下各級黨部皆應從事此項運動，以期此項運動盡可能的範圍普及全國及深入民間」。在《計劃書》的實施措施

〔註100〕王平陵：《蹈進革命文藝的園地》，《中央日報》1929 年 4 月 21 日。

部分，還擬定非常詳細的實施辦法：1、組織研究社，羅致通俗文藝研究人材，整理通俗文藝作品；2、編印通俗文藝讀物，包括期刊、叢書、通俗畫報和其它臨時有關宣傳的通俗刊物；3、獎勵及扶助刊物及社團，包括獎勵文藝人材、作家，扶助通俗文藝刊物和通俗文藝社團；4、指導下級黨部工作，其中包括各項具體的落實措施。如出版刊物、畫報；督促社團或刊物開展通俗文藝工作；誘導和訓練娛樂場所之藝員，使其演唱新編通俗歌曲等。儘管有些措施並沒有得到很好的施行，和以往的文藝政策相比也沒有什麼新意，但是還是可以看出政策制定者的煞費苦心。當國家的宣傳機構對民間文藝進行有目的、有計劃的改造的時候，也正從另一個側面說明，國民黨的政治文化正在向全社會的各個角落滲透，即使是社會底層的文化生活，也開始受到嚴格的監督。

## 二、被改造的「民間」：通俗文藝運動的實施

國民黨發動的所謂通俗文藝運動，實際上是以官方文人創作的「民間文藝」來取代傳統民間文藝的文化改造運動。這不是傳統民間文藝的現代性轉換，而是黨派文藝的借屍還魂。它包含著兩種形同實異文藝形態的觀念衝突、政治文化與民間文化的權力角逐、上層精英與下層民眾趣味牴牾等複雜而有趣的問題。

### （一）通俗文藝的生產與傳播

《通俗文藝運動計劃書》對「通俗文藝運動」作了周密的籌劃，在「通俗文藝運動實施」部分，其中極其重要的兩點就是：第一「組織研究社」、「通俗文藝社」及扶助「通俗文藝社團」，這些社團的任務之一是「搜集中外通俗文藝作品加以整理」，通過黨部「隨時送中央以供採擇」；第二，「編印通俗文藝期刊」、「通俗文藝叢書」、「通俗畫報」。從「通俗文藝」的生產和傳播兩個方面試圖全面控制和改造通俗文藝。

從組織和扶助社團上來看，這個工作主要由各級黨部負責實施。《計劃書》有兩條規定：「省市黨部應注意選拔當地黨員中對於通俗文藝有研究之人才，於規定時期內（此項時期之長短由中央按各地情形分別規定之）組織通俗文藝社，並視當地情形，以各種不同的名義出版數種以上通俗文藝定期刊物及通俗畫報」；「省市黨部應指導並考核扶助之當地通俗文藝作家刊物及社團，督促其從事於出版及活動工作」。這個工作實施的情況如何呢？據中央宣

傳委員會 1934 年的工作報告稱，這種文藝社團主要有：江西的「江西文藝社」，發行《民鋒》（半月刊），「另發行通俗文藝一種」；浙江的「民間文藝社」，發行《民間文藝》（周刊）及《國光日報》；雲南的「昆湖文藝社」；甘肅的通俗文藝社，發行《民間生命線》等。另外各地組織通俗劇團，有學校、工廠、軍隊、農村劇團等幾種，已著手組織的有河南、隴海、第 30 師、第 55 師、新編第 2 師等。通過各種通俗文藝社團的組建，通俗文藝的生產主要表現爲兩種方式。一種是通過文藝社團社員搜集、整理和創作「通俗文藝」，其中有以中央的名義下發的劇本唱詞等；另一種是民間藝人創制，官方審定「通俗文藝」。關於第一種「官方或者半官方」文人創制的「通俗文藝」，據中央宣傳委員會 1934 年的工作報告，成績主要有以下幾項：1、創作了三種劇本，「內容皆爲激勵民族意識者」；2、大鼓詞十六種，「內容採取總理從事革命史實，及諸先烈犧牲奮鬥以及抗日將士再接再厲之光榮歷史，編爲新詞，並聘請著名鼓詞藝員，每星期在中央廣播電臺播唱」；3、歌曲三種，歌詞兩種，唱片兩種（《總理倫敦蒙難》、《秋瑾就義》）。這些劇本和唱詞以中央的名義下發到省市黨部，由省市黨部命令劇院要排練公演，漢口市的報告稱，這些唱詞還「頗能激動觀眾革命情緒」。另外對「激勵民族意識」的劇本，還印發給前線的抗日士兵閱讀。1934 年的全國文藝宣傳會議後，「由於戲劇宣傳爲最有力量，編製各種劇詞、歌曲、小曲等類」得到進一步強調，「至鄉村演唱，皆爲當務之急」。〔註 101〕其中，中央宣傳委員會在「加緊通俗文藝宣傳」議案中，提出要組織「書詞雜耍改進社」，以「含有革命史實及發揚民族精神改革社會心理的新詞歌曲」，逐漸淘汰誨淫誨盜、思想不正確之舊書詞歌曲，「以謀各項詞曲之改進，使一般聽眾，於娛樂中漸漸爲本黨此種宣傳力量所潛移默化」。因此，民間歌曲如灘簧、大鼓、盲詞、小調等內容的改良，以及新歌詞之創造，歷史劇、歌劇、兒童劇、歌謠的編製成爲中央和各級黨部一項重要工作。如在 1934 年，裘德煌〔註 102〕以時事及歷史爲題材，編著《胡阿毛》、《西門豹》、《宮井埋香記》、《飛來的禍》、《弦高搞師》、《模範軍人》、《刮骨療毒》、《遊岳墓》、《一女三許》等新劇本。其中，《胡阿毛》（又《平民抗日記》）、《西門豹》、《宮井埋香記》、《飛來的禍》由音教會自行公演二十

〔註 101〕《加緊通俗文藝宣傳》，國民黨中執委宣傳委員會編：《文藝宣傳會議錄》，1934 年。
〔註 102〕1931 年，江西省教育廳成立「推行音樂教育委員會」，下設總務、音樂、戲劇、宣傳四股，戲劇股就聘請戲劇家裘德煌任平劇組主任。

次外，並在新建縣西山萬壽宮、樵舍、吳城等城鎮公演多次，取得一定宣傳效果；關於第二種民間藝人的創制，漢口市黨部宣傳委員會對街頭賣唱的藝人所唱曲詞的改造與審定較爲典型。《漢口市黨部宣傳委員會》報告稱，街頭賣唱的藝人所唱之「曲詞多取民間流行故事，譜以時曲小調而成者，頗爲工人婦孺所愛好」，因見其「足供宣傳之用，乃召集該社社員來會談話，改善其組織，並規定所有曲本須呈本會審定修正，同時以中央印發之各種抗日剿匪歌曲，供其翻印唱賣」。把各茶室和娛樂場所的說書藝人組織起來成立評書宣講工會，發給各種宣傳手冊，令說書人「於演講時，比附解釋，或於開始演講時說明暴日赤匪之罪惡，藉以激動人心」。〔註103〕這種對街頭藝人演唱曲本的審定，強行要求說書藝人宣講宣傳手冊，比附解釋等措施，一定程度上已經改變了民間藝人的創作形態，所演唱的曲本和演講的內容，已經打上了鮮明意識形態的印記。也就是說，從通俗文藝的生產環節，無論是官方文人創製的新「通俗文藝」作品，還是民間藝人繼承或者創製經官方審定的「通俗文藝」作品，從本質上也沒有區別，都是官方文人和民間藝人相互合作、妥協的結果。

這種合作與妥協同樣體現在通俗文藝的傳播環節。無論是官方文人創製的「新歌詞」還是民間藝人創製官方審定的「通俗文藝」，從傳播形式來看，它的傳播都不完全是通過期刊和叢書等現代出版媒介，更多是通過直接的宣講和表演等傳統傳播形式。儘管各地的各種通俗文藝社團基本上都有自己的刊物，如《民鋒》（半月刊）、《民間文藝》（周刊）、《國光日報》、《民間生命線》等，但這些文藝期刊生存的時間都很短，並且從傳播效果上來說並不理想。以至於對《計劃書》所要求各地應出版通俗文藝期刊，各地「執行者甚少」。特別是南京、上海、漢口、北平等特別市黨部以及河北、河南等內陸省份沒有創辦專門的通俗文藝期刊。上海的解釋是「對於所頒辦法，頗覺無從進行，蓋出版通俗文藝刊物（文字或者圖畫）本屬易事，但查該項運動之對象，應以農工群眾下層階級爲主體，而農工群眾下層階級識字者十無一二，縱有大量圖畫之產生，收效亦鮮。覆查若輩之日常生活，好動不好靜，每日工作之餘，除飲食睡眠外，常好觀聽俚語歌劇戲曲，若大鼓彈詞本灘簧對口相聲等，此種俚語歌曲，雖一無足取，惟靡靡之音，固足以舒散若輩疲倦之

〔註103〕《漢口市黨部提案》，國民黨中央宣傳委員會編：《文藝宣傳會議錄》，1934年。

精神也。」〔註104〕但是，在執行《計劃書》時，上海市也有自己的辦法。如舉行滑稽劇競賽，「去年接奉中央飭辦通俗文藝之時，即經會同市教育局舉辦滑稽劇競賽，以推行社會教育，發揚愛國思想，改善民眾娛樂，鼓勵高尚遊藝爲目的。並派員評判優劣，以資策勵。」據稱「此項競賽，影響遊藝界頗大，成績亦佳」。〔註105〕漢口市也沒有舉辦通俗文藝期刊，轉而對街頭賣唱的「民間曲藝演出社」進行管制與組織「評述宣講工會」等措施，也出於和上海市同樣的看法。由此可見，從傳播形式上，國民黨各級黨部在實施中達成了這樣一種共識，即利用下層民眾最容易接受的宣講、表演等直接付諸於感官的形式比舉辦期刊、出版通俗讀物更爲有效。因此，官方文人創製的「通俗文藝」還得借助民間藝人的表演和和講唱來傳播，民間文人繼承或創作的「通俗文藝」也經過官方的審定才能演唱。「通俗文藝」成了官方與民間相互制約、相互妥協，共同創造的一種新的文藝形態。

## （二）通俗文藝的接受

國民黨各級黨部組織各種通俗文藝社團、研究社，裡面主要集中的是一些所謂官方文化精英，通過這些人搜集民間文藝材料，創製通俗文藝，利用國家力量強行推廣，並把民間藝人規範和納入到體制化了的通俗文藝軌道中來，這種改造模式本身就包含了不和諧的因子。官方的政治標準與民間藝人、劇院商人的利益驅動和市民、農民世俗的文化趣味之間存在著極爲明顯的衝突。

直接的衝突就表現在官方對民間戲劇的審查與管制上。以浙江爲例，僅1932到1933年間，就有杭劇《白蛇傳》、紹劇《沉香救母》、平劇《走麥城》、《遊西湖》等三十餘本戲被禁。〔註106〕在湖北，據1933年3月13日的《武漢日報》載，武漢戲劇審查委員會第一次審查，就禁演平劇、漢劇、楚劇共七十八齣。〔註107〕這些傳統戲劇都是因爲不合官方的政治標準而被取締。按

---

〔註104〕《上海市黨部提案》，國民黨中央宣傳委員會編：《文藝宣傳會議錄》，1934年。

〔註105〕《上海市黨部文藝宣傳工作報告》，國民黨中央宣傳委員會編：《文藝宣傳會議錄》，1934年，第158頁。

〔註106〕中國戲曲志編輯委員會編：《中國戲曲志・浙江卷》，北京：文化藝術出版社，1990年版，第45～46頁。

〔註107〕中國戲曲志編輯委員會編：《中國戲曲志・湖北卷》，北京：文化藝術出版社，1993年版，第608～609頁。

國民黨官方的標準，通俗文藝有兩大目標，一是民族主義目標，通過通俗文藝的各種形式灌輸民族國家觀念，激發民族主義意識，參與到國家建設等政治生活中來；第二是遏制共產黨意識形態的傳播。在廣西，1932 年頒佈了《南寧戲劇審查委員會取締戲劇規則》，1934 年 2 月又修訂爲《廣西戲劇審查委員會審查通則》，由廣西省政府發佈《修正戲劇審查通則訓令》，對於「有損中華民國及民族之尊嚴者」、「違反三民主義及廣西建設綱領者」、「妨害善良風俗、公共秩序者」、「提倡迷信邪說者」等予以禁演。〔註108〕可以說是通俗文藝目標的更爲具體化的規定。大量的傳統民間戲曲因不能達到上述兩大目標而遭到禁演。

這種嚴厲的檢查，使得以地方戲曲爲代表的傳統民間文藝遭到打擊，傳統劇目被取締。但是，民間戲劇藝人也並不甘心被改造，面對戲曲檢查會檢查標準不統一，在甲地能演的戲到乙地卻不能演的問題，不斷變換演出地點；面對用原來劇名不能演的戲，換個名字繼續上演。「像《思凡》、《下山》被禁演，但改稱《夕陽橋》後」繼續上演。〔註109〕也就是說，夾在政治文化和市民文化當中的民間藝人、劇院商人，既要遵循政治宣傳的原則，又要滿足下層民眾的趣味，其結果就是陽奉陰違，消極抵制。

而廣大下層民眾，雖然他們的審美趣味不被精英文化所認可，也不見容於通俗文藝的政治標準，但是面對強大的政治宣傳攻勢之時，並非完全被動地接受改造，而是爲自己的需要尋求多種變通的管道。事實上，廣大下層民眾作爲通俗文藝的消費者，其審美趣味制約著通俗文藝的生產者，如果說通俗文藝眞如官方報告中所稱的「效果很好」的話，民間藝人千方百計上演《思凡》、《下山》等傳統劇目，以及如此嚴厲的戲曲審查措施就是不可想像的。國民黨中央宣傳委員會的工作報告中稱「兩年來通俗文藝運動之實施甚少成績」，恐怕也包含著對民間文藝的改造不能成功地讓廣大民眾接受的反思。

當國民黨發動通俗文藝運動時，其實它所面對的是一個多元化的文化生產機制。民族主義文學、左翼文學、都市文學，甚至包括幽默小品、「鴛蝴派」文藝等文學樣式各自按照自身的邏輯在生產、傳播和消費的既定軌道中運

---

〔註108〕中國戲曲志編輯委員會編：《中國戲曲志・廣西卷》，北京：中國 ISBN 中心，
　　　　1995 年版，第 15 頁。
〔註109〕田漢：《抗戰與戲劇》，《田漢文集》第 15 卷，北京：中國戲劇出版社，1983
　　　　年版，第 32～33 頁。

行，這些文藝單元之間的矛盾衝突就不可避免。以國民黨南京政府的文化控制力而言，無論在通俗文藝的生產、傳播還是消費方面，它都不可能實現大一統的局面。在生產環節，民營書局和商業劇院佔據主要部分，國民黨官辦書局僅有軍方的獨立出版社〔註110〕；而主要集中在上海、南京、杭州等地的劇院又都是以營業為目的商業性劇院，各地遍佈的鄉村劇場更是不可能全面掌控，唯一能做的就是實行嚴厲的書刊和電影審查，借助於政治權力控制文藝的生產和傳播，確保文藝作品在意識形態上與官方意識形態一致，符合官方推行的「通俗文藝」標準和規範，但是，在文藝的接受環節，官方對其意圖灌輸的意識形態被稀釋和淡化往往是無能為力。從作為文藝的接受主體的農民和城市居民來看，他們對通俗文藝作品的接受方式均受到其自身的思想觀念、審美趣味的限制。雖然通俗文藝在普及的過程中一直非常注意採用傳統的民間文藝的形式，但僅僅有民間文藝形式上的相同或者相似似乎不足以保證普通民眾對它的熱情。更為重要的是，通俗文藝又如何保證普通民眾能正確理解作品的政治內涵呢？

　　儘管普通民眾對於國民黨政治和文化精英看來是需要「訓導」、教育和啓蒙的對象，他們堅持自己的文化趣味往往被視為素質低下的表現，但是，這恰好說明普通的民眾在文化上並不是被動的文化消費者。他們堅持適合自己需要而自己塑造的自發的、鄉土的表達，這種「鄉土的表達」（民間藝術）是「民眾自己的制度，是他們的私人小花園，被一道圍牆與其主人的高雅文化的正規大公園隔開」（麥克唐納）。〔註111〕他們面對各種自上而下的文化改造和政治壓力時，還可以與民間藝人、出版商、劇場老闆共同謀劃各種變通辦法，抵抗上層文化對底層民間文化的壓制與改造。詹姆斯・斯科特（James

---

〔註110〕1928 年創立於南京，後又在上海和部份省城設立分支機搆。屬國民黨軍方的出版機構。以出版時事政治讀物為主，也出版一些社會科學和文藝書刊。出版《天地人》半月刊、《民族詩壇》月刊、《獨立漫畫》月刊；出版《時事綜合叢書》、《抗戰建國叢書》、《抗戰文學叢刊》、《行政院行政效率促進會叢書》、《抗戰建國綱領叢書》、《公民知識叢書》、《國民精神總動員會叢書》、《哲學名著譯叢》等。抗戰勝利後由重慶遷返南京、上海，1949 年後，由上海市軍事管制委員會接管。參見《上海出版志》編纂委員會編：《上海出版志》，上海：上海社會科學院出版社，2000 年版；張憲文、方慶秋等主編：《中華民國史大辭典》，南京：鳳凰出版社，2002 年版，第 1405 頁。

〔註111〕斯特里納蒂：《通俗文化理論導論》（An Introduction to Theories of Popular Culture, Routledge），北京：商務印書館，2001 年版，第 9 頁。

C・Scott）曾精闢低論述了底層民眾的生存邏輯。它在 1990 年出版的著作《統治和反抗的藝術：隱藏的文本》中提出「隱藏的文本」（hidden transcript）的概念，〔註112〕這是一種發生在後臺的話語、姿態和實踐，它們避開掌權者直接的監視，牴觸或改變著「公開的文本」所表現的內容，因爲公開的反抗和政治行動對底層民眾來說即使不是自取滅亡，也是過於危險的，因此斯科特指出，每一從屬群體都會創造出「隱藏的文本」，它表現爲一種在統治者背後說出的對於權力的批評，它使從屬者可能破除「虛假意識」（false consciousness）的迷障。按這一說法，面對國民黨自上而下的對民間文化的改造，作爲「弱者」的民眾、民間藝人、出版商和劇院商人的「合謀」完全可以被視爲這種「隱藏的文本」。由於有了這種「隱藏的劇本」的存在，任何意圖推到「私人小花園」和「正規大公園」之間的「圍牆」的努力，都不可能獲得成功。

〔註112〕James C. Scott. Domination and the Arts of Resistance: Hidden Transcripts. Yale University Press, 1990.

# 第三章　話語生產：文學社團與作家的組織化

　　20 世紀 30 年代的右翼文藝團體，無論是以官方還是以「民間」面目出現，卻無一例外都把矛頭指向「左聯」及其領導下的無產階級文學。魯迅就曾揭露過這些文學家「即使並非幫友，他們所謂『文藝家』的許多人，是一向在盡『寵犬』的職分的，雖然所標的口號，種種不同，藝術至上主義呀，國粹主義呀，民族主義呀，為人類的藝術呀，但這僅如巡警手裡拿著前膛槍或後膛槍，來复槍，毛瑟槍的不同，那終極的目的卻只有一個：就是打死帝國主義即反政府，亦即『反革命』，或僅有些不平的人民」。〔註 1〕不過，他的這一判斷成為中國幾十年來文學史對右翼文學社團和文人的基本角色定位，則可能會將紛繁複雜的歷史簡單化了。

　　從政治上立場上的分野來劃分其文學取向，這種歷史書寫的方式在特定的政治語境中具有某種程度的合理性，但同時帶來的結果是右翼文藝社團與官方、社團與社團之間、社團與作家之間的複雜關係被簡單的政治判斷所替代，其文學史意義就局限於為「左翼」文學史提供一個反面的映襯和批判的案例。一方面造成了「左翼」文學研究因為缺乏一個強大的對立面研究的支持而停滯不前；另一方面，這種對抗式的文學史描述方式也極易模糊對三十年代文學的整體認知。因此，考察右翼社團基本的運作方式和組織機

---

〔註 1〕《「民族主義文藝」的任務和運命》，《魯迅全集》第 4 卷，北京：人民文學出版社，2005 年版，第 231 頁。

構，尤其是考察社團與「中間」作家之間的離合關係，超越一般意義上對右翼作家的「幫閒文人」或者是「反動文人」的角色認識，呈現國家如何將不同研究範圍、思想路數的文人聚集在或鬆或緊的組織體系之中，應該是有價值的。

從政治態度上來劃分，右翼文藝社團大致可以分為三類：一類是直接由官方主辦的；一類是官方扶持或有聯繫的；再一類是貌似中間派，背景卻極為複雜的。無論是類似於官方機構的文藝社團，還是秉持民族主義話語的同人社團，抑或是貌似中間派的文藝社團，都無一例外被社團這一機制納入到國民黨官方的文藝體制運行軌道之中。

# 第一節　南京：中國文藝社

## 一、從發生到消亡

對中國文藝社的描述，要麼簡單介紹其是「接受國民黨中宣部津貼」〔註2〕的官方組織；要麼強調其是由「國民黨文化特務王平陵與反動文人鍾天心、左恭等在南京成立的學術團體」〔註3〕。由於這個社團濃厚的國民黨官方背景，所以在現代文學的研究中，基本沒有受到任何重視。究竟「中國文藝社」是一個什麼樣的團體，有哪些重要的文藝活動，產生過什麼樣的影響，最好的辦法可能是放棄以往簡單的價值描述，回到史料的梳理中，探究其發生、發展到消亡的過程，以便對該文藝社團有一個更為準確的定位，同時對國民黨的整個文學統制策略有一個清晰的瞭解。

對「中國文藝社」的創建，其骨幹成員王平陵在其晚年有一段回憶：

> 民國十九年，共產黨宣傳階級鬥爭的「普羅文藝」，氣焰囂張，不可一世，青年們盲目附和，葉楚傖先生首先倡導「民族主義」的文藝運動，力圖挽救頹風。我在他的指導下，擔任下列四項工作，一、創辦大型文藝刊物——《文藝月刊》，……〔註4〕

---

〔註2〕《中國新文學大系 1927～1937》第 19 集（史料·索引一），上海：上海文藝出版社，1989 年版，第 329 頁。

〔註3〕尚海、孔凡軍、何虎生等主編：《民國史大辭典》，北京：中國廣播電視出版社，1991 年版，第 328 頁。

〔註4〕袁道宏：《王平陵之文藝生活》，《王平陵先生紀念集》，臺北：正中書局，1975年版，第 162 頁。

　　葉楚傖當時任國民黨中央宣傳部部長，他的提議對《文藝月刊》的創辦至關重要，而且創辦這一刊物的目的就是力圖「挽救頹風」。1930 年 7 月 4 日到 9 日《中央日報》上刊登的「中國文藝社徵求社員」啓事稱：

> 本社鑒於現代中國文壇之消沉，民族精神之頹廢，爰爲聯合愛好文藝同志，創辦中國文藝社，冀以一往無前之勇氣，振起時代之沉疴，掃除一切混亂之思想，尋求新文藝之途徑，同好之士，願參加本社，共作文藝之研究者，無任歡迎。〔註5〕

　　由此看來，「中國文藝社」正如當時《矛盾月刊》評述的一樣：「是一個創辦得最早規模也最大的文藝社團，成立時間大概是一九三〇年的七月間。其組織的系統和經濟之來源，完全和國民黨中央宣傳部有直接的關係」，〔註6〕並且是爲提倡「民族主義文藝運動」隨著刊物的籌辦而成立的。從性質上說，中國文藝社就是國民黨中央宣傳部創辦的一個官方社團。

　　「中國文藝社」的眞正面世是隨著《文藝月刊》而出現的。1930 年 8 月 15 日，《文藝月刊》創刊號署名「中國文藝社」編輯兼出版，發表了宣言性質的發刊詞《達賴滿 DYNAMOD 的聲音》，正式宣佈了「中國文藝社」的產生。

　　應該說，「中國文藝社」的創建是國民黨文藝政策的產物。從時間上看，1929 年 6 月國民黨中央宣傳部召開的「全國宣傳會議」，確定了「創造三民主義文藝」政策案，決定各省特別市縣黨部宣傳部，「應遴選有藝術素養之同志若干人，組織文藝宣傳設計委員會」，並且「在可能範圍內，應根據本黨之文藝政策，舉辦文藝刊物」。〔註7〕當時上海首倡「民族主義文藝」的朱應鵬在回答《文藝新聞》記者的提問時說：「中國文藝社，是三民主義的文藝，……我知道他是由於黨的文藝政策所決定的，而所謂黨的文藝政策，又是由於共產黨有文藝政策而來的；假如共產黨沒有文藝政策，國民黨也許就沒有文藝政策。」〔註8〕上海《民國日報》也曾介紹：「中國文藝社，是王平陵，金滿成，洪爲法等組織的，他們出有《文藝月刊》」，「他們主張三民主義

---

〔註5〕　《中央日報·廣告欄》1930 年 7 月 4～9 日。
〔註6〕　辛子（潘子農）：《一九三一年南京文壇總結算》，《矛盾》（月刊）第 1 卷第 2 號，1932 年。
〔註7〕　《全國宣傳會議第四日，確定訓政時期宣傳方案》，《中央日報》1929 年 6 月 7 日。
〔註8〕　《朱應鵬氏的民族主義文學談》，《文藝新聞》1931 年 3 月 23 日。

的文藝，其內容亦較其它各刊物複雜些」。〔註 9〕對外界來說，中國文藝社都被認為是倡導「三民主義文藝」的，但是對社內成員來說，他們普遍認為中國文藝社是提倡「民族文藝」，王平陵在上文中的回憶就是如此。另一成員江石江在回憶中也說：「我與平陵兄的訂交是在南京，大家提倡『民族文藝』時，尚有卜少夫、歐陽沙雁、王夢鷗三位，我們結為盟友，他是老大，誓為『民族文藝』工作而奮鬥」。〔註 10〕也就是說，對於國民黨中的很多人來說，「三民主義文藝」與「民族主義文藝」其實是一回事，之所以強調二者的區別，完全是因為同時期上海成立了一個「前鋒社」，倡導「民族主義文藝」的緣故。

「中國文藝社」成立之後，社址經歷幾次搬遷，最後落腳在高樓門富厚里七號，這地方在「馬臺街一帶，是城內到下關馬車必經之地。那裡住著中央黨部的人很多。這社址原就是王平陵君的家」。〔註 11〕王平陵在 1930 年 5月間辭去了《中央日報・青白》副刊主編，但仍然主編《中央日報・大道》，和「中央黨部」關係比較密切。從人員組成上，初期的「中國文藝社」也因此集合了兩部分人：一部分是當時「做黨政工作的，這裡面有幾個可以說是有相當地位的人」。主要是指葉楚傖、陳立夫、張道藩、左恭、鍾天心以及「文藝科的一般同志」；另一部分是「前中央大學的教授和自由職業的文藝作家」。主要是王平陵、金滿成、洪為法、華林、繆崇群、宗白華、潘子農（後脫離該社）等人。在機構的設置上，除了《文藝月刊》編輯部之外，還設有一個劇團來提倡戲劇運動。日常社務主要是由王平陵、左恭、鍾天心、繆崇群幾個人負責，其中王平陵是社中的主要負責人物。從期刊編輯的分工上，《文藝月刊》編務多由王平陵、左恭主持；另一個刊物《文藝周刊》（附屬於《中央日報》）先由王平陵編輯，後由繆崇群主持。在經費的來源上，有關資料顯示極其矛盾。按左翼方面的說法其經費異常充足，《文藝新聞・南京通訊》就報告：「該社中央月有津貼一千二百元。因經濟來源富裕，故能收集一批作家，如沈從文等。月有月刊，已出至二卷一期，格式頗似小說月報，聞每期約印五千冊左右」。〔註 12〕「左聯」的機關刊物《文學導報》也說「中國文藝社」

〔註 9〕 武：《首都的文藝空氣》，《民國日報・覺悟》1931 年 11 月 24 日。

〔註 10〕 江石江：《哭盟友王平陵先生》，《王平陵先生紀念集》，臺北：正中書局，1975年版。

〔註 11〕 丁諦（吳調公）：《記中國文藝社》，《新流》第 6 期，1943 年 11 月 20 日。

〔註 12〕 《首都文壇新指掌》，《文藝新聞》第 2 號，1931 年 3 月 23 日。

的津貼是一千二百元。〔註13〕甚至上海的盟友「前鋒社」旗下刊物《現代文學評論》也報導，1931 年「中國文藝社」劇團公演的《茶花女》一劇就耗費了「三千餘元之巨，單以演員在中央飯店的住宿費一項就達四百五十餘元」。〔註14〕可是，「石江」（疑為江石江，中國文藝社社員）寫於 1936 年的一篇文章中則介紹說，中國文藝社成立之後，「此後兩年，因人事上的變遷，便趨於沉寂了。月刊也因負責人和經費的關係，時斷時續，一切工作停頓的也不少」。〔註15〕1931 年 8 月《文藝新聞》「每日筆記」一則消息也證實了這種情況，「中國文藝社月刊編輯左恭赴湘，王平陵近頗潦落，繆崇群患病，故各方面之進展其消沉」。〔註16〕

　　由此看來，儘管說中國文藝社各方面「進展之消沉」有「人事」的關係，但經費短缺問題恐怕也是其中一個重要原因。作為社員的陳天的回憶說：「筆者所知道的前期情形極少，大約當時規模不大，無所作為，經常只出版《中國文藝》〔註17〕月刊，以及會員們著作的單行本，算為「中藝」叢書，很少

---

〔註13〕　思揚：《南京通訊》，《文學導報》第 1 卷第 4 期，1931 年 10 月 13 日。

〔註14〕　《現代文學評論》第 1、2 期合刊，1931 年 8 月 20 日。

〔註15〕　石江：《介紹中國文藝社》，《中心評論》，1936 年第 1 期。

〔註16〕　《文藝新聞・每日筆記》1931 年 8 月 24 日。

〔註17〕　陳天把《文藝月刊》誤作《中國文藝》月刊。需要指出的是，許多回憶錄，包括《中國新文學大系 1927～1937》史料卷中都提到了「中國文藝社」主辦的兩份刊物《文藝新地》和《中國文藝》。事實上「中國文藝社」沒有辦過《文藝新地》。1932 年 4 月 25 日確實有一份《文藝新地》的刊物創刊於上海，但是由葉沈主編，上海「文藝新地」社出版，僅出 1 期。「中國文藝社」也從始至終沒有辦過《中國文藝》月刊。筆者所見的兩份名為《中國文藝》的刊物，一份是在 1937 年 5 月 15 日在上海創刊的《中國文藝》；另一份是張深切 1939 年 1 月在北京創刊的《中國文藝》月刊。前者署名「中國文藝月刊編委會」編輯，一直到 1941 年 11 月為止共出版 23 期，徐逸士、章汶等人主編，應該不是「中國文藝社」編輯的刊物，筆者所收集的資料也從未見當時有人提及這個刊物與「中國文藝社」的關係。後者雖然是「中國文藝社發行」，但是日本人所辦，並非本書所述的「中國文藝社」。因此，《中國新文學大系 1927～1937》及其它書中提及「中國文藝社」主辦《中國文藝》月刊，應該是把北京和上海的兩個刊物混淆了。「中國文藝社」的外圍刊物，應該是上海的《彌羅周刊》、《文藝茶話》、《美術生活》、《藝風》月刊、《藝術周刊》；南京的《星期文藝》等。曾任《文藝月刊》主編的徐仲年回憶：在上海，我和黃天鵬、孫福熙、華林發起文藝茶話，曾刊行《彌羅周刊》（《時事新報》，天鵬主編），「彌羅叢書」（女子書店，筆者主編），《文藝茶話》（月刊，輪流主編），大型畫刊《美術生活》（筆者主編），《藝風》月刊（孫福熙主編），《藝術周刊》（《民國日報》，汪亞塵主編）；在南京，則有《星期文藝》（《救國日

公開活動，連南京的文化界都也沒有多大關係，實際上乃一領津貼做報銷的團體，社中工作人員很少，至多有二十幾個掛名社員，寫點稿子領稿費而已」。至於其中的原因，陳天還進一步分析說：

中央剿共軍興，頗無暇注意於文化事業，因此「中藝」僅聊備一格，得政府撥給一點經費，幫助幾個與中央有關係而無出息的文人，黨部與「政府」皆不以「中藝」爲需要的組織，不但「中藝」不能給國內文藝界有何影響，連在南京的文化人亦有尚不知其爲什麼團體的。但，該社早已成立了，悠閒的存在著。〔註18〕

在1935年間，這種狀況得到了改變，用石江的話來說就是「該社交了紅運」。〔註19〕1935年5月14日，由葉楚傖、陳立夫、張道藩三位出面，王平陵、華林、徐仲年三人籌備，邀請了一批大學教授和南京的作家們，在南京市雞鳴寺開了一天的聚餐會。這次聚餐會決定復興「中國文藝社」，擴大其組織，模仿法國流行的「沙龍」，增設「文藝俱樂部」，「以聯絡情誼，發展文藝事業爲宗旨，凡對於文藝有一藝之長者，都可以成爲會員。由於有了俱樂部之組織，又公開徵求社員，加入的人達到三百餘人」。〔註20〕

同年10月1日，「中國文藝社」假華僑招待所，舉行「中國文藝社」「改組」大會，到會的有一百二十餘人。主要由三部分人組成：官方要人及相關文藝工作人員，有葉楚傖、張道藩、吳稚暉、方治、褚民誼、曾仲鳴、鄭青士、陳樹人、謝壽康、王祺、王陸一、張默君、王平陵、華林等人；中央大學文學系、藝術系的師生，有汪東、汪辟疆、徐悲鴻、羅家倫、呂思伯、吳梅、徐仲年、陳之佛、孫福熙、許士騏等人；在南京的文藝界人士，如黃賓虹、蔣碧薇、楊縵華等人。

在這次「改組」大會上，還曾發生中央大學教授、戲曲專家吳梅與葉楚傖爭吵的一段插曲。在「改組」的當日，葉楚傖作了一個講話，宣稱自己是以私人身份參加，並要求各文藝團體要放棄門戶之見，通過「中國文藝社」這一組織，共同致力於中國文藝的復興。「把文藝界各種人才，都密集到中國

報》，筆者主編），可見這些刊物才可能與中國文藝社有關。參見徐仲年著：《人生由命非由他——憑弔中國文藝社》，《旋磨蟻》，南京：正中書局，1948年版。

〔註18〕陳天：《憶中國文藝社》，《光化》，1945年第5期。

〔註19〕石江：《介紹中國文藝社》，《中心評論》，1936年第1期。

〔註20〕石江：《介紹中國文藝社》，《中心評論》，1936年第1期。

文藝社，使文藝社造成一個出品到製造廠，而後分向各種文藝的機構作有組織的發展，努力把生產、消費、運輸的各種關係，都收得充分聯絡溝通一氣的便利」。這番話引起了吳梅的反感，在「會員自由演說之際，就有吳瞿安先生乘著酒意，大唱反調，先是引伸中央之輕視文人，繼言中央之摧殘文化。說得義正詞嚴，聲色俱厲，全場的人都屏息靜氣，似乎有什麼『事變』快要到來，幸而張道藩先生出而婉勸，吳氏始默然就座。張先生待吳氏坐下後，便向大家聲明：『吳先生今天是酒醉了，各位不要誤會』，吳氏復而聲明：『我是喝過酒的，但沒有醉，我的話是實在的，中央對於文化事業簡直遺忘了，所以才有別人出來領導，使真正的文人走投無路，……』這時又有徐悲鴻、汪辟疆們硬拉吳氏坐下，他也不再說什麼了。」〔註21〕

徐仲年這樣補充記述說，吳梅「責備葉楚傖先生利用他人，造成自己的勢力；葉楚傖先生聞之大憤，就用蘇白當眾立誓：如存此心，是『忘八』！蘇州人相罵，怪好聽！插曲幸無下文」。〔註22〕

「改組」後的「中國文藝社」由葉楚傖任社長，陳立夫任副社長，下設理事會，常務理事方治。理事有：張道藩、吳梅、胡小石、鍾天心、蕭同茲、徐悲鴻、張廷休、汪東、曾仲鳴、唐學詠、汪辟疆、方治、宗白華、盛成。理事會之下設「文藝俱樂部」和「文藝月刊部」。「文藝俱樂部」秘書華林。下設總務組，幹事為華林、陳曉南、唐修平；學術組幹事為方令孺、袁昌、沈紫曼；遊藝組幹事為方於、羅寄梅、柳煥如；交際組幹事為蔣碧薇和張蒨英；「文藝月刊部」秘書由孫德中擔任，常任編輯為王平陵，編輯委員會委員由汪辟疆、徐仲年、范存忠擔任，後來又有饒孟侃的加入。

「改組」後的「中國文藝社」，行政主要是由國民黨中宣部副部長方治主管。陳天回憶：「方治常務理事，他是中央黨部宣傳部副部長，『中藝』實際上由他代葉楚傖氏主持，用流行的話說是少壯派，敢作而有為，對於『中藝』是非常負責的。據華林說，多少煩難的事都由他解決，不必請示葉先生。他幾乎每日要到『中藝』一次，不去的時候也在電話中問問有無重要事件。」〔註23〕可見，「改組」後的「中國文藝社」實際上已經完全成為了國民黨中宣部領導下的一個「準官方」組織。儘管還沒有明確的行政隸屬，但實際上經

---

〔註21〕陳天：《憶中國文藝社》，《光化》，1945 年第 5 期。
〔註22〕徐仲年：《憑弔中國文藝社》，《旋磨蟻》，南京：正中書局，1948 年版。
〔註23〕陳天：《憶中國文藝社》，《光化》，1945 年第 5 期。

費保障和人員配備上都已經與一般黨政文藝機構無異。王平陵宣稱「從今年起，要重新振作一下」，可能就是從這個方面來說的。

「改組」後的「中國文藝社」而增設「文藝俱樂部」，主要從事兩項工作：一項是定期舉行「交際夜」；一項就是不定期組織遊藝活動。

我們先看看「交際夜」的情況。徐仲年回憶說：

> 每星期四舉行文藝晚會，由華林和張蒨英主持，——張女士是交際組組長，——文藝界同人以及愛好文藝者可以自由參加。每次或有小規模演講，或座談會，或展覽會，或音樂會，或招待華籍和外籍過京的文藝家。總之，每次有些新花樣，極力避免形式及太嚴肅。那時南京的《新民報》是大型報，我們在該報出有《文藝俱樂部》周刊，由陳曉南主編，星期四出版，登載輕鬆活潑的論文，宣佈當天文藝晚會的節目。天氣熱了，文藝晚會移到後湖或秦淮河去開。如有音樂家過京，我們就借華僑招待所大禮堂開盛大的音樂會。〔註24〕

石江也曾提到這樣的「交際夜」比較受歡迎，「現在參加的人，每次都是座客常滿，賓至如歸一般。男女的朋友，個個都喜歡『交際夜』的來臨」〔註25〕。

表面上看，這種類似西方「文藝沙龍」活動的組織，熱鬧非凡，形式自由不拘，極具紳士氣息，而實際上卻是社團凝聚社員與團結文藝界人士的手段。據說很多人喜歡參加「交際夜」出於兩個原因：一是一品華林親手煮的意大利咖啡；二是因為「交際夜」中的兩個女職員，畫家張蒨英和詩人沈紫曼（沈祖棻），「尤以沈女士麗質天生，斌媚可人，浪漫的文藝家們，有很多傾倒她的」，「其它如蔣碧微女士和羅家倫的小姨，也是每次必到的社員，因而中大的同學就多有在『交際夜』中出現了」〔註26〕。當時很多人都批評「中國文藝社」是「養閒院」，應歸結於「文藝俱樂部」的原因。

再來看看遊藝活動以及交遊情況。1936年4月，「文藝俱樂部」組織了頗具聲勢的「春季旅行團」。這個旅行團由社內人員組成，由方治（一說為理事會總幹事謝壽康）代表葉楚傖領隊，其成員有：汪東、汪辟疆、徐悲鴻、徐仲年、陳之佛、孫福熙、華林、王平陵、張蒨英、沈紫曼、杭淑鵑、盛成，

---

〔註24〕徐仲年：《憑弔中國文藝社》，《旋磨蟻》，南京：正中書局，1948年版。

〔註25〕石江：《介紹中國文藝社》，《中心評論》，1936年第1期。

〔註26〕陳天：《憶中國文藝社》，《光化》，1945年第5期。

加上作爲社員的記者陳天、卜少夫，一共 15 人。旅行團先到當時江蘇省會鎮江，由江蘇省教育廳出面接待。4 月 21 日轉道蘇州，汪東在東吳大學作了一次演講，還在滄浪亭開了一次歡迎大會，廣泛「聯繫」當地文化人。在上海，「春季旅行團」更是出盡風頭，上海市政府舉行規模巨大的招待宴會，計有四五百人參加，可謂是盛極一時。《人言周刊》「時事寫眞」欄目就作了題爲《中國文藝社之春季旅行團抵滬參觀各文化機關並由吳市長設宴招待》的專門報導，〔註 27〕並配發了宴後該團員與吳市長合影的照片。接下來的三天三夜中，上海各文化團體分別招待，不斷的宴請、參觀、演講、茶會，加上上海報紙的一致「捧場」，「據說自有上海以來，文藝界之接連三日的如此熱鬧，是沒有過的」〔註28〕。「春季旅行團」最後一站到了杭州，逗留了兩日一夜，情形和在上海大致相同。「春季旅行團」的這次旅行，除了聯絡文藝界人士，擴大影響之外，還有一項重要的工作，就是隨帶一筆贈品，分給各地貧困的文人，僅僅七天的工夫，費用即高達十萬元。很顯然，旅行的目的，一方面是製造聲勢，聯絡上海、南京、杭州一帶的文化界；另一方面，宣揚中央的德意，對各地貧困的文人也極盡「文藝使節」的濟困與「安撫」的任務。從功能上說，「中國文藝社」實際上以「民間」的角色行使了官方的職能，成爲國民黨中央的一個文藝界「安撫使團」。

除此之外，「中國文藝社」對留京的左翼文化人士，如對田漢、華漢（陽翰笙）、丁玲等，則「按月津貼，多方優待，僅要求他們不要以國民黨爲敵，所以田漢們就在南京打唱其新劇，成立了中國戲劇協會，出演《洪水》，結合了南北的男女藝人而演出，成爲空前的盛會」〔註 29〕。陳天的回憶中還提到一個細節，田漢和陽翰笙出獄以後，爲了限制其離開南京，陳天和王平陵還受「社命」作爲田漢的「聯絡專員」，這種「聯絡」其實是監視。「田漢等人始終沒有到中國文藝社內一次的，不過他們天天卻與『中藝』的社員往還，私交上到有些是極相好的」。王平陵後來被稱爲「文化特務」，估計即是與這個「聯絡專員」有關。不過，就是因爲受「社命」的聯絡，使得王平陵與陽翰笙的「私交極相好」，後來在武漢籌備「文協」時，王平陵和陽翰笙就分別代表國共雙方作爲籌備組聯絡人。

---

〔註 27〕《時事寫眞》，《人言周刊》，1936 年第 11 期。
〔註 28〕《時事寫眞》，《人言周刊》，1936 年第 11 期。
〔註 29〕陳天：《憶中國文藝社》，《光化》，1945 年第 5 期。

　　事實上，這次「改組」也使「中國文藝社」成爲團結「黨內同志」和無黨無派文化人，拉攏左翼文化人士的一塊招牌。「中國文藝社」從此被進一步的納入到國民黨的文化體制建構之中，與國民黨的文化建設方略緊密的結合在一起。就這一點來說，在「中國文藝社」改組大會上吳梅先生的擔心並非是多餘的。

　　但無論如何，前期的「中國文藝社」還是以「民間文藝團體」的面目出現，客觀上使得在兩黨相爭的過程中能聯絡和吸引一批無黨無派的文化人士，加上其文藝立場相對溫和的《文藝月刊》的灰色態度，在有點「紳士氣」的中央大學文學系和藝術系等知識分子群體中還是有一定感召力。眞正把「中藝」體制化，變成「中央宣傳部文化運動委員會」的附屬機構，是在抗戰爆發「中藝」遷往重慶之後。

　　這一時期的情況，徐仲年這樣說：

　　　　「八一三」後，在九月下旬，我追隨中央大學入川；未動身以前，我把月刊部的責任交還平陵。繼而中國文藝社遷到漢口，它的負責人華林、王平陵等非常活躍（參見民國三十五年七月八日，《武漢日報》，七・七特刊中胡紹軒一文）。中國文藝社三遷至重慶，社址先在售珠市，後在觀音岩義林醫院內。於時中央文化運動委員會成立，以張道藩爲主委，潘公展洪蘭友爲副主委，中國文藝社併入該會，作爲附屬機構，道藩兄邀我重新主編《文藝月刊》，我立刻恢復委員制。在我負責期間，出有《抗戰七年來的中國文藝》，分上下兩輯，是抗戰七年中中國文藝各部門的總清算。又曾刊出得過中央宣傳部獎金的《軍歌特輯》；——中宣部聘請郭沫若、汪東、汪辟疆等十餘人爲評判委員，筆者忝附驥尾。然而時過境遷，人事已不如南京那樣單純，終究我脫離了《文藝月刊》。《文藝月刊》從此壽終正寢！〔註30〕

　　徐仲年提到的「華林、王平陵等非常活躍」指的是 1938 年 1 月 1 日，「中國文藝社」由南京遷往漢口後，華林和王平陵做了不少工作。在這期間，除了出版《文藝月刊・戰時特刊》第 1 卷第 5 期至 12 期外，「中國文藝社」在促進「文協」的成立中，起著極其重要的作用與影響，尤其是王平陵，在「文協」成立過程中做過相當的努力，是今天應該正視的。這一點，有研究者已

─────────────────

〔註30〕徐仲年：《憑弔中國文藝社》，《旋磨蟻》，南京：正中書局，1948 年版。

經指出，不再贅述。〔註31〕

　　但是，徐仲年文中提到的「中央文化運動委員會」成立之後，「中國文藝社」併入該會，張道藩邀請其主編《文藝月刊》卻與事實有些出入。「中國文藝社」是 1938 年 8 月 16 日從漢口遷重慶，9 月 16 日就出版了《文藝月刊》第 2 卷第 3 期「九一八」專號，1939 年 2 月 1 日出版了第 2 卷第 11、12 期「軍歌特輯」。如果徐仲年的回憶沒錯，出版了「獲得中宣部獎金」的「軍歌特輯」的話，他受張道藩的邀請擔任《文藝月刊》主編就應該在 1939 年 2 月之前，而不是「中央文化運動委員會」（1941 年 2 月 7 日成立）成立之後。1938 年 1 月到 1939 年 8 月，張道藩實際的行政職務是教育部常務次長兼社會部副部長，而並非主管文化宣傳工作的官員，他能夠邀請徐仲年重新主編《文藝月刊》，合理的解釋就是在 1937 年撤離南京到武漢開始，尤其是到了重慶之後，「中國文藝社」在行政上的主管就是張道藩，從人事的安排到經費的劃撥，都由張道藩負責，而不是以往的由國民黨中央宣傳部主管。〔註32〕也就是說，「中國文藝社」變成「中央文化運動委員會」的附屬機構以前，「中國文藝社」就已經控制在張道藩手中。具體的情形，胡正強是這樣描述的：

　　　　其實在 1938 年 9 月後，該刊（指《文藝月刊》）的實際主編為王進珊，其集稿、處理、定稿、校對、付印乃至發行的所有日常工作，均由王進珊負責，徐仲年只是名義上的主編，並不參加編務。當時，王進珊在遷渝的中央政治學校（原中央黨務學校）任教，併兼任該校教育長張道藩的秘書，而此時中國文藝社的實際負責人就是張道藩。徐仲年是留法回國的文學博士，中央大學外語系教授，工作繁忙且社會活動頻繁，無暇將注意力集中在刊物上。張道藩私下裡對徐仲年的編輯工作很不滿意，但礙於情面，不便發作，故他找到王進珊，讓他與徐仲年合編《文藝月刊》，並說：「徐是大少爺，大而化之，你去多做些實際工作。」王進珊參加《文藝月刊》的編輯工作後，徐仲年也就樂得做個拿薪而不做事的甩手掌櫃，對刊物不聞不問，一切放手由王進珊處理。〔註33〕

---

〔註31〕參見段從學：《文協是怎樣建立起來的》，《新文學史料》，2008 年第 4 期。
〔註32〕此時宣傳部部長已經是邵力子，副部長方治已於 1937 年調任「軍委第六部武漢辦事處副主任」負責「積極統籌」和「民眾動員」工作。參見 1941 年 4 月 16 日《文藝月刊》第 11 年 4 月號「作者介紹」。
〔註33〕胡正強：《中國現代報刊活動家思想評傳》，北京：新華出版社，2003 年版，

　　胡正強的描述沒有說明具體的材料來源，但除了在時間上有些誤差，應該較爲可信。徐仲年的回憶中證實了自己離開「中藝」是因爲「人事已不如南京那樣單純」而「脫離《文藝月刊》」。可見張道藩安插王進珊進入「中藝」任《文藝月刊》秘書，〔註34〕作爲主編的徐仲年是極爲不滿的，加上除了王進珊這個因素之外，「中央宣傳部文化運動委員會」成立之後還委派「文運會」秘書林紫貴爲負責人，直接負責「中藝」的行政工作。〔註35〕徐仲年最終選擇離開「中藝」，即是表明他的這一態度。

　　1941 年，隨著「中央文化運動委員會」的成立，「中藝」併入「中央文化運動委員會」，標誌著「中藝」作爲民間文藝團體的結束，成爲名副其實的官方機構。1941 年《文藝月刊》出版了最後一期後停刊，「中藝」實際上已經名存實亡。1942 年王平陵離開，「中藝」基本上停止了活動，基本成爲「黨內同志」的「文藝宿舍」。〔註36〕1946 年 2 月，隨著華林離開重慶到上海，「中國文藝社」這個名字正式宣告消亡。

## 二、中國文藝社的價值定位與運作方式

### （一）社團的價值定位及其變化

　　「中國文藝社」成立初期，丁諦這樣概括：「可以說『中國文藝社』就是《文藝月刊》，《文藝月刊》就是『中國文藝社』。這時期一直到民國二十四年秋冬間爲止」。徐仲年也回憶說：「民國十九年秋，南京左恭、鍾天心、王平陵等設立中國文藝社，創刊《文藝月刊》，先由左恭主編，後由王平陵繼任。而彼時的『社』，徒有其名，它的唯一活動便是主持月刊」。〔註37〕在兩人的回憶中，「中國文藝社」在這一時期的文學活動就是主辦《文藝月刊》，「刊」就是「社」，「社」即是「刊」。充分說明了《文藝月刊》在「中藝」形成過程中的重要作用。由於丁諦和徐仲年兩人都對「中國文藝社」「改組」以前的情況不甚瞭解，他們的回憶中漏掉了在「改組」前還編過一個刊物《文藝周刊》，附屬於中央日報，1930 年 9 月創刊，1931 年 12 月 17 日停刊，共出

第 448 頁。

〔註34〕見 1941 年 4 月 16 日《文藝月刊》第 11 年 4 月號「作者介紹」。

〔註35〕陳曉南：《抗戰時期重慶的美術活動概況》，秋虹編：《墨香悲秋：陳曉南紀念文集》，長沙：湖南美術出版社，2006 年版，第 136 頁。

〔註36〕徐仲年：《憑弔中國文藝社》，《旋磨蟻》，南京：正中書局，1948 年版。

〔註37〕徐仲年：《憑弔中國文藝社》，《旋磨蟻》，南京：正中書局，1948 年版。

59 期。不過，這並不影響對於「中國文藝社」前期「刊社合一」的總體判斷。但要考察「中國文藝社」價值定位的變化，就必須把對期刊的考察結合起來。

　　按理說，政策推動下成立的期刊，應該體現政策的現實意圖，即提倡「三民主義文學」。在 1930 年 7 月《中國文藝社徵求社員啟事》中，也的確有這種考慮。啟事中聲明：「鑒於現代中國文壇之消沉，民族精神之頹廢，爰為聯合愛好文藝同志，創辦中國文藝社，冀以一往無前之勇氣，振起時代之沉痾，掃除一切混亂之思想」。發起者在發起「中國文藝社」時的構想明顯是創辦一個「同人社團」，以「掃除一切混亂之思想」，振「民族之精神」，和 1929 年 6 月全國宣傳會議擬定的文藝政策是同一調子。但是，從 1930 年 8 月 15 日《文藝月刊》出版第 1 期開始，這種黨派立場並不明顯，除了在「創刊號」上的發刊詞《達賴滿 DYNAMOD 的聲音》，明確反駁「普羅文學」的階級論之外，幾乎很少有正面闡發其政策立場的文章。之後的《文藝月刊》中，除了在有限的幾篇文章〔註 38〕以及繆崇群主持的「亭子間裡的話」欄目中找到一些影子外，幾乎很難找到鮮明地表明其官方意識形態的文章。在稿件的選擇上，大量刊登的是已經成名的中間作家的作品，連社員的作品都刊登很少。這種運作模式很顯然是和「中國文藝社」當初徵求社員時的價值定位差異極大。刊物的這種灰色的立場甚至引起了原民族主義文藝社團「開展文藝社」成員辛予（潘子農）的不滿，他批評說：「一般的直覺全都以為這組合必定是竭力在提倡『三民主義文藝』的。實在呢，事實到並不如此；他們不僅是沒有明顯地給自己劃下一條應走底路線與準確的目標，甚至否認了文藝與時代的聯繫而以極端模棱極端灰色的態度，主張藝術至上主義者那種為藝術而藝術（Art for Art's Sake）的論調」，而主張這種論調的這群人在「辛予」看來是「十分頑固地將自己脫出了社會的核心，退落到時代的水平線之最下層去了」，從他們所有出版物的內質上看來，這種為藝術而藝術的態度直到眼前還是保存著並且有增無減。所以，「如果單就思想方面講，這組合是顯然落伍的」。

---

〔註 38〕這類對無產階級文學的批評文章大致有王平陵的《會見謝壽康先生的一點鐘》（創刊號）、繆崇群的《亭子間的話》（第 1 卷第 2 期）、克川的《十年來中國的文壇》（第 1 卷第 3 期）、沈從文的《現代中國文學的小感想》（第 1 卷第 5 期）和《論中國現代創作小說》（第 2 卷第 4 期，第 5、6 期合刊）幾篇。

　　不過，「辛予」的指責似乎有些矛盾之處。他首先指責「中國文藝社」「爲藝術而藝術（Art for Art's Sake）」這種灰色態度是「落伍」的，可是接著卻是去批評「中國文藝社」作爲文藝作者與愛好者的「同人社團」不去表演「智慧與才能」，而是與書局爲了營業而出版的刊物一樣，去「拉攏幾位偶像作家來裝幌子」，而使自己刊物上「十多期幾乎找不出幾篇是自己社員的作品」，並說「若是一個文藝社團的『同人雜誌』也這樣辦法，則未免太失去了這社團存在的意義了」，出現這樣的情況，「若非編輯者之過分崇拜偶像，則一定是刊物本身之側重於商業化」，「一本同人雜誌而如果染上了這兩種傾向之一，也已經是很可怕的病態了」。〔註39〕既然這群人的思想上以及藝術態度是「落伍」的，那麼他們所編輯的刊物即使每期都刊登甚至只刊登自己社員的作品又有何意義呢？

　　不過，辛予顯然意識到了「中國文藝社」「言行不一」的這種矛盾。從一般社團運作的角度來看，辛予指出了「中國文藝社」路線和目標模糊，缺乏社員協同一致的陣線，沒有發揮社團內部相互激勵、相互賞識、相互支持的社團效應。特別指出在刊物上社員的作品偏少，並認爲這是「同人雜誌」的「可怕的病態」。辛予很明顯是站在「民族主義文藝」立場，從「中國文藝社」外在構架觀察的結果。然而，卻一針見血地點出了其社團特徵的薄弱。對一般以媒介爲中心運作起來的文藝社團來說，社員作品的發表數量直接影響到社團生存時間的長短，甚至於就是因爲社員需要發表作品才使文藝團體的組建成爲可能，它需要社員協同一致、同進同退。有時甚至是通過偏激的、充滿反抗的集體話語去爭取生存的空間。可是，「中國文藝社」選取的卻是與眾不同，甚至是相反的路線。因此，遭遇「同志」迎面而來的批評應該在情理之中。

　　面對這種批評，王平陵是這樣解釋的：

　　　　《文藝月刊》在創刊的時候，本想藉此結合幾個同時代的同好，辦作「同人雜誌」那樣的性質的。後來，感覺到所見太狹，而且有招兵買馬，自樹擂臺的嫌疑，便無條件的把原來的主張揚棄了。……

　　　　我們認定文化是公器，不但無人與人人之間的障隔，而且沒有

---

〔註39〕辛予：《一九三一年南京文壇總結算》，《矛盾》（月刊）第 2 期，1932 年 5 月 25 日。

國與國間的區別；所以還是放寬門戶，歡迎大家踏進這塊園地裡來。〔註40〕

　　儘管王平陵在後來的回憶中提到辦刊是因為提倡「民族主義文藝」的緣故，但是卻在實踐上摒棄了當初「同人雜誌」的價值定位，極大的消解了《文藝月刊》的「民族文藝」特性，客觀上使刊物成為了各類文藝作品的傳播媒介。不過，這並不能說明《文藝月刊》不具任何政治用意。當我們從社團運作策略的角度作進一步的深入考察，「中國文藝社」及旗下《文藝月刊》的存在意義在政治層面得到最大程度的呈現。《文藝月刊》的灰色態度不過是現實政治鬥爭背景下社團運作策略之一環。

　　1935 年 11 月，「中國文藝社」改組，葉楚傖作了一段講話。由於葉楚傖作為文化高官的身份，其講話自然透露出國民黨對文藝界的態度，加上這段話引起了與中央大學教授吳梅的爭執，因此摘錄如下：

　　　　中國現在的地位，環境，以及最近關於域外種種文化上侵略的陰謀，誰都知道是非常的險惡的。但，在另一方面說，實在就是中國文藝復興的動機！歷史告訴我們，中國在以往每遇一次困厄，必然有一次進步。現在我們呻吟在各種惡勢力的嚴重壓迫之下，正是逼著我們放棄一切門戶派別，放棄一切無謂的爭執和意見，力謀切實團結，使大家熱心熱力，腳踏實地，努力去幹出成績來的絕好機會。……

　　　　近年來，中國文藝界未嘗不努力，但成功極少，這原因就是缺乏一個健全的機構，缺乏密切的聯絡與合作。我們從今天起，就想把文藝界的各種機構切實聯絡起來，這是一種夢想，然也是一種理想，也可以說是必得要達到的目的。

　　　　現在關於文藝方面的各種機構，如中央電影場，國立戲劇學校，國立音樂專門學校，廣播電臺，以及最近擴大組織的中國文藝社，如果能切實聯絡，則用力少而成功多；反之，必用力多而成功少，而且，在各種組織都不免是浪費力量。我們很想把文藝界的各種人才，都密集在中國文藝社，使文藝社造成一個出品的製造廠，而後分向各種文藝的機構作有組織的發展，努力把生產，消費，運輸的

---

〔註40〕王平陵：《我與文藝月刊》，《人言周刊》第 2 卷第 2 期，1935 年 2 月 2 日。

各種關係，都收得充分聯絡溝通一氣的便利，我相信中國文藝的復興，便有可能的把握了。〔註41〕

這段話大概包含以下幾層意思：一是改組「中國文藝社」是因為「最近域外有種種文化侵略的陰謀」，中國面臨的環境險惡；二是要面對挑戰，就應該有一個「健全的機構」，「把文藝界的各種機構聯絡起來」；三是集中文藝界各種人才，使「文藝社造成一個出品的製造廠」，營造一個全面的文藝管制體系。其包含的邏輯就是「域外的文化侵略的陰謀」（主要指向左翼文學，源頭所指就是蘇聯），所以必須要有一個「健全機構」，這個機構就是「中國文藝社」，而目前「中國文藝社」最切實的任務和工作就是聚結與聯繫除左翼以外的各類機構和文藝人才。

早期的「中國文藝社」摒棄了組建「同人社團」的想法轉向平和包容之價值立場是否與時任國民黨中宣部部長的葉楚傖有關，我們不得而知。但可以肯定的是「改組」後的「中國文藝社」最核心的任務就是強調團結一切可以團結的力量，目的是更好地抵制「域外文化侵略的陰謀」，明確自身的定位是「以提倡文藝事業，聯絡文藝界感情為宗旨」。入會門坎也極低：「凡品行端正，致力於文藝事業之人士，不分性別，有社員二人之介紹，經本社理事會之許可，均得為本社社員。」〔註42〕儘管葉楚傖在大會上與吳梅的爭吵中信誓旦旦地保證沒有任何個人目的，但政治目標指向卻是非常明確的。至於「中國文藝的復興」，那只不過是似是而非，堂而皇之的託辭罷了。

應該說，「中國文藝社」由於從始至終都有國民黨官方要員的參與支持，身處文化體制中心，與「前鋒社」、「開展社」咄咄逼人的姿態不同，它的運行方式和策略更為從容，在很大程度上代表著國民黨文化建設的主體力量。「改組」以後的「中國文藝社」更是如此，從它的宗旨上「聯絡感情」成為它的第一責任，這種定位其實是要消解一般意義上的新文學的小團體，實現更為廣泛的大聯合，致力於「文化事業的復興」，這當然是佔據中心地位的文學機構才能考慮的全局性問題，「中國文藝社」在自身定位上就把自己定位為傾向於行使社會文化中心機構的職責的團體。從這個意義上說，「中國文藝社」官方性質是毋庸置疑的。

---

〔註41〕石江：《介紹中國文藝社》，《中心評論》，1936 年第 1 期。
〔註42〕石江：《介紹中國文藝社》，《中心評論》，1936 年第 1 期。

## 三、中國文藝社的基本運作方式

「中國文藝社」的基本運作方式，可以歸結爲以下幾點：

第一，舉辦《文藝月刊》。通過模糊《文藝月刊》等期刊的政治分界，最大程度地爭取文藝領域內相對專業的人才支持，甚至包括拉攏左翼文人，以構建一個體制內周全嚴密的文藝組織。20 世紀 30 年代，文人由於政治立場的差異被捲進左、中、右三大陣線中，中間知識分子成爲左右雙方都在極力爭取的對象。《文藝月刊》正是現代文藝社團通過媒介的組織功能把中間知識分子編織進官方體制的一個嘗試。這種運作方式表現在：一方面以「爲藝術而藝術」相號召，這本是三十年代中間知識分子和作家的文學理想。「中央大學」中文系和藝術系師生加入這一團體並且主編刊物是一個極好的例子。據徐仲年的回憶，他在接手《文藝月刊》部以後，「把編輯部改爲委員會制，除了常任編輯王平陵負責審閱中國新文學稿件之外，還延聘了范存忠負責審閱英美文學譯稿、論文及自撰；汪辟疆負責審閱中國文學稿件及自撰；商承祖負責審閱德國文學譯稿、論文及自撰；徐仲年擔任主編，審閱法、比、瑞、加文學譯稿、論文及中國新文學稿件」，這些審稿人兼編輯都是南京中央大學的教授；另一方面，以較高的稿費爲基礎，將有意識的政治行爲替換爲簡單的市場行爲，以換取疏離於左右兩派的中間知識分子的認同與接受。比如沈從文由於經常在《文藝月刊》上發表作品被認爲是「民族主義文藝的有力作家」，〔註43〕「新月派」的梁實秋、凌叔華甚至段可情、洪深、歐陽予倩等原「創造社」、「南國社」的成員也常在該刊發表作品。丁諦曾這樣評價道：「這一個時期（改組前）的《文藝月刊》，並不比後來的爲多讓（按：原文如此）。名家撰稿極多，如老舍、何其芳、梁實秋、繆崇群、沈從文、黎錦明、魯彥、梁宗岱……等人皆常有作品發表」。〔註44〕圍繞著刊物既團結了一個龐大的作家群體又吸引了更多的讀者群。《文藝月刊》八卷三期「編輯後記」稱：「最近，我們請了一百位的特約編譯，都是文藝界的名人，——所謂．『名人』，乃是『名』『實』相符的人，——：於是乎，《文藝月刊》的陣容更整齊了，更堅固了。這幾個月中，外邊有不少的稿件投來。倘使諸位要問多到如何程度，那麼，我們不打謊的說：這三個月的投稿數目足以抵得上以前一年那麼

---

〔註43〕亞孟：《論民族主義文藝的作家的作品》，《流露》第 1 卷第 6 號，1931 年 1 月 15 日。

〔註44〕丁諦（吳調公）：《記中國文藝社》，《新流》第 6 期，1943 年 11 月。

多！」〔註45〕九卷四期「編輯後記」也說：「我們有一件事是堪以自慰的，就是投稿人的地域是很廣大，在國內，如雲南、貴州、甘肅都有稿來，在國外，法、比、英、日也有人寫稿來。」〔註46〕在讀者方面，按《文藝新聞》的說法，該社「月有月刊，已出至二卷一期，格式頗似小說月報，聞每期約印五千冊左右」。〔註47〕這個銷量在20世紀30年代來說，已經是遙遙領先的成績了。從擴大「中國文藝社」的影響，爭取更多的中間作家和讀者的認同與支持來看，《文藝月刊》的策略是較爲成功的。

同樣，《文藝周刊》除了盡可能的發表本社社員的作品，加強「同志」間的感情聯繫外，也在最大限度地團結「同路人」。一方面，常登載一些「中國文藝社」的社團活動信息，以及刊載一些社員的詩文。當然也登載諸如葉楚傖、劉蘆隱、陳立夫等黨政要人的文藝講話，也許是考慮到《中央日報》和《文藝月刊》的傳播方式和讀者群體的差異，創辦《文藝周刊》主要目的是想極力擴大「中國文藝社」的影響，並以此加強同社員之間的感情聯繫；另一方面，「爲提倡三民主義的文藝，謀黨義宣傳之推進」，積極爭取「同路人」。1931年上海聯合劇社來南京公演，《文藝周刊》特意出版「公演特刊」。王平陵在「上海聯合劇社旅京公演特刊」上發表了《歡迎我們的同路人》：「大家親切地熱烈地握手，共同去毀滅文明共同的敵人：白色帝國主義者的經濟侵略，赤色帝國主義的政治侵略。」〔註48〕對於前者，1935年「改組」後的「中國文藝社」除出版《文藝月刊》外，還借《新民報》副刊出版《文藝俱樂部》，「每周四出版，執筆的人都是社員，每期都分送給外埠的社員，籍以靈通消息，聯絡感情」，〔註49〕也是出於同樣的目的，採取同樣的策略。

第二，出版「中國文藝社從書」。社員在加入社團之後，借助於社團的力量，可以獲得書稿的出版、發行推介等諸多便利，恐怕也是作家積極加入文藝社團的一個原因。儘管「中國文藝社」是有著鮮明官方背景的文藝社團，但它的成員組成卻並非完全依靠意識形態的號召力量，原因是20世紀30年代各種政治力量都在試圖建立自己的言說空間，在此背景下知識分子除了依據自己的政治取向選擇社團之外，經濟利益等考慮也是其中的一個重要因

---

〔註45〕 《文藝月刊》第8卷第4期，1936年4月1日。
〔註46〕 《文藝月刊》第9卷第4期，1936年10月5日。
〔註47〕 《首都文壇新指掌》，《文藝新聞》第2號，1931年3月23日。
〔註48〕 王平陵：《歡迎我們的同路人》，《中央日報‧文藝周刊》1931年1月22日。
〔註49〕 石江：《介紹中國文藝社》，《中心評論》，1936年第1期。

素。加上「中國文藝社」的社團形式相對鬆散，對作家的制約就相對較少，這在某種程度上符合中間作家、自由知識分子的自由天性與特定心理需求。

在 1932 年到 1935 年間，「中國文藝社」編譯出版了「中國文藝社叢書」，由王平陵主編，主要出版社員的單行本譯作和文學作品，由正中書局出版。其中包括：1、譯作類：(1)《波蘭的故事》，鍾憲民譯，收《波蘭的故事》、《陣亡者之妻》、《鞋匠》、《耶可老伯》、《加拉諾夫》、《兩個天才》、《一吻》、《沒有小孩》等八篇小說；(2)《毋寧死》(英) S. Maugham 著，方於譯；(3)《恨世者》，趙少侯譯。三部譯作均出版於 1934 年 7 月。2、文學作品類：(1)鍾天心：詩集《游子吟》，1932 年 4 月初版，收《游子吟》、《送別劍橋女郎》、《偶感》、《自白》、《沙列夫山賞雪》、《紅海的太陽》等 18 首詩，另有譯詩《縫衣曲》；(2)張道藩：四幕幽默喜劇《自救》，在南京、上海、武漢等地上演，1934 年 1 月謝壽康導演於南京陶陶大劇院。南京正中書局，1935 年 7 月初版，1947 年 4 月滬初版，340 頁，有劇照，四幕劇。後附獨幕劇《第一次的雲霧》(〔法〕約翰·葉爾曼著，張道藩譯) 及《〈自救〉排演須知》、《〈自救〉和〈第一次的雲霧〉在南京公演出後》、《各報所載之批評》、《讀了對〈自救〉和〈第一次的雲霧〉各種批評以後》等 19 篇評論文章；(3)王平陵：《期待》(1934 年 7 月)，收《期待》、《父與子》、《文昌星》、《救國會議》、《鐵鏈》、《煙》六篇小說；(4)潘子農：《沒有果醬的麵包》，1935 年 4 月正中書局出版，收《沸點到冰點》、《孔》、《大帥的故事》、《鐵蹄下》、《沒有果醬的麵包》、《烽火》、《盜用公款的人》七篇小說，書前有題記。3、文學研究類：梁實秋：《偏見集》，1934 年 7 月初版。收《文學與革命》、《論詩的大小長短》、《文學與大眾》、《詩與迷信》等 31 篇文學論文。

1936 年開始，「中國文藝社叢書」改由上海中華書局編輯出版，由王平陵、徐仲年主編。1936 年 8 月至 1940 年 9 月間出版「中國文藝社叢書」。主要包括：

1、鄭延谷譯：〔法〕包若來著《小學教員》，1937 年 1 月初版；2、繆崇群譯：〔日〕德富蘆花等著《日本小品文》；3、陶秋英：《漢賦之史的研究》；4、韓侍桁譯：〔日〕岡澤秀虎《郭果爾研究》；5、程朱溪：《黑色的火藥》；6、宗白華：《歌德研究》；7、胡啓文譯：《德國短篇小說選》〔德〕柴訶等著。

通過出版叢書，發行推介並支付高額版稅這種方式，「中國文藝社」把除左翼之外的一部分作家、文藝研究專門人才集中並聚集在周圍。有人做過這

樣的評價：「這個社雖然沒有如文學研究會或創造社之因附驥『時代』而飲譽一時，但論起人才來，則這裡的專門學者無不俱備，研究國學的，英國文學的，法國文學的，德國文學的，世界語的，圖畫音樂的藝術家，散文小說的作家，社友有的是，比起一般的文藝集團，是在可說是有過無不及。」〔註50〕單從人才這個角度來講，實在並非譽美之辭。

　　第三，提倡話劇運動和舉辦各種藝術展覽會。「中國文藝社」在成立初期，在社內成立「戲劇組」，負責推動戲劇工作。1931 年上演了《茶花女》，1934年，與「中大」、「南鐘」、「大眾」等團體組織公演《有家室的人》、《無籍者》、《未完成的傑作》、《一個女人和一條狗》等。其中以 1931 年上演的《茶花女》影響較大，據說在中央大學的大禮堂公演時，「黨國顯貴名流無不前往觀劇，車水馬龍，可算是前所未有的盛況」。〔註51〕其演員都是從南京各劇團及「中大」藝術系中挑選出，由袁牧之擔任導演。潘子農曾這樣描述道：「在一九三一年六月初，中國文藝社曾以空前的經濟力量，出演了 Dumas Alexandre 的《茶花女》。這大規模的演劇是著實騷動了陰森的古城，使戲劇界原來死寂的空氣為之一變。而且從這次相當成功的結果之中，更為南京的舞臺上發見了幾個不可多得的人才。但是在這樣的時代里選擇了這樣的劇本來上演，除掉是充分表現了中國文藝社那種一貫的『為藝術而藝術』的態度之外，別的意義卻也找不出來。」〔註52〕潘子農本來是要批評「中國文藝社」的立場太過於模糊，但恰好證實「中國文藝社」在話劇工作上的一些努力。因為要公演，「中國文藝社」還特意在《中央日報》開闢「中國文藝社戲劇組公演特刊」，介紹和宣傳《茶花女》，指出其上演《茶花女》的原因是中國人情感冰冷，意志脆弱，虛假偽善，缺乏同情心，這樣「不長進的民族性」，「須得要放一把火，把他重複燃燒起來，所以便把《茶花女》那種富於熱情的女子的典型，呈現在中國觀眾的面前，引進到中國觀眾的心坎」。〔註53〕算是對辛予（潘子農）批評的一個響應。由於《茶花女》演出的高昂的花費，當時有刊物稱其

〔註50〕丁諦（吳調公）：《記中國文藝社》，《新流》第 6 期，1943 年 11 月。
〔註51〕潘子農：《三十年代南京話劇運動》，《舞臺銀幕六十年——潘子農回憶錄》，
　　　　南京：江蘇古籍出版社，1994 年版，第 269 頁。
〔註52〕辛予：《一九三一年南京文壇總結算》，《矛盾》（月刊）第 1 卷第 2 號，1932
　　　　年。
〔註53〕王平陵：《為什麼要介紹〈茶花女〉》，《中央日報‧中國文藝社戲劇組第一次
　　　　公演特刊》第 4 號，1931 年。

爲「打破了戲劇界用錢之記錄」。〔註54〕但客觀的說，「中國文藝社」這次話劇運動爲發現新的戲劇人才，推動戲劇的發展，是有著積極意義的。

　　除此之外，「中國文藝社」還定期不定期舉行各種音樂會和藝術展覽會。爲大家所熟知的應該算是「蘇聯版畫展覽會」，原因是魯迅專門爲此寫了一篇文章。這個展會由當時的蘇聯對外文化協會、中蘇文化協會和「中國文藝社」聯合主辦，先在南京展出，後移來上海。1936年2月20日起在上海八仙橋基督教青年會9樓東廳舉行展出，展品包括蘇聯木刻、銅版、腐蝕銅版、套色木刻等原作數百幅。「23日，魯迅偕許廣平攜海嬰前往參觀。24日，魯迅在《申報》發表《記蘇聯版畫展覽會》一文」。〔註55〕藝術展覽會方面，更多的情況下是爲畫家舉行個展。如1937年11月14日，「中國文藝社」爲俄籍畫家開啓根舉行油畫個展；1937年6月，「中國文藝社」和中國美術會爲揚州女畫家潘玉良舉辦風景畫個人展；1943年5月，「中國文藝社」在重慶爲齊白石舉行畫展，展出作品50餘幅，於該社公開展出3日。徐悲鴻還在《中央日報》發表題爲《齊白石之藝術創作》一文稱：「白石先生雖年逾古稀，從未稍懈其創作，讀其金石字畫，評味其詩詞，念其生平努力之眞誠，藝術是人格的發展，他的藝術是他人格的表現。」〔註56〕

　　扶持和培養新的文藝人才，聯絡文化名人，提高「中國文藝社」在文藝界的地位和影響，可以說是國民黨南京政府官方所賦予「中國文藝社」的使命。正如葉楚傖在「中國文藝社」「改組」大會上所講的「我們很想把文藝界的各種人才，都密集在中國文藝社，使文藝社造成一個出品的製造廠，而後分向各種文藝的機構作有組織的發展，努力把生產，消費，運輸的各種關係，都收得充分聯絡溝通一氣的便利，我相信中國文藝的復興，便有可能的把握了」。〔註57〕這種極具政治意味的統制目的，恐怕才是「中國文藝社」這樣的官方文藝社團成立的初衷和存在的意義。

---

〔註54〕　《現代中國文壇噪聲》，《現代文學評論》第1、2期合刊，1931年8月20日。

〔註55〕　魯迅的《記蘇聯版畫展覽會》，最初發表於1936年2月24日上海《申報》，後收入《且介亭雜文末編（第二版）》。關於這個展會的情況，參見《上海革命文化大事記（1919.5～1937.7）》，中共上海市委黨史資料徵集委員會，中共上海市委黨史研究室，中共上海市委宣傳部黨史資料徵集委員會合編，上海：上海書店出版，1995年版，第510頁。

〔註56〕　徐悲鴻：《齊白石之藝術創作》，《中央日報》1943年5月30日。

〔註57〕　石江：《介紹中國文藝社》，《中心評論》，1936年第1期。

## 第二節　民族主義文學社團與民族主義話語的生產

　　儘管「中國文藝社」聚集了不少的知名作家和文藝專門人才，但是完全按照國民黨南京政府的政治邏輯組織文學的意識形態生產畢竟還是另外一回事。真正在三十年代代表國民黨南京政府文藝體制建構主體力量的是旗幟鮮明地倡導「民族主義文藝」的文藝社團。從文學層面上看，這些文藝社團取得的成績極其有限。臺灣學者劉心皇就說「這個派別對左派的批評主要是人身攻擊，而且它的成員沒有一位在文壇上博得聲望或尊敬」。〔註58〕但是從體制建構層面上，這些社團爲國民黨的文學體制運行提供了作家和理論家，佔據著話語的中心並因此成爲國家意識形態的主要闡釋者和官方主流話語的生產者，參與國家意識形態話語體系的建構並動員各種力量捍衛這一話語體系的合法性。

### 一、「民族主義文藝社團」的界定與文藝目標定位

　　過去常常把國民黨支持或者主辦的文藝社團，甚至有一定官方背景的社團都一概稱爲民族主義文藝社團。主要的原因有兩個：一是這些社團大多把左翼文學作爲主要的攻擊目標；二是直接或間接接受國民黨津貼，社團內部的核心成員大多有官方背景，要麼在國民黨各類機構任職，要麼與國民黨有著各種較爲複雜的聯繫。這種依據政治立場把「流露社」、「線路社」、「新壘社」也歸入民族主義文藝社團，實質上把民族主義文藝社團泛化了。錢振綱曾將右翼社團和民族主義文藝社團做過考辯，認爲「中國文藝社」、「線路社」、「流露社」不屬於民族主義文藝派，依據是否真正從事民族主義文藝運動作爲劃分民族主義文藝社團和其它右翼文藝社團的標準，〔註59〕相對來說比較合理。本書也正是依據這樣的原則，即將明確宣稱並積極進行民族主義文藝實踐的社團方歸爲民族主義文藝社團。這樣劃分的目的，一方面便於弄清楚民族主義文學社團與其它右翼文學社團的區別，釐清文學史研究中的似是而非的錯覺與誤判；另一方面，可以較爲系統地分析哪些社團參與了官方意識形態話語的建構，這些話語生產的主體（作家和理論家）的構成狀況及其運作體系，從而更好地認識與透析國民黨南京政府的文藝統制狀況。

---

〔註58〕　劉心皇：《現代中國文學史話》，臺北：正中書局，1971 年版，第 513～515
　　　　頁。又參見李牧：《三十年代文藝論》，臺北：臺北黎明文化事業股份有限公
　　　　司，1973 年版，第 61 頁。
〔註59〕　錢振綱：《民族主義文藝運動社團與報刊考辯》，《新文學史料》，2003 年第 2 期。

　　按此標準，這些社團最重要的有 1930 年 6 月上海成立的「前鋒社」，它是民族主義文藝運動的始作俑者和積極推進民族主義文藝運動的核心社團。1931 年以後的「草野社」（出版《草野》周刊 3 卷 1 期起宣稱進行民族主義文藝運動）；1930 年 7 月南京成立的「開展文藝社」；1930 年 8 月成立的「長風社」；1930 年 11 月杭州成立的「初陽社」〔註60〕；1932 年杭州成立的「黃鐘社」；1937 年 1 月成立的江西「民族文藝社」和「安徽民族文藝社」等，都是民族主義文藝運動的主要追隨者與鼓吹者。這些社團成立的時間先後不一，但都有著大致相同或相似的文學目標，這些目標又與每一時期的政治目標糾結在一起，呈現出較為複雜的狀況。

　　作為民族主義文藝的核心團體，「前鋒社」成立伊始，就發表了檄文似的宣言，認為中國目前由於有多型的文學意識，從而使文藝陷入危機。如何突破這個危機呢？「唯一方法，是在努力於新文藝演進進程中底中心意識底形成」。這個中心意識，就是民族意識。並宣稱「文藝底最高的使命，是發揮它所屬的民族精神和意識。換一句說：文藝的最高意義，就是民族主義」。理由是「民族文藝底充分發展必須有待於政治上的民族國家的建立」，「文藝上的民族運動，直接影響及於政治上民族主義底確立」。它將文藝與民族主義聯繫起來，進而將文藝與政治聯繫起來。在《宣言》最後，旗幟鮮明地提出：「我們此後的文藝活動，應以我們的喚起民族意識為中心；同時，為促進我們民族的繁榮，我們須促進民族的向上發展的意志，創造民族的新生命。我們現在所負的，正是建立我們的民族主義文學與藝術重要偉大的使命。」

　　與此同時，「草野社」積極響應「前鋒社」的倡導，從 1930 年 7 月起，宣稱今後要「極端地使它（按：指《草野周刊》）有一貫的統一性，確定中心的思想，這當然是民族主義的中心思想，對於畸形的、病態的文藝是加以不客氣的排斥」。〔註61〕南京「開展文藝社」則稱「民族主義文學，以水到渠成之勢，無疑的成為支配中國文壇的一種新的勢力了」。「在文學的意義上，我們確認文學為革命的前驅，但不要離開革命的時間、空間、理論、方式和實證太遠，如鼓動階級鬥爭的普羅文學一樣，成為夢囈的文學。我們要努力於革命的民族主義文學」，「我們應該幫同來開展著，給中國的文學開展一條新

〔註60〕由於資料缺失，初陽社的作家隊伍、創作狀況目前並不清楚。僅在 1936 年 12 月 16 日《申報‧本埠增刊》「書報介紹」欄目、吳原編《民族文藝論文集》所收的《〈初陽旬刊〉發刊詞》有幾則零星數據，此處存而不論。

〔註61〕金鼎：《〈草野周刊〉革新號》，《申報》1930 年 8 月 7 日。

的路徑，建設起一種文學的革命的文學來」。〔註62〕「長風社」明確表示《長風》負有兩大使命：一是介紹世界學術，二是發揚民族精神〔註63〕。「黃鐘文學社」則充滿激情地宣稱：「從今以後，我們應當立即把舊有荒蕪荊棘的文學園地毀棄，把廣大膏腴的新壤重新開闢！我們拿悲壯慷慨的情調來喚起沉睡的民族之魂，我們以尖銳鋒利的毛錐，給癱瘓麻木的民族病軀打上起死的一針！我們歌頌我們民族過去的光榮，我們詛咒我們民族現在的消沉，我們指示我們民族未來的前程！我們有筆如刀，我們有紙如盾，我們不信我們長期血淚的奮戰，便沒有凱旋的一日！」〔註64〕江西的「民族文藝社」在其刊《民族文藝月刊》發刊詞中闡明辦刊的目標：「最近爲了使民眾顯明地認識『民族』的意識，才表明『民族文藝』的旗幟。」〔註65〕「安徽民族文藝社」則宣稱「文藝是時代的產物，是政治的武器。它不僅要反映現實，描寫現實，同時還要推動現實，時代既然是揭開了民族鬥爭的序幕，那麼文藝自然也應該跟著這一動態而反映，所以現在民族文藝的建立，是具有著時代的必然性與偉大的社會性的，我們每一個文藝工作者，每一個文藝愛好者，都應該積極地去擔負起這偉大的使命，去發動神聖的民族戰爭，完成民族復興的大業」。並確定民族主義文藝的三重使命：克服反民族主義文藝的作家，在理論上在行動上給以嚴厲的糾正；從舊文學中去汲取精華，從過往的歷史中去表揚民族英雄；進一步創建民族文藝的具體理論與形象。〔註66〕從這些社團的自我表白中，可以看到無論最早成立的「前鋒社」還是後期的「安徽民族文藝社」，中心的目標都是建立民族主義文藝，樹立民族中心意識。這個文藝建設目標當然和國民黨南京政府的民族國家建設的目標密切相關。按國民黨南京政府的「訓政」時期的執政邏輯，要建立一個強大的民族國家，首要的是讓國民樹立國家民族的中心意識，文藝在幫助這個政治目標的實現過程中，起著重要的作用，爲了保證這個目標的實現，同時就要清除阻礙這個目標實現的一切文學形式，這些形式中首當其衝的就是「包含著普羅毒素」的無產階級文學。因此，民族主義文藝社團在樹立「民族中心意識」這個一致性的文藝目

---

〔註62〕 《發刊詞：開端》，《開展》（月刊）第1卷第1號。

〔註63〕 《本刊的使命》，《長風》（半月刊）創刊號，1930年8月15日。

〔註64〕 衡子（胡健忠）：《獻納之辭》，《黃鐘》第1卷第1期，1932年10月3日。

〔註65〕 劉百川：《發刊詞》，《民族文藝月刊》創刊號，1937年1月15日。

〔註66〕 《安徽民族文藝社成立宣言》，中國第二歷史檔案館編：《中華民國史檔案資料彙編》文化（二），南京：江蘇古籍出版社，1994年版，第829～831頁。

標的同時，往往將文藝目標的樹立和具體的政治目標聯結在一起，甚至和每一特定時期的政策（如對 1931 年後國民黨對法西斯主義的借鑒）、權威人物的講話（蔣介石、陳立夫的講話）、宣傳會議決議（1929 年、1934 年全國宣傳會議）等聯結在一起。

在《民族主義文藝運動宣言》中，「前鋒社」的目標指向是兩個：一是文壇殘餘的封建思想；二是無產階級文藝運動及其它「形形式式的局面」中的小組織的「主觀見解」。認為「假如這種多型的文藝意識，各就其所意識到的去路而進展，則這種文藝上紛擾的殘局永不會消失，其結果將致我們的新文藝運動永無發揮之日，而陷於必然的傾圮」。〔註 67〕表面上，《宣言》要掃除的是「殘餘的封建思想」和「無產階級文藝運動」及一切小組織的「主觀見解」，但它針對「左翼無產階級運動」的用意是極為明顯的。很顯然，這個目標和國民黨中宣部 1929 年全國宣傳會議確立的三民主義文藝政策目標是一致的，就是要取締與控制一切反國民黨官方意識形態的文學。胡秋原曾批評民族主義文學是「法西斯蒂的文學，是特權者文化上的『前鋒』，是最醜陋的警犬，他巡邏思想上的異端，摧殘思想的自由，阻礙文藝之自由的創造。」〔註 68〕作為「自由人」的胡秋原當然是站在自由主義的立場，但他指出民族主義文學的文學目標就是政治策略，可謂一針見血。追隨「前鋒社」的其它民族主義文藝社團，政治上的黨派立場更為明顯，把矛頭對準無產階級文學和其它文學。「開展文藝社」就攻擊「普羅文學」為「荒誕的夢囈的文學」，〔註 69〕在《開展》月刊的「開展線下」欄目，隨處可見像《略談普羅作家所揭之理論及其伎倆》等激烈攻擊無產階級作家及文學的文字。杭州的「初陽社」也是如此，在《初陽》發刊詞中，攻擊普羅文藝者，「不幸秉承了民族性中頹廢的不長進的遺傳，忘記了自己的民族，看不見自己民族的特質，做了異族的留聲機，硬要毀滅了自己民族的一切，竟自瀆的反時代而任時代的巨輪碾死了自己的生命，反民族而在民族的唾沫中淹沒了自己的靈魂」。〔註 70〕

---

〔註 67〕《民族主義文藝運動宣言》，《前鋒周報》第 2 期，1930 年 2 月 29 日。這一宣言先後刊載於《中央日報》、上海的《民國日報》、《前鋒月刊》等多種報刊。
〔註 68〕《阿狗文藝論》，《文化評論》創刊號，1931 年 12 月 25 日。
〔註 69〕《發刊詞：開端》，《開展》（月刊）第 1 卷第 1 號。
〔註 70〕《〈初陽旬刊〉發刊詞》，吳原：《民族文藝論文集》，杭州：正中書局，1934 年版，第 412～416 頁。

對於後期官方主辦的民族主義文藝社團，作爲執政黨「權力主體」的政治意圖更爲明顯，政策的現實針對性也有所加強。最爲突出的是江西的「民族文藝社」，宣稱「民族文藝最大的敵人，是普羅毒物，與頹廢的殘骸，負有民族文化運動的人，當然向他們掃射。我們的目的在建設唯生主義的文化，裡面是充實著民族的、實幹的、生產的、樂觀的重大意義。作品的表現方式。以表現力的、表現愛的、表現眞的爲標的，極端排擠虛僞、幽默、無病呻吟、洋八股」。〔註71〕很明顯，這個文藝目標就直接和陳立夫提出的「唯生主義」、「新生活運動」以及與有著法西斯主義內涵的「汗血文化」密切相關；「安徽民族文藝社」在其成立宣言中也表示：「像目前的文壇上的國防文學和民族革命戰爭的大眾文學，頹廢文學和幽默文學，前者是超現實的過激，後者是逃現實的沒落，對於我們剿匪鋤奸禦侮救國的總目標，既不能積極增進，反而給我們消極的破壞，所以爲要建立我們的路標，在這裡我們且給他一個露骨的批判。」〔註72〕攻擊目標直接就指向左翼方面「兩個口號」論爭的雙方。這個現實的政治動機，公爽在《文藝界的淨化》一文中表露無遺，他呼籲民族主義者既要「謹防國防文學者的掛羊頭賣狗肉」，又「要嚴杜鴛蝴派的借屍還魂」，「用民族文藝來淨化文藝界，使之成爲中國文藝的『正統』和『主潮』」。〔註73〕

從理論上說，一個社團要充分發揮集體的力量，約束和規範內部成員以保證話語的集體性和純粹性，往往會先樹立一個既成的目標，這個目標最好是一個對抗性存在，即樹立一個強大的「他者」，借助於集體性話語的號召力，在對目標的激烈的攻擊中確證自身的存在，展示群體的欲望和宣泄集體情緒。「普羅文學」正好符合這種「對抗性存在」的全部要件，民族主義文藝社團在對「普羅文學」激烈攻擊的時候，它可以借助於社團的這種特性，使成員主動約束自己的話語行爲，以免損害到集體的話語利益，因爲在社團中，「個人自身表達利益的努力，總是同集團意識和集團活動緊密交匯在一起的」。〔註74〕同時，借助於社團的交流機制，確保集體的文學目標的實現。

〔註71〕 《民族文藝月刊》創刊號，1937 年 1 月 15 日。
〔註72〕 《安徽民族文藝社成立宣言》，中國第二歷史檔案館編：《中華民國史檔案資料彙編》第一編文化（二），南京：江蘇古籍出版社，1994 年版，第 829～831 頁。
〔註73〕 公爽：《文藝界的淨化》，《奔濤》第 1 期，1937 年 3 月 1 日。
〔註74〕 〔美〕阿爾蒙德、鮑威爾：《比較政治學》，上海：上海譯文出版社，1987 年版，第 201 頁。

但是，民族主義文藝社團所展示的並非是邊緣話語對官方主流話語的抗爭，而是代表官方意識形態話語對其他話語的清除與壓制，因此這些社團的文藝實踐實際上已經作爲國民黨政治文化的主要代表者和體現者在發揮作用。在建構國民黨意識形態話語體系的過程中，國民黨南京政府正是利用社團這一中介，整合和團結文藝界力量，力圖發動大規模的文藝運動來影響文藝的走向，並最終達成既定的政治目標。

## 二、民族主義文藝社團的骨幹成員及撰稿人隊伍

為了更爲清楚地顯示民族主義文藝社團的骨幹成員及撰稿人隊伍狀況，特列表如下：

| 社團名稱 | 成立時間等基本狀況 | 發起人或骨幹成員 | 主　要　撰　稿　人 | 備　註 |
|---|---|---|---|---|
| 前鋒社 | 1930年6月1日成立於上海，1931年4月10日出版《前鋒月刊》第7期後解體。 | 朱應鵬、葉秋原、傅彥長、范爭波、汪倜然、方光明、李翼之、張季平、雷盛、易康、黃震遐、萬國安、李贊華、陳抱一。 | 葉秋原（錦軒）、朱大心（疑爲朱應鵬）、（范）爭波、楊志靜、（方）光明、澤明、李翼之、張季平、易康、雷盛、李春森、襄華、正覺、湯冰若、蘇靈、蕭葭、（魏）緒民。在《前鋒月刊》的撰稿人主要有：朱應鵬（心因）、葉秋原、傅彥長（穆羅茶）、李贊華、李金髮、李青崖、胡仲持、倪貽德、黃震遐、萬國安、葉靈鳳、孫俍工、徐蔚南、楊昌溪、趙景深、陳抱一、華興、張復、關良、李猛、楊民威、易康、曼如、鄭行巽、柯蓬洲、范爭波、汪倜然、百川、維替、關立根、翼之、龐熏琴、凌嵒、王宣華、王道源、徐蘇靈、谷劍塵、周伯涵、鄒枋、楊公達、張功良、梁得所、盛澤雷、黃百藥、宗漢、任農、法郎等。 | 《前鋒月刊》第5期公佈了「本刊特約撰述」名單，包括：施蟄存、邵洵美、戴望舒、陳乃文、陳抱一、葉靈風、汪倜然、李贊華、黃震遐、傅彥長、倪貽德、謝海燕、谷劍塵、鄭蕭葭、李金髮、李猛、王道源、萬國安、徐蘇靈、葉秋原、鄭行巽、吳頌皋、鄒訪、向培良、李青崖、應成一、杜衡、湯增敭、胡仲持、周伯涵等。但杜衡、施蟄存等人並沒有文章在該刊發表。 |

| | | | | |
|---|---|---|---|---|
| 草野社 | 1929年5月1日成立於上海，1931年8月出至6卷1期停刊。 | 宋鴻銘、周沛生、郭蘭馨、金寬生創辦，王鐵華、湯增敭、黃奐若、鄒枋等為骨幹成員。 | 湯增敭、王墳（朱雯）、鄒枋、曾今可、黃奐若、郭蘭馨、王鐵華、黃震遐、巴金、王西彥、蘇靈、郁達夫、白莽、向培良、邵冠華、羅曼蘭、胡飄蓮、金寬生、霍尼史等 | |
| 開展文藝社 | 1930年8月8日創刊《開展》於南京，1931年11月15日停刊，即停止活動。另外設有杭州分社和寧波分社。 | 曹劍萍、翟開明、劉祖澄發起，骨幹成員還有卜少夫、洪正倫、段夢暉、趙光濤等；杭州分社：鍾敬文、婁子匡。寧波分社：左洵、周文夫等。 | 一士、王沈予、宗參、開明、潘子農、趙光濤、洪正倫、小盧、王道、長鋏、劉祖澄、曹劍萍、婁子匡、炎君、張金石、孔少乙、林辰、段夢暉、城父、子展、王墳、蔣山青、吉龍、鈴鳳、程景頤、陸魯一、彭家煌、鄁君、慨憫、卜少夫、張吻冰、邵夫、湯增敭、王佐棻、盧愛茲、直點、嚴象、蕭趙、獮龍、燒斧、廢人、孔魯芹、馬彥祥、莊晴光、魯之翰、馬宗元、大炎、王成、志雯、余開、馮忌、趙孜、汪曉光、化南、葉得貝、乾陵、紹鈞、子月、白樺、陳錫襄、鍾敬文、汪馥泉、樂嗣炳、吳立模、曹公葉、趙景深、錢南揚、劉大白、顧頡剛、黃石、柳固、楊成志、蔡一木、鮑維湘、孫燮堂、張睿明、汪一虹、憶君、馬忠流等。 | |
| 長風社 | 1930年8月15日創刊於南京，同年10月15日停止活動。 | 徐慶譽 | 徐慶譽、朱經農、杜里舒、徐志摩、葉鼎彝、茲九女士、息影、靜宇、李青崖、吳且崗、劉振東、吉勃士、陳曼若、兵蘇、施章、吳詔黨、李伯猷、王墳、應非洛、仇移山、哲鴻、何與如、劉冰霞、印今女士、寒琪、樵朋、章柳泉、白恩斯、施仲言、武酋山、雨雀、病病等。 | |
| 初陽社 | 1930年下半年成立於杭州，同年11月1日創刊《初陽旬刊》，同年12月11日第5期停刊。 | 骨幹成員：心白、白雲、亡羊、衛幹、聽風、余化、子彬等人。 | 心白、白雲、亡羊、衛幹、聽風、余化、子彬、季春丹。 | |
| 黃鐘文學社 | 1932年10月31日創刊《黃鐘》於杭州，1937年2月15 | 胡健中（蘅子）創辦，馮白樺、陳大慈等人編輯，骨幹 | 楊鍾、楊鎮華、劉延陵、閔玉如、葉時修、汪錫鵬、蓮嶽、開元、陳鍾、李一冰、馮侃、壽蕭郎、方輯熙、陳鈺、呂亮耕、盛明若、徐寶山、張曉 | 浙江省黨部所辦 |

| | | | |
|---|---|---|---|
| | 日停刊，隨即停止活動。 | 成員還有許尙由、李樸園、林文錚等。 | 紫、主莒、尙由、陳楚淮、羅珊、康浩、陳心純、明若、黃華節、王守偉、柳絲、田耳、谷汝成、易鷹、朱瑜、王家棫、許欽文、徐石丹、王西彥、艸艸、林文錚、王以仁、張芳逸、張道藩、陸丹林、吳原、劉宇、但申、易新成、江菊林、桃蕊、小可、唐人、陳大慈、漢士、許紹棨、柴紹武、汪倜然、石堅如、程一戎、知難、王夫凡、孫福熙、洗愷、胡倫清、李鏡池、亭亭、祝雨人、葉翳平、褚文鵑、左林、余慕陶、徐素鷗、國魂、葦泉、熊紀白、黎錦明、湯慧光、金翼、李焰生、張瞳熏、陳雲從、瘦鵬、施善余、杜蘅之、羅斐、羅文龍、博泉、吳隅、張行、王沈、葉雲、方賢齊、杜紹文、暄樵、池未宇、施忠義、馮伊湄、蔡元培、梁文、蔣廷黻、錢萬鎰、董秋芳、陳忠、黎君亮、小帆、唐伯雅、殷作楨、孫士達、湘華、陳福熙、呂漠野、蒙玖、殷彥泠、慰廷、吳承均、馬風等。 | |

| 社團 | 刊物 | 成員 | 備註 |
|---|---|---|---|
| 江西民族文藝社 | 1937年1月15日創刊《民族文藝月刊》於南昌，同年5月出至2卷3期停刊。 | 何勇仁（主編）劉百川（發行人）、鄭延谷、何識夫、李嘉德、孫墨千、段干青各欄目編輯。 | 劉百川、何勇仁、汪谷軍、陳鷟曼、朋斯、李嘉德、狄克（張春橋）、制空、衣作、皆川、趙從光、司徒宣、梅南、杏枝等。 | 江西省黨部所辦 |
| 安徽民族文藝社 | 1937年1月10日成立於安慶，2月創刊《火炬》旬刊，同年5月出至第9期停刊。 | 由王秀春、田禮緒、邱直青、章鶴年、費力夫五人發起。 | 理事由費力夫（皖報編輯）、梁賢達（黨部設計委員）、王秀春（黨部組織科長）、王聰、邱直青（宣傳科長）、胡摩尼（黨部書記長）、程海曙（黨部書記長）、田禮緒（黨部總務科長）、郭樫、張文川、章鶴年（黨部民訓科長）、夏廣英、劉世驊、郭讓伯、張其弧、仲健輝、朱尙德、邵一民、何世齊、李仁、潘澤鈞、金凱、王世琦、張雪。 | 安徽省黨部所辦 |

　　從上列表格的初略統計來看，民族主義文藝社團成員按政治身份來劃分，主要由三種人員構成：一種是是國民黨官方知識分子及各級黨政部門文化宣傳人員。以「前鋒社」的朱應鵬、黃震遐、李贊華、萬國安，「黃鐘文學社」的胡衡子、陳大慈、馮白樺等人以及江西「民族文藝社」、「安徽民族文

藝社」社員等爲代表；第二種是親官的右翼文人。主要以「前鋒社」的傅彥長、葉秋原、汪倜然、陳抱一，「黃鐘文學社」的周子亞、柳絲〔註75〕、許尙由、唐人等人爲代表。這兩類人是民族主義文藝最主要的生產者和民族主義文藝運動最有力的推動者；第三種是中間派作家，主要以李青崖、倪貽德、孫俍工等人，他們中的情況較爲複雜，他們在民族主義文藝刊物上發表文章，但大多與民族主義文藝關係不大，有的是與民族主義文藝的提倡者有某種交誼，有的可能純粹是爲了某種政治或商業利益考慮。以下將以社團爲單位分別考察。

### 1.前鋒社

「前鋒社」沒有公佈社員的名單，但是按照整個社團的活動情況以及在《前鋒週報》、《前鋒月刊》上的發稿狀況，骨幹成員可能只有朱應鵬〔註76〕、葉秋原、傅彥長〔註77〕、范爭波、方光明、李翼之、張季平、雷盛（疑爲盛澤雷）、易康、黃震遐、萬國安、李贊華、陳抱一等人。他們基本上是原《申報·本埠增刊》「藝術界」同仁。這批人早在 1925 年就圍繞著朱應鵬主編的《申報》副刊《藝術界》〔註78〕與 1926 年創刊的《藝術界週刊》〔註79〕，闡

---

〔註75〕錢振綱先生認爲「柳絲」就是許欽文，但是現有數據，楊邨人也曾經用過「柳絲」的筆名。無論「柳絲」是誰，由於在《黃鐘》上發表了大量的宣揚「民族主義文藝」的理論文章，筆者將之歸爲親官文人的重要代表。

〔註76〕儘管朱應鵬沒有以本名在《前鋒週報》上發過文章，但朱應鵬明確的表示過自己提倡「民族主義文藝運動」，見《文藝新聞》記者採訪；潘子農在《從發動到今朝》（見《矛盾》（月刊）第 2 卷第 6 期）中也提到朱應鵬是民族主義文藝的最初發動者。

〔註77〕傅彥長沒有以本名在《前鋒週報》上發過文章，但以穆羅茶爲筆名在《前鋒月刊》上發表文學作品。考慮到前鋒社的很多人是《申報·本埠增刊》「藝術界」（朱應鵬、傅彥長、張若谷三人曾將文藝談話結集爲《藝術三家言》，由良友公司出版）、《藝術界週刊》（1926 年由傅彥長、朱應鵬、徐蔚南、張若谷編輯出版，1927 年停刊）同仁，葉秋原和黃震遐也曾在《藝術界週刊》上發表過文章，私交尚好。施蟄存先生在《我和現代書局》（見宋元放：《中國出版史料》1 卷下，第 226 頁）中的說法也說：「不知什麼時候，他們結識了黃震遐。黃震遐是莧橋空軍學校的教官，也算是一個文學青年。他很崇拜張、傅、朱三人，一見如故，他們就經常廝混在一起。有一個時候，每天下午，他們坐在北四川路勖江路口的新雅茶室，高談闊論。」由此推測，傅彥長、張若谷也應該是重要的發起人之一。

〔註78〕1925 年 9 月 21 日，朱應鵬將《申報·本埠增刊》中的《藝術評論》欄改爲《藝術界》，1931 年 12 月停刊。

〔註79〕1926 年 1 月，朱應鵬、張若谷、傅彥長、徐蔚南共同編輯《藝術界週刊》，由

發並形成了民族藝術的觀念。他們出於對希臘藝術精神的迷戀，倡導一種「民族」的藝術，並把它看作是拯救中國藝術的一條出路。特別是傅彥長早期的藝術觀念〔註80〕中對「民族性」的強調應該說具有某種歷史的合理性，可以看作是對「五四」新文化個性主義潮流的反撥。可是，1929 年葉秋原出版了《藝術之民族性與國際性》（其中收《思想動搖期中之中國藝術界》、《藝術與政治》、《現代藝術與民族主義》等重要文章），具體論述了藝術和政治民族主義的關係。這種「民族藝術」觀念很快與官方意識形態合流，由理論探討走向具體的政治訴求。由於這種淵源，所以在「前鋒社」的撰稿人隊伍中，不乏中間的知識分子，如李青崖、胡仲持、倪貽德、孫俍工、趙景深等人。這一方面說明「前鋒社」成立之後，極力拉攏文藝界人士，如對上表所列的「特約撰稿人」；另一方面也說明民族主義與民族性、民族情感的共生關係，它在一定程度上可以將政治欲望置換為藝術探討、訴諸於民族情感，吸引中間立場的知識分子，將這部分人席卷進民族主義文藝的集體大合唱之中。

### 2. 草野社

「草野社」主要成員除湯增敭之外，其餘的人大都是在校或剛出校門的大學生。初期的政治傾向並不明顯，號稱要把《草野周刊》辦成「國內唯一的文藝刊物」，〔註81〕讀者的群體也主要是學生，在上海、杭州的各個大學的門房，都有銷售，《申報‧本埠增刊》「書報介紹」欄目還專門做過介紹。但是，由於「普羅文學」的影響，《草野周刊》早期曾發表過郁達夫、白莽、巴金、王任叔、王西彥等左翼作家和中間派作家的作品，還出版過《草野周刊》第 2 卷第 5 號的「普羅文學專輯」。在這一期的編者所寫的《今後》中，也表達了今後從事普羅文學的決心。〔註82〕可是，到了 2 卷 13 期開始，「草野社」就開始向民族主義文藝靠近。3 卷 1 期被命名為「革新號」，正式投身民族主義文藝運動。由於宋鴻銘、周沛生、郭蘭馨先後脫離「草野社」，「轉向」以後的「草野社」成員主要有王鐵華、湯增敭、鄒枋、黃奐若、徐蘇靈、張季平、湯冰若等人，與「前鋒社」的社員有一定交叉，很多人之後在「前鋒社」刊物較為活躍，如王鐵華、徐蘇靈等人。

---

光華書局出版，1927 年 12 月 3 日出至第 26 期後休刊。
〔註80〕見傅彥長文集《十六年之雜碎》，上海：金屋書店，1928 年版。
〔註81〕南心：《申報‧書報介紹》1930 年 10 月 6 日。
〔註82〕編者：《今後》，《草野周刊》第 2 卷第 5 號，1930 年 4 月 26 日。

### 3. 開展社

南京的「開展文藝社」，是響應「前鋒社」的民族主義文藝主張而創立的。用潘子農的話說：「『開展』最初的發起者，是曹劍萍、翟開明、劉祖澄三兄，其時適當朱應鵬氏在上海竭力提倡民族主義文藝運動，這種新興的思潮便促成了這本小刊物的誕生。」〔註83〕除了上述三人之外，較為活躍的還有潘子農、卜少夫、趙光濤、段夢暉、王墳等人，潘子農還成為後期《開展》月刊最主要的編委〔註84〕，這些人基本上都是南京市黨政機關的人員，由於秉承民族主義文藝的信條，「開展文藝社」創作群體成為民族主義文藝最為堅定的支持者，並以比「前鋒社」更為激進的姿態「為本黨民族主義文藝運動，放一異彩」。〔註85〕在 1930 年 11 月 15 日《開展》月刊上刊登的「開展文藝社」第一屆職員名單，有很大一部分不是作家，也極少有創作。在「開展文藝社」因為「內訌」分裂之後，潘子農反思說：「老實說：『開展社』當時如果不硬喊口號，不吸收一班淺薄無聊的份子，至少到現在，還是一個很健全的文藝組合。所惜終因各人思想不同，以及種種事務之情感用事，遂致造成巨大糾紛而無形停頓。我和開明、祖澄、正倫、少夫等五人，就在此時宣告退出。未滿一月，『開展社』也就解散了。」〔註86〕這「一般淺薄無聊的份子」，即是指這一批人。但是，即使這樣，在「開展文藝社」社員中，還有一批從事民俗研究的專家，主要是「開展文藝社」杭州分社的鍾敬文、婁子匡等人，策劃了《開展》「民俗學專號」，主辦《民俗》週刊。把民俗的研究與民族主義文藝運動結合起來，應該說是「開展文藝社」的一個創見。

### 4. 黃鐘文學社

「黃鐘文學社」是由國民黨浙江省黨部精心策劃和組織的文藝社團。創辦《黃鐘》的胡蘅子〔註87〕，即胡健中。編輯馮白樺和陳大慈〔註88〕，都

---

〔註83〕潘子農：《從發動到今朝》，《矛盾》（月刊）第 2 卷第 6 期。
〔註84〕潘子農先在南京市衛生局做公務員，後因為寫了一篇題名為《第三辦公室》的小說，發表於《首都日報》副刊，因此被以「不守紀律」而開除公職，隨即加入了「開展文藝社」。見潘子農：《從發動到今朝》，《矛盾》（月刊）第 2 卷第 6 期。
〔註85〕《緊要啓事》，《開展》第 1 卷第 2 期。
〔註86〕潘子農：《從發動到今朝》，《矛盾》（月刊）第 2 卷第 6 期。
〔註87〕胡蘅子是杭州《民國日報》（後改為《東南日報》——筆者注）社社長，與浙江省黨部宣傳部長許紹棣關係密切，是 CC 系成員，參見黃萍蓀《風雨茅廬外紀》，香港：三聯書店香港分店，1985 年版，第 25 頁注。

是國民黨官方人員。從表中所列的名單來看，創作隊伍中很多人同時也是杭州《東南日報》的撰稿人，是民族主義作家隊伍中有一定理論水平和創作能力的群體。除了前面提到的幾位之外，還有像李樸園、林文錚等中國藝術學院的教授，黨派立場不太明顯的劉延陵、王夫凡、孫福熙、鍾敬文、郁達夫、汪錫鵬、盛明若、程一戎等文藝界名流。和「前鋒社」的創作隊伍類似，「黃鐘文學社」的社員組成也由黨政人員、有一定理論水平和創作能力的親官文人和中間作家三部分人組成。撰稿人隊伍較為龐大，人員組成結構相似，使得「黃鐘文學社」成為繼「前鋒社」之後民族文藝思潮的代表。

對於官方直接主辦的江西「民族文藝社」、「安徽民族文藝社」，創作隊伍情況則要簡單得多，社團的核心骨幹成員幾乎完全就是國民黨的文化宣傳人員。江西「民族文藝社」由江西省黨部所辦，何勇仁任主編，發行人為劉百川，屬軍方人物，「復興社」社員。「安徽民族文藝社」由王秀春、田禮緒、邱直青、章鶴年、費力夫五人發起，其理事當中，梁賢達是安徽省黨部設計委員，王秀春是安徽省黨部組織科長、邱直青是安徽省黨部宣傳科長，程海曙、胡摩尼是安徽省黨部書記長，田禮緒是安徽省黨部總務科長，章鶴年是安徽省黨部民訓科長，費力夫是皖報編輯，只有王聰和郭樗等少數的安徽人學的學生。這兩個民族主義文藝社團完全是現時政策下意識形態宣傳的產物，它的創作隊伍單一及創作能力貧弱使得其與前述社團相比就遜色多了。

## 三、民族主義文藝社團與民族主義話語生產

民族主義文藝社團的文學目標和創作隊伍的基本狀況決定了各個文藝社團的文學生產狀況，具體而言，民族主義文藝社團主要圍繞兩個方面進行文本的生產：一是正面闡發民族主義文藝的理論及其創作；二是攻擊「普羅文學」運動，鼓吹文化統制的理論及其創作。為更方便瞭解其創作狀況，分別列表如下：

〔註88〕 馮白樺和陳大慈都是浙江省黨部「秘密負責計劃及推進文藝運動」的文藝運動指導委員會指導委員。（見《浙江省黨部文藝宣傳工作報告》，《文藝宣傳會議錄》，1934 年）。同時，陳大慈又是杭州《東南日報‧沙發》文藝副刊編輯。

## 表一：正面闡發民族主義文藝的理論類

| 社　團 | 文　章　名　稱 | 作　者 | 發表的期刊及期號 | 備　註 |
|---|---|---|---|---|
| 前鋒社 | 《民族主義文藝運動宣言》 | 葉秋原草擬〔註89〕，署「本社同人」發起 | 《前鋒周報》第1卷第2期，《前鋒月刊》第1卷第1期 | |
| | 《民族主義的文藝》 | 雷　盛 | 《前鋒周報》第1期 | |
| | 《請認清我們的文藝運動》 | 楊志靜 | 《前鋒周報》第3期 | |
| | 《苦難時代所要求的文藝》 | 方光明 | 《前鋒周報》第4期 | |
| | 《民族主義文藝的使命》 | 朱大心 | 《前鋒周報》第5、6期 | |
| | 《民族主義文藝之理論的基礎》 | 葉秋原 | 《前鋒周報》第8、9、10期 | |
| | 《民族主義文藝批評論》 | 襄　華 | 《前鋒周報》第11、12、13期 | |
| | 《民族主義的戲劇論》 | | 《前鋒周報》第21、22、23、24、25期 | |
| | 《中華民族的造型美術》 | 楊民威 | 《前鋒周報》第24期 | |
| | 《我們所需要的文藝作品》 | 澄　宇 | 《前鋒周報》第14期 | 批評普羅文學，樹立民族「中心意識」 |
| | 《民族主義文藝的題材問題》 | 張季平 | 《前鋒周報》第16期 | |
| | 《民族主義的詩歌論》 | 湯冰若 | 《前鋒周報》第17～20期 | |
| | 《苦難時代所要求的文藝》 | 方光明 | 《前鋒周報》第3期 | |
| | 《中國的建築與民族主義》 | 楊民威 | 《前鋒月刊》第1期 | |

〔註89〕關於《民族主義文藝運動宣言》，左翼的說法是花了重金請人草擬，並由中宣部審定通過的。（見石萌（茅盾）：《民族主義文藝運動的現形》），實際上這種可能性不大。一方面，這個《宣言》在「藝術界」時期主要觀點就已經基本成型；另外一方面，施蟄存先生在《我與現代書局》一文中披露：這個《宣言》是在一次「藝術界」同仁的茶座上決定由葉秋原草擬的，儘管施蟄存先生稱把葉秋原稱爲「民族主義文藝運動」的「局外人」似乎與事實不合，但是葉秋原草擬《宣言》這件事應該是較爲可信的。施蟄存先生補充說：「這件事情，秋原絕口不談。直到1938年，我和秋原在昆明碰到，有一天在圓通公園飲茶，他才講到這個《宣言》的情況」。施蟄存：《我與現代書局》，收入宋原放編：《中國出版史料》第1卷（下），濟南：山東教育出版社，2001年版，第226～235頁。

| | 《中國的陶瓷與民族主義》 | | 《前鋒月刊》第 4 期 | |
|---|---|---|---|---|
| | 《以民族主義意識爲中心的文藝運動》 | 傅彥長 | 《前鋒月刊》第 2 期 | |
| | 《中國的繪畫與民族主義》 | 朱應鵬 | 《前鋒月刊》第 2 期 | |
| | 《怎樣去幹民族主義的民眾劇運動》 | 谷劍塵 | 《前鋒月刊》第 4 期 | |
| | 《民族主義文藝論》〔註90〕單行本 | 前鋒社編輯 | 上海光明出版部，1930 年版 | |
| 草野社 | 《民族文藝的表現及想像》 | 湯增敫 | 《草野周刊》第 3 卷第 1 號 | |
| | 《戰士們，認清我們的責任》 | 王鐵華 | 《草野周刊》第 3 卷第 7 號 | |
| | 《民族主義文藝的創作理論》 | 王　墦 | 《草野周刊》第 3 卷第 11 號 | |
| 開展文藝社 | 《中國民族主義文藝運動宣言》 | | 《開展》（月刊）創刊號 | 轉載時改爲此名 |
| | 《民族與文學》 | 一　士 | 《開展》（月刊）創刊號 | |
| | 《民族主義文藝與國家主義文藝》 | 陳景頤 | 《開展》（月刊）第 5 號 | |
| | 《時代文學論》 | 孔魯芹 | 《開展》（月刊）第 8 號 | |
| 黃鐘文學社 | 《民族主義的文藝方法論》 | 憶　初 | 《黃鐘》第 22 期 | |
| | 《論民族主義文藝》 | 周子亞 | 《黃鐘》第 25 期 | |
| | 《關於民族主義的文學》 | 柳　絲 | 《黃鐘》第 38 期 | |
| | 《大眾文學與民族主義文學》 | | 《黃鐘》第 5 卷第 8 期 | |
| | 《小說在民族主義文學的地位》 | | 《黃鐘》第 5 卷第 9 期 | |
| | 《民族主義文學與教育》 | | 《黃鐘》第 6 卷第 1 期 | |
| | 《民族與文學》 | 尙　由（上游） | 《黃鐘》第 4 卷第 8 期 | |
| | 《民族的文學與民族主義的文學》 | | 《黃鐘》第 4 卷第 10 期 | |

〔註90〕收《中國文藝之沒落》（雷盛），《從三民主義的立場觀察民族主義的文藝運動》（潘公展），《最近中國文藝界之檢討》（李錦軒），《苦難時代所要求的文藝》（方光明），《民族主義文藝的使命》（朱大心），《民族主義文藝之理論的基礎》（葉秋原），《民族主義文藝運動宣言》等 8 篇論文，卷首加上編者「弁言」。

| | | | | |
|---|---|---|---|---|
| | 《民俗文學與民族主義的文學》 | | 《黃鐘》第 5 卷第 5 期 | |
| | 《三民文學》 | | 《黃鐘》第 5 卷第 7 期 | |
| | 《莫泊三與民族主義文學》 | | 《黃鐘》第 5 卷第 10 期 | |
| | 《從古典文學到民族主義文學》 | | 《黃鐘》第 6 卷第 1 期 | |
| | 《表現的民族主義文學》 | | 《黃鐘》9 第卷第 6 期 | |
| | 《民族主義的革命文學》 | | 《黃鐘》第 9 卷第 9 期 | |
| | 《民族主義文學的力的問題》 | | 《黃鐘》第 10 卷第 1 期 | |
| | 《民族主義文學革新論》 | 唐　人 | 《黃鐘》第 6 卷第 1 期 | |
| | 《歷史小說和歷史劇在民族主義文學的地位》 | | 《黃鐘》第 6 卷第 2 期 | |
| | 《民族主義文學的外延與內包》 | | 《黃鐘》第 6 卷第 3 期 | |
| | 《民族主義文學的要素和應有的條件》 | | 《黃鐘》第 6 卷第 5 期 | |
| | 《民族主義文學題材的剪取》 | | 《黃鐘》第 7 卷第 1 期 | |
| | 《小品文在民族主義文學中的地位》 | | 《黃鐘》第 7 卷第 3 期 | |
| | 《民族文學的商榷》 | 黎錦明 | 《黃鐘》第 8 卷第 4 期 | |
| | 《民族文學》 | 梁鎮華 | | |
| | 《民族主義文學與民間疾苦》 | 高　陽 | | |
| 江西民族文藝社 | 《民族意識與民族文藝》 | 王制空 | 《民族文藝月刊》第 1 卷第 2 號 | |
| | 民族戲劇之建設 | 劉百川 | 《民族文藝月刊》第 3 期 | 惟生主義、汗血實幹精神 |
| | 《反普羅論》 | 何勇仁 | 《民族文藝月刊》第 1 卷第 2 號 | |
| | 《創造「惟生主義」的戲劇》 | 李嘉德 | 《民族文藝月刊》第 3 期 | 鼓吹「惟生主義」 |
| 安徽民族文藝社 | 《民族文藝的使命》 | 佛　玄 | 《火炬》第 1 卷第 2 期 | |
| | 《關於民族文藝》 | 草　心 | 《火炬》第 1 卷第 2 期 | |
| | 《民族文藝的本質》 | 飛　絮 | 《火炬》第 1 卷第 4 期 | |
| | 《什麼是民族文藝？》 | 王平陵 | 《火炬》第 1 卷第 10 期 | |

## 表二：民族主義文學創作類

| 社　團 | 作　　品 | 作　者 | 發表刊物刊期 | 備　註 |
|---|---|---|---|---|
| 前鋒社 | 《劃清了陣線》（詩歌） | 朱大心 | 《前鋒周報》第 2 期 | |
| | 《我們的民族》 | 蕭　葭 | 《前鋒周報》第 24 期 | |
| | 《我們的戰士》（詩歌）、《白馬山》（小說）、《異國的青年》（小說）、《到武漢》、《胭脂馬》 | 李翼之 | 《前鋒周報》第 5、7、8、12、13、22 期 | |
| | 《安金姑娘》（小說） | 管　理 | 《前鋒周報》第 19 期 | |
| | 《野玫瑰》（小說） | 心　因（朱應鵬） | 《前鋒月刊》第 1 期 | |
| | 《隴海線上》（小說） | 黃震遐 | 《前鋒月刊》 | |
| | 《黃人之血》（長篇劇詩） | | 《前鋒月刊》第 7 期 | 1931 年 4 月 |
| | 《大上海的毀滅》（長篇）單行本 | | 大晚報出版股發行，1932 年 11 月初版 | |
| | 《國門之戰》、《刹那的戰爭》（小說） | 萬國安 | 《前鋒月刊》第 5 期 | |
| | 《三根紅線》（長篇） | | 四社出版部，1934 年版 | 約 30 萬字 |
| | 《變動》、《矛盾》、《準備》（小說） | 李贊華 | 《前鋒月刊》第 2 期 | |
| | 《勝利的死》（小說）、《盜寶器的牧師》 | 易　康 | 《前鋒月刊》第 1 期，第 4 期 | |
| | 《秀兒》（長篇小說） | 范爭波 | 《前鋒月刊》第 1～5 期連載 | 未刊完 |
| | 《馬蘭小姐》 | 蘇　靈（徐蘇靈） | 《前鋒月刊》第 4 期 | |
| | 《老金》、《三里廟的黃昏》 | | 《前鋒月刊》第 4、5 期 | |
| | 《理想之光》（四幕詩劇） | 孫俍工、梅痕女士 | 《現代文學評論》第 1～4 期 | 只連載完了第一部 |
| 草野社 | 《前進吧》（詩歌） | 張俠海 | 《草野周刊》第 3 卷第 5 號 | |
| | 《都市散弦》（詩歌） | 宓　羅 | 《草野周刊》第 3 卷第 5 號 | |
| | 《戰士墓前》（詩歌） | 毛明道 | 《草野周刊》第 3 卷第 7 號 | |

| | | | |
|---|---|---|---|
| | 《流水》（詩歌） | 劉元釗 | 《草野周刊》第 3 卷第 11 號 |
| | 《當晨曦衝出了地平線》（詩歌） | 王鐵華 | 《草野周刊》第 4 卷第 13 號 |
| | 《最後一擊》（小說） | | 《草野周刊》第 3 卷第 1 號 |
| | 《韓國少女的日記》（小說） | 湯增敫 | 《草野周刊》第 4 卷第 11、12 期合刊 |
| 開展文藝社 | 《圈外餘波》、《決鬥》（小說）、《她在跳躍著》（詩歌） | 潘子農 | 《開展》（月刊）創刊號、第 4 號、第 6、7 號合刊 |
| | 《回國》 | 一 士 | 《開展》（月刊）第 2 號 |
| 長風社 | 《第一條血路》（小說） | 兵 蘇 | 《長風》（半月刊）第 2 期 |
| | 《活的機器》（小說）、《二重災》兩幕劇 | 茲九女士 | 《長風》創刊號，第 2 期 |
| | 《你為什麼不娶她》（詩歌） | 靜 宇 | 《長風》第 3 期 |
| | 《札蘭諾爾》（小說） | 樵 朋 | 《長風》第 4 期 |
| 初陽社 | 《在刀俎上》、聽風《晨曦》，季春丹《夜曲》（詩歌） | | 《初陽旬刊》第 1 期 |
| | 《支那婦人》（散文） | 余 化 | 《初陽旬刊》第 2 期 |
| | 《異鄉的漂泊者》（小說） | 子 彬 | 《初陽旬刊》第 3、4、5 期連載 |
| 黃鐘文學社 | 《桃花源的破碎》（小說） | 白 鷗 | 《黃鐘》第 20 期 |
| | 《生死線下》 | 李 零 | 《黃鐘》第 24、25 期連載 |
| | 《典裘》、《義勇軍的故事》 | 柴紹武 | 《黃鐘》第 29、27 期 |
| | 《一百二十七個》、《血流》 | 黃萍蓀 | 《黃鐘》第 24、42 期 |
| | 《喜峰口外》 | 張泛尼 | 《黃鐘》第 25 期 |
| | 《絕響》（小說） | 李樸園 | 《黃鐘》第 26 期 |
| | 《大孤山》 | 陳大慈 | 《黃鐘》第 16 期 |
| | 《新公園的黃昏》、《抗日殘記》 | 石尼尼 | 《黃鐘》第 8 期；第 10、11 期連載 |
| | 《山海關的血祭》 | 開 元 | 《黃鐘》第 17 期 |
| | 《陽山之歌》（歷史劇）、《畫網中》、《豫讓》 | 李樸園 | 《黃鐘》18、19 期連載；7 卷 1～3 期連載；7 卷 6～8 期連載 | 歷史人物題材 |

| | 《雪恥》（歷史小說） | 白　鷗 | 《黃鐘》14～15 期連載 | |
|---|---|---|---|---|
| | 《西施》、《鐵獄》（歷史小說）《木蘭》 | 柴紹武 | 《黃鐘》第 32、41 期 | |
| | 《巴蔓子——英雄傳略之一》 | 劉　宇 | 《黃鐘》第 28 期 | |
| | 《明末的英雄鄭成功》 | 開　元 | 《黃鐘》第 41 期 | |
| | 《香妃》（三幕劇） | 林文錚 | 《黃鐘》第 5 卷 4～6 期連載 | |
| | 《誰是仇敵》（獨幕劇） | 顧汝成 | 《黃鐘》第 5 卷 9 期 | |
| | 《令尹子文——中國歷史上第一個毀家紓國難的大政治領袖》、《寧遠之守》 | 陳大慈 | 《黃鐘》第 41 期，第 8 卷第 1 期 | |
| | 《愛的二重奏》（小說） | 黃　簀 | 《黃鐘》第 17 期 | 其它 |
| | 《詩人秋島》 | 玄　郎 | 《黃鐘》第 24 期 | |
| | 《鐵血與柔情》 | 程一戎 | 《黃鐘》第 30 期 | |
| | 《希望的微笑》 | 國　魂 | 《黃鐘》第 6 卷 7 期 | |
| | 《有刺的玫瑰花》（獨幕劇） | 陳楚淮 | 《黃鐘》第 4 卷第 8 期 | |
| | 《遠東的輪廓畫》 | 白　樺 | 《黃鐘》第 1 期 | |
| | 《鸚鵡》、《犧牲》 | 陳大慈 | 《黃鐘》第 1、5 期 | |
| | 《平頂山》 | 胡水波 | 《黃鐘》第 40 期 | |
| | 《阿芸仕國難中》 | 常　惺 | 《黃鐘》第 15 期 | |
| | 《先遣卒》 | 憶　初 | 《黃鐘》第 21 期 | |
| 江西民族文藝社 | 《新的矛盾》（小說）、《最後一幕》（獨幕劇） | 何勇仁 | 《民族文藝月刊》創刊號、第 3 期 | 宣揚「新生活運動」，鼓吹「民族意識」 |
| | 《沸騰了的古井》（小說） | | 《民族文藝月刊》第 2 期 | 抗日 |
| | 《忠孝坊》（三幕劇） | | 《民族文藝月刊》第 2 期 | 抗日 |
| | 《匪區之夜》（獨幕劇） | 何勇仁，狄克（張春橋）合編 | 《民族文藝月刊》第 3 期 | 反共 |
| 安徽民族文藝社 | 《哈爾濱之役》 | | 《火炬》第 1 卷 2 期 | |
| | 《悲壯的火焰》（長詩）、《長城》 | 知　之 | 《火炬》第 2 卷第 3 期 | |

### 表三：攻擊普羅文藝，宣傳民族文藝及鼓吹文化統制

| 社團名稱 | 文 章 名 稱 | 作 者 | 發表期刊及刊期 | 備 註 |
|---|---|---|---|---|
| 前鋒社 | 《魯迅先生的遠識》、《符咒與法師》、《生財有道的錢杏邨》、《所謂主義的奴才》（雜文） | 錦 軒 | 《前鋒周報》創刊號 | 攻擊魯迅、錢杏邨等左翼作家，攻擊普羅文學 |
| | 《混戰》（獨幕劇） | 李錦軒 | 《前鋒周報》第 2 期 | 攻擊革命文學論爭的雙方 |
| | 《超度亡魂》 | 錦 軒 | 《前鋒周報》第 4 期 | |
| | 《梁山泊上上的好漢》、《阿 Q 後事如何》、《普羅詩人的傑作》 | 錦 軒 | 《前鋒周報》第 5 期 | |
| | 《紅頭阿三》 | 錦 軒 | 《前鋒周報》第 6 期 | |
| | 《虹》（短論） | | 《前鋒周報》第 10 期 | |
| | 《失業以後》、《兩種不同的人類》（短篇小說評論） | 張季平 | 《前鋒周報》第 7、21 期 | 批評左翼小說創作， |
| | 《普羅的戲劇》 | 張季平 | 《前鋒周報》第 12 期 | 攻擊普羅文藝 |
| | 《郭沫若的甲骨文》、《馬仰人翻》、《木人戲》 | 錦 軒 | 《前鋒周報》第 9 期 | 攻擊郭沫若、華漢、陶晶孫等作家及普羅文學 |
| | 《田漢得到的教訓》、《馮乃超的玄虛》 | 錦 軒 | 《前鋒周報》第 11 期 | |
| | 《尾巴》 | 錦 軒 | 《前鋒周報》第 13 期 | 攻擊成仿吾、潘漢年等作家 |
| | 《喪鐘響了》、《波爾希維克的恩賞》 | 錦 軒 | 《前鋒周報》第 15 期 | 攻擊普羅文藝 |
| | 《普羅作家張資平》、《學生與出版界》 | 錦 軒 | 《前鋒周報》第 22 期 | |
| | 《文人與窮》 | 錦 軒 | 《前鋒周報》第 23 期 | 攻擊普羅作家 |
| 開展文藝社 | 《蛙草蔓延》 | 乙 巳 | 《開展》第 8 號，1931 年 4 月 25 日 | 攻擊普羅文學 |
| | 《略談普羅作家所揭之理論及其伎倆》 | | 《開展》第 2 號 | 攻擊普羅文學 |
| 長風社 | 《誘惑的掙脫》（小說） | 王墳 | 《長風》第 3 期 | 攻擊普羅作家 |
| | 《共叉黨》（小說） | 茲九女士 | 《長風》第 4 期 | 攻擊共產黨 |

| | 《紮蘭諾爾》（小說） | 樵朋 | 《長風》第4期 | 攻擊共產黨 |
|---|---|---|---|---|
| | 《誰害了她》（小說） | 陳曼若 | 《長風》第5期 | 攻擊共產黨 |
| | 《烽鼓》（小說） | 武酉山 | 《長風》第5期 | 攻擊共產黨 |
| 初陽社 | 《心血來潮·普羅乎！普羅乎！……》 | 白雲 | 《初陽旬刊》第2期 | 攻擊普羅文學 |
| | 《心血來潮·臉孔》 | | 《初陽旬刊》第3期 | 攻擊普羅文學 |
| 黃鐘文學社 | 《獻納之辭》 | 蘅子 | 《黃鐘》創刊號 | |
| | 《吶喊著的中國文壇》 | 常惺 | 《黃鐘》創刊號 | 指斥無產階級文學 |
| 江西民族文藝社 | 《內容不自由的創作論》 | 皆川 | 《民族文藝月刊》創刊號 | 宣揚文化統制，反對普羅文藝 |
| | 《論自由創作動向》 | 何勇仁 | 《民族文藝月刊》創刊號 | 鼓吹文化統制 |
| | 《思想統制的歷史經驗與現代需要》 | 戩軍 | 《民族文藝月刊》創刊號 | 鼓吹文化統制 |
| | 《普羅毒素裡面的糖》 | 何勇仁 | 《民族文藝月刊》創刊號 | 反普羅文藝，鼓吹文化統制 |
| 安徽民族文藝社 | 《平凡的故事》 | 費立夫 | 《火炬》第1卷第6～8期連載 | 反共 |
| | 《如此「孤竹」》 | 洪雪魂 | 《火炬》第2卷第3期 | 反共 |

說明：以上是民族主義文藝社團大致的文學創作情況。在《前鋒月刊》和《黃鐘》等刊物上面，還有一些翻譯作品，主要是保加利亞、亞美利亞、猶太等弱小民族的文學作品，也有一些「帝國主義國家」的能反映民族意識的作品，未統計在內。

　　就以上統計的資料來看，「前鋒社」無疑是民族主義文藝理論和文學創作最重要的文學生產者，在《前鋒周報》第 2 期上發表了《民族主義文藝運動宣言》後，接連發表幾乎涉及到了民族主義文藝的方方面面的十幾篇相關理論文章，目標都在於樹立「民族中心意識」，論證民族主義文藝的歷史與現實合法性。同時，在《前鋒月刊》等雜誌上，也發表了引起廣泛注意的民族主義文學作品，如黃震遐的《隴海線上》、《黃人之血》，萬國安的《國門之戰》等，也都著力挖掘所謂的「民族意識」。如「前鋒社」在編發《隴海線上》時還特意說明「我們要在文藝上喚起民族奮鬥的精神，那麼富有興奮刺激性的戰爭文學，目前是極端需要的」。〔註91〕作為民族主義文藝運動的追隨者，「開

〔註91〕 《編輯的話》，《前鋒月刊》第 5 期。

展社」在闡釋和宣傳民族主義文藝理論的同時，在民族主義和國家主義的區別，民俗民間文學與民族主義文藝的關係等問題上也做過一些探討，但所作的民族主義文藝理論的正面闡發，基本上都是「前鋒社」提出的民族主義文藝的演繹與引申。

「前鋒社」、「開展文藝社」、「長風社」等文藝社團解體之後，民族主義的文藝理論在「黃鐘文學社」那裡得到了繼承和發揮。從數量上看，儘管黃鐘文學社中同人性質不如「前鋒社」、「開展社」那樣集中和一致，發文的密度也不及前鋒社，但由於《黃鐘》辦刊時間較長，集合了一批民族主義文藝的同好，相比之下民族主義文藝理論探討的文章還是較多。總體上說，它基本上還是沿襲了「前鋒社」的理論立場，即宣揚民族主義，樹立民眾的民族意識，但黃鐘文學社探討了前鋒社未曾涉及的歷史題材與民族主義文藝、三民文學、民眾文學、農民文學與民族主義文學的關係等問題，應視為民族主義文藝理論的一個新的拓展。在創作上，無論是歷史小說還是歷史劇本，在《黃鐘》上的數量都不少，主要以抗日題材的較多。其中特別是對歷史題材的選取，賦予歷史文化人物以「民族國家」意識，構建民族文化英雄譜系，為新興民族國家提供合法性辯護。這一點，可謂影響深遠，四十年代歷史劇的勃興，郭沫若、陳銓等人的歷史劇創作不能說與此毫無關係。

江西的「民族文藝社」，由於和 1934 年「力行社」所辦的汗血書店有一定的關係，它所鼓吹的民族主義文藝理論基本上沿襲了《汗血月刊》上的觀點，在鼓吹民族主義的同時宣傳文化「剿匪」與文化統制。所以在理論上有著法西斯主義的痕跡，在創作上乏善可陳。「安徽民族文藝社」主要是針對左翼提出的「國防文學」和「民族戰爭的大眾文學」而成立，基本沒有什麼創作隊伍，主要是幾個國民黨安徽省黨部的幾個宣傳人員的雜亂組合，因此無論在民族主義文藝理論還是創作上都極為貧乏。

除此之外，民族主義文藝社團的一個重要目標就是遏制「普羅文學」，因此文學文本的生產上出現了一批反共作品。

從「前鋒社」開始，反普羅文學的作品就佔了相當大的一個比重，《前鋒週報》中，有《混戰》這樣的諷刺魯迅與錢杏邨、李初梨等人論戰的獨幕劇，也有《評普羅戲劇》等直接批判「普羅文學」的評論。最重要的是從創刊號開始就專門開闢了「談鋒」雜文專欄，由「錦軒」（葉秋原）主持，主要矛頭就對準左翼作家和普羅文學作品，風格是嬉笑怒罵皆有、文字犀利尖刻潑辣，

左翼作家中的魯迅、錢杏邨、田漢、馮乃超、鄭伯奇、郭沫若都成為其嘲諷和挖苦的對象。這類文章在《前鋒周報》上所佔的比重，幾乎和正面宣揚民族主義文藝的文章相當。而「開展文藝社」在《開展》月刊上開闢的「開展線下」，在形式與風格上幾乎是「談鋒」欄目的翻版，在話語姿態上似乎更為激進。「長風社」的整個創作，很大一部分就是攻擊普羅文學的作品，而後期的江西「民族文藝社」、「安徽民族文藝社」在宣揚民族主義的同時，宣傳文化統制，鼓吹「剿匪」，為國民黨在政治和軍事上圍剿共產黨製造輿論，可以算是民族主義話語生產的新變化。

綜合而言，民族主義文藝社團在整個國民黨民族主義意識形態話語的生產體系中，佔據著最為重要的地位，它們代表著官方主流話語並成為這種話語的主要的生產者。

## 第三節　流露社、線路社、新壘社

以往的文學史描述中，「流露社」、「線路社」、「新壘社」等基本上被認為是宣揚民族主義文藝的社團〔註 92〕。錢振綱認為，這些社團（按：包括中國文藝社）「既不是民族主義文藝的，也與民族主義文藝沒有密切聯繫，過去人們之所以將它們視為民族主義文藝的社團和報刊，是因為混淆了民族主義文藝與右翼文藝的概念。」「民族主義文藝派只是國民黨右翼陣營的一支主要隊伍，而不是全部隊伍。右翼的社團、報刊、文人並不都是民族主義文藝派的。」〔註 93〕這對釐清文學史上的模糊認識當然極有意義〔註 94〕。不

〔註92〕見廖超慧著：《中國現代文學思潮論爭史》，武漢：武漢出版社，1997 年版，第 300 頁。廖著將「前鋒社」、「開展社」、「線路社」、「流露社」、「長風社」、「新壘社」的刊物，全部歸結為「宣傳和維護『民族主義』文藝運動的刊物」。馬良春，張大明主編的《中國現代文學思潮史》中也將「流露社」、「線路社」算作是民族主義文藝社團。見馬良春，張大明主編：《中國現代文學思潮史》，北京：北京十月文藝出版社，1995 年版，第 629 頁。陳安湖主編的《中國現代文學社團流派史》也把「線路社」、「流露社」看作是民族主義文藝社團。見陳安湖主編：《中國現代文學社團流派史》，武漢：華中師範大學出版社，1997 年版，第 535 頁。
〔註93〕錢振綱：《民族主義文藝運動社團與報刊考辨》，《新文學史料》，2003 年第 2 期。
〔註94〕國民黨中宣部在一九三○年全國報刊雜誌審查總報告中說：「現在本黨同志和一般愛好文藝的青年，紛紛組織闡揚三民主義文藝的團體，在上海方面有《前鋒周報》、南京方面的《文藝月刊》、《開展》月刊及《流露》月刊、《橄

過，比起去界定這些文藝社團的性質更值得追問的是，這些文藝社團內部狀況如何，在國民黨的文藝統制體系中，到底起著什麼樣的作用，它如何成為凝聚和指導作家，引導讀者的組織。因此，對這些文藝社團的考察仍需進一步展開。

## 一、社團的價值定位

### （一）流露文藝社

「流露文藝社」的文學活動是從創辦《流露》月刊開始的。1930 年 6 月 1 日，《流露》月刊創刊號出版，正式宣告「流露文藝社」的誕生。《文藝新聞》曾報導：「流露社是寄生在拔提書店的一個文藝社團，經費亦由中央津貼，只有月刊一種，現已出至五期，銷路與開展月刊不相伯仲，每期約印一千冊。」〔註95〕另據「流露文藝社」成員陸印泉的回憶，「該雜誌係由黃埔軍校六期畢業生左曙萍（即左漱心）聯合其它黃埔同學蕭作霖、唐縱、陳漫生等人所創辦。當時，左任國民黨中央黨部幹事，其所創辦的《流露》雜誌，受國民黨中央黨部的津貼，數額約為每月銀洋 100 元」。〔註96〕並且在「《流露》月刊之前，這批人就已辦有一份名為《無定河邊》的小刊物，出版將近

---

欖》半月刊等等的發行，更把這烏煙瘴氣，幾被赤色籠罩了的中國文壇，彌漫著青白的曙光，使一般迷歧途的青年，得走一條正確的出路，在三民主義旗幟下向前努力」。（見《國民黨中央宣傳部審查文藝刊物報告（1930 年 7、8、9 月份）》，南京：中國第二歷史檔案館藏，全宗號 718、卷號 925）。這個審查報告將「本黨同志」所組織的「中國文藝社」、「流露社」、「線路社」看作是「三民主義文藝團體」。朱應鵬也將「中國文藝社」看作是提倡「三民主義文藝的團體」。（《朱應鵬氏的民族主義文學談》，《文藝新聞》第 2 號，1931 年 3 月 23 日）。左翼方面，認為「流露社」、「線路社」是提倡「民族主義文藝」的團體。係國民黨中組部（CC 系）所支持，以對抗當時掌控國民黨中宣部的「西山會議派」（葉楚傖、劉蘆隱先後為部長）提出的「三民主義文藝」。思揚的《南京通訊》就說：「陳派次等角色的賴連（南京市黨部委員，中央日報主編者）主使，收買市政府小職員何迺黃等組織線路社，發行橄欖月刊」。「流露社：流露月刊，背景陳立夫，人物是一群夏天的蒼蠅」。（思揚：《南京通訊——三民主義的與民族主義的文學團體及刊物》，《文學導報》第 1 卷第 4 期）。可見，對於「流露社」、「線路社」，對這些社團的認識從一開始就有所差異，所以，對這些社團深入細緻的考察和辨析還是較為必要。

〔註95〕《首都文壇新指掌》，《文藝新聞》1931 年 3 月 23 日。

〔註96〕陸印泉：《我所知道的蕭作霖》，《湖北文史》第 1 輯，湖北省政協文史和學習委員會編，2006 年 6 月。

一年，至《流露》月刊創刊方始告停」。〔註 97〕由此推斷，「流露文藝社」是「本黨同志及一般文藝青年」所組織，〔註 98〕是國民黨文藝政策的產物，它的官方背景是毫無疑問的。但是，「流露文藝社」卻不完全是「闡揚三民主義文藝」的組織，它的政治背景也並非以往認爲的中央組織部（CC 系）「陳立夫」，而是「黃埔同學會」。這一方面是因爲左漱心（即左曙萍）、蕭作霖等核心骨幹是黃埔軍校出身；同時也由於出版《流露》月刊的「拔提書店」（party 諧音）特殊的政治背景。〔註 99〕

　　從 1934 年起，「流露文藝社」決定將《流露》改名《中國文學》，由莊心在、陸印泉編輯。1934 年 2 月 1 日出版了第 1 卷第 1、2 期之後，由於「中國文化學會上海分會」的成立，《中國文學》遷往上海出版，「流露文藝社」及其刊物直接成爲「中國文化學會上海分會」的一個下屬組織和輿論陣地。

　　1933 年 12 月 25 日在南昌成立的「中國文化學會」是「力行社」（對外稱藍衣社，主要以黃埔學生爲骨幹）的外圍組織，以蔣介石爲名譽會長，鄧文儀爲理事長，蕭作霖爲書記長，進行所謂「民族文化復興」的工作。爲了擴大影響，1934 年 2 月，蕭作霖奉命到上海成立上海分會。陸印泉（全）回憶了這件事情的經過：

　　　　蕭於 1934 年到達上海後，就與原來在滬的復興社骨幹分子劉炳藜、倪文亞、孫伯騫等人組織上海分會籌備委員會，在大學中吸收教授、學生和作家、記者爲會員，得 700 多人。在成立大會上，選出上海市長吳鐵城、同濟大學校長翁之龍、交通大學校長黎照寰、上海商學院院長裴復恒和劉炳藜、蕭作霖爲常務理事，而由蕭作霖負實際責任。

〔註97〕　倪偉：《「民族」想像與國家統制》，上海：上海教育出版社，2003 年版，第 81 頁。

〔註98〕　《國民黨中央宣傳部審查文藝刊物報告（1930 年 7、8、9 月份）》，南京：中國第二歷史檔案館藏，全宗號 718、卷號 925。

〔註99〕　思揚的《南京通訊》中說「拔提書店，蔣大人出資開設，捐地建屋，黃埔軍官學校少爺主持」。見《文學導報》第 1 卷第 4 期。據倪偉的說法是拔提書店是鄧文儀以黃埔同學會的名義開辦，後來成爲「力行社」（即一般所稱的「復興社」）的出版機構。而蕭作霖在 1933 年加入「力行社」後，成爲「力行社」的骨幹分子，曾經任「力行社」河南分社書記。參見康澤：《復興社的緣起》，《文史資料選輯》第 37 輯，北京：文史資料出版社，1963 年版，第 140 頁。倪偉：《「民族」想像與國家統制》，上海：上海教育出版社，2003 年版，第 81 頁注。

　　中國文化學會上海分會設在環龍路（今改名爲南昌路）76 號，是一幢三層樓的里弄洋房，底層爲會客室和儲藏室，二樓爲《前途》雜誌主編劉炳藜的辦公室。

　　該分會出版了《前途》、《中國革命》、《青年與戰爭》、《文化周刊》等幾種刊物。蕭作霖是流露社成員之一，主張把在南京出版的《中國文學》月刊移至上海，作爲中國文化學會上海分會的出版物之一。而左曙萍對此原是不同意的，但因彼此都是好友，且蕭的政治地位又比自己高，也就勉強同意了。

　　於是，我由南京到上海，辦理《中國文學》的移交工作，並在上海拉了一些著名作家如趙景深、李青崖等人的文章。蕭作霖喜歡講排場，以銀洋 800 元買了破舊的小汽車。他與我同坐這輛車子到福州路現代書局，將《中國文學》第 3、4 期交付印刷。〔註100〕

陸印泉的回憶可以得到原刊佐證，《中國文學》出版第 3、4 期時，編輯人已經由「莊心在、陸印全」變爲了「蕭作霖、陸印全」，以「流露學社」的名義，由現代書局印刷發行。並且從《中國文學》2 卷 1 期（7 月號）開始，「蕭作霖組織了編輯委員會，委員有趙景深、李青崖、汪馥泉、蕭作霖、陸印全（泉）、左漱心、殷作楨等人」。在 2 卷 1 期的「封底」，編輯人列有：蕭作霖、趙景深、葉永蓁、馮白樺、張資平、章鐵民、黃震遐、孫俍工、陸印全、殷作楨、汪馥泉、左漱心。發行所直接變成了「中國文化學會」上海分會開辦的「文化書店」。1934 年 7 月，「中國文化學會」因爲國民黨內派系鬥爭而解散，〔註101〕「流露文藝社」也隨之解散，1934 年 8 月 1 日出版至 2 卷 2 期停刊，從而停止了文學活動。

---

〔註100〕 陸印泉：《我所知道的蕭作霖》，《湖北文史》第 1 輯，湖北省政協文史委員會編，2006 年 6 月。

〔註101〕 「中國文化學會」的解散，主要是蔣介石對鄧文儀不滿而引起的。蔣介石曾派徐培根到德國去購買飛機，因爲徐從中貪污過多，飛機沒有買足架數。此事被蔣介石得知，準備派人前往南昌機場清點飛機。徐培根喪心病狂，竟縱火焚燒了飛機，企圖藉此「毀屍滅迹」。蔣介石大發脾氣，立即將徐扣押，並派鄧文儀徹查案情。鄧文儀有意包庇徐培根，做了一個虛假的彙報。同時，蔣介石又聽信 CC 系陳立夫的告密，說中國文化學會在外胡作非爲，在文化界產生了惡劣的影響。蔣介石一面撤銷了鄧文儀的一切職務，一面下令解散了中國文化學會。見陸印泉：《我所知道的蕭作霖》，《湖北文史》第 1 輯，湖北省政協文史和學習委員會編，2006 年 6 月。

　　「流露社」的文學態度，蕭卓麟（蕭作霖）曾明確表達過：「《流露》是沒有什麼態度的，《流露》的唯一態度就是流露。我流露的是我的態度，你流露的是你的態度，我們大家流露的便是我們大家的態度，其實我們大家可以說有態度，也可以說沒有態度。」〔註102〕在《流露》月刊1卷1號「卷頭語」中，他們宣稱，「流露文藝社」是「一群只知道哭的愚笨的小孩」組建的一個文學社團。「我們沒有什麼理論，我們只知道要哭，字裡面有我們真情的淚和聲音，便是文學」，倘若非要在文學上面加兩個字，那便是「哭的文學」。〔註103〕所以，在《流露》裡面，缺少民族主義文藝社團那種強硬的態度和決絕的民族主義文藝立場，而是「充滿了熱烈的情調。青春的火花」。〔註104〕因為如此，被南京的「開展社」斥之為一群「向自以為是的幼稚與醜惡裡走去」的「烏合之眾」。〔註105〕然而，流露文藝社絕非是沒有態度的。第2卷第1期曠夫《普羅文學之批判》，「革新號」上「爾雅」的《最近文壇之巡閱》，就明顯是反對普羅文學。《流露》月刊改為《中國文學》之後，就明確表明這種轉變的動機，是為「中國」樹立「文學」典範，「使未來的中國有它的文學」。〔註106〕之所以有這樣的文學目標與定位，前提就在「流露社」於對「中國文壇」的認識的轉變和社員身份的轉變。《中國文學》1卷1期《編輯雜話》認為，中國自新文學運動以來沒有創造出「完整偉大的作品」的障礙有兩個：一是描寫「階級鬥爭故事」的「普羅文學」，他們「向俄國向日本間接直接摭拾吞剝一些殘渣餘藁，而來狂叫狂鬧，隔兩句嵌一個奧伏赫變，隔三句按一個意特渥羅奇，躲在租界洋房樓上幻想工廠的煙囪，構造階級鬥爭的故事」；一是「風流」、「肉麻」的商業頹廢文學。「他們宜虹，坦奇，華而恣地鬧不清楚，充現代張君瑞，摩登賈寶玉，風流自賞，肉麻當有趣地左聲××姑娘，右一聲××小姐」。認為這兩類作品，無論是「寫三角四角以至不知幾角的戀愛來迎合低級趣味」還是寫「幾個罷工，鬥爭，我們要麵包之類的句子」，目的都是「希圖銷路旺盛，多抽版稅」，或者「以期增高津貼」。並且「流露社」

〔註102〕《編後餘談》，《流露》第2卷第11期。

〔註103〕卓麟（蕭作霖）：《火山決了——代卷頭語》，《流露》（月刊）第1卷第1號，1930年6月1日。

〔註104〕烽柱：《我所見一九三○年之幾種刊物》，《文藝月刊》第1卷第4期，1930年11月15日。

〔註105〕《開展線下》，《開展月刊》創刊號。

〔註106〕《編輯雜話》，《中國文學》第1卷第1期，1934年2月1日。

認爲文壇極爲「混亂」：「本國的好事之徒，也往往不吝地或是指出誰千懇萬求找人或素性自己化上幾個名字寫文章來捧自己的作品，或是揭發誰結合了誰的幫口嘯聚一方，作威作福。而文人在中國便逃不了無行之名，而所謂中國高爾基等等者，也正是無行之尤者也」。〔註107〕

這種認識與反「無產階級文學」的立場，就已經與其它民族主義文藝社團的立場完全一致了。這種轉變最重要的原因當然與「流露社」主要成員蕭作霖同時也是「中國文化學會」核心骨幹的身份有關。「中國文化學會」作爲配合蔣介石發動「新生活運動」的一個文化組織，它的最基本的文化目標是「以三民主義爲中國文化運動之最高原則，發揚中國固有文化，吸收各國進步文化，創設新中國文化」，其思想「以法西斯主義和宋明理學的混合爲基礎的對社團主義國家的追求」。〔註108〕它的成立主要意圖是宣揚法西斯主義文化，鼓吹文化統制，以「引起全國人民對於革命領袖及革命集團之絕對信仰與擁護」〔註109〕。「中國文化學會上海分會」所辦的《前途》、《中國革命》、《青年與戰爭》、《文化周刊》等幾種刊物，直接宣揚德意法西斯主義〔註110〕，鼓吹政治、經濟、文化統制，成爲今天研究國民黨借鑒法西斯主義的研究藍本。《中國文學》作爲旗下刊物，主要就是完成「中國文化學會」的

---

〔註107〕《編輯雜話》，《中國文學》1 卷 1 期，1934 年 2 月 1 日。

〔註108〕參見 Lloyd Eastman：《流產的革命：1927～1937 國民黨統治下的中國》，陳謙平、陳紅民等譯，中國青年出版社，1992 年版，第 38～70 頁；William Kirby：《德國與中華民國》，陳謙平等譯，江蘇人民出版社，2006 年，第 152～185 頁。

〔註109〕中國文化學會編：《中國文化學會緣起及會章》，1934 年。

〔註110〕國民黨政府在三十年代初公開鼓吹法西斯主義，是在 1931 年 5 月 5 日南京國民政府召開國民會議以後，蔣介石在這次會議的開幕詞中，作了支持法西斯主義的講話。他說當時世界上有三種政治理論，分別是共產主義政治理論，自由民治的政治理論，法西斯蒂的政治理論。前兩種都不適合於中國，只有法西斯蒂的這種政治理論適合中國。他說這種理論「依國家機體學說爲依據，以工團組織爲運用，認定國家爲至高無上之實體，國家得要求國民之任何之犧牲，爲民族生命之綿延，非以目前福利爲準則。統治權乃與社會並存，而無後先，操之者係進化階段中統治最有效能者。國家主權，既爲神聖，縱橫發展，遑恤其它，國際上之影響，是否合於大同原則，不待智者而知。」推崇法西斯主義的「行動主義」，強調「古往今來宇宙之間只有一個『行』字才能創造一切」，「行的哲學，爲唯一的人生哲學」。(見蔣介石：《國民會議開會詞》) 爲了學習德國法西斯經驗，蔣介石曾派出「考察團」去德國考察並派人到德國受訓，同時聘請大批的德意顧問，組織「廬山軍官訓練團」。在這種背景下，國內宣傳法西斯主義的刊物、書籍開始大量出版。

任務之一的「建立民族革命文藝，反對普羅文藝及一切浪漫，消閒，幽默文藝」〔註111〕。因此，「流露社」的文學態度和政治立場自是要與「中國文化學會」保持一致。

## （二）線路社

1930 年 6 月，「線路社」在南京成立，主要成員有何迺黃、許少頓、楊昌溪、宋錦章、周樂山、鄭影子、郭敏學、楊晉豪、須白石等人。「線路社」成立後，曾在南京《中央日報》、《三民導報》上編過副刊《線路》周刊。到 1930 年 10 月，「線路社」創辦了《橄欖》月刊，到 1933 年底，共出版 39 期。1931 年 8 月 1 日，「線路社」又創辦《線路》半月刊，這一時期的「線路社」，除文藝創作外，還開展了社會、政治、經濟的研究活動，在所辦的刊物上發表了很多這方面的評論。另外，還出版過一套《線路社叢書》。〔註112〕

「線路社」的政治背景，思揚在《南京通訊》裡面提到是國民黨中央組織部。〔註113〕如果情況真的如此，那麼「線路社」應該是和「前鋒社」、「開展文藝社」等社團共同提倡民族主義文藝，但實際上，「線路社」似乎和中央組織部（CC 系）的關係並不那麼密切，相反，倒是和國民黨中央宣傳部的關係密切些。在《橄欖》月刊第 5 期上，何迺黃的一篇文章《開端》說：「過去的中國的文藝，枯槁得像死木，荒涼得像多郊一樣，人們的思想，也跟著那時代的文藝而引入無底地深潭中沉浮」，「最近的過去，革命的勢力打破了束縛文藝的型格，以是人們向上的思潮，也跟著文藝蓬勃而澎湃；可是不料，不料剛由死型格內拖出來的文藝，竟會鑽入惡化腐化的兩歧途，人們的思想，也同時闖入了惡腐的門域」，文章末尾呼籲「青年們！趁早下個決心，拿起勇敢努力奮鬥的雄心，去消滅過去的黑暗，創造三民主義的革命文藝，追求前面的光明呀！」〔註114〕

從何迺黃的這篇文章措辭來看，和國民黨中央宣傳部所提倡的「三民主義文藝」口號是一致的，《文藝新聞》報導「線路社」拿著的是「南京市黨部

---

〔註111〕《中國文化學會緣起及會章》，中國文化學會編印，1934 年。
〔註112〕「線路社叢書」收有劉祖澄的小說集《死線》、竟伯彝的隨筆集《拌豆腐》、劉季尊的詩集《春夏秋》、李四榮的小說集《隙光一線》和《長祝》、何迺黃的小說集《雙行禍》、宋錦章的小說集《女人的血》、楊昌溪的譯作《熱戀》和「線路社」同人作品集《泥水匠的血迹》。
〔註113〕思揚：《南京通訊》，《文學導報》第 1 卷第 4 期。
〔註114〕何迺黃：《開端》，《橄欖月刊》第 5 期，1930 年 9 月 1 日。

月貼六十元」。〔註115〕思揚在《南京通訊》中提及「線路社」是南京市黨部委員、《中央日報》主編賴連主使，「收買市政府小職員何酒黃等組織線路社」〔註116〕而成立，但是由於《中央日報》作爲國民黨中央的機關報，直接對國民黨中央宣傳部負責，因此，「線路社」的文藝目標與國民黨中央宣傳部所提出的三民主義文藝目標一致似乎就在情理之中。而且在《中央日報》副刊上，「線路社」占《青白》副刊地位專門開闢了《橄欖》周刊，足見其與國民黨中央宣傳部的關係。許紹頓在出版《線路》（半月刊）前曾經告白說：「我們是些什麼人，其實沒有什麼不同，同你們一樣的是青年」，「我們沒有黨派立場，我們沒有階級的偏見，也沒有個人的成見。思想出發是受時代的啓示。行動根據是受時代的鞭策」。〔註117〕許紹頓一再申述「沒有黨派立場」，沒有「階級偏見」，只是因爲「思想立場與旁人有很大的差距」而遭人「白眼與抑制」，但其黨派立場卻是極爲鮮明。

「線路社」取名爲「線路」，即旨在爲青年指出一條「前進的線路」。而且有趣的是，《橄欖》月刊第 5 期上一篇名爲《回顧與近感》的文章中，回顧了「線路社」因爲經濟困難將《橄欖》半月刊改爲月刊的苦衷後，接著就說：「中國人是富有東方文化的思辨的精神，無論他如何行動，總會說出冠冕而堂皇的道理；譬如海上某刊物的同人中，許多爲著出風頭求名利而努力的，而他們卻硬起頸筋，說他們爲三民主義的文學而奮鬥，這樣的伎倆何異普羅作家騙取金盧布的法兒？他們做罵人的文字都寫不通，但總像瘋狗一般的常常咬人；又有的是古典文學和頹廢作品，也居然運到市場上來出賣；他又沒有本領去和敵人——普羅作家——對話，而專門在自己的家裡胡鬧搗鬼，又好像非把自己家裡的文藝團體壓倒以後，是不能滿足他們的欲望一樣，我覺得這牛一般蠢笨的盜賊般卑鄙的思想是不值得一評的」。這篇文章正告自家「家裡面」搗鬼的人：

> 沒有認清楚你們的友軍和敵人而冤枉混在這社會裡的朋友們，不要再在那邊瞎鬧，單是自己跳上磅托上去自己秤自己，那是何等無聊與卑鄙，假如你得不到一面鏡子來照照你們的面龐，也可撒泡尿去映映。

---

〔註115〕《首都文壇新指掌》，《文藝新聞》1931 年 3 月 23 日。
〔註116〕思揚：《南京通訊》，《文學導報》第 1 卷第 4 期。
〔註117〕許少頓：《一個緊急的告白》，《橄欖》第 16 期。

　　　　我們生在這頑惡的社會裡，決不會懦怯而躲避的，也決不會放
　　棄我們文學運動的工作，不過你們要知道：自己家裡來拚火是自速
　　其死！聯合對外才是勝利者的表現！奉勸自命為新文學的代表者，
　　請你在大夢初醒時三復思之罷，免得……〔註118〕

這番告白，「線路社」的黨派立場就較為明顯，儘管是在警告提倡「三民主義文藝」的「海上某刊物」，但卻是將之看作「家裡人」，而把「左翼作家」當作真正的「敵人」的。在《橄欖》月刊中，這樣反「普羅文學」的文章不在少數，何洒黃的《明日的文學》（16 期）就是旗幟鮮明地反對「普羅文學」，在何洒黃的另一篇文章《革命與文藝》中，這種反「普羅文學」的傾向就更為直接：「我們的文藝態度應該如何呢？我覺得在黨治下的作品，應該要本著博愛和平犧牲奮鬥的精神和本黨主義的結晶，不僅描寫出人類的弱點——黑暗面，而且要獎勵人類的優點；不僅是發現社會的病態，同時要斬除社會的病根；假如有含破壞仇恨嫉妒挑撥階級的意識的，便是『破鑼文學』，或共產黨的『文藝政策』，——欺騙民眾的工具，這種文藝，我們應該要排斥的。」這篇文章不但在立場上明確反對「普羅文學」，而且從方法和題材上都對「文學」作出了規定。文章說：「我們的材料，應取之於黨義，拿文藝去宣傳，最好我們作一篇文藝，要含有宣傳本黨主義的作用，使讀者讀完以後對於三民主義有更深的感覺，並且也勿堆塞了許多生硬的奧妙的名詞，以致讀者感覺到枯燥，乏味和失了宣傳的意義」。〔註119〕這樣的立場以及對以文藝宣傳三民主義的認識，幾乎完全來自於 1929 年 6 月國民黨中央宣傳部召開「全國宣傳會議」的文藝政策。

## （三）新壘社

　　1933 年 1 月，「新壘社」〔註120〕成立於上海，創建者為前國民黨「改組

〔註118〕懦夫：《回顧與近感》，《橄欖》（月刊）第 5 期，1930 年 8 月 25 日。
〔註119〕何洒黃：《革命與文藝》，吳原編：《民族文藝論文集》，杭州：正中書局，1934年版，第 110 頁。
〔註120〕1933 年初在上海成立。1 月 10 日，社刊《新壘》創刊號出版。到 1935 年 6月，出版了第 5 期第 6 期後停刊，共出版 5 卷，合 30 期。從 1933 年 2 月到12 月，每月舉行「新壘茶話會」。1934 年 1 月 7 日，曾舉行「新壘聚餐會」，到會的有李焰生、陶定國、楊柳、周鋒、天狼、榮楨、史素秋、周白鴻、夢白、高倚筠、彭子蘊、一空、笑、陳靈犀、徐仲年、陸蘭勳、孫福熙、盧葆華、陸丹林等。1933 年 7 月，「新壘社」南京分社成立，由天碧負責，在揚州《中華日報》編輯文藝副刊《新壘》週刊（第 1 期為旬刊，第 2 期改為週

派」成員李焰生，主要集合了一批失意的前國民黨人。這些人發表文章大多用化名，故眞名多不可考。主要成員有李焰生、彭子蘊、天狼等人。

「新壘社」的文藝態度極爲特別。《新壘》創刊號李焰生的《新的壁壘》一文，可以算是「新壘社」的宣言。這篇文章宣稱「新壘月刊之出版，就是我們新的壁壘建立之開始」，「新壘社」取意於「建設一個新的營壘」，其動機就是要做一個「掃除的工作」。「新壘社」聲稱其態度是：一是是要對「文藝固有的任務負責，不對文藝領域外什麼任務來負責」；二是「常固文藝之壁壘，反對文藝主義化」；三是主張「作品要具有文藝的意義與價值」。根據以上主張，致力於以下工作：其一，要爲今後的文藝界，以「藝術科學的知識，來開始建設理論」；其二，運用藝術固有的法則，拿出公平的態度，努力於文藝批評的工作；其三，創作優秀的文藝作品；其四，致力於翻譯介紹，作爲文藝界的輔助與參考。總結起來說，這篇類似「宣言」的獻詞，意在宣稱「新壘社」今後最重要的工作就是以「純文藝」的態度來反對文藝的「主義化」和「黨派化」。認爲「年來之文藝運動者，過去的，什麼民族主義文藝，三民主義文藝；現在的，什麼無產階級文藝，馬克司主義文藝。或是什麼政治口號的××主義文藝」，就是將文藝「主義化」，認爲它們是「黨派的文藝政策之宣傳者」，是「政治宣傳的工具，爲其所依附之政治勢力及集團作欺騙人們的勾當」，「把文藝拉入狹道中，以達到其個人缺乏道德觀念的某種目的，或完成其個人缺乏理性的政治偏見」。爲了讓人更進一步的瞭解其主張，不至於因爲發起者李焰生等人曾經的國民黨「改組派」身份而懷疑其「純粹站在文藝的立場上來做文藝運動」的說辭，這篇文章結尾專門作了一通解釋，說「我們中有些人過去雖飲了那革命的迷湯，參加過深悔當初之革命工作。但革命現在被踏壞了，我們不願繼續此無意義的政治工作，加重靈魂的擔負。我們於是脫離了一切黨派的政治關係，回覆當年之我──社會之人」，從事文藝運動，就是「恢復我們的社會事業」。希望讀者注意：「我們的結合，是爲文藝

刊）。1935 年 6 月《新壘》月刊停刊後，「新壘社」也停止了活動。骨幹成員李焰生，廣東合浦人（解放後，合浦劃歸廣西）。早在 30 年代初，李就參加汪精衛、陳公博的國民黨「改組派」。後棄政從文，創辦了《硬報》及《新壘》月刊，1948 至 1949 年在廣州爲《公評報》、《粵華報》撰寫政論文章，並創辦了雜誌《政海人物秘聞》。廣州解放前移居香港，1949 至 1975 年在香港任《自然日報》、《工商日報》主筆，並主辦了《正義日報》。其著作有《呼氣草》、《閒人散記》、《陳璧君外史》、《汪精衛戀愛史》、《李師師外傳》、《斜陽又吹的李宗仁》、《與曹聚仁論戰》、《關於新文藝的批評》等。

而結合，根據友誼而結合。我們之致力文藝，完全由於各人的自由和自動，我們是為人生而藝術的。如果以我們曾參加過政治工作為嫌時。則我們可以說是為藝術而藝術」。〔註121〕

　　表面上看，「新壘社」是站在「純文藝」的立場去為文藝界「創立理論」，但實際上，它的整個理論卻極其曖昧，自相矛盾。當時《出版消息》有一則「來信」就對此有所揭示：

　　　　該月刊（新壘），在最初我只看過兩期，其中的創作小說不用提，（因為內中的小說，都是根據他們的文藝理論創作的）單說他們那東拉西扯的文藝理論，簡直胡塗的可憐！你看，他們一方面說：「文藝的任務是永久的，絕對的」；（一卷五期五頁）又說：「文藝根本沒有『任務』」。（一卷二期四一三頁）這些先生們，明明陷於絕頂的矛盾而不自覺！

　　　　他們處處到到狂喊而且暗示著，文藝應該「擺脫一切政治關係」，因為政治是「卑污」的。並且又說：「由政治之路，跑到文藝之路，在政治之路已不通的現在，只有此路可通。」（一卷一期二五八頁）這光景是大家「現在」只要拋開「政治」，轉向「文藝」，一切問題都可以解決的。然而同時在這一篇大文中，又說：「希望對革命有若干的幫助」。這又不是要使「聖潔」的文藝，去沾染「卑污」的政治？！先生，我頭昏了，恕我不再寫這種見鬼見神的文藝理論了，免得占去《出版消息》寶貴的篇幅。

　　　　你想，在這樣混亂的文藝理論之下，還能產生出好的作品嗎？
　　　　又怎樣能夠，「其內容形式，將更有一番巨大之改革」？！〔註122〕

　　這種文藝理論上的「混亂」在《新壘》中是極為普遍的。在榮楨的《文學派別之產生及其對壘》，焰生的《政治之路與文藝之路》，天狼的《一九三二年中國文藝的回顧》等文章中，這種前後矛盾的現象隨處可見。不過，從其基本的政治立場上，「新壘社」的文學態度和政治立場到是異常鮮明。

　　在攻擊「左聯」及左翼作家上，《新壘》不遺餘力。「天狼」的《一九三二年中國文壇之回顧》一文批評了「民族主義文學」與湯增敭、曾今可等

〔註121〕焰生：《新的壁壘》，《新壘》創刊號，1933年1月。
〔註122〕百祺：《〈新壘月刊〉的笑話》，《出版消息》第34、35期合刊，1934年。

人，但主要還是攻擊「普羅文學」，說：「普羅文學已經是迴光返照，自己在搖動自己的喪鐘，無論如何掙扎，墳墓已經挖掘好了。普羅文學在這種情形之下，究竟再可延長幾日壽命呢？」〔註123〕1933年2月出版的《新壘》月刊第1卷第2期上，刊有主編李焰生《左聯命運的估算》，敘述「左聯」的歷史與現狀，從創作與理論兩方面「估算」了「『左聯』命運」。稱「他們東征西討，以黨派之力征服文壇，統治文壇，其威風殊不讓於在朝黨」，並說：（左聯）「對於文壇的干涉主義，是很嚴屬的。黨派的橫暴陰影對文壇的襲擊，和壓迫言論的政府黨一樣，所不同的，不過朝野之分罷了。」「翰秋」發表《左翼該不該打》一文，指責左翼「捐著什麼『武器文學』『革命文學』的招牌，來干涉作家創作的自由」，「制定了一種文學大綱，生吞活剝地造作出許多所謂『前進』的文學」，號召「毅然起來予『左翼』以一個嚴屬的攻擊」。「柳風」在《與魯迅論第三種人》一文中，說「左聯」是「左翼文閥」，「和反抗一切軍閥內戰一樣，我們也反抗一切『文閥』的內戰。我們願意把『左翼文閥』的法西斯蒂的政策，乾脆地摧毀下來！」

　　除了對「左聯」的攻擊外，《新壘》還展開了對魯迅的批判。1933年間，化名天狼、紅僧、陽多、馬兒、卡斯、煥然等人，連續發表《魯迅生財有道》、《關於魯迅的清算》、《武斷鄉曲的魯迅》、《文學社向魯迅磕頭》等文貶斥和謾罵魯迅。卡斯攻擊《僞自由書》「充其量不過是一些『小報式』的報屁股文章，原沒有些什麼永垂不朽的價值。雖然魯迅先生既『集』之後，恐怕『屁股』不漂亮，恐怕『屁股』過了時，於此便大寫其『前記』『後記』，把『屁股』的前後居然塗脂擦粉起來，這樣便可以出單行本，便可以騙騙讀者的冤枉錢」；〔註124〕「紅僧」在《武斷鄉曲的魯迅》中稱：「魯迅先生做了共產黨文藝的政治宣傳隊的俘虜而後，一變而爲勇敢的降將軍，居然口有道道革命了。由阿Q而Don Quixote，而洪承疇，以統一中華文壇自任了」，攻擊魯迅爲「賣身投靠以維持自己在文壇的威權。如此投機而苟存罷了。」〔註125〕「煥然」的《文學社向魯迅低頭》，則對魯迅與伍實（傅東華）之間發生的「休士事件」〔註126〕大發議論，說是「我們那位文壇權威左聯領袖的魯迅先生，氣

〔註123〕《新壘》創刊號，1933年1月。
〔註124〕《新壘》（月刊）第2卷第6期，1933年12月15日。
〔註125〕《新壘》（月刊）第2卷第2期，1933年8月15日。
〔註126〕「休士」是美國黑人作家，1933年7月初經過莫斯科到上海。在《文學》第二期中，傅東華（化名伍實）寫了一篇《休士在中國》，諷刺和奚落魯迅的

得七竅生煙」，大興問罪之師，「其嚴屬的態度，和中央黨部和國民政府對於統屬的下級或民眾機關的命令一樣。」〔註127〕另外，陽多的《關於魯迅的清算》，〔註128〕以為對魯迅個人不必清算，主張來一個魯迅的送葬運動。

可見，「新壘社」一方面攻擊「三民主義文藝」與「民族主義文藝」，另一方面也集中火力攻擊「左翼文學」，可謂是「左右開弓，以左為主」。魯迅在致鄭振鐸的信中就針對「馬兒」（李焰生）和「天狼」評論郭源新（鄭振鐸）的作品《桂公塘》〔註129〕稱「至於謂『民族作家』者，大約是《新壘》中語，其意在一面中傷《文學》，儕之民族主義文學，一面又在譏諷所謂民族主義作家，笑其無好作品。此即所謂『左打左派，右打右派』，《鐵報》以來之老拳法，而實可見其無『壘』也。」〔註130〕魯迅的批判是犀利的，但是，「新壘社」的「無壘」勝有壘，這個「壘」還是站在國民黨一邊。《社會新聞》曾將李焰生和劉炳黎相提並論，說「他們各人負著自己有緊切聯繫的政治使命，來辦什麼《前途》與《新壘》」。〔註131〕結合當時的歷史現狀來看，《社會新聞》和魯迅的說法並非沒有來由。當時主張「言論自由『改組派』陳公博，在滬設立『大陸大學』，招兵買馬，人才濟濟，熱血青年，一時行動，齊來投效。陳某發表政見，委任愛徒李焰生辦《硬報》。言論的激烈，名符其實，的確石伯挺硬，每期第一篇，李唱大軸，別署『馬兒』，大膽攻擊，赤裸無隱，筆掃千軍，讀者括目。馬兒，大名鼎鼎，趙子龍渾身是膽，豹子頭林沖，跳上報壇，

---

「勢利」，沒像歡迎蕭伯納一樣歡迎休士。魯迅因此寫信給《文學》編委會，措辭嚴屬：「給我以誣衊和侮辱，是平常的事；我也並不為奇！慣了。但那是小報，是敵人，略具識見的，一看就明白。而《文學》是掛著冠冕堂皇的招牌的，我又是同人之一，為什麼也無端虛構劣迹，大加奚落，至於到這地步呢？」要求公開「伍實」是誰，並將這信在《文學》第三號上發表。參見茅盾：《我走過的道路》（中），北京：人民文學出版社，1984年版，第205頁。

〔註127〕《新壘》（月刊）第2卷第3期，1933年9月15日。

〔註128〕《新壘》（月刊）第2卷第7期，1933年11月15日。

〔註129〕《新壘》（月刊）第3卷第4期、第5期（1934年4、5月）連續發表署名「馬兒」（李焰生）的《郭源新的〈桂公塘〉》」；「天狼」的《評〈桂公塘〉》，攻擊左翼作家作品，也抱怨「民族主義文學」，「沒有一篇好東西出來」，認為《桂公塘》「是真正的民族文藝，國家文藝」。「郭源新」是鄭振鐸的化名。

〔註130〕魯迅書信：致鄭振鐸，1934年5月16日。

〔註131〕水手：《左翼文化運動的撬頭》（載上海《社會新聞》第2卷第21期，1933年3月3日），轉引自陳瘦竹：《左翼文藝運動史料》，南京：南京大學學報編輯部，1980年，第304頁。

殺出一路奇兵，震撼南北，朝野注意」。〔註132〕魯迅提到的《鐵報》雖非李焰生所辦，但基本是承續《硬報》的傳統，〔註133〕所以魯迅才會有此一說。由此看來，儘管「新壘社」核心人物李焰生極力否認其與黨派有任何聯繫，並信誓旦旦言稱是「回歸社會之人」，但實際上是反映了國民黨內「改組派」解散後失意人士的典型心態。國民黨「改組派」在1930年初軍事反蔣失敗，「改組派」總部實際負責人王樂平被蔣介石特務暗殺。此後，「改組派」在各地的活動陷於停頓，1931年1月被迫宣佈解散，「只剩下一些上層的官僚政客、失意軍人，利用這塊招牌，來作為和蔣介石爭權奪利的工具了」。〔註134〕李焰生面對外界對「新壘社」背景的揣測時曾說：「我們有黨派的經驗，誰也利用不到我們，我們有純潔的心靈，也不願利用任何人。我們以真情與理智，去結合朋友，我們不以什麼利害，去拉攏同志。我們的新壘，毋須有什麼政治作用，我們中任何人，既不能以之作政治活動，亦不願以之作政治活動。因為我們的新壘，根本是反對文藝黨派政治化的。」〔註135〕從中，不難看出這種立場與心態。因此，過去我們認為《新壘》是民族主義文藝期刊〔註136〕，抑或認為是自由主義文藝期刊〔註137〕都是我們認識上的偏差。

## 二、社團的運作方式與作家的組織化

相比於「中國文藝社」、「前鋒社」等文藝社團，「流露社」、「線路社」、

---

〔註132〕玖君：《報人外史》，《奮報》1940年7月19日。

〔註133〕《鐵報》，1929年7月馮夢雲創辦於上海，是一份政論色彩很濃的小報。《硬報》停刊後，馮夢雲見政治報導是一時之潮流，便借《硬報》之影響，聘請了原在《硬報》的「第二枝筆」何二雲作為主筆，趕辦《鐵報》。被稱為《硬報》的「第一枝筆」的即是「馬兒」（李焰生），李焰生屬國民黨「改組派」干將，政治失意後自稱遠離政治，創辦《新壘》月刊，由於《硬報》和《鐵報》之間的這種淵源關係，魯迅故有此說。參見玖君：《報人外史》，《奮報》1940年7月19日。轉引自孟兆臣著：《中國近代小報史》，北京：社會科學文獻出版社，2005年版，第193頁。

〔註134〕何漢文：《改組派回憶錄》，《全國文史資料選輯》第17輯，北京：中華書局，1961年版，第177頁。

〔註135〕焰生：《我們自己的檢閱》，《新壘》第2卷第2期。

〔註136〕見馬良春，張大明主編：《中國現代文學思潮史》（北京：十月文藝出版社，1995年版，第629頁），張大明著《不滅的火種——左翼文學論》（成都：四川文藝出版社，1992年版，第289頁），都將《新壘》看作是民族主義文藝期刊。

〔註137〕周葱秀、涂明：《中國文化期刊史》（太原：山西教育出版社，1999年版，第329頁）將其歸類到自由主義文藝期刊。

「新壘社」在規模和影響都要小得多。它們沒有得到像「中國文藝社」那樣的官方支持，集聚人數眾多，也沒有像民族主義文藝社團那樣陣容強大，互相呼應。在與南京政府的關係上，也或緊密或疏離，表現不盡相同。但是，在政治立場和文學目標上，由於不約而同地將「普羅文學」作為自己的頭號敵人，其運作方式為我們提供了另一個有趣的參照。它們以迥異於「中國文藝社」及民族主義文藝社團的運作形式，將國民黨體制內的文藝愛好者，甚至游離於體制外的不同政見者，席卷進入到國民黨南京政府的文藝體制建構之中。

　　1. 以雜誌為中心，以出版叢書為輔助，成為文藝社團將作家組織化的核心模式。

　　作家群體通過雜誌聯結與維繫，並且將雜誌作為發表文藝作品與政治見解的平臺，這種以雜誌為中心將作家聚集起來的運作模式從《新青年》時期就已經開始了，但是，到了三十年代，這種經驗不但得到了承接，而且由於各種政治力量的介入，使得情況更為複雜。「流露社」就是一個極好的例子。1933 年以前，「流露社」只是黃埔同學會中的文藝愛好者組織的文藝社團，以少數幾人為社團的核心，以出版《流露》雜誌為主要活動方式。發行人為陳慕飛，主要的編輯有時就只有左漱心一人，左漱心在《流露》第 3 卷第 2、3 期合刊《編後記》中提到由於「自己害著很重的病病了個多月」，萬殊代為編輯，以至延期兩個月不得不將第 2 期、第 3 期合刊出版。實際上，《流露》在1930 年創刊到 1933 年期間，不但幾乎每期都要延期，而且經歷了「算是沒有原因從『月刊』改『周刊』再從『周刊』改『半月刊』」，接著「又由『半月刊』恢復為『月刊』」的轉變。〔註138〕實際上，這種轉變並非是「沒有原因」，而是因為經費的緊缺。這一時期，即使說其接受國民黨中央的津貼，被國民黨中央宣傳部審查報告列為「表現良好三民主義的文藝團體」，但實際上「流露社」仍然處於國民黨中央所支持的文藝社團的邊緣。一方面是因為「流露社」自身的規模不大，而骨幹成員左漱心等人在中央黨部的地位不高；另一方面也可能由於「流露社」自身文學態度的不夠敵亮，與官方主流的話語形態有著一定的距離。國民黨中央每月 100 元的津貼很顯然是不可能維持「每期 1000 冊」的雜誌的正常運轉，這一點，左漱心在《流露》第 1 卷第 6 號的《編後餘談》中也曾無奈地表示《流露》的延期主要是因為「拖欠印刷費」。

---

〔註138〕《編輯外記》，《流露》第 3 卷第 1 期「革新號」。

不過，《流露》畢竟有「黃埔同學會」支持，依託於「拔提書店」的半官半商的機構運作，相較於其它「民族主義文藝期刊」的早早夭折，仍然算是時間較長的。並且，因為「流露社」稿件來源基本來自同人或者熟人圈子，不拉當代名家及刊登名家的作品〔註139〕，在一定程度上聯絡和拉攏了一些並無多大名氣的作家。因此，1933 年以前，為《流露》月刊經常寫稿的作者，除了左漱心、蕭卓麟、鄭道明、陳慕飛等同人外，主要還有向培良、丁丁、楊晉豪、林適存、吳惠風、楊蔓女士等人。1934 年後，「流露社」遷往上海，改出《中國文學》，「改組」並擴大了編委會，同樣是以《中國文學》雜誌為核心，但由於增加了編輯人員，其中不僅包括了左漱心、蕭作霖、陸印泉、莊心在等有著黨派背景的人員，還增加了李青崖、孫俍工、張資平等並無什麼黨派背景的人員，並因此擴大了社團組織，最多時社員近百人。這使得整個雜誌的編輯方針在悄然發生變化，為《中國文學》寫稿的人員擴大了，不僅包括徐蘇靈、繆崇群、滕固、黑嬰、滕剛等右翼文人，同時包括了穆時英、孫俍工、林疑今、葉永蓁、羅珊、陳夢家、吳惠風等自由撰稿人，甚至於還有不少左翼作家，如張天翼、趙景深、王西彥、朱湘、羅洪等人。《中國文學》的出版標誌著「流露社」的運作方式的改變與不斷的發展壯大，當然可以說這是「黃埔系」在國民黨內崛起後給「流露社」的發展壯大帶來的轉機，但也恰好是因為國民黨內各派之間的相互傾軋導致了「流露社」的最後解體。

相對於「流露社」而言，「線路社」也是以雜誌為社團活動的中心，但「線路社」所辦的刊物更多。1930 年 6 月「線路社」在南京成立後，利用與國民黨中央宣傳部的特殊關係，在南京《中央日報》上編過副刊《橄欖》周刊，在《三民導報》上編過副刊《線路》周刊。到 1930 年 10 月，線路社創辦了《橄欖》月刊，到 1933 年底，共出版 39 期。與其它文藝社團不同的是，「線路社」不僅進行文學創作活動，而且還開展了社會、政治、經濟的研究活動。1931 年 8 月 1 日，「線路社」創辦《線路》半月刊，在所辦的刊物上發表了很多政治、經濟、社會方面的評論。其社員廣布南京、上海、揚州等地，有從事文藝創作的人員，也有從事社會其它工作的人員，主要成員有何逎黃、許少頓、楊昌溪、宋錦章、周樂山、鄭影子、郭敏學、楊晉豪、須白石等，最多時社員達 100 餘人。

「新壘社」的文藝活動實際上也是以《新壘》雜誌為核心。按李焰生的

---

〔註139〕《編輯外記》，《流露》第 3 卷第 1 期「革新號」。

說法，「新壘社」成立本身就沒有章程，「不但組織分社的章程沒有，即總社的章程也沒有」。〔註140〕總社是隨月刊出版而成立的，1933 年 1 月 10 日《新壘》創刊號出版，「新壘社」即在上海宣告成立。到 1935 年 6 月，出版了第 5 期第 6 期後停刊，共出版 5 卷，合 30 期。1933 年，「新壘社」成立南京分社，成員有白木、夢白、陶定國、白消、養合、史素秋等。同年 8 月 5 日，南京分社出版《新壘》半月刊，閒時出版《新壘》周刊。1933 年 11 月，「新壘社」又設立揚州分社，由天碧負責，在揚州《中華日報》出了一種《新壘》周刊（第一期爲旬刊，第二期起改爲周刊）。同時在寧波籌備成立分社，並接著積極接洽在湖南、河南等省成立分社。其「左右開弓」的文藝態度使其看起來似乎是一個「中間派」的文藝刊物，因此圍繞在《新壘》雜誌周圍的，有失意的國民黨左派人士以及部分退黨的前國民黨黨員，如高倚絢、彭子蘊、陸蘭勳等人；也有徐仲年、孫福熙、陳靈犀等一些黨派背景不太明顯的人。王哲甫曾這樣評價：「新壘，爲 1933 年 1 月 1 日上海新壘文藝月刊社所創刊的一種純文藝刊物。撰稿者多是新進的作家，他們自命爲一枝生力軍，一個新的壁壘，向中國旁門左道的文學家進攻。他們對左聯作家嚴如勁敵，但他們的作品也不見得有甚麼特色。」〔註141〕以成立分社爲形式，以舉辦雜誌爲依託，廣爲擴張，是「新壘社」擴大影響，將作家組織化、將文藝社團「準政黨化」的另一種運作模式。

　　與出版雜誌相聯繫的是出版「叢書」。1934 年，「流露文藝社」出版了「流露叢書」四種，包括：張天翼的劇作集《時代英雄》（除《中國文學》創刊號上發表的劇本《時代英雄》外，另加兩個劇本，合成一書。）、黑嬰的短篇小說集《我的祖國》（包含《一〇〇〇尺卡通》等 9 個短篇）、何德明的短篇小說集《家》（收 9 個短篇）、徐仲年的散文集《流波集》；「線路社」出版過「線路社叢書」，收有劉祖澄的小說集《死線》、竟伯彝的隨筆集《拌豆腐》、劉季鴦的詩集《春夏秋》、李四榮的小說集《隙光一線》和《長祝》、何酒黃的小說集《雙行禍》、宋錦章的小說集《女人的血》、楊昌溪的譯作《熱戀》和「線路社」同人作品集《泥水匠的血迹》等。「新壘社」也曾有出版叢書的打算，在《新壘》第 2 卷第 6 期的《編後贅語》中說：「如經濟上可能的話，明年我

---

〔註140〕焰生：《關於分社》，《新壘》第 2 卷第 2 期。
〔註141〕王哲甫：《中國新文學運動史》，北平：景山書社，1933 年版；上海書店，1986 年影印，第 424 頁。

們也想開始出版叢書」，但後來叢書未出版。可見，出版叢書，是「流露社」、「線路社」、「新壘社」共同關注和重視的一種形式。「流露叢書」的出版，與「中國文藝社叢書」、「線路社叢書」的出版一樣，同屬一個出版系列，通過以雜誌運轉爲核心，以叢書出版爲輔助，建立起一套特定的文藝社團運作模式，擴大社團影響，團結同人與「同路人」群體，營造和貫徹特定的政治文化，起到了不可替代的作用。

2. 舉行戲劇公演、定期茶話會、聚餐會等，成爲社團將作家群體組織化的另一種形式。

1933 年 4 月，「流露文藝社」爲組織一場公演，在原「流露社」戲劇部的基礎上成立了「流露劇社」。成員主要有楊曼、夏鳳如（左漱心夫人）、馬家珍、曹旭炎、蔡連生、文牧、夏萍影、王靜、李健娜、張曼慈、戴啓人、殷作楨等人。並且「得王道源向培良諸先生的贊助」，向培良專門編就了《導演術》，陳紉均編就《基本表演技術》，羅寄梅編就《化裝術》，以供社員練習。爲了這次演出，特聘請了吳歌、卜少夫、徐蘇靈、袁牧之、洪正倫作專門的指導，林光瑞、周白鴻、仇良燧、胡天、封景孚、范際林等參與演出。並且在《流露》第 3 卷第 1 期刊登消息，希望得到戲劇界的認可與支持，並籍此招攬愛好戲劇的人一起來幹。〔註 142〕按「流露社」的安排，「預備公演的幾個腳本是：田漢的《南歸》，《第五號病室》、歐陽予倩的《同居的三家人》、向培良的《潮》、袁牧之的《母歸》和林適存的《生命線前》」。然而，實際演出時，放棄了歐陽予倩的《同居的三家人》、向培良的《潮》、林適存的《生命線前》，在 1933 年 4 月 16、17、18 連續三天在民眾教育館上演了《南歸》、《母歸》、《父歸》、《S‧O‧S》、《一個女人和一條狗》、《一致》六個獨幕劇。

就劇本的取捨來看，確實很難看出「流露文藝社」的政治立場。凡夫就批評說除了《S‧O‧S》有著較強烈的時代色彩外，其餘劇目都「過分浸淫於傷感幽默的氣氛」，使「傷感幽默的氣氛浸淫於觀眾之間」，「雖不能說全無它的意義，但啓示（教育）觀眾的意義太少，或許還有壞的影響也說不定」。〔註 143〕卜少夫因此專門寫了《咱門公演後——答覆一切批評我們的友人們》

---

〔註 142〕《編輯外記》，《流露》第 3 卷第 1 期。
〔註 143〕凡夫：《流露劇社公演觀後》，《流露》第 3 卷第 2、3 期合刊，1933 年 5 月 1 日。

加以反駁：「《母歸》、《父歸》、《一個女人和一條狗》，有人認爲這三個劇本的本身，在現階段的觀點估計上，是缺乏了偉大的價值。我們對這話的答覆，就是我們不是站在某一特定政治企圖上來作時髦的宣傳行動，我們是爲了維護民族，未來初次表現我們在藝術上的力量而努力的。我們並不用一些新鮮的術語或者許多非驢非馬的理論來自炫或炫人。」〔註144〕而且，卜少夫還在另一篇文章《關於劇本》中說：「有人造謠說「流露」這次的演出，有政治作用，我聽到了這話，便以之問『流露』的首腦部人員，他們回答我，請你放心，『流露』這次的演出，只有很簡單的兩個原因，一，爲東北義勇軍募一點錢，盡後方國民的責任，二，『流露』話劇部的夥伴們，得有一次上舞臺的機會。」〔註145〕

這些事實表明，在1933年以前的「流露社」儘管得到國民黨中央的津貼，但「並沒有自覺要成爲黨國的文藝陣地，它實在只是國民黨內愛好文藝的人以文自娛的一個園地」。〔註146〕儘管這次所謂爲援助東北義勇軍的募捐演出沒能取得如期的效果，花費了四百五十元，入場券收入僅三百元，加上「三位經手先生的不顧信義，使得一百元以上的券價沒有下落，實際能收入的不過二百元左右，兩抵，便成了一筆虧本的買賣」。〔註147〕但是從擴大社團影響，聯絡和組織戲劇專門人才，加強社員凝聚力這一角度來看，「流露社」這次公演還是極爲成功的。這次演出邀請的卜少夫、洪正倫是原來南京「開展文藝社」的重要成員，徐蘇靈是「矛盾出版社」（開展社分化後在上海成立）的合夥人，也是「前鋒社」的撰稿人之一，其它邀請的人員，也遍及京滬杭文藝界。正如左漱心所說「我們這次公演的實現是全恃友情全建築在友情之上」，「友情是實現你所希望實現的是成功一切事業最偉大的力」。〔註148〕

除此之外，茶話會與聚餐會，同樣是社團內部社員之間，或社團與他社團成員之間聯絡感情，增進瞭解的重要形式。自1933年2月至12月，「新壘社」每月定期舉行茶話會。文藝茶話會，是三十年代上海文人圈子裡興起的類似於西方文藝沙龍的聚會。徐仲年、孫福熙等人在上海首倡「星期日茶話

〔註144〕《流露》第3卷第2、3期合刊，1933年5月1日。
〔註145〕《流露》第3卷第2、3期合刊，1933年5月1日。
〔註146〕倪偉：《民族想像與國家統制》，上海：上海教育出版社，2003年版，第223頁。
〔註147〕左漱心：《公演前後》，《流露》月刊3卷2、3期合刊。
〔註148〕左漱心：《公演前後》，《流露》月刊3卷2、3期合刊。

會」。按徐仲年所說，「星期日茶話會」主要特點有：一個無組織的自由集團，只有四個主催人：黃天鵬、孫福熙、華林、徐仲年。等於幹事，每周負責籌備；它是一個純文藝集團；會中部分賓主，赴會的人各付各的茶資；這個集團開會時存在，閉會時散掉。不拘形式，以談天為主，有時有小演講，小音樂會，小展覽會以及魔術表演等等，有時舉行遠足或者短距旅行，參加的人，不問男女，不問老幼，不問派別，不問有名無名，一概歡迎。這個「茶話會」由最初的十五六人發展到後來的四百餘人，其中還包括柳亞子、柳無忌、巴金、邵洵美、崔萬秋、徐朗西、應云衛、曹禺、謝冰心等名流，「許多刊物的主編都參加過」。由於《新壘》月刊是被徐仲年列為與「《美術生活》、《文藝茶話》、《藝風》、《藝術周刊》、《彌羅周刊》、《文藝春秋》」並列的「我們的同人期刊」的，「每周如有刊物出版，主編者必攜帶赴會，分送會友」。〔註 149〕可見，李焰生也是「星期日茶話會」的常客。「新壘社」舉行的「新壘茶話會」，可以看作是「星期日茶話會」的借鑒與翻版，主要聯絡的也是圍繞徐仲年主持的「星期日茶話會」這批人。不僅如此，1934 年 1 月 7 日，「新壘社」曾舉行「新壘聚餐會」，到會近二十人。通過這種茶話會與聚餐會的形式，一方面凝聚了本社社員；另外一個方面，擴大社團的影響，與上海文藝界的廣泛交流，聯絡一切可以爭取的文藝界人士，不能不說是「新壘社」等社團將作家組織化的一種較為有效的運作方式。

---

〔註 149〕徐仲年：《于役武漢憶「文茶」》，《旋磨蟻》，南京：正中書局，1948 年版，第 120 頁。

# 第四章　話語傳播：媒介的建立與運作

## 第一節　右翼文藝期刊出現的動因

在三十年代初左翼文藝期刊雨後春筍般湧現的時候，作爲執政黨的國民黨南京政府也在積極扶持和主辦文藝期刊。從地域分佈上看，主要分佈在南京、上海、杭州、南昌等幾個地區。從數量上說，右翼文藝期刊在三十年代與左翼文藝刊物不相伯仲。「左聯」外圍刊物《文藝新聞》在 1931 年曾總結道：一年來，「在統治階級的扶翼之下，產生了連名稱都不勝列舉的許多刊物」〔註1〕。從 1928 年開始到 1937 年這十年間，國民黨南京政府扶持或主辦的刊物，大致可以歸類如下：

1. 國民黨各級黨部宣傳部主辦的刊物：南京《中央日報・大道》、《中央日報・青白》副刊、《橄欖》、《線路周刊》，上海《民國日報・青白之園》、《民國日報・覺悟》副刊以及「中國文藝社」旗下的刊物《文藝月刊》、《中央日報・文藝周刊》，浙江省黨部主辦的《黃鐘》、《西湖文苑》，安徽省黨部主辦的《火炬》（旬刊），江西省黨部主辦的《民族文藝月刊》等。

2. 國民黨各級黨部扶持並控制的報紙和刊物：《申報・本埠增刊》上的《書報介紹》、《藝術界》和《青年園地》三個專欄，《前鋒周報》、《前鋒月刊》、《現代文學評論》、《草野周刊》、《時代青年》、《長風》、《開展月刊》、《開展周刊》、《青燈》、《電影雜誌》「民族主義電影運動專號」、《青萍月刊》、《當代文藝》、

---

〔註1〕　《一九三一年之回顧》，《文藝新聞》第 41 號，1931 年 12 月 21 日。

《星期文藝》、《南風月刊》、《青年文藝》、《初陽旬刊》、《呢喃》、《建國月刊》、《社會新聞》、《青年評論》、《文學新聞》、《文化建設》、《文藝半月刊》、《文化新聞》、《新生活》、《人言周刊》、《社會月報》、《文藝》（月刊）、《奔濤》（半月刊）等。

　　3. 由國民黨軍方或者各派政治勢力控制的刊物：《流露》、《前途》、《汗血月刊》、《汗血周刊》、《人民周刊》、《新壘》、《民族文藝》（《國民文學》）、《華北月刊》等。

　　如此眾多的右翼文藝期刊爲什麼會出現？表面看這是國民黨各級黨部及各政治勢力的推動，但從根源上說，右翼文藝期刊的出現與 20 世紀 30 年代整個大的政治和思想背景有關，同時也與文藝期刊作爲一種特殊的大眾傳播媒介特性有關。

## 一、政治宣傳與文化教化的需要

　　國民黨南京政府建都南京後不久，隨即開始宣佈進入所謂「訓政」階段，以「忠孝仁愛、信義和平」爲訓民原則，以正風俗，以「固有之傳統道德」，「拯陷溺之人心」，「促人民之信仰」。〔註2〕所謂「訓政」，實際上是以政府力量實施的自上而下的政治宣傳與文化「教化」，是國民黨官方意識形態的散播過程，同時也是對普通群眾的教育過程。秉承辛亥革命以來對中國底層社會的基本思考定勢，將中國民眾看作是政治和文化素質需要提升的基本定位，使得「訓政」不但要完成孫中山設計的使中國人民「洗除舊染之污」，「享民國主人之權利」〔註3〕，而且更重要的是要保證國民黨意識形態的生產與再生產，以鞏固新興國家政權。

　　不過，自上而下的政治宣傳從需要一個中間環節——傳播媒介。按法國理論家路易斯·阿爾都塞的「意識形態國家機器」（ideological state apparatuses）理論，〔註4〕文化和媒體作爲「意識形態國家機器」的重要構成，它充當著與

〔註2〕　《行政院轉內政部關於發揚中國文化重心奠國基與政府批》（1928 年 4 月～1931 年 3 月），《中華民國史檔案資料彙編》第五輯第一編文化（一），南京：江蘇古籍出版社，1994 年版，第 7 頁。
〔註3〕　《孫中山選集》（上），北京：人民出版社，1956 年版，第 157 頁。
〔註4〕　儘管從邏輯意義上說，強調文化與媒介等意識形態國家機器以意識形態方式執行國家職能，明顯地具有同義重複的毛病。但是，阿爾都塞所要表達的意識形態國家機器以宣傳、教育的等非暴力的方式，將人們的思想意識統一到

「鎮壓性國家機器」（repressive apparatuses）一樣爲統治者服務的職能，並且以一種無所不在的、非暴力的方式滲透到大眾的生活之中。在媒介中，某些信仰和觀點通過不斷再現被合法化，被「製造成眞實的」，從而最終實現對個人的控制。具體而言，傳播媒介不僅是政黨和民眾之間聯繫的工具性紐帶，而且還是政黨主導民眾思想、建構民眾日常生活經驗的重要手段。然而，大眾儘管無時不受著意識形態的控制，但是大眾並非是被動的接受者，由於媒介所具有的非強制性，大眾完全有權力選擇對某種媒介傳播信息的接受或者拋棄，即布迪厄所說的「文化場的個體具有能動性，並可以借著外在的刺激成長」，儘管不可避免受制於外在其它場域或者整體權力場的影響，但任何場域中的個體位置都是隨時會改變。因此，在選擇意識形態輸出媒介時，必然要考慮到媒介輸出和讀者接受之間的緊張關係，並最大程度的來緩和這種關係。

　　也就是說，國民黨要完成政治宣傳和文化教化的任務，必須得尋找一種不但能承載「精英集團」或者說統治者的意識形態，而且能滿足普通大眾求知需求和娛樂需要的「平衡性媒介」，必須借助於這種媒介，才可能在普通民眾知識和接受水平與國民黨預定的政治目標之間，達成一種同一性與共謀關係。因爲從傳播的效果來看，大眾傳播效果的實現必然建立在受眾的需求動機上。如果簡單地把大眾傳播作爲政治話語生產的一種手段，其效果往往適得其反。大眾傳播只有被視爲一種政治話語生產之外的獨立的中間話語生產形式，意識形態宣傳的「魔彈效應」才成爲可能。因此，右翼文藝期刊作爲這種「平衡性媒介」的出現，似乎變得順理成章。以「三民主義文藝」的出現爲例，它完全是配合 1929 年 6 月「全國宣傳會議」制定的「藝術宣傳」政策而出現的，目的是通過「文藝」這種「中間話語形式」的傳播，讓民眾不知不覺中接受「三民主義」。在這個文化傳播過程中，「三民主義」這種意識形態實際上需要兩次轉換：一次是將抽象的「主義」轉換成爲藝術的形象；一次是將「舊日的貴族所用之文藝」的語言和情調轉換爲「普遍的民眾全體」所能懂的語言和形式。而三民主義的意識形態所經歷的「形象化」和「通俗化」的轉換，必須在三民主義文藝的傳播媒介——右翼文藝期刊中才能進行，

---

統治階級的意識形態下面的基本思想還是較爲明確。參見 Louis Althusser, "Ideology and Ideological State Apparatuses." *Ideology and the State*: London: Verso, 1984.

因此，三民主義文藝的傳播媒介——文藝期刊，就具有其它大眾媒介所不具有的優勢，以潛移默化的方式滲透到其它大眾媒介所不能達到的空間。由此，我們說三十年代作爲一種大眾宣傳媒介的右翼文藝期刊，是國民黨政黨政治選擇下對民眾進行有效的政治宣傳和文化教化的物質載體，擔負著意識形態生產與再生產任務，從而參與政權的合法化建設。

## 二、文化領導權之爭：右翼文藝期刊出現的現實原因

葛蘭西曾提出「文化領導權」（hegemony）的概念，將領導權劃分爲相對於政治社會的「政治領導權」（political hegemony）和相對於市民社會的「文明的領導權」（cultural hegemony）或精神的和道德的領導權（intellectual and moral leadership），後者的實質也就是意識形態領導權。儘管可以說，中國社會並不存在葛蘭西所說的「市民社會」，但是，文化領導權的問題仍然是存在，只不過它並非通過「市民社會」來實現，而是通過最廣泛的民眾實現的。20 世紀 40 年代末期的國共戰爭中，到處出現「支前」的民眾隊伍，無條件地支持要解放他們的中國共產黨。個中原因，有學者曾分析道：「如果僅從民眾缺乏理性，易於受『戰時文化』煽動這一點來解釋是沒有說服力的。國民黨掌握著國家機器，他們的『煽動』條件要遠遠優於共產黨，民眾爲什麼沒有支持國民黨？因此，我們就不能不從共產黨的精神和道德感召上，去解釋民眾對它的認同和追隨」。〔註 5〕可是，更值得關注的問題是，如果說在 1949 年之前中國共產黨就取得了「文化領導權」爭奪的勝利，贏得廣大的民眾的認同與追隨，那麼，作爲非執政黨，這種「精神和道德感召」是通過什麼樣的方式實現的？

從大眾媒介學的視角來看，「文化領導權」問題總是伴隨著傳播媒介而發生。國共兩黨分裂後，除了公開的武裝對抗之外，意識形態領域的較量一直沒有停止過，而鬥爭的主要場所之一就是傳播媒介。既然領導權（hegemony）「不是『自然賦予』某個特定階級進行持續統治的，它需要爭取、再造和維繫」〔註 6〕，那麼，三十年代，中國共產黨在「文化領導權」的問題上的「爭取」就主要表現爲把印刷媒介——文藝期刊作爲「陣地」（對印刷媒介的

〔註 5〕 孟繁華：《傳媒與文化領導權：當代中國的文化生產與文化認同》，濟南：山東教育出版社，2003 年版，第 10 頁。

〔註 6〕 轉引自〔英〕利薩‧泰勒，安德魯‧威利斯：《媒介研究：文本、機構與受眾》，吳靖、黃佩譯，北京：北京大學出版社，2005 年版，第 31 頁。

選擇與現代科技的傳播技術所限，經濟運行成本低廉有關），開始對統治階級的意識形態進行文化上的進攻，奪取思想領域裡的「塹壕」和「要塞」（葛蘭西語）。

　　20 世紀 30 年代初「創造社」和「太陽社」發動的有關「革命文學」的論爭，就是展開向「資產階級」發動文化進攻的一次預演。1927 年 1 月 16 日，以「創造社」刊物《洪水》半月刊（第 3 卷第 25 期）上發表了仿吾《完成我們的文學革命》批判魯迅、周作人、劉半農及陳西瀅等的「以趣味為中心的文藝」作為一個開端。1928 年 1 月 15 日，《文化批判》第 1 號發表馮乃超的《藝術與社會生活》，將魯迅、葉聖陶、郁達夫、張資平劃作是小資產階級藝術家的代表，正式開始了對魯迅等人的批判與清算。儘管這場論爭最終在中國共產黨的干預下於 1929 年春夏之交不了了之，而且把魯迅作為「資產階級」的藝術家代表來攻擊似乎選錯了「靶子」，但卻絲毫不影響它在擴大無產階級革命文學影響和傳播共產黨意識形態方面的意義。而這場論爭，一開始在「創造社」和「太陽社」創辦的《創造月刊》、《文化批判》、《太陽月刊》等雜誌上展開，緊接著《洪水》、《泰東月刊》、《北新》、《文學周報》、《語絲》、《秋野》、《流沙》、《戰線》、《洪荒》、《文化批判》、《我們月刊》、《畸形》、《新月》、《摩登》、《現代文化》、《思想》、《山雨》、《文藝生活》等不同傾向的報刊捲入了這場聲勢浩大的討論，上百篇有關「無產階級文藝」的討論文章都隨著文藝期刊的傳播引起社會持久的關注，所產生的影響無疑是巨大的。

　　在這場論爭停息不久，1930 年「左聯」在中國共產黨的直接組織下成立，「左聯」說是文藝組織，實際是準政治組織。中國共產黨第一次開始以政黨領導的方式，以文藝團體作為組織核心，以創辦文藝期刊為手段，有計劃、有目的的與國民黨展開了在意識形態領域的爭奪。以文藝期刊推動文藝運動，是其主要的宣傳方式和鬥爭策略。梁實秋在談到三十年代左翼文學運動時說：「『普羅文學』的興起，情形很特別，事前沒有醞釀，臨時也沒有徵兆，環境也沒有什麼異常，平地一聲雷，就爆發出來了，而且無數的大大小小的刊物，齊聲吶喊，若干不三不四的書店也同時開張，囂張之氣不可相邇，真可以說是其興也暴」。〔註 7〕由「左聯」先後創辦的機關刊物就有《萌

---

〔註 7〕梁實秋：《所謂「普羅文學運動」》，陶希聖等：《三十年代文藝論叢》，臺北：中央日報社，1966 年版，第 94 頁。

芽月刊》、《拓荒者》、《巴爾底山》、《世界文化》、《前哨》（第 2 期起改名爲《文學導報》）、《北斗》、《十字街頭》、《文學》、《太白》（半月刊）、《文藝群眾》、《文學月報》、《文學新地》等；並在《時事新報》副刊《青光》主辦《每周文學》。另外有外圍刊物《文藝新聞》。北平左聯機關刊物有《文學雜誌》、《文藝月報》等。「左聯」領導的「中國詩歌會」有會刊《新詩歌》。「左聯」成員以個人名義編輯的刊物有《無名文藝》（葉紫、陳企霞）、《文藝》（周文、劉丹）、《春光》（莊啓東、陳君治）、《中華日報》副刊《動向》（聶紺弩）、《譯文》（魯迅，後爲黃源）、《太白》（陳望道）、《新小說》（鄭君平，即鄭伯奇）等。以這些文藝期刊爲「陣地」，開始了對「新月派」、「論語派」「民族主義文藝」、「自由人」及「第三種人」等資產階級文藝觀點，國民黨的文藝政策，進行了批判和鬥爭。同時，大力宣傳「大眾」的文藝，在《大眾文藝》、《拓荒者》、《文學導報》、《北斗》、《文學》、《文學月報》等報刊上展開討論，形成頗具聲勢的「文藝大眾化運動」。在這些文藝刊物上，發表了大量革命作家的作品，包括魯迅、瞿秋白的雜文，茅盾、蔣光慈、丁玲、張天翼、葉紫等人的小說，田漢、洪深、夏衍等人的劇作，「中國詩歌會」蒲風、任鈞諸詩人的詩歌等。左翼文藝期刊不僅成爲「現代的文學活動開展的新的空間」〔註8〕，而且成爲無產階級意識形態與資產階級意識形態交鋒的主要陣地。

面對左翼「無數大大小小的刊物」的「齊聲吶喊」，共產黨意識形態在思想文化領域的迅速傳播，國民黨內文化官員及右翼文藝界人士顯然感受到了來自左翼的挑戰，但國民黨南京政府宣傳文化部門顯然沒有做好應對的準備。沿襲著既往在圖書出版領域的工作慣性和經驗，在 1927 年到 1929 年間，就連續出臺多個圖書刊物的審查條例，宣佈「共產書刊」爲「非法刊物」，予以查禁，僅 1929 年就查禁各類刊物 272 種，共產黨刊物 148 種，占 54%。〔註9〕但查禁畢竟屬於權宜性的，用國民黨中央宣傳部工作報告中的話說這只是「消極的」一面，「積極的」一面仍然有待於建設「新的文藝」以對抗左翼文學的宣傳。廖平在《國民黨不應該有文藝政策嗎？》中表達了上海文藝刊物由共產派、無政府派、保守派把持，「我黨的文藝上的刊物可謂寥若星辰」

---

〔註8〕曠新年：《1928：革命文學》，濟南：山東教育出版社，2002 年版，第 18 頁。

〔註9〕參見《國民黨中央宣傳部民國十八年查禁書刊情況報告》，《中華民國史檔案資料彙編》第五輯第一編文化（一），南京：江蘇古籍出版社，1994 年版，第 214～215 頁。

的憂慮，並提出借鑒蘇聯和意大利的經驗，一方面查禁「反動文藝刊物」，一方面要建設「國民黨的文藝」，組織「大規模的中國國民黨文藝戰爭團」，使國民黨文學成為「主幹」，「監視其它反革命文學」。〔註10〕在《民國日報》的《青白之園》、《覺悟》，《中央日報》的《大道》、《青白》等文藝副刊上，也出現不少文章呼籲建設「三民主義文藝」，以打擊「國內共產黨文藝宣傳的囂張和一般趣味文學的無聊」的文字。〔註11〕1929 年 6 月 4 日國民黨中央宣傳部召開「全國宣傳會議」之後，正式確定了「本黨文藝政策案」，提出「創造三民主義文藝」的口號以對抗「普羅文學」，並把「舉辦文藝刊物」作為具體措施之一。1932 年 8 月，中宣會密令各省市黨部著手文藝調查。1934 年召開「全國宣傳會議」，總結近年宣傳的得失，擬定新的工作計劃，認為國民黨文藝在與「普羅文藝」的對抗中處於下風的原因，在於沒有文藝人才和文藝陣地。會議討論通過《本黨各地黨部應盡力督促有關係之文藝團體，發行文藝刊物案》，對今後的工作作了一個安排。一定意義上說，這個決議案既是對過去工作的總結，也是對將來工作的打算。實際上，從 1930 年 6 月「前鋒社」首倡「民族主義文藝」，大量民族主義文藝期刊的湧現，就已經開始了與「無產階級文學」的全面對抗。在這種對抗中，不同時期文藝刊物的多少直接反映著國共雙方力量的消長變化。每一次左翼文學刊物興盛的時期，也是右翼刊物增長的時期。二者在相互的對抗中又相互複製對方，相互攻擊相互滲透，表現出極其複雜的特徵。

從整個過程來看，中國共產黨通過文藝運動爭取「文化領導權」的過程，表現在實際操作中，就是通過文藝期刊進行群眾動員和宣傳，從而取得群眾的支持和認同的過程。

這一點，國民黨南京政府在退守臺灣之後，包括蔣介石在內的一些國民黨人一直在反思其政權垮臺的原因，其中，在以文藝運動來開展政治宣傳，以文藝期刊為傳播媒介來傳播意識形態，成為其反思的一個重內容。蔣介石就認為：「在國家對於群眾的閒暇時間，放任不問的時候，國際共黨匪徒們便從這裡下手。他的方法是用煽惑的文藝來迎合群眾的趣味，用偽造的歷史來滿足群眾的求知欲，再用陰謀的組織來吸收群眾的信仰。共匪之所以能在群

---

〔註10〕廖平：《國民黨不應該有文藝政策嗎？》，《革命評論》（周刊），1928 年第 16 期。
〔註11〕《民國日報・青白之園》1929 年 5 月 12 日。

眾中展開，就是這個道理。」〔註12〕1964年，臺灣《中央日報》發表了一篇題爲《文藝工作亟待獎助》一文，其中有一段類似的反思：「如眾所周知的，共匪是靠宣傳欺騙以起家的，而其宣傳欺騙的伎倆，又是靠文藝工作來開路的，文藝在共匪的手裡，不啻成爲當家的戰鬥武器。共匪在早期，是透過所謂『左聯』（左翼作家聯盟）來支配文壇，再透過文藝來麻醉青年，它掌握了文壇，便等於掌握了青年的心靈：它掌握了青年，便等於掌握了未來的社會。共匪的竊據大陸，殆可視其平時『播種』一種必然的『收穫』。而三十年代『左聯』勢力支配了整個中國的文壇，正是共匪的『播種季』。」〔註13〕這樣的反思中充滿仇視與謾罵，但是其反思的問題較爲明確，即認爲國民黨失敗的重要原因是沒有利用好「文藝」這一宣傳工具。

美國學者易勞逸把國民黨政權垮臺的原因歸結爲：國民黨政權的首領蔣介石「把政治問題、行爲問題甚至經濟方面的問題都視爲實質上的道德問題。」〔註14〕這個結論也許過於武斷，因爲蔣介石所倡導的「道德」實際上是與國民黨三民主義的意識形態建構聯繫在一起的，如果不沒有一個主導的能「吸收群眾信仰」的意識形態，其政權也不會維持長久。不過，易勞逸同時認爲「國民黨政權在推行其政策、計劃，在改變根深蒂固的中國社會的政治習俗方面，很少表現出有何統治能力。它的存在幾乎完全依賴於軍隊」，〔註15〕這樣的觀察倒的確是一針見血。

## 第二節　黨報文藝副刊：《青白之園》、《覺悟》，《大道》、《青白》

### 一、《民國日報》副刊：《青白之園》、《覺悟》

右翼的文藝期刊的興起，一開始就是從上海《民國日報》文藝副刊《青白之園》開始的。1927年以後，《民國日報》轉變爲國民黨中央的直屬黨

---

〔註12〕蔣介石：《民生主義育樂兩篇補述》，《三民主義（增錄民生主義育樂兩篇補述）》，臺北：三民書局，1965年版，第51頁。

〔註13〕王平陵先生遺著編輯委員會編輯：《王平陵先生紀念集》，臺北：正中書局，1975年版，第19頁。

〔註14〕〔美〕易勞逸：《毀滅的種子——戰爭與革命中的國民黨中國（1937～1949）》，南京：江蘇人民出版社，2009年版，第196頁。

〔註15〕〔美〕易勞逸：《毀滅的種子——戰爭與革命中的國民黨中國（1937～1949）》，南京：江蘇人民出版社，2009年版，原序第2頁。

報，〔註 16〕由上海市黨部宣傳部部長陳德徵任主編，編務也隨之轉爲由上海市黨部宣傳人員負責，完全成爲了國民黨南京政府的喉舌。1928 年 12 月 9 日，上海市黨部宣傳部宣傳幹事許性初即開始組織「青白社」，以社團的名義在上海《民國日報》開闢《青白之園》文藝副刊，宣傳國民黨的「革命文藝」。作爲國民黨右翼文藝陣營的第一份文藝期刊，《青白之園》的出現呼應了廖平等人倡導的創辦文藝刊物、建立所謂「國民黨文藝」的呼聲，而且它的發生發展、編輯方針、目標與意圖，都與國民黨的現實政治目標聯繫在一起。不過，在開闢《青白之園》之前，「青白社」並沒有眞正成立起來，直到 1929 年 2 月 3 日，才開始有了一個《青白社簡約》，正式開始招收會員的工作。按許性初的解釋是「最初發起組織青白社的時候，很不願意把幾個人的意見來訂定社章，原想待社友滿若干人以後，再定期共同來討論我們當如何組織」。〔註 17〕因此「青白之園」出刊只是一個初步的「青白社同人的嘗試」，「暫定每星期日出版一次，假《民國日報》乙種副刊地位發行」。〔註 18〕這種「嘗試」當然是策略性的，「青白社」的組織及文藝活動不可能由「社友定期討論」來決定，《青白之園》從創刊時開始，它的政治使命與目標事實上就已經是明確了的。

　　許性初在《園門開幕之日──關於青白社及其它》裡宣稱：「文藝是人生的表現，古今中外，有多少制度的改革，思想的變遷，其原動力大半是文藝」，「文藝與革命當然有極密切的關係」，「我們要努力革命，同時我們要努力文藝運動，這便是青白社組織的緣起」。〔註 19〕表面上看，許性初所說的「青白社」的同人是「愛好文藝而又願意從事革命的人」，在「努力文藝運動」的同時也「努力革命」，以文藝運動促進革命。正如「青白社」口號「從文藝的園

〔註16〕儘管我們說由於歷史原因，初期的《民國日報》並未被正式確定爲南京國民黨中央的直屬黨報，但隨著葉楚傖在 1928 年後就任南京國民黨中央宣傳部部長，陳德徵（時任上海特別市黨部宣傳部部長，曾是葉楚傖主編《民國日報》時期的左右手）所主編的《民國日報》實際上就已經爲南京國民黨中央的直屬黨報。但與《中央日報》稍有不同的是，由於《民國日報》和「西山會議派」的特殊關係，它的人事和言論並非絕對的聽命於南京國民黨中央，隨著國民黨內部派系鬥爭狀況而出現搖擺，表現出與南京國民黨中央一定程度的疏離，恰恰因爲這種疏離最終導致其在 1932 年停刊。參見蔡銘澤：《國民黨黨報歷史研究》，北京：團結出版社，1998 年版，第 63 頁。

〔註17〕性初：《青白之園暫行停刊》，《民國日報》1929 年 9 月 18 日。

〔註18〕《青白之聲》，《民國日報·青白之園》第 2 期，1929 年 12 月 16 日。

〔註19〕《民國日報》1928 年 12 月 9 日。

中走到革命的路上，在革命的路上遍植革命的鮮花」所宣稱的那樣，走向革命是目的，遍植鮮花只是手段，意圖以文藝副刊爲「嘗試」，以社團爲紐帶開展文藝運動，從而使更多的人走向「革命」之路。可是，問題的關鍵在於 1928 年後，國民黨南京政府名義上已經成爲了合法政府，國民黨已成爲執政黨，「革命」究竟是要革誰的「命」，目標指向到底是什麼？如果說前兩期，《青白之園》的態度還不太明朗，到《青白之園》第 3 期，這個「革命目標」就已經很明確了。上海特別市宣傳部長陳德徵開始撰文稱「革命文學者，額上沒有字的共產黨，假了它來做宣傳的工具也」。〔註20〕許性初也在《編後》說：「今年來所謂革命文學的刊物，越出越多，眞使我們目不暇接；文學裡面盡寫些『手槍』、『暴動』、『恐怖』、『普羅列塔利亞』，不但絲毫不能激起革命的情緒，而且足以使我們讀了之後，頭痛和討厭。本來他們領了羅布，快活地在追求美人和快樂，根本就不配談什麼革命文學，更不懂什麼革命；馮憲章的詩：可知道——／要把民眾喚醒，／只有粗暴的叫喊，／要把敵人『同化』，／只有『熱烈的嘲罵』。革命是應當以主義的宣傳來喚起民眾的，但是他們卻『只有粗暴的叫喊』。同時革命也應當以主義的力量來同化敵人，但是他們，卻『只有熱烈地嘲罵』。只有不要臉的共產黨，他們所用的革命方式才是如此的。我們始終承認，只有三民主義的革命，才適合於中國以至世界。所以凡是違反三民主義，而以革命文學爲招牌的，我們願意以全部的力量來拆穿他們的假面具，雖然我們的力量是太微弱了。」〔註 21〕在《青白之園》第三期的邊縫還附有一則啓事請求綏遠的「火坑社」編輯將其「極力斥駁共產黨的文藝假面具的刊物」惠寄一份給「本報性初收轉」。

　　由此可見，《青白之園》的目標所指，就是「普羅文學」，政治上的針對對象就是共產黨。許性初在《青白之園》第三十七期停刊的總結中也直接闡述了這種動機：「當時我們因爲感覺到國內共產黨文藝宣傳的囂張和一般趣味文學的無聊，想在這層層夾縫之中爲革命文學開闢一道新的出路，所以不顧一切地毅然來創辦這頁小刊物」。〔註22〕

　　爲了進一步闡述這一點，我們可以從《青白之園》發表的各類文章數量來略作分析：

---

〔註20〕 德徵：《文藝漫談》，《民國日報·青白之園》第 3 期，1928 年。
〔註21〕 《民國日報·青白之園》第 3 期，1928 年。
〔註22〕 性初：《青白之園暫行停刊》，《民國日報》1929 年 9 月 18 日。

　　《青白之園》（總 37 期），除各類「開場白」、「編後」「消息」類文字，
各類文章發表數據：

| 類別 | 評　論 | 詩　歌 | 散　文 | 小　說 | 戲　劇 | 合　計 |
|------|--------|--------|--------|--------|--------|--------|
| 篇數 | 50 篇 | 28 篇 | 8 篇 | 10 篇 | 2 篇 | 98 篇 |
| 比例 | 占 51% | 占 29% | 8% | 10% | 2% | 100% |

　　從數量上看，評論最多。可是在評論中，正面闡述國民黨的「革命文藝」
理論，呼籲國民黨制定文藝政策就只有紹先的《革命的文藝和文藝的革命》
（1929 年 3 月 24 至 4 月 14 日連載）、鄭永澤的《革命的文藝家應該怎樣》和
黃覺寺的《建設新藝術途徑》三篇；加上由王檢身的《青年，文學，暗示，
象徵》一文引發的一組討論文章（范鍾鋆：《文學捆綁青年嗎》，樓邦彥：《關
於文學的討論——讀王檢身的青年，文學，暗示，象徵》，徐金濤：《文學不
可不研究》），一共也僅有 8 篇。

　　更多的則是攻擊和謾罵「革命文學」及「趣味」文學的文章。從陳德徵
的《文藝漫談》開始，有金鳳的《文學的革命問題——給提倡普羅列塔利亞
文學的人們》、《再論文學的革命的文學問題——給趣味文學和無產階級文學
的人們》、署名「鳳」的《欺人乎？欺天乎？讀了馮起汾君的〈革命詩話斷
片〉》、競文女士的《蘼蕪龐雜的革命文學》、小易的《革命藝術的發端》、林
痕的《詩人》、《偉大的時代和目前的作家：林痕先生的來信和答覆》、刀言的
《獸性的咆哮》、鳴琦的《張資平與處女的嗜好》、蘇鳳的《夜譚——不能表
演不必表演的短劇》、綿炳的《從「創造」說到「新月」——文藝界的總檢閱》、
吳銘心的《夏娃造下來的冤孽》、王兆麒的《浪漫的文學家滾開去吧》、殊君
的《「拉瓜」到「語絲」》。加上一些時評，如傅汶明的《郁達夫等的引用英
文》，以及在《青白之園》上開闢的「十字街頭」欄目文章：《他媽的》、《什
麼東西》、《掛不起羊頭賣不成狗肉》、《試掃他人瓦上霜》，丁致中的《郁達夫
和章衣萍的騙錢哲學》、記者的《關於華南大學》、金鳳的《看報常識——答
語絲〈偶然看報〉作者》、《戲劇年頭的「擱淺」和「突進」—— 致萬里和《黃
昏的舞臺》的作者》等，一共達三十餘篇。

　　在文藝創作上：沒什麼明顯的政治立場的散文有白木的《外祖母》、心生
的《小皇帝》、顏雅雲女士的《故鄉》三篇；小說中比較重要的有姚賡夔的《斷
箏》，江嘉炎的《喇叭手》，性初的《平凡的死者》、胡念祖的《我要質問上

帝》、殊君的《寒霄》、高爾斯華綏的《俠氣》（徐智水譯）、陳穆如的《悲苦的微笑》、《我們的死者》、白木的《黃媽的失蹤》、署名「鷩」的《時代在刀鋒上》等幾篇，但這些小說篇幅都較為短小，只有《時代在刀鋒上》可以算一個中篇，但這篇作品不知什麼原因都沒有連續刊載完；詩歌有 29 篇，大多篇幅較小，歌功頌德之作較多；戲劇有陳源的《窮途末路的馮玉祥》（獨幕劇）和陳穆如的《蘇麗霞姑娘》兩篇。

從以上的數字來看，《青白之園》在國民黨文藝的理論建設上並無多少興趣，真正立足於理論闡發的文章很少，嚴格意義上說只有紹先、鄭永澤、黃覺寺三人的文章稍具理論色彩。而在創作上，由於理論的貧乏，這些立足於三民主義的「革命文藝」作品不但數量少，篇幅小，而且藝術上極為粗糙。無論小說、詩歌還是戲劇，充斥著歌頌「青天白日」之類的庸俗之作，而僅有的幾篇散文又是懷人、懷鄉之作，與革命性的「國民黨文學」無涉，僅有的《時代在刀鋒上》一個中篇小說，連載幾期之後也不了了之。《青白之園》中的文字，更多的則是批判與謾罵，非但無法做到為「革命文學開闢出一道新的出路」，在抗擊共產黨的文藝宣傳，揭穿左翼「革命文學」的所謂「假面具」上，也沒有什麼特別的作為。許性初也承認說：「五個月以來的努力所收穫的是些什麼？既沒有達到共產黨文藝宣傳的那樣『猛烈』的精神，同時更沒有趣味文學那樣無聊的程度，這是多麼一件痛心的事實。」「支撐這五個月『青白園門』的是我們這班向無深切研究而便要為革命文學建築新出路的小子，其愚真不可及，努力在今的結果，除見園門日沓冷落，園景日益蕭條外，簡直找不出一點足為我們滿意的，真是愧澀極了」。〔註23〕在最後一期的一則啓事中，許性初又重複了這一告白：「自從在狂風暴雨的去年冬天，我們把這平凡無奇而包含著光明的青白之園開了門以後，到今天為止已經有了九個月零九天；……九月以來的表現，實在找不出可以使我們滿意的地方來，我們真是慚愧極了，環境仍就是那樣地充滿了……，而我們卻不能再繼續下去幹了，這是多麼應當對讀者表示歉意的呀。」〔註24〕這番告白道出了許性初的沮喪與失落，但更是透露出了某些實情：一方面，《青白之園》的努力並沒有取得如期的社會效果，想要開展的「文藝運動」也沒有達到如期的目的，這個「嘗試」算是失敗了；另一方面，《青白之園》因為「報館裡要加增新聞的

〔註23〕《編後》，《民國日報·青白之園》第 17 期，1929 年 5 月 12 日。
〔註24〕許性初：《青白之園暫行停刊》，《民國日報》1929 年 9 月 18 日。

篇幅」就要停刊，〔註25〕似乎表明國民黨中央宣傳部高層對《青白之園》並不滿意，以致於不甚熱心。

　　但是，這絲毫不能表明，國民黨中央宣傳部高層對日益高漲的「無產階級文藝運動」聽之任之。在《青白之園》停刊半年之後，1930 年 4 月 30 日，《民國日報》開闢了《覺悟》〔註26〕文藝專刊，接過了《青白之園》沒有完成的政治使命。

　　《民國日報》的《覺悟》文藝副刊，儘管沒有像《青白之園》出刊時那樣有一番表白，也沒有正面闡述其出刊方針和打算，但基本上沿襲著《青白之園》的辦刊思路，其立場和目標與《青白之園》是一致的，不同的是其基本運作模式有所變化，特別表現在出刊方式和組稿方式上。

　　我們先看《覺悟》文藝副刊發文的統計數據：

　　《覺悟》（總 25 期）各類文體發文數量及比例（「讀者通信」不計）如下：

| 類別 | 評　論 | 小　說 | 詩　歌 | 隨　筆 | 戲　劇 | 合　計 |
|---|---|---|---|---|---|---|
| 篇數 | 38 篇 | 2 篇 | 3 篇 | 3 篇 | 4 篇 | 50 篇 |
| 比例 | 占 76% | 占 4% | 占 6% | 占 6% | 占 8% | 100% |

　　從編發文章的數量來看，《覺悟》文藝副刊仍然以刊發評論文章為主，占到總文章的 76%，比《青白之園》刊發的「評論」還要多，這主要與《覺悟》文藝副刊的宣傳鬥爭策略有所變化以及報紙副刊的版面限制有關。在國民黨宣傳人員看來，當前《覺悟》副刊要做的最緊要的事情有兩方面：一方面是

---

〔註25〕許性初：《青白之園暫行停刊》，《民國日報》1929 年 9 月 18 日。
〔註26〕《民國日報》的《覺悟》副刊，創刊於 1919 年 6 月 19 日，隨報附送，由邵力子主編。副刊常設的專欄有評論、演講、選錄、譯述、詩歌、小說、通訊、隨感錄等。「五四」運動時期曾經風光一時，成為宣傳新文化的一個重要陣地，一度與上海共產主義小組有密切聯繫，積極介紹馬克思主義的經典著作。曾與《時事新報‧學燈》副刊就「有關中國前途」問題展開論戰，在當時有較大影響。與北京的《晨報》副刊‧《京報》副刊‧上海的《時事新報》副刊並稱為全國「四大副刊」。1925 年「五卅」運動後，《民國日報》內部首先起了分裂，邵力子去了廣州，報紙主要事務由屬於「西山會議派」的葉楚傖負責，嚴慎予、陳德徵成為他的左右手，政治立場逐漸右傾。1927 年後，轉變為國民黨中央的直屬黨報，由時任上海特別市黨部宣傳部部長的陳德徵任總編輯，《覺悟》副刊就由該部宣傳幹事陶百川、許性初、姚蘇鳳先後負責編輯，1931 年 12 月 31 日停刊。

加緊黨義的宣傳；另一方面是打擊「普羅文學」及一切「頹廢落伍的文藝」。對於前者，《覺悟》副刊上有一個小小的「討論」可以作爲例證。一個叫「育華」的國民黨宣傳人員曾在八月十四日的《覺悟》上發表《讀了 Symphony 以後》，批評崑山縣黨部發行刊物用 Symphony 爲名字，認爲到「現在黨義還沒有普遍深入民眾的時候，居然忙裡抽暇，發行宣傳文藝刊物」。崑山縣黨部趙如珩隨即作了《讀了 Symphony 以後──答覆育華君》一文答覆。許性初針對這個「討論」發表了三點看法，不但贊成「育華」對崑山縣黨部的批評，而且最後還以告誡的口吻說：「希望趙先生和崑山縣的許多同志能夠少作一足無意義的事情，多作些藝術運動的工作吧」。〔註27〕許性初所指的「藝術運動」的工作，當然目的不可能是藝術，而是通過文藝宣傳國民黨黨義的工作；而對於後者，《覺悟》文藝副刊刊登陶愚川的文章就認爲，面對「普羅文藝囂張的危機」，治標的辦法是「我們現在要以火攻火」，「治本」的辦法是「建設三民主義文學」。〔註28〕

因此，在刊發的評論文章中，可以看到以下兩類：一類是理論闡述，正面闡述和提倡三民主義文藝。主要有東方的《我們的文藝運動》（1930 年 5 月 21 日），禾仲的《建設三民主義（文藝）的實際計劃》（1930 年 6 月 11 日），正平的《民族主義文藝應該避免的幾種態度》（1930 年 10 月 8 日），張帆的《三民主義的文學之理論的基礎》，郭全和的《三民主義文藝的建設》（1930 年 11 月 19 日），孫瑞的《從水滸傳得到幾種〈人的型格〉──中國民族性的檢討》（1930 年 10 月 29 日，11 月 5 日，11 月 19 日連載），加上「性初」（許性初）的演繹《民族主義文藝運動宣言》的《民族主義的文藝運動》（6 月 25 日）一文，一共 7 篇文章；另一類是攻擊性的文字。除了火雪明譯的《西伯利亞的莽原文學》（1930 年 4 月 30 日）、鐵公譯的《威廉鐵兒》兩篇譯作及「當代文藝與戲劇」欄目爲數不多的幾篇小文章外，幾乎全部評論文章的矛頭都是指向「普羅文學」和「普羅」作家，對新月、語絲等的攻擊性文字則基本沒有了。上表所列的 38 篇「評論」文章中，這類攻擊性文章佔了近 20 篇，幾乎每期都有這類文字。

如此高密度的集中批判「普羅文學」及左翼作家的文章在《覺悟》文藝

---

〔註27〕《英文用書名問題》，《民國日報・青白之園》第 32 期，1929 年 8 月 16 日。
〔註28〕陶愚川：《如何突破現在普羅文學囂張的危機》，《民國日報・覺悟》1930 年 8 月 6 日。

副刊上出現，反映了《覺悟》運作方式尤其是組稿方式的變化。在《青白之園》時期，其運作方式是成立「民間社團」，借社團的名義在《民國日報》上開辦文藝副刊，推行所謂眞正的「革命文藝」，攻擊「普羅文學」。到《覺悟》文藝副刊，這一過程都被簡單化處理，直接由官方宣傳部宣傳人員親自操刀或者約稿。從發表的「評論」文章來看，相對於《青白之園》的「雜蕪」，《覺悟》文藝副刊顯得「純粹」多了。

　　從作品創作上來看，儘管《覺悟》文藝副刊創辦時離國民黨中央宣傳部提出的「創造三民主義文藝」的口號已接近一年，《覺悟》文藝副刊在創作「三民主義文藝」作品上並沒有多少進步。小說創作上，僅有朱公樸的《榨壓著的女人》，朱復鈞的《古小五》兩篇，而且藝術上都極爲粗糙，甚至還不及《青白之園》上的小說的水平；詩歌創作上，僅有笑鷲的《海上曲》，石癯的《獻給愛的女神》，丁弘的《微微一笑》三首詩歌，相對於《青白之園》的28篇詩歌，《覺悟》文藝副刊的詩歌所佔的比例是減少了，詩歌的水平卻不見多少提高。簡單摘取石癯的《獻給愛的女神》的其中三節，基本上可以看出《覺悟》中詩歌的水平：

……

你不能接受嗎？

你以爲不值得一愛嗎？

那你早點給他一個決絕的尾聲罷。

索性絕了他的疫心，

斬斷了他的疫情，

好讓他重找前程。

青年是社會的棟梁，

青年是人類的先鋒，

貽誤一個青年啊，

就是阻礙了社會人類一分進化。

愛的女神呀！

你不能推進社會，你不肯幫助人類。

難道你更不能指揮著愛翼下的青年，

奔向革命時代的前路嗎？

……

在詩歌當中生硬塞入一些黨義教義，使得詩歌的可讀性大大降低，藝術水平自然就更談不上了。不但詩歌是這樣，在小說、戲劇當中也是如此。在《覺悟》中，戲劇作品一共有 4 篇，除了《威廉鐵兒》是翻譯作品之外，實際創作就 3 篇，分別是《星夜》（朱公樸）、《夜之歌》（朱白萍、殷夢萍）、《詩人之覺醒》（寒梅）。

以連載了數期的寒梅的獨幕劇《詩人之覺醒》為例。該劇作故事情節較為簡單，寫詩人「王」與一般朋友逛妓院，與妓女「春姑娘」有一番對話，在瞭解到「春姑娘」的悲慘遭遇之後，「詩人」幡然醒悟，開始積極地投入到「革命」的洪流中了。在這兩個人物的對話中，作者似乎等不及通過人物本身牽動故事的發展，而在故事中大發宏論。故事的末尾就這樣寫道：

> 要是詩人只不過是逃亡現實，倒不如僧侶般的那樣徹底。要是詩人只不過欣賞些大自然的美景，還不如攝影家那樣眞切，並且再進一步講，難道詩人可以逃開政治，逃開社會，不享受物質生活而可以生活的嗎？要不然這種出世的詩人，該死去了！應該在現時代之下幻滅了春姑娘，我們復仇，復仇，為我們可憐的伯父復仇，不幸的伯母復仇，為我們苦難的老百姓復仇！（喜極抱吻其髮）我們的詩人，醒覺了，我可找了你整整八年了啊！

故事非但老套、陳舊，而且技巧幼稚粗糙，充斥著國民黨所極力宣傳的「革命」理念，屬於典型的國民黨意識形態「宣傳劇」，借助於這樣的作品進行意識形態的宣傳，其效果就可想而知。

陶百川有一段回憶：「民國日報的副刊，覺悟，向由邵力子先生主編，邵去廣州參加革命軍後，改歸陳德徵先生接辦。後陳過忙，不能兼任，乃交我主編。因為它有那麼輝煌的歷史，我以後生小子擔當重任，不能不特別用心，但它的聲光顯然不及邵陳時代了。那固然是由於我資淺能鮮，但未始不是由於中國國民黨已從在野黨成為在朝黨，民國日報既是黨報，言論自由受著限制，魅力自然減少了」。〔註29〕作為當時《覺悟》副刊主編之一，這段話很是耐人尋味。從根源上說，這種反思無疑是深入的。他力圖闡明《覺悟》副刊衰落的主要原因是國民黨人進取心的消失以及作為黨報的言論受到限制，這與許多外國觀察家的觀察不謀而合。不過，不容忽視的是，曾經輝煌一時的

〔註29〕陶百川：《困勉狂狷八十年》，臺北：臺灣東大圖書股份有限公司，1984 年版，第 164 頁。

《覺悟》副刊最終「魅力」消失，與創作人才的缺失，組稿方式單一，編輯理念保守和無法得到普遍認同同樣密切相關。將文藝變成政治甚至於黨義的宣傳工具，忽視文藝自身特性，編輯理念保守，隨政治風向搖擺的副刊，它不可能重現往昔的輝煌。

## 二、《中央日報》：《大道》、《青白》

《中央日報》是中國國民黨中央機關報。1928 年 2 月 1 日創刊於上海，〔註30〕年底遷往南京。1929 年 3 月《中央日報》正式出刊時，就開闢了《大道》和《青白》這兩個副刊，主要由王平陵、葛建時、傅況麟、李作人、王捷三等人編輯，與上海《民國日報》的《青白之園》和《覺悟》文藝副刊遙相呼應。但是，即使同作為國民黨中央報紙的副刊，《大道》和《青白》與《民國日報》的《青白之園》、《覺悟》相比，其辦刊思路還是有一定差異。

《大道》副刊之名，取自於《禮記》「大道之行也，天下為公」之「大道」。在《大道》副刊的刊名下方，也每每刊登《禮記》中的這段話。《大道》副刊

〔註30〕 《中央日報》的創刊，情況比較複雜。1927 年 3 月 22 日，武漢國民政府在漢口創辦《中央日報》，社長由國民黨中央宣傳部部長顧孟餘兼任，總編輯為陳啓修。陳啓修為共產黨員，所以有一批共產黨員和左翼人士參加編輯，如沈雁冰、孫伏園等。所以在「四一二事變」後，有不少反蔣文章發表在《中央日報》上。7 月 15 日，「寧漢合流」後，武漢《中央日報》於 9 月 15 日停刊，共出版 176 號。臺灣新聞史學界為《中央日報》修史時，一般不算此段時期的《中央日報》。1928 年 2 月 1 日《中央日報》在上海復刊，由潘宜之任社長，彭學沛任總編輯，至 1928 年 11 月 1 日停刊。1928 年冬遷至於南京，改組為南京國民黨中央機關報，1929 年 2 月 21 日正式出版。報社採總編輯制，嚴慎予任總編輯，後由魯蕩平、賴璉繼任，社長由國民黨中央宣傳部長葉楚傖兼任。1932 年 3 月 1 日，《中央日報》改行社長制，直接對國民黨中宣部負責，首任社長程滄波。抗戰爆發，隨國民黨政府遷往重慶出版。1940 年，曾因與共產黨機關報《新華日報》「鬥爭不力」而三易社長，在程滄波之後，先後有何浩若、陳博生任社長。1942 年，由「蔣總裁特達之知」，陶百川由中央宣傳部調任《中央日報》社社長。(參見陶百川：《困勉強狷八十年》，臺北：臺灣東大圖書股份有限公司，1984 年版，第 168 頁)。1945 年抗戰勝利後，國民黨中宣部派人接收南京日偽《中報》、《中央日報》等，在舊址重建南京《中央日報》，於同年 9 月 10 日出版，由馬星野出任社長。重慶《中央日報》則歸國民黨中央宣傳部直轄照常出版。1947 年該報成立中央日報股份有限公司及董事會。1949 年遷往臺灣。參見黃瑚：《中國新聞事業發展史》，上海：復旦大學出版社，2001 年版。

的基本定位，是成爲南京國民黨中央的思想文化陣地。嚴格意義上說，《大道》副刊還不是文藝副刊，只能算是一個綜合性副刊，間或登載一些文藝作品和文藝評論。而且不同的時段在刊登文藝作品和評論文章的數量上還有所不同。之所以將之列入文藝期刊考察範圍，一方面是早期的《大道》刊登過一些文藝作品，還曾以「普羅迷修斯青年文學社」的名義，專門開辦了五期文藝周刊；另一方面，《大道》在執行和配合國民黨的文藝政策宣傳中，與《青白》文藝副刊各司其職又相輔相成，起到過重要的作用。

從辦刊思路上，早期的《大道》副刊，刊發的文章主要有三類：「研究黨義，討論問題，發揮思想的文字」，〔註31〕現實的針對性和政治的導向性極爲明顯。例如：《中山主義之人生哲學及其基礎》、《黨童子軍事業與心理建設》（如萍）（第26號，1929年3月1日）、《國民會議和國民大會問題之一解》、《訓政時期的縣政應該怎樣》、《對於首都新聞記者的希望》（第27號）、《革命化的代表及其使命》、《第二次世界大戰的危機》（第36號，1929年3月22日）、《黨德問題》、《本黨於所有權的主張》（第45號，1929年4月7日）等。不過，在這類佔了較大篇幅的文字中間，間或補白似的發表一些文藝作品，大多是篇幅短小的詩歌、小說。如英子的詩歌《生之熱烈》（第27號）、洪爲法的詩歌《奮飛的一箭》、《安眠之歌》（第36號，1929年3月22日）、伯祥的《小詩》（第43號，1929年4月2日）、夢生的《凱旋的歌聲》（第47號，1929年4月13日）、倪渭卿的的《怨她》（第55號，1929年4月29日）、曙東的《遊玄武湖懷夕影》（1929年6月23日），其中，還包括一些譯詩：如鵬年翻譯的A・K・Tolstoy的《切莫相信》和M・Y・Lermontov的《雲》（第55號）、守玉譯的henry carey的《賽蕾在小巷裡》（第67號，1929年5月22日）等；尹庚的小說《窗外》（第67號）。除了這些補白之作外，這一時期，《大道》以一個名爲「普羅迷修斯青年文學社」的名義出版了5期「文藝周刊」，可以算是眞正的文藝副刊。這種以社團名義出刊的運作模式與《青白之園》文藝副刊很相似。但相比之下，無論從出刊頻率和刊發文章的數量，《大道》文藝周刊都要少得多。名爲周刊，實際是不定期期刊，如第二期和第三期相隔近一月之久。在編發至第五期時，即「因暑期在即」，「自本期爲止，即行停刊」〔註32〕。從期刊的出版期數來看，《大道》文藝周刊共出版五期；

〔註31〕《本刊啓事》，《中央日報・大道》第44期，1929年4月6日。
〔註32〕《本刊啓事》，《中央日報・大道》第5號，1929年6月18日。

從發文章的數量來看，五期一共發表文章十來篇。〔註33〕

　　與《青白之園》和《覺悟》文藝副刊上那種劍拔弩張的貶斥與謾罵相比，這時期的《大道》副刊，所刊登的文藝評論文章很少與「普羅文學」有直接交鋒。以秋潭和楊晉豪的評論為例。秋潭在《細琢纖磨的春苔》中主要批評孫福熙的小品文。儘管文字極具攻擊性，說孫福熙的作品，「情緒」近於「卑劣」，文字卻是有些「粗俗」，但這只能說是正常的文藝批評，或頂多算文人之間意氣之爭；楊晉豪的《作家的濫與懶》批評了魯迅，但同時也批評了趙景深、張資平、李金髮、許欽文等並無多少黨派背景的人。所刊登的文藝作品，主要是一些內容空洞，技巧也不甚高明的小說和詩歌，政治立場也相對溫和。以詩歌為例，不但離國民黨人所謂的「真正的革命文藝」相去甚遠，甚至還帶有國民黨「革命文藝」所極力排斥的閒適與「鴛蝴」氣。形式上，基本是一些模仿之作，只有夢生的《凱旋的歌聲》一首，也許可以算得上是所謂的「革命文藝」作品。

　　選錄其中幾篇篇幅短小的詩歌於此，可以得到一個更為直觀的印象。先看伯祥的一首《小詩》。〔註34〕

（一）

重來舊地——

只有風　紛波著我的亂髮，

只有雨　點染著我的衣襟，

親著我冰冷的嘴唇。

（二）

我，眼淚呢？

枯竭了，已經枯竭了，

這以後只有是狂歌當哭！

〔註33〕《大道》（文學周刊）第2期（1929年4月30日）載有：秋潭：《細琢纖磨的春苔》（評論），楊晉豪‧《生命的旅途》（寓言小說），晶玉譯‧Catberíue‧Y‧Glén的（詩歌）《玫瑰蔭下》；《大道》文學周刊第三期（1929年5月28日）：楊晉豪：《作家的濫與懶》，批評魯迅、趙景深、張資平、李金髮等人，許欽云：《刺戟》（小說），詩歌《冷雨》；大道文學周刊第五號（1929年6月18日）：楊晉豪：《詩韻與詩素》（理論），微微《她的責任》（小說），亞明：《從觀前歸來》（小說），白美勳《小詩》。第四期疑未出刊。

〔註34〕《中央日報‧大道》第42號，1929年4月2日。

（三）

以旖麗的春風又來到人間了，
你這永遠不能開放的心的花呀！

倪渭卿：《怨她》〔註35〕

你怎好這般的怨她，
只要當他是一個夢！
慢慢踏著微月朦朧，
沿著那馨馥的夜風。
深吻滿斟淚滴盈盅，
緊抱著幻夢的虛空！

你怎好這般的怨她，
只要當他是一個夢！
塵埃敲淡恬的喪鐘，
快樂似夢裡的殘紅。
藉著細草兒的青蔥，
忘掉她豔妁的媚容。

你怎好這般的怨她，
只要當他是一個夢！
人生原是萍水相逢，
美夢轉眼也成了空。
淒怨似夢醒的悝忪，
讓悲哀永緘營胸中。

夢生：《凱旋的歌聲》〔註36〕

青天白日飄揚漢江，
武裝鏗鏘戰鼓鏜鏜，
這是革命勝利的光芒，
這是封建勢力的滅亡。
聽喲，凱旋的歌聲在歌唱！

---

〔註35〕《中央日報·大道》第 55 期，1929 年 4 月 29 日。
〔註36〕《中央日報·大道》第 47 期，1929 年 4 月 13 日。

　　　　　　　　那製造白色恐怖的魔王，

　　　　　　　你們仗勢的炸彈手槍，

　　　　　要知道，主義能克服反動的思想，

　　　　　要知道，眞理能達到反動的力量，

　　　　　　　聽喲！凱旋的歌聲在歌唱！

　　　　　不怪兩湖的民眾失望和淪亡，

　　　　　莊嚴的漢江變作魔王的屠場，

　　　　　　　　　朋友，

　　　　　　只要拋入革命的的疆場，

　　　　　　　最後的勝利終在我掌上。

　　　　　聽喲！凱旋的歌聲在歡唱！

　　　　朋友，我們再也不要倘佯彷徨，

　　　　　　墳墓是反動者的故鄉，

　　　　朋友，我們再也不要淒涼惆悵，

　　　　　勝利的怒潮已在洶湧激蕩，

　　　　　聽喲！凱旋的歌聲在歌唱！

　　　　　　　　　　　　四，十一於鎮江黨部

　　從 1929 年下半年開始，《大道》副刊基本上很少刊登文藝作品，主要刊登「介紹世界思潮，黨義宣傳，以及社會實際問題的討論」的文章，〔註 37〕並且預備「今後減少長篇文字」，主要刊登「短小精悍比較有趣味之文字」、「名人演講之文字」、「關於青年問題之言論。」〔註 38〕因此，《大道》這一時期對文藝問題的關注，主要表現在配合國民黨中央制定的文藝政策，進行理論的闡發和倡導。從以下幾篇理論文章中，我們也可以看到這一點：

1. 周佛吸：《倡導三民主義的文學》第 145、146、147 號（1929 年 9 月 21 日、10 月 1 日、2 日）。
2. 周佛吸：《怎樣實現三民主義的文學——復大道編者先生》（1929 年 11 月 24 日）。
3. 周佛吸：《何謂三民主義文學》（1929 年 11 月 26、27、29、30 日）。
4. 劍萍：《我們需要哪一種文學》（1929 年 11 月 27 日）。

〔註 37〕《中央日報・大道》，第 94 期，1929 年 7 月 24 日。
〔註 38〕《中央日報・大道》，第 79 期，1929 年 6 月 22 日。

5. 拔一：《藝術的神秘性與人生性》第 211 號（1929 年 12 月 27 日）。

6. 葉楚傖：《三民主義的文藝創造》（1930 年 1 月 1 日「元旦特刊」）。

7. 轉載《民族主義文藝運動宣言》（1930 年 7 月 4 日）。

8. 潘公展：《從三民主義的立場觀察民族主義的文藝運動》（1930 年 7 月 18 日）。

　　儘管這是在一年左右的時間裡，《大道》副刊上僅有的幾篇談文藝問題的文章，但是，這幾篇文章篇幅都較長，往往需要連續刊登許多期，並且談的都是國民黨文藝建設中急需解決的問題。有的直接就是國民黨中央宣傳和文化官員的意見，從政治上代表國民黨中央的態度，因此，這幾篇文章的意義就顯得極其重要。

　　從理論闡發上，1929 年 6 月 4 日，國民黨中央宣傳部為配合「藝術宣傳」，提出了創造「三民主義文藝」的口號，接下來需要解決的問題是：什麼是三民主義文學？如何實現三民主義文學？周佛吸的三篇文章的出現，實際上成為了三民主義的文藝理論建設的開始。從周佛吸和王平陵之間的通信來看，儘管周佛吸表示他不知道「中央對於文學的方針，已有明白的表示」，〔註 39〕但對「中央」文藝政策心領神會與驚人巧合，無不透露出御用小文人的諂媚氣息。作為《大道》主編的王平陵在編發這幾篇文章時，也有較為明確的導向性，希望借助於對這一問題的探討，真正展開文藝理論的「建設」。在回覆周佛吸希望「記者先生」以《大道》、《青白》為武器，「剷除三民主義實現的最大障礙——無產階級文學」，並表示「亦必跟隨先生之後，任供驅策」的來信中，他說：

　　　　周佛吸先生：你的來訊，昨天註銷來了。大著請即賜下，藉光篇幅。尊意主張提倡三民主義的文學，此間同志們均表同意。文學是時代的背景，也是時代的前驅，其關係之重要，無待繁言。所以中央對於文學的方針，已有明白的表示了，不知足下見到沒有？大著論三民主義的文學一文，只是一個發端，何謂三民主義的文學？以及如何實現三民主義的文學？均未深切的討論，關於此點，尚希足下與讀者多多賜教。匆匆不詳，順候著安！編者復〔註40〕

〔註39〕周佛吸：《怎樣實現三民主義的文學——復大道編者先生》，《中央日報・大道》1929 年 11 月 24 日。

〔註40〕《通訊》，《中央日報・大道》第 161 號。

　　隨後的《怎樣實現三民主義的文學──復大道編者先生》、《何謂三民主義文學》就是在這種情況下寫就和刊發出來的，並且這三篇文章分八期，佔據《大道》副刊八個版面中的重要篇幅，可見作為副刊主編的王平陵煞費苦心。

　　在「民族主義文藝運動」開始之後，《大道》副刊隨即轉發了《民族主義文藝運動宣言》，同時刊發了潘公展的《從三民主義的立場觀察民族主義的文藝運動》。對《民族主義文藝運動宣言》的轉載，可以借助於《中央日報》這個媒介，為民族主義文藝運動推波助瀾，與此同時，也可以藉此表達國民黨中央對「民族主義文藝運動」的態度；作為國民黨文化官員的潘公展〔註41〕的文章，對「民族主義文藝作品」的出現表現出由衷的讚賞，稱「有了這種文藝作品，然後那分裂中國人為幾個階級鼓吹著階級鬥爭的普羅文藝，引導中國人到頹唐衰廢的路上去的浪漫派的文藝，和回念過去染有封建色彩的古典派的文藝，自然為掃蕩一空」。對「方才萌芽的民族主義的文藝運動」抱有「無窮的希望」。不過，潘公展讚賞上海民族主義文藝運動的同時，極力強調「民族主義文藝」中的「民族主義必須是三民主義中的民族主義，而非先前大斯拉夫主義大日耳曼主義……等等的民族主義，然後那民族主義文藝的文藝運動才可以救中國」。這與其說是對上海「民族主義文藝運動」者的「忠告」，不如說是擔心，唯恐民族主義文藝運動中的「民族主義」離開三民主義中的「民族主義」滑入到「國家主義」〔註42〕的立場上去。由此不難看出，《大道》副刊無論是在黨義研究、社會問題研究還是在文藝問題上，都力求站在國民黨官方正統的立場，進行政策的宣傳和輿論引導。

　　相比較於《大道》副刊的宏篇大論，正襟危坐而言，《青白》副刊在形式上相對活潑一些。如果說《大道》想做的是讀者的「導師」，那麼《青白》想做的則是讀者的「伴侶」。〔註43〕

---

〔註41〕潘公展此時任上海特別市政府教育局長兼社會局長，主管教育和文化工作。

〔註42〕本來「國家主義」與「民族主義」，只不過是一個事物的兩面，但在中國國民黨方面看來，一方面要打擊共產主義，同時也要抵制「國家主義」，認為「民族主義就是建立民族國家的主義」是以「民族」為本位的主義。國家主義是以國家為本位的主義，是「帝國主義的過渡中的主義」；民族主義的最終「歸宿點是世界主義」，而國家主義的「歸宿點是帝國主義」參見《民族主義與國家主義》，（政治訓練叢書第二種），訓練總監部政治訓練處印行，1929 年 8月，第 25～35 頁。

〔註43〕疾風：《我們的伴侶》，《中央日報・青白》1929 年 8 月 27 日。

從刊物定位看，最初的《青白》副刊宣稱其「不分門類，各種文字」，只要不背三民主義，有新的趣味，含義忠實者，「均所歡迎」。〔註44〕基本的思路主要圍繞一點：「有趣」。爲了做到這一點，《青白》副刊曾多次聲明其用稿原則，從形式和內容都作了很多限定。從形式上，篇幅一般要求短小，聲明「千字以上者，概不刊載」；〔註45〕從內容上，要求「數據充實」，貼近大眾生活，並且對話題還有一些指導性的規定：

> 實際的生活問題，社會的進化趨向，民間的風俗改革，時事的新聞評斷，使用的科學常識，人生的藝術描寫，一切的建設計劃，急切的民眾運動，都是我們所需要的討論的資料，我們要把它來調和一下才好。

> 譬如說：「我們普用國曆廢除陰曆以後，民間風俗如何的改革？都市人力車是否應歸公辦？」一個小家庭內最簡單的傢具是什麼？「生活平民化的標準是什麼？如何藝術化的生活？」這些有趣的問題，我們要期待青白朋友們大家來討論，我們打算一一刊行專號。〔註46〕

這些話題實際上是國民黨作爲執政黨以後所碰到問題，有意識地把內容引向這些話題的討論，可見《青白》在其宣稱的「有趣」的背後，實際上隱含著極強的政治動機，也是「導師」。

從《青白》實際刊登的文章來看。內容上主要以宣揚國民黨「革命」精神、介紹新科學知識、刊登新文藝作品爲主；形式上，幾乎每期都有編者撰寫的政治時評，主要刊登詩歌、獨幕劇、社會雜感、科學知識等文章，夾雜著通訊、「消化劑」（笑話）、滑稽故事、軼聞等短小文字，偶爾版面還配有嬉笑諷刺之漫畫。儘管編輯希望投稿者能多寫「黨務政治短評及文藝批判」，〔註47〕而且也刊登過諸如羊牧的《革心的工具——戲劇》（1929 年 3 月11 日）這樣的提倡三民主義戲劇的文章，但是整個前期的面貌仍然「不脫『雜俎』的味道，在整個報紙上不占重要的位置」。〔註48〕由於來稿「不分門

---

〔註44〕《青白社投稿須知》，《中央日報‧青白》1929 年 2 月 26 日。
〔註45〕《青白啓事》，《中央日報‧青白》1929 年 3 月 7 日。
〔註46〕作人：《我們的打算》，《中央日報‧青白》第 21 期，1929 年 3 月 3 日。
〔註47〕《編後》，《中央日報‧青白》1929 年 3 月 16 日。
〔註48〕梁實秋在《副刊與我》一文中說：「三五十年前報紙副刊大概都是消遣性或是通俗性的。內容不外小說、詩詞、雜感、軼聞之類。五四以後，最初僅是易

類，各種文字」皆可，加上過分追求趣味性，實際上使得《青白》主題模糊，版面凌亂。

這種情況在《青白》副刊第 51 號（1929 年 4 月 21 日）後有所變化。王平陵親自接編《青白》副刊，並在這期發表了《蹈進「革命文藝」的園地》，宣稱「眞正的『革命文藝』的建設，實在是刻不容緩的問題。今後的『青白』，願意和愛好文藝的讀者，共同在此方面努力，希望大家蹈進『革命文藝』的園地裡來，努力墾殖，努力灌溉」，算是在「青白的園地裡」，「掛起了『革命文藝』的旗號」。〔註 49〕他說：「革命文藝」不是傳遞牢騷，也不是表達悲哀，更不是假意「恭維人類的弱點」，而是「積極的幫助人確立健全的人生觀，不只是指責人生的壞處，要在人性善的方面，盡量地發揮」；「我們就是要從黑暗悲慘的境地找材料，也要使讀者不覺得喪氣，反覺得憤怒而奮發：我們所要描寫的主人翁，都要是經過苦難磨練的人格，每一個刀傷，每一塊瘡疤，都是有代價的；我們要如實的表現人類的生活，喊出人類的籲求；我們要把紅的血，熱的淚，眞的生命，貢獻給全人類，使他們殷了的血，變成紅的，冷了的淚，變成熱的；假的生命，變成眞的。」「革命文藝」這面旗幟的懸掛實際上意味著《青白》副刊辦刊思路的調整，從刊登「各類文字」轉向以刊登文藝類文章及創作爲主，隨後不久則完全成爲在「藝術上」努力的文藝副刊，〔註 50〕不再完全把通俗性和趣味性作爲刊物的中心，而專心於「嚴肅」的「革命文藝」建設工作了。

但是，王平陵所懸掛的「革命文藝」的旗幟並沒有如他所說的「文藝的青年們，都欣然地來歸了」。〔註 51〕從 1929 年下半年時間內，《青白》文藝副刊除了王平陵在每期的專欄中有幾篇談論「革命文藝」的雜感時評之外，眞

---

文言爲白話，仍不脫『雜俎』的味道，在整個報紙上不占重要位置。」前期的「青白」副刊，過於的追求趣味性，其消遣性這一特點還是較爲突出。參見梁實秋：《副刊與我》，李正西編：《梁實秋文壇沉浮錄》，合肥：黃山書社，1999 年版，第 189 頁。

〔註 49〕平陵：《革命文藝》，《中央日報·青白》第 56 號，1929 年 4 月 27 日。

〔註 50〕1929 年 8 月 1 日（第 96 號）王平陵與陳大悲的「通訊」中，王平陵專門借機談到了《青白》副刊的發展方向，他說：「自一號（八月一號）起，我想把青白的地皮，專在藝術上努力，暫定爲詩歌、小說、劇本、繪畫、雕刻、音樂、舞蹈、影戲等八種，倘偶有多種同性質的佳稿，則臨時發行特刊。此外，更設隨筆、散文通訊等欄，則專在宣洩編者和讀者片斷的感想。以上各類，望吾兄常常賜稿」。

〔註 51〕平陵：《革命文藝》，《中央日報·青白》1929 年 4 月 27 日。

正的討論「革命文藝」的評論文章不多。〔註52〕只有白癡的《理論與作品》（9月28、29日）、楊晉豪（晉豪）的《文藝理論與創作》（第145號，9月30日）、秋蟬的《理論與作品》（第149號，10月7日）3篇文章，算是對「革命文藝」的一個響應。可是，儘管這3篇文章論及「三民主義的革命文藝」，但都並非專文論述，只是由於白癡的《理論與作品》所引發的論爭，並非正面的理論闡發。因此，只有王平陵一人可以算是「革命文藝」的最積極的鼓吹者和組織者。王平陵在文章中呼籲青年加入「革命文藝」的建設，而對什麼是「眞眞的革命文藝」的解釋卻是空洞含糊、自相矛盾，更沒有理論上的展開與詳細的論證。在《革命文藝》中，他的基本意思是「革命文藝」應該是積極的，是健全人生的手段，應該描寫人生積極的方面，但他又說要「如實的表現人類的生活」。那麼，「pass 牢騷」等「人生的壞處」，表現「人性惡」的方面是不是「如實的表現人類的生活」呢？在《建設 postive 的文藝》（11月17日）中，首先對逐漸增多的「寫文藝作品的青年」表示「大大的失望」之後，幾乎又是重申《革命文藝》一文中的觀點。他嘲諷「坐在咖啡館裡」寫「第四階級文學」的文學青年，對「第五階級假惺惺的表同情」；貶斥其它各派爲：「惡魔派專門描寫醜和惡，虛僞和黑暗」；唯美派沉湎於頹廢；自然派專門描寫肉；象徵派專門寫靈；古典派充滿著道德的臭味；寫實派冷酷而沒有同情，紳士派的太狹義，太小氣，而忽卻民族的精神。提出要「盡量從眞、善、美的境界裡，發見人生的意義」，「努力建設 Postive 的文藝」。了無新意，其號召力自然也就可想而知。

不過，王平陵所要表述的意思中，有一點是清楚的，那就是壓制和打擊「頹廢」的文藝和「普羅文藝」。懸掛「革命文藝」之旗，原因在「反動派利用文藝的手段，作誘惑青年的工具」，「撒布眞眞的『革命文學』的種子」，是

---

〔註52〕王平陵這時期的文章主要有：《蹈進革命文藝的園地》（4月21日），《革命文藝》（4月27日），《跑龍套的》（4月28日，57期），《皈依》（雜感）效忠三民主義，《回來罷！同伴的》（6月6日），《降到低地去》（6月17日），《已而！已而！》（6月18日），《藝術與政治》（《南國特刊》第1號），《預定的菜單》（7月18日），《再來刮一陣狂風》（8月7日）；《評思想統一》（9月6、7、10日）；《建設 postive 的文學》（11月7日）；除此之外，眞正討論「革命文藝」其它人的文章僅有白癡的《理論與作品》（9月28、29日），折梧的《戲劇的革命與革命的戲劇》（11月22日），楊非的《革命文學與民眾戲劇》（11月22日、27日），心在（莊心在）的《藝術與民眾》（9月26日）等少數幾篇。

為了以此「來解除時代的悲哀，指示青年的出路」。〔註53〕在「革命文藝」的理論上《青白》文藝副刊儘管沒有任何建樹，但在王平陵主編時期〔註54〕，《青白》文藝副刊在戲劇理論和創作上，卻有一些積極的探索和實踐。用大量的篇幅刊發了不少戲劇理論和戲劇作品，這恐怕是《青白》文藝副刊提倡「革命文藝」後最為切實的工作和「貢獻」。

在刊發有關戲劇的評論文章方面，較為重要的文章有：史本直的《給愛好戲劇的朋友們》；閭折梧的《關於民眾的演劇問題的討論》（1929 年 5 月 30 日，6 月 1 日，6 月 6 日）；折梧的《戲劇運動與演劇運動》（1929 年 6 月 30 日）、《戲劇的革命與革命的戲劇》（1929 年 11 月 22 日）；田漢的《藝術與藝術家的態度》；洪深的《政治與藝術》；蕭卓麟的《南國的進步》（第 78 號，1929 年 7 月 9 日）；謝扶雅的《戲劇的哲學》（第 131 號，1929 年 9 月 13 日，14 日）；西泠的《中國劇運的啟蒙時代》（「南國特刊」第 3 期）；田漢的《藝術與時代及政治之關係》（1929 年 9 月 26 日）；心在（莊心在）的《藝術與民眾》（1929 年 9 月 26 日）、《民眾戲劇的理論與實際》（1929 年 10 月 15、16 日）；楊非的《革命文學與民眾戲劇》（1929 年 11 月 22 日、27 日）；趙銘彝的《演劇與民眾》（1929 年 11 月 24 日）；郭法順的《改良舊劇的意見》（1929 年 12 月 10 日）。除此之外，還包括一些戲劇藝術自身問題的探討。如陳大悲的《演員之心理訓練》（1929 年 11 月 12 日）；周涯夫的《舞臺上的燈光》（1929 年 11 月 12 日）、《對於舞臺表演之小貢獻》（1929 年 12 月 10 日）；晴光的《歷史與戲曲》（1929 年 12 月 25 日）等。

在戲劇作品的刊載上，主要以大量的篇幅刊發陳大悲的《五三碧血》（五幕劇）、《真解放》（啞劇）；萬籟天的《期待》（獨幕喜劇）；徐德祐的《神經病患者》（獨幕劇）。其中最長戲劇作品是陳大悲的五幕劇《五三碧血》，從1929 年的 3 月 11 日開始刊載，一直到 5 月 11 日，才載完第四幕，7 月 23 日

〔註53〕平陵：《蹈進革命文藝的園地》，《中央日報·青白》1929 年 4 月 21 日。
〔註54〕《中央日報·青白》文藝副刊在 1930 年 5 月 9 日起由黃其起主編，由於黃聲明不理前任之事，還曾引起上海《民國日報·覺悟》副刊的批評。黃主編之後，可能由於稿源缺乏，很長一段時間都是靠對大學生徵文的稿件維持版面，儘管也有如《評無產階級文藝》（作者署名「NOP」，1930 年 8 月 23 日）、《讀〈文藝月刊〉以後》（作者沈鑒，1930 年 8 月 19 日）一樣批判無產階級文藝的文章，但也不占主流，比起王平陵主編時期，《青白》在取材上相對雜亂，其政治主導色彩在不斷減弱，重要性在國民黨右翼文藝期刊體系中也大不如前了。

開始刊登第五幕，8 月 8 日載完。從 8 月 9 日開始又開始刊登其啞劇《眞解放》，連載 4 期。萬籟天的獨幕喜劇《期待》也連續在 8 月 18、20、21、22、24、25 日分六期刊載，許德祐的獨幕劇《神經病患者》也分別在 1929 年 12 月 20、21、22、25 日刊登。本來《青白》文藝副刊曾多次在其《徵稿啓事》中聲明來稿以短小精悍爲主，一般要求不超過一千字，「千字以上，概不刊載」，最寬鬆的一次徵稿啓事要求也是「無論譯述與創作，除自信爲值得一讀的名著外，最好勿超過二千字外」。〔註55〕然而上述所列四篇戲劇篇幅都遠遠超過兩千字，最長的《五三碧血》甚至佔據《青白》副刊幾個月的版面，最短的劇本也差不多占到一周的版面，由此可見《青白》文藝副刊對戲劇作品的重視程度。

此外，《青白》文藝副刊對戲劇團體的戲劇活動表現出超乎尋常的熱情與支持。這些戲劇團體中包括民間社團上海的「南國社」，南京的「金陵劇社」、「櫻花劇社」，也包括江蘇省黨部所辦的「江蘇省民眾劇社」。對「南國社」兩次進京公演，《青白》文藝副刊都作了大篇幅的宣傳與報導。1929 年 6 月 22 日第二次進京公演，《青白》文藝副刊不但在「戲劇專號」宣傳和介紹「南國社」，而且爲此專門出版整個版（平時占半個版面）的三期《南國特刊》。除發表王平陵、葛建時、蕭卓麟、西泠等人的歡迎和介紹「南國社」的宣傳文字之外，還發表「南國社」社員田漢、洪深等人的文章，其中在《南國特刊》第二期還發表了國民黨中央宣傳部部長葉楚傖的歡迎「南國社」到南京演出的歡迎詞《革命家應有藝術修養》。可見《青白》文藝副刊對「南國社」的重視程度。對江蘇省黨部宣傳部長葛建時組建的「民眾劇社」，《青白》文藝副刊不但對其到南京的公演行動大加讚賞，而且專門出版「江蘇民眾劇社公演特刊」（1929 年 11 月 24 日），爲其演出推波助瀾。對南京的「金陵劇社」和「櫻花劇社」的戲劇公演活動，《青白》文藝副刊也是不遺餘力，除了對其公演的戲劇加以宣傳，肯定「櫻花劇社」、「金陵劇社」等戲劇社的組織是「著有成效的」外，還專門開闢了由兩社負責撰稿的戲劇專刊，聲稱這是「爲使民眾們認識戲劇的意義，爲引起愛好戲劇的朋友們研究戲劇的趣味，很頗意承認了金陵與櫻花兩劇社的意思，每逢星期日把地位割讓了一天，給兩社的同志輪流發表一點關於戲劇上的心得」。〔註56〕在 1929 年 12 月 3 日、

〔註55〕《徵稿啓事》，《中央日報・青白》1929 年 10 月 22 日。
〔註56〕《青白欄啓事》，《中央日報・青白》1929 年 12 月 3 日。

12 月 10 日「櫻花劇社」、「金陵劇社」撰稿的戲劇周刊分別正式出刊，即是表明這種「承認」。

　　爲什麼會出現《青白》文藝副刊從開始「懸掛革命文藝」之旗，並沒有多少探討革命文藝的理論文字，就連在 1929 年 6 月 4 日「全國宣傳會議」確定了「本黨文藝政策案」之後，也很少有相關的文章出現。卻反而開始大量刊發探討戲劇理論文字及戲劇作品，並且對戲劇社團表現出如此的熱心支持和扶助呢？

　　首先，這與國民黨人對戲劇的理解與認識相關。在國民黨人看來，戲劇是重要的革命手段，是動員和發動民眾的重要工具。在政治教化、意識形態灌輸方面，戲劇相較於其它藝術形式有著明顯的優勢。羊牧在《革心的工具》就稱：「革心的工具，大概是可以表演，具有民眾性，能普遍到民間的東西吧？而可表演，具有民眾性，能普遍到民間的東西，又非戲劇莫屬。」「詩文按理說，可以潛移默化人心，是改革的好工具」，但「詩文不能表演，易含貴族性，只能普遍到知識階級」。〔註57〕因此，我們在《青白》文藝副刊上看到，大多數相關的探討戲劇的文字，都是把戲劇與民眾聯繫起來，鼓吹戲劇運動，意在通過掀起「革命」的戲劇運動，達到政治教化、意識形態灌輸目的。王平陵作爲編輯，他的意見和愛好、脾性當然很重要，他可以將《青白》改造成爲爲「藝術而努力」的文藝副刊，也可以決定發表誰的作品。但是，作爲國民黨黨營刊物，編輯的個人喜好還得服從於政治集團的利益和目標。在「訓政」這個大的政治背景下，《青白》文藝副刊大量的編發鼓吹戲劇運動，大篇幅的刊登戲劇創作，就不是不可以理解的事情了。就連對 1929 年《青白》文藝副刊極力扶持和幫助的戲劇運動，許德祐都還專門撰文檢討，認爲「南國社第一次進京公演，劇本是純然是屬於唯美、頹廢的」，「狂飆也沒有什麼大的顯著的意義」，「辛酉劇社的《狗的跳舞》是象徵、虛無、渺茫的」，「曉莊劇社的農民劇，只是關於一部分民眾的農民劇」，「南國社在京滬進行的第二期的話劇運動，仍然脫不了唯美的色彩」，江蘇省黨部的「民眾劇社」和南京的「金陵劇社」，「極大的限度怕只是使觀眾獲得一時淺薄的欣賞」。最終歸結到「我們認爲從事戲劇運動的人是另有一種更偉大，更急迫的使命」。〔註58〕這個「使命」當然就是對民眾的意識形態教育，其文藝目標與國民黨南京政

〔註57〕羊牧：《革心的工具》，《中央日報・青白》1929 年 3 月 11 日。
〔註58〕許德祐：《摩登的戲劇運動》，《中央日報・青白》1929 年 12 月 28 日。

府的政治目標緊密地聯繫在一起。

其次，在超越徵稿啓事的限制，大篇幅刊登戲劇作品方面，除了上述原因外，還與王平陵的編輯立場有關。他是最早注意到建設「革命文藝」以打擊「普羅文藝」的國民黨文人之一，並利用其編輯身份身體力行進行這種建設。最主要的方式除了自己撰文抨擊「普羅文藝」，呼籲建設「革命文藝」外，更多的時候，他是以一個文學活動的組織者出現。在刊登陳大悲的劇本《五三碧血》以及出版《南國特刊》這兩件事情上，就明顯的表露出王平陵的編輯立場。

《五三碧血》是陳大悲的五幕戲劇，由於篇幅較長，可是連續幾個月的刊登使得作者陳大悲都有些不耐煩，給編輯王平陵來信，希望要麼將《五三碧血》撤掉，要麼儘快增加篇幅刊登完，好「把儘早把這王二娘的腳帶卷起來」。王平陵是這樣回覆的：

> 不是恭維你，當的的確確是富有革命性的劇本，結構、情節、描寫都能恰到好處，與近代一般的作風，當然不同。王大娘的腳帶雖然長，並不臭，在愛它的人眼裡，也許認爲比玫瑰花還要香呢！……
>
> 我老實告訴您，現在的文壇上，簡直是「糞壇」了，臭氣撲鼻，眞要薰壞了人，我全靠著這根王大娘的腳帶，慢慢兒的卷，利用它遮住了一些「糞壇」上的臭味呢？〔註59〕

這文壇上的所謂「臭味」大概就是他所說的「荒蕪了的『文藝之園』」中的「蔓草雜花」，《五三碧血》這個以「濟南事件」爲原型的「革命性劇本」，也許就是他所說的「革命文學」的種子，或者是王平陵剷除「蔓草雜花」的「荷鋤輪鈀」。〔註60〕之所以要將這「王大娘的腳帶」「慢慢兒的卷」，原因也就在於這個劇本正好符合王平陵所認爲的「革命文藝」標準。

對「南國社」來京公演，王平陵曾是主要的聯絡者和策劃者。在《青白》文藝副刊刊登的一則通訊：

> 陶知行、趙光濤、唐三、吳作人、呂霞光、劉毅諸同志公鑒：
>
> 頃接上海南國社來訊：因總理奉安期內，正值四海遏減八音之時，六月五號前入京之決定，遂不得不延至六月二十號左右。此次

---

〔註59〕《通訊》，《中央日報・青白》1929年8月1日。
〔註60〕平陵：《蹈進革命文藝的園地》，《中央日報・青白》1929年4月21日。

爲南國第二次入京公演，除添演新劇本外，又特演田漢氏最近傑作
《總理之死》，藉表哀忱。一切布置設備，均在積極研究中。屆時，
想不難獲得首都人士之滿意。因恐諸同志佇候爲勞，謹此先期通知，
諸維垂鑒，敬頌著安：六月一號王平陵。〔註61〕

　　從這則通訊來看，「南國社」這次入京公演得到了南京文藝界，尤其是官
方文人的大力支持，一切「設備」等由王平陵負責張羅，陶知行、趙光濤、
唐三、吳作人、呂霞光、劉毅參與了這次演出的籌劃事務。王平陵等人的熱
心當然不可能是因爲戲劇藝術，儘管他一再聲稱是因爲「純粹藝術」。〔註62〕
在《南國特刊》第2期的《編完以後》裡，他毫不掩飾他的這種政治用意：「朋
友們一定要這樣的懷疑我們了，現在國內一切都感受貧乏——尤其是科學，
你們何獨於藝術這樣的熱烈呢？我們的回答是：是的，我們認爲眞正的藝術，
是推進社會的原動力，（田漢先生語）而革命家須有藝術的修養，（葉楚傖先
生語）藝術的力量，能起死人而肉白骨，（戴季陶先生語）所以輿論界應該積
極的援助，督促他們的成功。倘若，倘若，國內的各種學術界，都能在黨的
指導下，作學問上的努力，德性上的修煉，預備貢獻社會，效勞黨國，我們
一樣的援助，也許援助的熱烈，尤甚於南國此次的入京」。〔註63〕這段話中，
王平陵非常清楚地交待了「南國社」受到如此「援助」的前提是「能在黨的
指導下」「效勞黨國」。

　　王平陵在「南國社」進京公演整個事件的宣傳報導中，其操作方式耐人
尋味。一開始，他以「消息」的方式在《青白》文藝副刊告知陶知行、趙光
濤等人「南國社」進京演出延期，實際上是在表明「南國社」進京與《青白》
副刊大有關係。接著刊發了一系列評介「南國社」的相關文章。其中，王平
陵在《南國的使命》中對「南國社」重複了他在《革命文藝》一文中提出來
的「使命」；〔註64〕蕭卓麟在《南國的進步》則指出了南國戲劇運動「應有的

〔註61〕《中央日報‧青白》1929年6月1日。
〔註62〕《青白》副刊曾登載一則《本刊啓事》：《南國特刊》本擬續刊，茲以稿件極
　　　　少，只得稍待。本特刊顧思因南國之來，作純粹藝術之宣傳，絕非爲南國捧
　　　　場而設；然苟有以藝術之立場，對於南國擬演各劇，爲忠實的批評，亦而歡
　　　　迎，凡枝枝節節無意義的記述，請勿見賜。編者。見《中央日報‧青白》《南
　　　　國特刊》第2期，1929年7月9日。
〔註63〕平陵：《編完以後》，《南國特刊》第2期，《中央日報‧青白》1929年7月9
　　　　日。
〔註64〕《南國特刊》第1期，《中央日報‧青白》1929年7月2日。

準則和應有的工作」是「戲劇的民眾化」；葉楚傖在歡迎「南國社」的歡迎詞中盛讚「南國社」是一個「很有歷史且爲革命的藝術團體」，希望「南國社」能積極於「革命的戲劇運動」。〔註65〕這些文章不但對「南國社」提出了方向性的指導與規範，更爲重要的是這些文字的刊載，無疑是借助於報紙的傳播，宣告「南國社」是一個致力於國民黨的「革命文藝」建設的戲劇團體，並且借機將「南國社」樹立爲一個模範的「革命藝術團體」，表明國民黨中央的態度，對其他的戲劇團體進行引導和規範，從而收編進入「效勞黨國」的行列之中。不過，後來「南國社」的「左」轉，卻是其始料未及的。

### 三、黨報文藝副刊的政治性訴求

黨報文藝副刊表現出強烈的政治性訴求，這是由黨報文藝副刊的功能性定位所決定的。從宏觀的方面看，在收音機、電影等音像媒介和印刷媒介之間，作爲印刷媒介的書籍、雜誌、報紙之間都存在著傳播功能上的互補關係；從微觀的方面來考察，就報紙作爲一種新聞紙的各個版面之間，也存在著這種互補關係。就一張黨報而言，大體可以分爲新聞、評論和副刊幾個板塊，新聞披露事實，評論講述道理，而副刊則運用各種文體，起著補充、解釋、引申和加強新聞及評論的作用。具體地說，黨報文藝副刊實際上也同樣擔負著對民眾進行政治宣傳、思想教育的任務。在引導社會輿論和傳播、普及知識方面，它起著其它新聞、評論板塊所不可替代的滲透性作用。張若谷曾經闡述過文藝副刊的這種功能：

> 文藝副刊能夠獲取讀者擁護的原因，無非是爲了它是一個廣泛的讀者園地。無論哪一種報紙，副刊都是徵收外稿，接受讀者投寄的文章，因此文藝副刊也最容易引起社會各界人士的注意。因爲凡是一種能夠被稱爲大眾喉舌的報紙，不但可以藉此宣傳國策和主義，而且同時也可以傳佈讀者的意見，貢獻給政府或社會供作參考。文藝副刊在某些人的目光中，是一種所謂「報尾巴」，可是它所負的實際任務是和社論及新聞有同樣的重大價值，而且在效能方面有時是超出副刊要求以上的。〔註66〕

---

〔註65〕《南國特刊》第 2 期，《中央日報・青白》1929 年 7 月 9 日。
〔註66〕《三十年來報紙文藝副刊的演變》，原載上海《文藝月刊》。張若谷：《報紙的文藝副刊》，王文彬：《中國報紙的副刊》，北京：中國文史出版社，1988 年，第 16 頁。

　　張若谷這一段話建立在他對報紙文藝副刊在三十年代逐漸政治化的觀察基礎上，指出了國民黨黨報文藝副刊在功能上與其它商業性報紙文藝副刊的區別。不過，國民黨黨報當然不能稱之爲「大眾的喉舌」，只能稱之爲「黨的喉舌」。《中央日報》自創立之初，就宣稱「作爲代表本黨之言論機關報」，「一切言論，以本黨之主義政策爲依據。」〔註67〕而《民國日報》作爲傳統黨報，在1928年以後也必須以「本黨主義政綱政策及中央決議案、法令等爲立言取材之標準」。〔註68〕作爲這時期黨報文藝副刊的《大道》、《青白》、《青白之園》和《覺悟》自然在「立言取材」上也必須恪守黨報的這些標準與規範。與《京報》宣稱的「各種副刊上之言論，皆各保有完全的自由，與本報無須一致」（邵飄萍語）〔註69〕的文藝副刊理念，自然是大相徑庭。

　　這就決定了黨報文藝副刊比其它專門性文藝刊物而言，輿論色彩更濃厚，更具強烈的政治性和政策性。在《大道》、《青白》、《青白之園》和《覺悟》幾個副刊上，我們隨處可見謾罵「普羅文藝」和指責其它文學樣式的文字，都首先指出現在「思想混亂」，所以不僅要通過發一些鞭笞「普羅文藝」和其它文學樣式的評論，而且要刊登一些具有「革命性」的作品，來體現國民黨的政治路線、方針和政策，以引導輿論的發展方向。因此說，傳統的文藝副刊的消閒功能在黨報文藝副刊中逐步消失，它不但成爲了清除「混亂思想」的戰鬥營壘，而且成爲對民眾進行思想教育和黨義灌輸的工具。

　　把黨報文藝副刊作爲宣傳利器和教育工具，是有著諸多有利條件的。一方面，就文藝副刊本身來說，其邊界較具開放性，能相容各類文體。報學研究的開創者戈公振在1927年出版的《中國報學史》所說：「副張之材料，必以文藝爲基礎，如批評、小說、詩歌、戲曲與新聞之類，凡足以引起研究之興味者，均可兼收並蓄，而要在與日常生活有關，與讀者之常識相去不遠。」戈公振所論述的「副張」就是指文藝副刊，不僅文體多樣，而且容易引起人研究的興味，「凡有文字知識者，捨讀日報副張以調節其腦筋外，幾別無娛樂

〔註67〕《我們的責任》，《中央日報》1928年2月10日。轉引自蔡銘澤：《中國國民黨黨報歷史研究》，北京：團結出版社，1998年版，第52頁。

〔註68〕1928年6月和9月，國民黨中央又通過的《設置黨報條例草案》、《指導黨報條例》、《設置黨報辦法》等三個檔，上述三個檔藏於南京中國第二歷史檔案館，全宗號722，卷號400。

〔註69〕轉引自夏榆：《紙上風雲，副刊時代的終結》，載《南方周末》2004年9月9日。

之可言。」〔註 70〕而且在「歐戰以後，一切社會制度，皆入於懷疑之狀態。此後須另覓新知識，爲生活之指導。於是報紙上時見討論學問之文，而周刊遂應運而生。」戈公振所指出的趣味性和知識性實際上是二三十年代文藝副刊的普遍特點，而且因此獲得生存的空間。正是因爲文藝副刊的娛樂和傳播新知識兩大功能，使得這種宣傳和教育成爲可能。另外一個方面，報紙作爲新聞紙，時效性強，傳播範圍較廣，擁有的讀者面也較寬。黨報文藝副刊出刊也就相對頻繁，文稿刊發相對及時，需要時還可以增加版面或者獨立出版專刊特刊，在某種程度上可以代替部分雜誌的工作。戈公振作過這樣的闡述：「我國雜誌不多，專門之雜誌尤少，於是周刊又兼有一部分之雜誌工作。」〔註 71〕比如《青白》文藝副刊出版《南國特刊》、《戲劇周刊》（「櫻花劇社」、「金陵劇社」輪流撰稿）、《大道》副刊出版《文藝周刊》（「中國文藝社」撰稿）等，就帶有明顯的雜誌化傾向，在集中探討戲劇問題和爲戲劇運動製造聲勢方面有著明顯的優勢，能起到集中推出文化產品的效果。

　　但是，國民黨利用黨報文藝副刊這種特殊的媒介形式，應對來自「普羅文學」的挑戰，從而影響文藝的走向，總的來說是不成功的。這一點上文也作了詳細的材料梳理與分析，歸結起來主要是：第一、缺少正面的理論建設與分析，理論不能集中，甚至顯得拙劣。提倡「革命文藝」，可對什麼是「革命文藝」，「如何建設革命文藝」並未說清，卻主要刊登嘲諷甚至謾罵「普羅文學」的文字，所招致的反感和漠視是極其自然的；第二、缺少素養較高的作家隊伍和有分量的作品。由於黨報副刊的「黨性」立場和特殊的撰稿要求，其撰稿隊伍主要就是國民黨文化宣傳人員，眞正的作家和藝術家極少在這幾個副刊上發表作品，使得稿件質量普遍不高。除了陳大悲算是一個眞正從事藝術運動的作家，在《青白》上刊登過五幕劇《五三碧血》具有一定可讀性之外，大量的作品充滿著黨義宣傳的調子，極其平庸無趣。有一些像《青天白日》的歌功頌德之作，連「民族主義文藝」期刊《開展》都貶斥其「天天替大偉人鑄版登刊詩詞……以逐其個人捧大卵泡之奸計」。〔註 72〕第三、趣味性的消失。在編輯家孫伏園看來：「日報附張的正當作用就是供給人以娛

---

〔註 70〕戈公振：《中國報學史》，上海：商務印書館，1935 年版，北京：三聯書店，1955 年重印，第 246～247 頁。
〔註 71〕戈公振：《中國報學史》，上海：商務印書館，1935 年版，北京：三聯書店，1955 年重印，第 247 頁。
〔註 72〕《開展・開展線下》1930 年 9 月 9 日。

樂，所以文學藝術這一類的作品，我以為是日報附張的主要部分，比學術思
想的作品尤為重要。……中國人的生活太乾枯了，就是首都的北京也是如
此；幾十個戲館是骯髒喧擾到令人不敢進去的；音樂跳舞會是絕無僅有
的……試問除開看看日報的附張籍以滋潤他的腦筋以外，他還有別的娛樂可
以找到麼？」〔註73〕這個「理想的文藝副刊」的標準與戈公振表達的是同樣
的意思，二人都注意到文藝副刊的趣味性是其存在的基礎和產生影響的重要
前提。然而，《青白之園》、《覺悟》幾乎就是為擔負建設「革命文藝」的政
治使命而出現的，使得其一出現就是一幅高高在上的嚴肅臉孔，並且政治說
教般的評論文字使得版面極為單調。就《覺悟》副刊而言，所討論的政治問
題也遠不像 1925 年以前「足以引起全國人之視線」。〔註74〕「大道」更是以
「訓政」時期的「導師」自居，其長篇宏文讓人望而生畏；《青白》副刊雖然
在趣味性上作過一些嘗試和努力，但很快也因為要建設「革命文藝」和進行
「戲劇運動」而言歸「正傳」。

　　除此之外，從形式上看，黨報文藝副刊在整個報紙中畢竟不能佔據很大
版面。無論是《中央日報》的《大道》、《青白》還是《民國日報》上的《青
白之園》和《覺悟》，所佔整個報紙的比例大約為半個版，出版周刊、特刊也
不超過一個版，也沒有獨立發行。這就使得報紙文藝副刊在文字容量上相對
有限。所刊載的文章都極為短小，遇到稍長的文藝作品與文章，就需要連載。
如《青白》文藝副刊在《徵稿啟事》中多次強調來稿不能超過兩千字，有時
甚至限定「千字以上，概不刊載」。偶有幾千字的文章就要分作幾期刊載，陳
大悲的五幕劇《五三碧血》竟連載達數月之久。儘管戈公振在《中國報學史》
中闡述了「周刊」在取材的廣度上也兼有雜誌的部分功能，但他又強調：「然
二者性質終屬不同，蓋專門雜誌務求其深，周刊務求其廣，且須力避教科書
之色彩也」。〔註75〕由於「周刊務求其廣」，選材廣泛與容量有限的矛盾使得
對問題的討論不能深入。即使可以連載，也破壞了文章的完整性和連貫性，
對於作者的投稿積極性和和讀者的耐心都是極大的挑戰，真正要做到「求其
深」，恐怕還是非雜誌莫屬，這也就是在黨報文藝副刊上很難看到比較有分量

〔註73〕孫伏園：《理想中的日報附張》，《京報》1924 年 12 月 5 日。
〔註74〕戈公振：《中國報學史》，上海：商務印書館，1935 年版，北京：三聯書店，
　　　　1955 年重印，第 247 頁。
〔註75〕戈公振：《中國報學史》，上海：商務印書館，1935 年版，北京：三聯書店，
　　　　1955 年重印，第 247 頁。

的文章和作品的原因之一。

不過，說黨報文藝副刊作爲一種特殊的媒介，在控制輿論和引領文藝思潮，或者說在文化領導權的爭奪中所起的作用極其有限，並非是否認其存在的意義。在文藝副刊的發展史上，國民黨黨報文藝副刊的出現不但標誌著一種文藝副刊的全面政治化轉型，而且標誌著集政策性、知識性、趣味性爲一身，宣傳功能、組織功能、教育功能三位一體的文藝副刊新模式的出現。從體制建構層面看，黨報文藝副刊的出現也標誌著國民黨以國家力量介入文藝領域，力圖借助於媒介的傳播功能發動文學運動，培植作家和扶持文藝社團，引領文藝走向，並以此來提升其作爲「文學性」特徵存在的話語權地位，從而開啓以政黨政權之力規範文藝的先河。

## 第三節　個案分析：《前鋒周報》、《前鋒月刊》與《文藝月刊》

現代雜誌的興起，主要基於晚清各政治團體宣傳政治主張的需要。按戈公振在《中國報學史》中所言，「北京強學會被查封」之後，晚清各地「起而組織學會討論政治問題與社會問題」，「而每會必有一種出版物以發表其意見。於是維新運動，頓呈活躍之觀，而雜誌亦風起雲湧，盛極一時」。〔註76〕這一方面說明現代雜誌從一開始出現就與政治活動有密切聯繫；另一方面，政治團體借助於雜誌這種大眾媒介宣傳政治主張，形成「運動」，從晚清就已經開始。

國民黨試圖通過黨報文藝副刊開展文藝運動，進行所謂的「革命文藝」的建設，實際也是利用文藝進行政治宣傳的過程。但是，由於國民黨黨報文藝副刊自身篇幅限制和刊物運作上的缺陷，使得其因「求廣」而失其「深」，在國民黨文藝政策的推動下，黨政軍各級宣傳、文化部門及各藝術團體便轉而創辦文藝性專門雜誌〔註77〕。右翼文藝雜誌應運而生並迅速成爲了國民黨

〔註76〕 戈公振：《中國報學史》，上海：商務印書館，1935 年版，北京：三聯書店，1955 年重印，第 123 頁。
〔註77〕 「雜誌」和「期刊」兩個概念，目前學界尚無一致公認的定義。《辭海》對「期刊」的界定是：「期刊，又稱『雜誌』。根據一定的編輯方針，將眾多作者的作品彙集裝訂成冊，定期或不定期的連續出版物。每期版式大體相同，有固定名稱，用卷、期或年、月順序編號出版。」張覺民先生認爲：「雜誌是大眾傳播的一種媒介，是提供大眾閱讀各門各類知識材料寶庫的一種工具，它是

政治文化的主導性傳播媒介。

　　在數量眾多的右翼文藝雜誌中，國民黨的主導意識被製造出來，經過文藝的虛構、誇張、想像並迅速的傳播，使主導意識能夠穩固延續，實際上，這不單是一個媒介和讀者之間的傳播與接受過程，更是這種主導意識的生產和再生產過程。通過右翼文藝雜誌這種媒介，協助觀點和信仰的維繫，從而再造現存的社會秩序和政治社會生活的主導地位。從這個意義上說，這些雜誌不但是國民黨傳播意識形態的重要陣地，而且是意識形態的生產與再生產場所。

　　本章第一節對右翼文藝期刊作了一個大致的分類。不過，從內容上看，右翼文藝雜誌又可以再細分為以下兩類：

　　一類是民族主義文藝雜誌，這類雜誌以宣揚民族主義文藝，推進民族主義文藝運動為主要任務和目標。主要有《前鋒周報》、《前鋒月刊》、《開展月刊》、《黃鐘》、《汗血月刊》、《前途》等；

　　一類是有黨派背景，但卻以「為純文藝而努力」標榜的刊物。主要有：《文藝月刊》、《流露》（《中國文學》）、《當代文藝》、《南風月刊》等。

　　在這些雜誌中，《前鋒周報》、《前鋒月刊》與《文藝月刊》分別代表不同的類型，在意識形態的生產和傳播過程中呈現出不同的面孔。對這兩個雜誌分別作個案研究，有助於透視右翼文藝雜誌在意識形態話語生產、穩固和延續中所充當的角色，揭示雜誌如何進行意識形態的運作，強化主導觀念和信仰的。

## 一、《前鋒周報》、《前鋒月刊》：典型個案之一

　　對於首倡「民族主義文藝運動」的「前鋒社」來說，其旗下的文藝雜誌

介於新聞（報）與著作品（書）之間的一種產物。」參見張覺民：《現代雜誌編輯學·自序》，中國書籍出版社，1987年版，第1頁。林穗芳先生認為：「多數人通常是把期刊和雜誌作為同義語使用的，雜誌不管是否定期出版，都是期刊，在圖書、報紙、雜誌三類出版物並提時，可把『雜誌』換成『期刊』，反之亦然。當然，它們的用法不是毫無區別。例如，『雜誌』一詞可作刊物的名稱，『期刊』則不能，期刊按廣義的用法可以包括報紙，雜誌則不能。」林穗芳：《「雜誌」和「期刊」的詞源和概念》，《編輯學刊》，1993年第2期。本書之所以使用「雜誌」這一概念，主要是為了區別於國民黨黨報文藝副刊而言。主要是指除文藝副刊之外的定期或者不定期但連續出版的，以刊登文藝理論和創作為主的文藝性專門刊物。採用的是就右翼文藝雜誌而言，主要有半月刊、月刊、季刊幾種形式。

《前鋒周報》（1930 年 6 月 22 日創刊）和《前鋒月刊》（同年 10 月創刊）可以算是一個姊妹刊物。〔註 78〕如果說《前鋒周報》主要是立足於理論倡導，主要刊登論文和雜評，爲「民族主義文藝運動」造勢的話，《前鋒月刊》則主要刊登長篇文字（包括評論與作家創作），爲「民族主義文藝」提供典範的文學文本。二者在內容上各有所偏重，但卻從理論和創作兩個方面意圖樹立「民族中心意識」這個基本目標。

### （一）刊物發起——《發刊詞》與《宣言》

三十年代的文藝雜誌，往往在創刊號刊登「發刊詞」或者「編者的話」，藉此闡明辦刊的目的、宗旨，以便引起社會的注意，團結同道中人。《前鋒周報》創刊號開頭也有一個短小的《發刊詞》：

> 既無火藥十萬兩，又沒有飛舞鐵錘鐮刀的臂力，橫豎大家都是文人，滿不過是說說而已。當然這也毋庸來翻什麼新花樣，反正大家心裡都明白。字是一行行排列在下面，看來似乎並未越出文藝的範圍，然而，我們所希望的原也不過是如此。

> 我們既不是「天才」與「學者」，當然沒有什麼大了不得的關於國家大事的主張要藉此來發表，但也不敢以此便認爲鐵錘鐮刀，而懷著特殊的希冀；區區所想望者，倘嗣後能如此下去，按七日出版一次，那樣算是余願已足，喜出望外了。

> 至於有同好的人，高興寫點東西來這裡說說話的，本刊也樂爲登載，但，倘使有人反對，我們也極願「佇候明教」。

表面看來，除了充滿著冷潮腔調和含糊的語詞外，這段文字並無什麼特別之處。既無明確的主張，也沒有清楚的目標。但是，如果把文中提到的「鐵錘鐮刀」、「新花樣」、「特殊的希冀」這樣一些字眼，與《前鋒周報》第三期《最近中國文藝界的檢討》（李錦軒）中的一段話作一個對照，這段話還是有些玄妙。這段話這樣說：

> 一般主張普羅文藝者便花樣翻新的打起左翼作家大聯盟的旗幟來。但還是換湯不換藥，標語口號仍是標語口號，不過更堆砌了些

---

〔註 78〕《前鋒月刊》創刊號中《編輯的話》一文稱：「我們《前鋒月刊》既然由《前鋒周報》擴充出來，主張當然是一致的」，「我們規定今後的《前鋒周報》，專刊短篇的文字，以文藝方面爲範圍；《前鋒月刊》刊登長篇的文字，除了文藝之外，還要刊登關於民族運動及社會科學等各種文字，以期讀者有所參證」。

鐵錘鐮刀，煤油石灰之類的字眼罷了。

發刊詞中說的「毋庸來翻什麼新花樣」很明顯是指「左翼作家聯盟」成立這件事情，「鐵錘鐮刀」是針對「普羅文藝」中的「標語口號仍是標語口號」傾向的嘲諷。文末「倘使有人反對，我們也極願『佇候明教』」這樣咄咄逼人的架勢，暗含向左翼文藝挑戰的意思。在隨後發表的朱大心的詩歌《劃清了陣線》中，這種動機表露無遺。詩歌寫道：「劃清了陣線，／我們起來作戰！／爲民族而奮鬥，／看旗幟的招展。／起來！／馬克思列寧的養子們！／起來！／賣身投靠的養子們！／我們在今天／刀對刀，／劍對劍。……」〔註79〕由此看來，作爲兩個對抗性文藝團體，1930 年「左聯」和「前鋒社」相繼成立很顯然就不是巧合，《前鋒周報》的創辦直接與「普羅文藝」期刊的大量出現相關。〔註80〕

不過，對於對抗的雙方來說，即使如發刊詞所說的「反正大家心裡都明白」，《前鋒周報》這個發刊詞對於外界來說仍然太過含糊。「前鋒社」當然不會僅僅滿足於與「左聯」在媒介領域內展開的對抗而與「左聯」平分秋色，更深層次的用意還在於通過旗下雜誌，傳播其「主導的意識」，即「民族中心意識」。這種意圖在《民族主義文藝運動宣言》（《前鋒周報》第二、三期）中，闡述較爲清楚。《宣言》不僅是權威的解讀整個「民族主義文藝運動」的「經典文獻」，而且也是《前鋒周報》發刊的起點。

《宣言》的內容分爲五個部分，可以簡單歸結爲以下幾條：

1. 中國的文藝陷入危機之中，眞正的「新文藝」沒有形成。表現：A 舊文藝；B 左翼文藝；C 形形式式的小組織。原因歸結爲：多型的文藝意識。

---

〔註79〕《前鋒周報》第 2 期，1930 年 6 月 29 日。

〔註80〕《前鋒周報》第 10 期《編輯室談話》中，對辦刊的緣起有更爲明確的說明：回顧我們中國的文壇，紛岐錯雜的現象，是使我們最痛心的。封建思想，頹廢思想，出世思想，仍是烏煙瘴氣的彌漫著；而所謂左翼作家大聯盟，更是甘心出賣民族，秉承這蘇俄的文化委員會的指導，懷有陰謀想攫取文藝爲蘇俄犧牲中國的工具。致使偉大作品之無從產生，正確理論之被抹殺：作家之被包圍，被排斥；青年之受迷蒙，受欺騙；一切都失了正確的出路：在蘇俄陰謀的圈套下亂轉。這些，無一不斷送我們的文藝，犧牲我們的民族。在這現象下，我們實在不忍再坐視了，而危急的環境也絕對不容我們再坐視了。因此，便齊集於民族主義文藝運動的旗幟下，而負起突破中國文壇當前的危機的任務；同時，更進一層，完成民族主義文藝的使命。因之，本刊便誕生了，本刊的旗幟也就鮮明地爲大眾所認識了。

2. 突破危機的唯一方法，是在「新文藝」演進進程中的中心意識的形成。

3. 從歷史上看：文藝的最高使命，是發揮它所屬的民族精神和意識。文藝的最高意義，就是民族主義。

4. 從當今世界狀況看：民族主義文藝的充分發展，一方面須依賴政治上的民族意識的確立，一方面也直接影響於政治上的民族主義的確立。

5. 因此，民族主義文藝運動，就是以喚起民族意識爲中心。創造民族主義的文學與藝術。

其論證的邏輯鏈條是：(1)文藝陷入了危機：五四以來的「新文藝」僅僅是形式上的「革新」，忽略了內容上的充實，尤其是缺乏「中心意識」。——→(2)解決的唯一辦法：促進文藝「中心意識的形成」——→(3)中心意識爲何：民族意識——→(4)如何促進：開展民族主義文藝運動，創造民族主義文藝——→(5)最終目的：民族主義。

《宣言》隱含的基本邏輯是：民族主義文藝不但在形式上「革新」，而且在內容上「充實」，是眞正的「新文藝」，其最高意義在於民族主義。這樣一來，文藝問題最終的歸宿是政治，成爲政治宣傳的工具。但同時，現實政治的問題在《宣言》中被替換成爲純粹的文藝的「內容」上的問題。本來意圖藉民族主義文藝達到政治上民族主義的確立，「建構有利於國民黨統治的一元意識形態體系和普遍的『黨治』下的民族國家認同」，〔註81〕結果卻完全被替換成爲一個「文藝」本身的建設問題。

進一步說，這種「替換」是通過「文藝」雜誌這種媒介來完成的。媒介本身的「文藝」特性掩蓋了「意識形態」的建構與傳播，以「文藝」的名義被廣爲繁殖與生產出來。

這種「合法性」的轉換與此前黨報文藝副刊所採取的方式有所不同。《前鋒周報》儘管與官方的價值立場如此合拍，但卻極力把自己與南京官方的「三民主義文藝」區隔開來，強調自己的「民間」立場。《民族主義文藝宣言》發表以後，1930 年 6 月 25 日，上海《民國日報·覺悟》文藝副刊以「性初」（許性初）的名字發表了《民族主義的文藝運動》一文，全文刊發了《宣言》，並

---

〔註81〕 汪朝光：《檢查、控制與導向——上海市電影檢查委員會研究》，中國社會科學院近代史研究所民國史研究室，四川師範大學歷史文化學院編：《一九二〇年代的中國》，北京：社會科學文獻出版社，2005 年版，第 542 頁。

在後面加了幾行字，照錄如下：

> 從這個宣言上面，我們可以看出民族主義的文藝運動的意義和
> 當今急須發揚的必要！希望全國青年們能夠用冷靜的頭腦觀察這現
> 前的危險局勢而決定我們應當走（的）路，大家在同一旗幟之下努
> 力於民族主義的文藝運動！

　　不料，這引起了「前鋒社」激烈的反應。楊志靜在1930年7月6日的《前鋒周報》上發表了《請認識我們的文藝運動》，他首先指責「性初」將《宣言》後面「寫上兩三百字，就掠為己有」，斥罵「性初」為「無聊的，投機取巧的份子，任它們怎樣地獻媚，我們是不能容納的，我們更無需乎它們來這樣的捧場」。為什麼「前鋒社」會為對許性初的這一轉載大為惱火呢？真正的原因還並非是許性初抄襲了《宣言》，而在於將《宣言》在《民國日報·覺悟》文藝副刊這一轉載，就將「前鋒社」的立場，「弄得了魚目混珠，」使人們「誤解了我們的態度，錯認了我們的立場，以為我們與現實政治有關係的，或以為現在的民族主義的文藝運動者就是現在的所謂『三民主義的革命文學運動者』。因之，我們就不能緘默而無一言」。「前鋒社」成員楊志靜如此敏感的小題大做，實際正反映了「前鋒社」在發動「民族主義運動」的策略性考慮：一是刻意保持與現實政治的距離，以文藝建設為號召推進有利於國民黨統治的一元意識形態的建構；二是與官方推動的三民主義文藝劃清界線，以整個「民族」來超越「黨派」與「階級」，搶佔道德的制高點。

### （二）刊發文章的文類分析

　　按「前鋒社」的打算，在《前鋒周報》之後，準備出版兩份每期可容十二萬字至十五萬字的《前鋒月刊》和《民族文藝》，但《民族文藝》這一刊物並未出版，僅出版《前鋒月刊》。篇幅較長的稿件，「打算移至《前鋒月刊》發表，使讀者能夠痛快地一次看完」，《前鋒周報》只「披露四五千字以內的稿件，並特別側重於短篇的批評、介紹、隨筆、國內外文壇的消息等等。」〔註82〕並預定計劃如下：

> 一、在論文方面：我們擬分開幾方面探討，使民族主義文藝能使讀
> 　　者得到更清切的認識。如：民族主義文藝的創作論，民族主義
> 　　文藝的詩歌論，民族主義的戲劇論，民族主義的文藝批評，民

---

族主義的音樂論等，關於這類的稿件，我們當盡量地登載。

二、創作小說：創作小說是我們最重視的。我們絕對要避免標語口號，需要選擇與喚醒民族意識，鼓勵民族向上，具有充分的力的作品。

三、詩歌：也是和創作小說一樣，要有飛躍的生命力的作品，要為民族而前進的作品。至於一切封建的，頹廢的出世的思想，在我們的詩歌裡都嚴格地排斥。

四、書報批評：當然是站在民族主義文藝的立場上，批評新近的出版物。但特別注重三四百字至兩千字以內的短評。

五、翻譯介紹：我們對於外國的文藝，是抱定要有益於我們民族的進展，才選擇介紹；我們不排斥異族文化，但我們也決不盲目地接收殘害我們民族的異族文化。以後本報仍照這標準做去。
〔註83〕

按照這個計劃的分類，我們從理論、創作、翻譯等幾個方面看這兩個刊物的文章刊發情況：

| 文體分類 | 文 章 名 稱 | 作 者 | 期刊及期號 | 備 註 |
|---|---|---|---|---|
| 理論文字 | 《民族主義文藝運動宣言》 | 本社同人 | 《前鋒月刊》第 1 卷第 2 期 | |
| | 《民族主義的文藝》 | 雷 盛 | 《前鋒周報》第 1 期 | |
| | 《請認清我們的文藝運動》 | 楊志靜 | 《前鋒周報》第 3 期 | |
| | 《苦難時代所要求的文藝》 | 方光明 | 《前鋒周報》第 4 期 | |
| | 《民族主義文藝的使命》 | 朱大心 | 《前鋒周報》第 5、6 期 | |
| | 《戰爭》 | 狄更生 | 《前鋒周報》第 7 期 | |
| | 《民族主義文藝之理論的基礎》 | 葉秋原 | 《前鋒周報》第 8、9、10 期 | |
| | 《民族主義文藝批評論》 | 襄 華 | 《前鋒周報》第 11、12、13 期 | |
| | 《民族主義的戲劇論》 | | 《前鋒周報》第 21、22、23、24、25 期 | |

〔註83〕 《編輯室談話》，《前鋒周報》第 10 期，1930 年 8 月 24 日。

| | 《中華民族的造型美術》 | 楊民威 | 《前鋒周報》第 24 期 | |
|---|---|---|---|---|
| | 《我們所需要的文藝作品》 | 澄　宇 | 《前鋒周報》第 14 期 | 批評普羅文學，樹立民族「中心意識」 |
| | 《民族主義文藝的戀愛觀》、《民族主義文藝的題材問題》 | 張季平 | 《前鋒周報》第 14、16 期 | |
| | 《民族主義的詩歌論》 | 湯冰若 | 《前鋒周報》第 17~20 期 | |
| | 《苦難時代所要求的文藝》 | 方光明 | 《前鋒周報》第 3 期 | |
| | 《中國的建築與民族主義》 | 楊民威 | 《前鋒月刊》第 1 期 | |
| | 《中國的陶瓷與民族主義》 | | 《前鋒月刊》第 4 期 | |
| | 《安南民族獨立運動的過去與現在》 | 柯蓬洲 | 《前鋒月刊》第 1 期 | |
| | 《以民族主義意識為中心的文藝運動》 | 傅彥長 | 《前鋒月刊》第 2 期 | |
| | 《中國的繪畫與民族主義》 | 朱應鵬 | 《前鋒月刊》第 2 期 | |
| 理論文字 | 《怎樣去幹民族主義的民眾劇運動》 | 谷劍塵 | 《前鋒月刊》第 4 期 | |
| | 《最近印度民族革命運動》 | 鄭行巽 | 《前鋒月刊》第 1 期 | |
| | 《黑人詩歌中民族意識之表現》、《新興民族的民族運動與文學》、《黑人民族運動之鳥瞰》 | 易　康 | 《前鋒月刊》第 1、2、3 期 | |
| | 《魯迅先生的遠識》、《符咒與法師》、《生財有道的錢杏邨》、《所謂主義的奴才》（雜文） | 錦　軒 | 《前鋒周報》創刊號 | 攻擊魯迅、錢杏邨等左翼作家 |
| | 《超度亡魂》 | 錦　軒 | 《前鋒周報》第 4 期 | |
| | 《梁山泊上上的好漢》、《阿Q後事如何》、《普羅詩人的傑作》 | 錦　軒 | 《前鋒周報》第 5 期 | |
| | 《六〇六》、《紅頭阿三》、《給紅男綠女式的文學家》 | 錦　軒 | 《前鋒周報》第 6 期 | |
| | 《發揚國粹》、《新毛毛雨》 | 錦　軒 | 《前鋒周報》第 8 期 | |
| | 《郭沫若的甲骨文》、《人仰馬翻》、《木人戲》 | 錦　軒 | 《前鋒周報》第 9 期 | |
| | 《兩種國粹》 | 澤　民 | 《前鋒周報》第 9 期 | |

| | | | | |
|---|---|---|---|---|
| 理論文字 | 《虹》（短論） | 錦　軒 | 《前鋒周報》第 10 期 | |
| | 《田漢得到的教訓》、《馮乃超的玄虛》 | 錦　軒 | 《前鋒周報》第 11 期 | |
| | 《失業以後》、《兩種不同的人類》（短篇小說評論） | 張季平 | 《前鋒周報》第 7、21 期 | 批評左翼小說創作 |
| | 《普羅的戲劇》、《普羅的詩歌》 | 張季平 | 《前鋒周報》第 12 期 | 攻擊普羅文藝 |
| | 《郭沫若的甲骨文》、《馬仰人翻》、《木人戲》 | 錦　軒 | 《前鋒周報》第 9 期 | 攻擊郭沫若 |
| | 《田漢得到的教訓》、《馮乃超的玄虛》 | 錦　軒 | 《前鋒周報》第 11 期 | |
| | 《尾巴》 | 錦　軒 | 《前鋒周報》第 13 期 | |
| | 《給長風》、《喪鐘響了》、《波爾希維克的恩賞》、《取消詩人王獨清》 | 錦　軒 | 《前鋒周報》第 15 期 | |
| | 《自由與割碎頭皮》 | 錦　軒 | 《前鋒周報》第 16 期 | |
| | 《秘密》、《四馬路的文化事業》 | 錦　軒 | 《前鋒周報》第 17 期 | |
| | 《小說家與抄襲家》 | 錦　軒 | 《前鋒周報》第 21 期 | 攻擊張資平、葉靈鳳 |
| | 《兩種不同的人類——中國新興文學短篇創作選批評》 | 張季平 | 《前鋒周報》第 21 期 | 評論左翼作家作品 |
| | 《普羅作家張資平》、《學生與出版界》 | 錦　軒 | 《前鋒周報》第 22 期 | |
| | 《文人與窮》 | 錦　軒 | 《前鋒周報》第 23 期 | 攻擊普羅作家 |
| | 《檢討〈民族主義文藝運動的檢討〉》 | 張季平 | 《前鋒周報》第 23 期 | |
| | 《現代中國的出版界》 | 張季平 | 《前鋒周報》第 26 期 | |
| | 《俄國的農民文學》 | 易　康 | 《前鋒周報》第 14 期 | |
| 創作（小說、詩歌、散文、戲劇） | 《劃清了陣線》（詩歌）、《我們自己人》（詩歌） | 朱大心 | 《前鋒周報》第 2、7 期 | |
| | 《混戰》（獨幕劇） | 李錦軒 | 《前鋒周報》第 2 期 | 攻擊革命文學論爭的雙方 |
| | 《前衛》（詩歌） | 雷　盛 | 《前鋒周報》第 10 期 | |
| | 《我們這一代》（詩歌）、《全民族的民眾起來》（詩歌） | （方）光明 | 《前鋒周報》第 10、11 期 | |
| | 《血迹》（隨筆） | 襄　華 | 《前鋒周報》第 18 期 | |

| | | | |
|---|---|---|---|
| 創作（小說、詩歌、散文、戲劇） | 《夜》（小說） | 蘇　靈 | 《前鋒周報》第 20 期 | |
| | 《波濤》（詩歌）、《山國的陷落》（小說）、《我們的民族》（詩歌）、《火炬》（詩歌） | 蕭　葭 | 《前鋒周報》第 20、23、24、26 期 | |
| | 《邊疆之夜》（詩歌） | 蘇　靈 | 《前鋒周報》第 21 期 | |
| | 《混戰》（獨幕劇） | 李錦軒 | 《前鋒周報》第 2 期 | 攻擊革命文學論爭的雙方 |
| | 《我們的戰士》（詩歌）、《白馬山》（小說）、《異國的青年》（小說）、《起來》（詩歌）、《到武漢》（小說）、《胭脂馬》（詩歌） | 李翼之 | 《前鋒周報》第 5、7、8、9、12、13、14、22 期 | |
| | 《安金姑娘》（小說） | 管　理 | 《前鋒周報》第 19 期 | |
| | 《流亡在異國的街頭》（詩歌）、《新生》（小說） | （魏）緒民 | 《前鋒周報》第 22、26 期 | |
| | 《婆羅門的姑娘》（詩歌） | 何　懼 | 《前鋒周報》第 25 期 | |
| | 《野玫瑰》（小說） | 心　因（朱應鵬） | 《前鋒月刊》第 1 期 | |
| | 《炮臺的防禦者》（短篇小說） | 穆羅茶 | 《前鋒月刊》第 4 期 | |
| | 《隴海線上》（小說） | 黃震遐 | 《前鋒月刊》第 5 期 | |
| | 《黃人之血》（長篇劇詩） | 黃震遐 | 《前鋒月刊》第 7 期 | 1931 年 4 月 |
| | 《剎那的革命》（小說）、《國門之戰》（小說）、《準備》（小說） | 萬國安 | 《前鋒月刊》第 5、6、7 期 | |
| | 《變動》（小說）、《矛盾》（小說） | 李贊華 | 《前鋒月刊》第 2、5 期 | |
| | 《勝利的死》（小說）、《盜寶器的牧師》（小說） | 易　康 | 《前鋒月刊》第 1、4 期 | |
| | 《秀兒》（長篇小說） | 范爭波 | 《前鋒月刊》第 1～5 期連載 | 未刊完 |
| | 《馬蘭小姐》（短篇小說） | 蘇　靈 | 《前鋒月刊》第 4 期 | |
| | 《三里廟的黃昏》（小說）、《老金》（小說） | 徐蘇靈 | 《前鋒月刊》第 5 期 | |
| 書報介紹與翻譯作品 | 〔法〕《兩個孤兒》（小說）白林著 | 范爭波譯 | 《前鋒周報》第 3～24 期 | |
| | 《小說月報》七月號《前鋒月刊》創刊號 | 錦　軒 | 《前鋒周報》第 18 期 | |
| | 《文藝月刊》第四期 | 張季平 | 《前鋒周報》第 24 期 | |

| | | | | |
|---|---|---|---|---|
| | 《開展月刊》第三期 | 張季平 | 《前鋒周報》第25期 | |
| | 《英國小說之國民性》（日本中村喜久夫） | 殷師竹譯 | 《前鋒周報》第25期 | 1930年12月7日 |
| | 《無忌》（傑克・倫敦著） | 王宣化譯 | 《前鋒月刊》第4期 | |
| | 《巴黎書店漁獵》（法郎） | | 《前鋒月刊》第7期 | |
| 書報介紹與翻譯作品 | 《北京的末日》（羅蒂著） | 李金髮譯 | 《前鋒月刊》第5期 | |
| | 《揶！揶！揶！》（傑克・倫敦著） | 王宣化譯 | 《前鋒月刊》第5期 | |
| | 《故鄉》（岳夫可夫著） | 葉靈鳳譯 | 《前鋒月刊》第5期 | |
| | 《南極探險記》（裴特少將著） | 胡仲特譯 | 《前鋒月刊》第5期 | |
| | 《老鼓手》（雪帕德著） | 汪倜然譯 | 《前鋒月刊》第5期 | |
| | 《戰場》（路易棱著） | 周伯涵譯 | 《前鋒月刊》第5期 | |
| | 《米龍老丈》（莫泊桑著） | 李青崖譯 | 《前鋒月刊》第4期 | |

注：以上統計數字來源包括《前鋒月刊》7期，《前鋒周報》1～26期（一共大約出版45期，目前所能見到的爲1～26期）。儘管數字是不完全的統計，但大致能反映兩個刊物刊發文章的基本情況。

從上表所列的理論文章來看，主要分爲兩類：1、正面闡發民族主義文藝理論。兩個雜誌加起來大約24篇左右，以《前鋒周報》爲主，佔了16篇。按照其「預定計劃」有意識地從創作論、詩歌論、戲劇論、文藝批評、音樂論等各個方面闡發民族主義文藝的基本理論。涉及到了民族主義文藝內容和形式的各個方面，從選材到表達方式都有所論述，不過核心的理論還是《宣言》所宣稱的「民族中心意識」的樹立這個關涉文學內容的建設。這一類文字數量不多，但篇幅普遍較長，佔據著《前鋒周報》的較大部份的版面，是《前鋒周報》最爲重要的部分。與《前鋒周報》稍有不同，《前鋒月刊》除繼續闡發「民族中心意識」外，增加了一些介紹亞非國家民族運動和民族文藝的文章，目的在於爲「民族主義文藝運動」提供一個參照與借鑒。2、攻擊左翼作家及評論其作品的雜文。在《前鋒周報》上開闢了「談鋒」欄目，主要就是針對「左翼作家」進行批評，充滿人身攻擊與辛辣的諷刺。《前鋒周報》第1～26期「談鋒」欄目刊發的36篇雜文中，對左翼作家及作品進行人身攻擊與冷嘲熱諷的文章就佔了33篇，所攻擊的作家包括魯迅、茅盾、郭沫若、蔣光慈、馮乃超、鄭伯奇、張資平、錢杏邨、葉靈鳳等，幾乎所有在當時有

一定知名度的左翼作家都涉及到了。作品評論方面，主要針對蔣光慈的《麗莎的哀怨》、茅盾的《虹》等作品進行批評。

不難看出，《前鋒週報》在理論文章的基本運作策略是：在推出《宣言》之後，集中力量刊發宣傳性質的理論文章，圍繞著《宣言》所涉及的核心內容進行理論上的闡釋與補充。不過，如此集中的談論同一個話題，與其說是闡釋，不如說是製造一種聲勢，力圖形成一種「運動」。以至於在閱讀這些理論文章的時候，基本的印象就是千篇一律，無論是談論詩歌、戲劇、小說、文藝評論，還是在談論內容、形式、題材等，幾乎都是《宣言》內容的重複與演繹。

而與此同時，《前鋒週報》以雜文作為武器，開闢「談鋒」欄目，針對「普羅文藝」和左翼作家進行理論上的打壓和人身的攻擊，從理論上為「民族主義文藝運動」的開展掃清道路。甚至對不夠「純粹」的盟友《長風》的和「不識時務」的《民國日報·覺悟》副刊也毫不留情。在《給〈長風〉》中，批評《長風》刊登與民族主義文藝無關的「名家」和「專家」的作品，說這些「專論」「雖不為民族主義努力，亦不反對民族主義而已」。創作上「長風的創作，既有哥哥妹妹的戀愛，又有哎哎喲喲的感傷，更有幽幽雅雅的閒暇，還有 A 縣 B 村的歐化。」譏諷主編徐慶譽「大概只專於小學方面，對於其它什麼主義，恐怕還有點朦朧不專之處罷」。〔註 84〕對《民國日報》的《覺悟》文藝副刊，則貶斥其「不覺不悟」，是「應該不再讓他存在了，正如要消滅梅毒，非得注射六〇六不可」。〔註 85〕這樣的文字儘管極少，但由此也可以看到對於樹立「民族中心意識」過程中，《前鋒週報》表現出來的對一切「離心」力量與阻礙都給予猛烈抨擊的專橫。

創作上，《前鋒週報》所刊發的創作不多，大約 20 來篇，特別是有分量的作品很少。詩歌是其主要部分，有 13 篇，占全部創作的 65%；小說 7 篇，都是短篇，占 30%；獨幕劇 1 篇，隨筆 1 篇，加起來占 5%。詩歌從內容上看，大約又可以分作兩類：一類是直接將矛頭指向共產黨，表明自己的政治立場。如朱大心的《劃清了陣線》、《我們自己人》，雷盛的《前衝》等直接就是一些向「蘇俄」、「共產黨」宣戰的煽動性宣傳文字；另一類是宣揚「民族中心意識」的。如蕭葭的《我們的民族》，緒民的《流浪在異國的街頭》等。

〔註 84〕 《給〈長風〉》，《前鋒週報》第 15 期，1930 年 9 月 28 日。
〔註 85〕 《六〇六》，《前鋒週報》第 6 期，1930 年 7 月 27 日。

在小說創作上，儘管《前鋒周報》中宣稱最爲重視創作小說，「需要選擇與喚醒民族意識，鼓勵民族向上，具有充分的力的作品」，但是僅有的李翼之的《白馬山》、《異國的青年》、《到武漢》，徐蘇靈的《夜》，管理的《安金姑娘》等幾篇小說，內容上卻乏善可陳，極爲空洞，圍繞著表現民眾「民族意識」的覺醒和反帝意識，大多是作觀念上的演繹與鋪陳，充滿著標語式的口號宣傳。不過，將「反帝題材」與「民族中心意識」建構聯繫起來，倒是從《前鋒周報》中這幾篇小說就已經開始了。

《前鋒月刊》出刊，主要是爲了刊發篇幅較長的創作，而且主要是小說創作。儘管其前後出版不過七期，但所刊發的作品的藝術水平和社會影響都遠高於《前鋒周報》，代表著民族主義文藝的最高成就。除了引起左翼陣營批判的《黃人之血》（長篇劇詩）、長篇小說《隴海線上》、《國門之戰》外，像《野玫瑰》、《變動》、《秀兒》等小說都具備一定水平，基本上避免了「標語口號」式的宣傳。反「普羅文藝」的題材明顯減少，民族主義的題材有所增加。歸結起來，主要可以分爲兩類：一是反對帝國主義侵略題材的小說。如萬國安的《準備》、范爭波的《秀兒》、易康的《勝利的死》、李贊華的《矛盾》等，主要描寫英日等帝國主義對華侵略以及中國普通民眾民族意識覺醒的過程。在這類題材中，把反對傳教士傳教作爲反帝題材的一個部分，如《馬蘭小姐》、《盜寶器的牧師》等，寫傳教士充當帝國主義侵略的先鋒，作惡多端，最終被懲；一類是「革命題材」的小說。寫普通民眾支持革命軍的故事。如心因（朱應鵬）的《野玫瑰》、徐蘇靈的《老金》、《三里廟的黃昏》等。

按照《前鋒周報》所刊登的「民族主義」小說標準：「喚醒民族意識，鼓勵民族向上，具有充分的力」。《前鋒月刊》所刊登的萬國安的《準備》、范爭波的《秀兒》、易康的《勝利的死》等反帝小說就是通過樹立一個外來者，即「他者」來確立自身的民族身份，通過訴諸於「民族情感」的文學創作來激發和建構民族主義的意識形態。無論是《準備》中的主人公李福，還是《秀兒》中的主人公光漢與秀兒，他們作爲中國「年輕一代」，在面對「帝國主義」的侵略所激發出來的自我民族身份的認同，正是「民族主義文藝」的重要目標。即使是像《勝利的死》中所描寫的「我」的父親在率兵鎮壓川藏交界處的「藏番」、「蠻夷」叛亂，誓死維護民族國家利益，其矛頭所指還是「英帝國主義」。在李贊華的《矛盾》中，「帝國主義」被具體化爲「租界的洋行」，

「白白胖胖，豬也似的洋大人」成了「洋行職員」燕樵「民族意識」覺醒的「他者」。同時，在蘇靈的《馬蘭小姐》、易康的《盜寶器的牧師》等小說中，基督教會和傳教士作爲「帝國主義」文化侵略符號，作爲一個異質性存在也參與了這種「民族意識」的建構。〔註86〕

　　然而，把「革命題材」小說與「民族意識」的建構結合在一起，倒是有些令人費解。按《前鋒周報》的評論，《野玫瑰》是一個「革命與戀愛的故事」，它之所以是民族主義的小說，是因爲主人公野玫瑰的「戀愛觀是民族主義的」，她喜歡的男子「只有是強健的、大膽的、勇敢的」，用作者錦軒（葉秋原）的話說就是「這正顯示了民族主義文藝所採取的題材與一般不同的地方」。〔註87〕不過，這種說法似乎顯得有些牽強。《野玫瑰》、《老金》、《三里廟的黃昏》從總體上來說，都是爲「革命」尋找合法性的小說。「北方聯軍」、「孫傳芳」等軍閥被作爲民不聊生的禍亂根源，是與「帝國主義」並列的需要被打倒的「反革命」。在這幾篇小說中，將己方定位於「革命」，將對手定位於「反革命」，實際上是沿襲了「北伐」時期動員群眾的宣傳思路，發展出了一套有別於中國傳統文化表述方式的新型宣傳方式和話語系統。這種話

〔註86〕蔣中正曾在 1927 年 6 月 4 日致國民政府呈覆中有這樣的話：「咨國民政府訓令民眾，不可誤解打倒帝國主義而爲排外排教之性質，利用任何勢力壓迫或侵害中外人民信仰之自由等語。」見《中華民國史檔案資料彙編》第五輯第一編文化，南京：江蘇古籍出版社，1994 年版，第 1097 頁。從反面說明在當時民眾把反「基督教會」與反「帝國主義」看作是一件事情，以至於引起國民黨高層的關注。中國共產黨在 1926 年 7 月通過的一項決議中也持這種看法，認爲「（基督）教會爲外國帝國主義踩躪中國人民之先鋒」，「他們想把所有被壓榨的民眾一齊都欺騙下去，他們想引導一般被壓榨的民眾，都忘掉他們自身生活實際的痛苦，以保證帝國主義壓榨民眾基礎之鞏固與恒久。」轉引自〔美〕費正清：《劍橋中華民國史》上卷，北京：中國社會科學出版社，1994 年版，第 672 頁。更有甚者，「遍貼打倒基督教標語，遊行示威，甚至公然裝狗，指安海教會牧師黃日增爲帝國主義走狗，又裝假人頭標示，將日增梟首示眾，一面散發傳單，淆人聽聞，以呈其搗亂……復僞造晉江縣公署告示，張貼四處，聲稱要拏牧師與教徒，打倒帝國主義走狗等語」。見《福建泉永中華基督教會要求制止安海地方民眾團體反對教會文化侵略致國民政府呈》（1927 年 12 月）《中華民國史檔案資料彙編》第五輯第一編文化，南京：江蘇古籍出版社，1994 年版，第 1098 頁。）可見在當時在提出「反帝國主義」的具體目標之一就是反「基督教會」。由於有這樣的民眾心理基礎，把英美傳教士作爲一個異質存在來確立自身的民族身份，也是民族主義文藝建構民族意識的手法之一。

〔註87〕錦軒：《書報批評：前鋒月刊創刊號》，《前鋒周報》第 18 期。

語系統是意識形態化的，「革命──反革命」的表述方式構建的是一套「進步──落後」，進一步演變爲「救國──賣國」的對立模式。因此，發揚「革命精神」就是發揚「民族精神」，二者在小說中是並行不悖，緊密聯繫的。「革命」就是要挽「民族」於危亡之中，「北伐軍」（革命黨）就代表著民族前進的方向。小說要喚起的「革命意識」也是「民族向上」具有「充分的力」的意識，也就是「民族意識」。由此不難理解，李贊華的《變動》（《前鋒月刊》第 2 期）那樣反映內地農村「變動」的小說也被湯增敫稱之爲民族主義文學「偉大創作」〔註 88〕。這部小說在對那「風傳很久的事情」、「遠處村子裡衝天的火光」的虛虛實實的描述中，共產黨不但被置於「民眾」的對立面，而且被視爲「民族前進」的障礙而被妖魔化。「北方聯軍」、「孫傳芳」、「共產黨」都成爲構建「民族主義」意識形態的「他者」，側面說明《前鋒月刊》所宣稱的「民族主義」糅合了濃厚的「黨治」色彩。

詩歌方面，《前鋒月刊》所刊登的詩歌較少。代表性的作品就是長篇劇詩《黃人之血》，當時被稱之爲是「有飛躍的生命力的作品」，「爲民族而前進的作品」。這首三萬餘言的長詩發表於《前鋒月刊》第 7 期，講述一個成吉思汗的孫子拔都率黃種人聯軍西征攻陷斡羅斯計掖甫（按今譯俄羅斯基輔），最後因聯軍內部自相殘殺而被白種武士所乘的故事。用作者自己的話說是：「這故事的時代是一個民族移遷，思想動搖的時代，所以書中的人也多半是頭腦不清性情浮動之徒，都是些情感的犧牲者，沒有一個英雄，也沒有一個先知先覺。這故事是披了一件五角戀愛的外衣，但它的主要點卻還是『友誼』與『團結』的力量。」〔註 89〕但這首詩所傳達的信息似乎不止於此。左翼作家就批評這首詩夾雜著濃厚的反蘇、反共的政治訴求，是要與日本講「友誼」，聯合「進攻蘇聯」。〔註 90〕不過，更值得關注的問題是，這首詩中張揚的所謂「民族意識」，更多的時候與濃厚的種族意識聯結在一起，二者之間的關係在近代中國一直糾纏不清。按英國學者馮客（Frank Dikotter）的說法，中國近代來自日本的「民族主義」概念字面上就意指「種族主義」，表達了一種基於種族的民族主義者的觀點。種族和民族在「民族」這一概念中重疊了。也就是

〔註 88〕湯增敫：《變動》，《申報·書報介紹》1930 年 12 月 18 日。
〔註 89〕黃震遐：《寫在〈黃人之血〉前面》，《前鋒月刊》第 1 卷第 7 期。
〔註 90〕批判文章主要有：石崩（茅盾）《〈黃人之血〉及其它》《文學導報》第 1 卷第 5 期，1931 年 9 月 28 日；晏敖（魯迅）：《「民族主義文學」的任務和運命》，《文學導報》第 1 卷第 6、7 合期，1931 年 10 月 23 日。

說，種族觀念推動了民族觀念的形成。「『國』和『種』在成組的短語如『愛種愛國』或『國種國界』中經常並置，這也對將種族的建構整合進民族主義者的觀點作出了貢獻。正如一個民族主義者所解釋的，『國』不僅是一種地理表達，還有著種族的意蘊。嚴復甚至公開宣稱『愛國之情根於種性』。」〔註91〕《黃人之血》暗示著「黃種人」在血緣上的淵源關係，正是承接了這種觀念，將種族的建構與民族主義的敘述結合在一起，通過同源同種的想像從而確認自身的民族身份認同。

　　書報介紹與翻譯作品方面，按《前鋒周報》的計劃，「書報批評」是「站在民族主義文藝的立場上，批評新近的出版物」。在《前鋒周報》中開闢的「書報批評」欄目中，所謂新近的出版物，除《小說月報》外，其實也主要是「民族主義文藝運動」的同盟者的出版物，當然這和其宣稱的「站在民族主義文藝的立場」是一致的，但與其說是批評，不如說是宣傳與介紹。我們先來看看《前鋒周報》在「書報批評」欄目的運作方式。

　　首先，對《小說月報》的批評。在《前鋒周報》第18期上，刊登「錦軒」的《小說月報七月號》，一開篇就批評《小說月報》「自己始終是沒有主張」，接著批評了《小說月報》七月號上的三篇小說：沈從文的《逃的前一夜》「結構散漫，而未能指出令讀者注意的顯明的中心」，以至於「主人公在讀者眼中，是覺得有些模糊與飄忽的」；巴金的《洛泊爾先生》「充滿了一層濃厚的感傷的氣氛。這樣的感傷，我們覺得是不應該有的」；黃仲蘇的《音樂之淚》「成本花得很大，製作是這樣的笨拙，貨色卻這樣的差。全篇很長，共分十二段，故事卻很簡單，只是平凡的哀情小說而已」，「這是一篇最失敗的作品，簡直可以說是不成為作品」。「錦軒」（葉秋原）的這篇評論批評《小說月報》「沒有自己的主張」實際是指《小說月報》沒有「民族主義」的立場，對小說的批評集中在「缺少中心意識」、「感傷頹廢的色彩」，很明顯就是用「民族主義文藝」的標準來批評這些作品。通過對出版物的批評，以此來規範和引導刊物的方向，進而影響小說的創作，是《前鋒周報》「書報批評」欄目建構「民族意識」的方式之一。

　　其次，對民族主義文藝雜誌的介紹與批評。在《前鋒周報》第24、25期，分別介紹了《文藝月刊》和《開展月刊》。對《文藝月刊》的介紹與評論，作

〔註91〕〔英〕馮客（Frank Dikotter）：《近代中國之種族觀念》，南京：江蘇人民出版社，1999年版，第100～101頁。

－193－

者「張季平」首先追溯了《文藝月刊》創刊號發表的宣言《達賴滿的聲音》中所表明的文藝態度，是「爲著要表示堅實的自信，爲著暴露純潔的感動，爲著宣泄大眾的憂鬱，爲著鼓舞民族的自覺」。《前鋒周報》自然是將其引爲同道，將其看作一個堅實的同盟者。以至於對《文藝月刊》第 4 期所刊登「倦漁」的《別意》、趙珊菲的《某小姐》等並不符合「民族主義文藝」標準的小說也大加讚賞，甚至於對李青崖的《機器》，繆崇群的《不眠》等五篇小品文，沈從文的《讀汪靜之的〈蕙的風〉》也稱讚有加。本來按「民族主義文藝」標準看來，《機器》是「頹廢的」以性欲爲描寫對象的，小品文《不眠》等是無聊的「幽默」文學，《讀汪靜之的〈蕙的風〉》這樣的文字僅是「不反對民族主義文藝而已」，〔註92〕都是應該受到批評的，可是在這篇「書報批評」中，沒有批評，只有吹捧。文章最後說「總之，我們對於《文藝月刊》在今日混亂的中國文壇上，能漸漸接近這新的主潮民族主義的中心意識，是以爲使它走上發展這路的，而事實上這僅僅四期的成績，是啓示和證實這希望了」。

對站在「我們同一個戰線上」的《開展月刊》，《前鋒周報》更是「愛護有加」。稱《開展月刊》第 3 期上《現代中國的文學雜論》「對現代中國文壇的紛亂現象，是有較詳細的論述，立論也還正確的」；對《茶樓上》這篇小說，評論說：「農民在一種有力的引誘之下，沉浸於賭博，而卒至家破人亡。對於農民的這種愚妄的心理，是分析得比較清晰的，雖然在結構上還沒有成熟的，但這是有希望的作品。」在最後總結道：「總之，這一期的《開展》，在全內容上，所表現的自然還只是最初期的姿態，不過一種健全和生長，不是一朝一夕可以養成的，而《開展》的健全，只是時間上的問題。因爲她不像一般東西只是在混雜中亂轉，它是把握了民族主義的中心意識，成爲整個民族主義文藝運動中的一分野的。」

《前鋒周報》就是通過對立場相左出版物的「批評」，通過對同一戰線盟友出版物的介紹與推舉，以自我規範的名義，擴大民族主義文藝的影響，形成「民族主義文藝運動」的繁榮場面，完成其建構「民族意識」的中心目標。

翻譯作品方面。按預定的計劃，翻譯作品主要定位是「對於外國的文藝，是抱定要有益於我們民族的進展，才選擇介紹；我們不排斥異族文化，但我

---

〔註92〕錦軒：《給長風》，《前鋒周報》第 15 期，1930 年 9 月 28 日。

們也決不盲目地接收殘害我們民族的異族文化」。《前鋒周報》和《前鋒月刊》刊載的「有益於民族的進展」的翻譯作品，主要是小說。除小說創作外，也有較少的小說理論，所佔比例很小。小說創作的譯介上，除《前鋒周報》連續刊載二十多期的法國小說家白林的《兩個孤兒》（范爭波翻譯）外，大部分刊載於《前鋒月刊》上。包括美國作家傑克·倫敦、羅蒂、法國作家莫泊桑、保加利亞作家岳夫可夫等人的作品。不過從內容上看，這些小說並無多少民族主義文藝的成分。之所以刊登這些小說，原因大約有兩個：第一，翻譯傑克·倫敦、羅蒂等西方作家的作品主要是提供給民族主義文藝作家參考學習；第二，翻譯保加利亞作家岳夫可夫的作品更多是因為保加利亞作為一個新興民族國家面臨與中國同樣的問題，作家的創作經驗就可以借鑒與參考。《前鋒周報》曾解釋連續刊載《兩個孤兒》的原因是它「是一部世界聞名的作品，法國青年幾乎無人不讀。所以爭波把它介紹了過來。作為我國青年的滋養料。」〔註93〕這種「滋養料」不僅是針對於青年來說，同時也針對民族主義文藝作家的創作而言。

　　在小說理論的譯介上，《前鋒周報》第25期有一篇《英國小說之國民性》（中村喜久夫著，殷師竹譯），探討英國小說民族特性，就完全意在為「民族主義」小說尋求理論的合法性。理由很簡單，既然英國小說有其自身的民族特性，在中國倡導「民族主義文藝」就成為理所當然的事情了。

## 二、《文藝月刊》：典型個案之二

　　與《前鋒周報》、《前鋒月刊》的意識形態運作方式有所不同，「中國文藝社」旗下的《文藝月刊》是以比較複雜的面目出現的。它沒有旗幟鮮明地宣揚「民族主義」，也不是一個純粹的「同人」雜誌，稿件的採用也不限於「同人」圈子。用主編王平陵的話說：「並不曾樹立起一個門戶，也並不曾創造出『只此一家，別無分店』的詩格和文體。」〔註94〕甚至更多的時候不但自身宣稱其為「純文藝」刊物，而且在編發文章時確實表現出兼容並包的方針，一些「小說集、詩集、劇曲等等，凡比較像一點樣子的作品，如巴金的《雨》、靳以的《青的花》、老舍的《大悲寺外》、王魯彥的《屋頂下》、孫毓棠的《海盜船》、臧克家的詩集、袁牧之的劇曲《母歸》等等」，都是首先登載在《文

〔註93〕編者：《編輯室談話》，《前鋒周報》第10期。
〔註94〕王平陵：《我與文藝月刊》，《人言》第2卷第2期，1935年2月2日。

藝月刊》上。〔註 95〕也因爲如此，使得《文藝月刊》從影響和價值上都遠高於其它「民族主義」文藝期刊。不過，這絲毫不能夠說，《文藝月刊》「沒有濃厚的政治和意識形態傾向」，〔註 96〕從總體上看，它仍然是一個「民族主義文藝」期刊，只不過在具體的編輯和運作模式上與其它「民族主義」文藝期刊有所差異。

### （一）《文藝月刊》宣言：《達賴滿的聲音》

這篇署名「本社同人」的《達賴滿的聲音》刊登在《文藝月刊》創刊號上，儘管王平陵曾經表白過：「《文藝月刊》在創刊的時候，本想藉此結合幾個同時代的同好，辦作『同人雜誌』那樣性質的。後來，感覺到所見太狹，而且有招兵買馬，自樹擂臺的嫌疑，便無條件地把原來的主張揚棄了」。但是，情況還不是那麼簡單，從《文藝月刊》創刊到抗戰爆發，《達賴滿的聲音》中所倡導的文藝主張始終影響著刊物的編輯方向。因此，對這篇「宣言」的分析仍然必要。

文章開頭認爲「文藝是人性自發的最天眞的衝動，爲愉快而創造，因創造而愉快」，「文藝家的修養，就在於如何發揮眞實的人性，文藝家的責任，就在如何可以把這眞實的人性用純粹的藝術方式表現出來」。由此，它宣稱「文藝的本質，絕無形成階級性的可能了，因爲文藝既非有閒階級的消閒品，也不是無產階級的洗冤錄」，「文藝家的立場，並沒有踏在人和階級的領域上；所以文藝家的製作，是永久的普遍的流傳於全人類，爲全人類所愛好，所欣賞，所批評，而絕不僅是屬於某一階級的專利品」。在否定了文藝的「階級性」同時，呼籲「青年們」、「文藝家」，不要受文藝「階級論」的蠱惑，「整以暇地謳歌赤色帝國主義者的功德」，「高揭起『左翼文藝運動的旗幟』」，「死心塌地寄生在赤色帝國主義者的庇蔭之下，享受其做了奴隸，又自命爲主人的恥辱的生活」，而且，「絕不應該喪心病狂，把金盧布掩蓋了天眞潔白的人格，不惜發掘自己的墳塋，把自己幾千年來，一大段民族的光榮史，輕輕地撕去，反而崇奉宰殺自己兄弟姐妹們的毒蛇猛獸，讓他們高踞在寶座之上」。要認清時代的形勢，「大家走攏來些，手攜著手，肩並著肩，把自己最眞實最寶貴的東西獻出來，爲我們自己，爲我們民族，爲我們的國家」，去從事眞正的「文

---

〔註95〕 王平陵：《我與文藝月刊》，《人言》第 2 卷第 2 期，1935 年 2 月 2 日。
〔註96〕 畢豔：《三十年代右翼文藝期刊研究》，湖南師範大學博士學位論文，2007 年 3 月，第 87 頁。

藝」創造。這種文藝不在於「形式上的摹仿和捏造」，「只要是爲著表示堅實的自信，爲著暴露純潔的感動，爲著宣泄大眾的憂鬱，爲著鼓舞民族的自覺，並不勉強創造一種特殊的語句，去說明抽象的不可捉摸的夢境，不故意糾纏顛沛於消極的境遇裡，沉重地束縛住奔放的熱情，從怨苦、嫉恨、憤怒的意象上，找尋歌唱的資料。無論是描寫的什麼，無論你是用哪種文藝的方式，誰能說這些不是文藝呢！」

這篇「宣言」用文藝的「人性論」反擊文藝的「階級論」，堅持文藝不受任何外在目的的支配，與「新月派」的主張極爲相似。然而，這篇「宣言」把文藝的「人性論」與「革命」、「民族國家」等論述奇妙的結合在一起，又將其與「新月派」文藝主張截然區別開來。將文藝與現實的「革命」相結合，並最終歸結於「民族」這種想像的共同體的建構，必然使其在利用普遍的「人性論」攻擊「普羅文藝」是階級鬥爭工具的同時自身也陷入到一個奇怪的悖論之中。從邏輯上講，如果文藝不受任何外在的目的的支配，不能充當任何階級的工具，那麼，同樣，文藝也不能成爲任何「民族」構建的工具，因爲，文藝的「人性論」可以否定文藝的「階級論」，也可以否定文藝的「民族論」。也就是說，「宣言」一方面用文藝「永久的普遍的流傳於全人類」特性否定文藝作爲階級鬥爭工具的合理性；另一方面又要求文藝致力於「民族」、「國家」的想像與「民族性」構建，也就是可以作爲工具。二者不僅前後矛盾，而且忽略了一個基本的事實，即民族和國家都是近代以來的產物，並不存在天然的「民族」和「國家」，自然也就無所謂永恒的「鼓舞民族自覺」的文藝。即使說「文藝是可以作爲工具的」，只是「要顧及到藝術上應具的條件」，〔註97〕也無異於將「文藝是人性自發的最天眞的衝動」這樣的論點自我解構了。

其中，有兩點是較爲明確的：

第一，「宣言」有著較強的現實針對性，而且主要的對手就是共產黨領導的「普羅文藝」。對此，王平陵到臺灣後回憶其在 1930 年創辦《文藝月刊》最直接的原因是：「共產黨宣傳階級鬥爭的「普魯文藝」，氣焰囂張，不可一世，青年們盲目附和，如瘋如狂，腐蝕中國優秀文化傳統，爲禍甚烈。」這個刊物在葉楚傖的授意下創辦，「每期十五萬至二十萬字，如遇「專號」及「特輯」，常常擴大到三十萬至五十萬字。……」〔註98〕

---

〔註97〕《通訊》，《文藝月刊》第 2 期，第 145 頁。
〔註98〕袁宏道：《王平陵之文藝生活》，《王平陵先生紀念集》，臺北：正中書局，1975

這段當事人的自述很明確的解釋了《達賴滿的聲音》中所想表達而沒能表達的黨派用意。一方面是在葉楚傖的的指導下利用《文藝月刊》掀起「民族主義」的文藝運動；一方面，動用一切可以打擊普羅文藝的理論打擊文藝的「階級論」。而背後眞正的原因是「普羅文藝」讓「青年們盲目附和，如瘋如狂」。「宣言」極力否認文藝的「階級性」，自相矛盾地呼籲「青年們」、「文藝家」共同團結於「民族」、「國家」這一旗幟下致力於文藝的創作。顯然，這種「文藝」的創作實際上也並不眞爲了文藝本身，它也僅僅是試圖推進所謂「文藝運動」，以「挽救頹風」的一種策略或者工具。

第二，把文藝作爲工具，但要顧及到文藝本身的特性。「宣言」所欲達成「民族主義」的文藝目標，不得不將「文藝是人性的自然流露」作自我否定和折中處理，即「文藝可以作爲工具，但不能不顧到藝術上應具的條件」。〔註99〕這種定位和立場實際也貫徹到後來的編輯實踐中。不僅從編輯和刊發的文章中可以看出《文藝月刊》對文藝自身的特性的重視，而且在《文藝月刊》創刊六年後，主編王平陵所發的一篇文章中，也是把刊物作爲與《小說月報》、《現代》、《文學季刊》同樣的「純文藝」刊物相提並論的。他說：

> 在六年前，中國的純文藝刊物，比較像樣的，在我個人觀來，似乎只有鄭振鐸所主編的《小說月報》。形式舊一些，不算是他的錯誤，內容總是規規矩矩站在文藝的姿態出現著的文藝刊物，然病在所選取的作品，踏入了前期革命時代所流行的口號式的喊叫，並沒有什麼東西留給我們，終於是被人遺忘了。後來《小說月刊》停刊，繼起的《文學》、《現代》、《文學季刊》，還沒有創刊，在這一段將近兩年的空隙中，《文藝月刊》爲這一般作家的發表的便利，以及不至於使技巧荒疏而有待於後來各種權威刊物的繼起，它就在這時期創刊了。〔註100〕

通過「宣言」的正面宣告與上述材料的相互印證，我們可以說《文藝月刊》力圖通過《文藝月刊》爲主的媒介，攻擊文藝「階級性」的同時灌輸國民黨的民族主義意識形態和觀念，並且協助和延伸這種觀念，儘管通篇沒有

---

年版，第 162～163 頁。
〔註99〕《通訊》，《文藝月刊》第 2 期。
〔註100〕王平陵：《我與文藝月刊》，《人言》第 2 卷第 2 期，1935 年 2 月 2 日。

出現「民族主義」這樣的字眼，但最終的目標與《前鋒周報》、《前鋒月刊》是一致的，不同的是，這一切都是在「純文藝」的旗號下進行。

### （二）《文藝月刊》的編輯實踐

從理論上說，《達賴滿的聲音》這篇「宣言」邏輯混亂，前後矛盾。然而，從實踐上看，由於既要堅持文藝自身的審美特性，又要提倡「民族文藝」的矛盾態度，直接影響到《文藝月刊》的整個編輯方針的變化，使得《文藝月刊》在文章的編發上，表現出極其矛盾的特徵：

一方面，《文藝月刊》編發了大量的中間作家的創作。僅以第二卷（共 12 期）作為統計的一個標本，就基本可以看出《文藝月刊》發文的面貌。〔註101〕

| 分類 | 插 畫 | 論 叢 | 小 說 | 戲 劇 | 詩、隨筆、小品 |
|---|---|---|---|---|---|
| 篇數 | 17 幅 | 22 篇 | 62 篇（20 篇譯作） | 9 篇（7 篇譯作） | 37 篇（1 篇譯作） |
| 合計 | 147 篇 | | | | |

其中，插畫除徐悲鴻、林徽因、蕭俊賢各一幅，其餘是古代木刻及客莎拉蒂、米萊、愛德華‧托歐、J‧E‧Burn 等外國藝術家的作品。

文藝「論叢」22 篇，17 篇是介紹國外作家作品及文藝現象的，5 篇介紹中國作家朱湘、劉半農等人的作品。其中，除「銘之」（疑為汪銘竹）不可考之外，其餘的作家全是自由作家、翻譯家及藝術家，主要有沈從文、韓侍桁（東聲）、韋叢蕪、馬彥祥、費鑒照、李樹化、林文錚等人。介紹中國作家作品的文章沈從文一人就占 4 篇。

以文學創作而言，一共 108 篇，除翻譯作品之外，一共 80 篇。作者除了徐子（左恭）、繆崇群（終一）、鍾天心、金滿城是「中國文藝社」成員、鍾憲民是國民黨中宣部國際科幹事外，其餘的幾乎全是自由作家。而且在這些作品中，繆崇群稍多一些，占 9 篇，徐子占 1 篇，鍾天心占 2 篇，金滿城 1 篇，鍾憲民 6 篇（全部是譯作），一共 17 篇，只占總數的 16%，真正的創作

〔註101〕由於《文藝月刊》發文的總數達 2144 篇（包括抗戰期間的「戰時特刊」51 期，共 126 期，不包括「插畫」），創作就占了 1776 篇。選取《文藝月刊》第二卷共十二期作為統計的標本，一方面是為了簡便起見，另一方面是《文藝月刊》第二卷出版時間在 1931 年，而 1931 年上半年正是民族主義文藝勢頭正盛的時期，下半年《前鋒月刊》停刊，「民族主義文藝」勢頭有所減弱，可《文藝月刊》並未因此而有所變化，考察《文藝月刊》第二卷基本能看出 1930 到 1937 年「抗戰」爆發以前的《文藝月刊》面貌。

占 15%。而反觀其它自由作家，陣容龐大，其中有已經成名的作家，也有還未走出大學校門的學生。名單可以列一長串，包括巴金、沈從文、施蟄存、袁昌英、凌叔華、袁牧之、李青崖、靳以、陳夢家、顧仲彝、王魯彥、卞之琳、方瑋德、洪素野、黃英、何家槐〔註102〕等。基本上有份量的作品都來自這些作家，如沈從文（甲辰）就發表了小說 4 篇，分別是《廢郵存底》（第 2 卷第 5、6、7 期連載）、《街》（第 2 卷第 7 期）、《三三》（第 2 卷第 9 期）、《燥》（第 2 卷第 10 期）；巴金發表了 5 篇，分別是《生與死》（第 2 卷第 4 期）、《最後的審判》（第 2 卷第 8 期）、《未寄的信》（第 2 卷第 9 期）、《我的眼淚》（第 2 卷第 10 期）、《墮落的路》（第 2 卷第 11、12 期合刊）；李青崖佔了 2 篇，分別是小說《吉祥話》（第 2 卷第 5、6 期合刊）、《新傢具》（第 2 卷第 9 期）。此外再加上施蟄存、靳以、凌叔華、袁昌英、陳夢家、王魯彥、何家槐、袁牧之等人的作品，幾乎占到整個《文藝月刊》第二卷總數的 70%以上。

就以左恭、繆崇群、鍾天心、金滿城是「中國文藝社」成員的作品來看，左恭的《金魚》（第 2 卷第 1 期）、金滿城的《愛》（第 2 卷第 1 期）、鍾天心的《一個新夢》（第 2 卷第 4 期）、繆崇群的《勝利的人》（第 2 卷第 1 期）和《過年》（第 2 卷第 3 期）、《棋》（第 2 卷第 5、6 期）等幾篇小說也沒有直接宣揚「民族意識」的內容，而繆崇群的幾篇隨筆就更與「民族文藝」無關。

但另一個方面，《文藝月刊》在期刊的《編輯後記》，時時不忘記提醒讀者其刊物的「民族主義」立場。在《文藝月刊》創刊號篇末，有一則編者的話：「本刊所載的《環戲的一員》，係鍾憲民先生根據世界語譯出。係弱小民族不可多得的代表作。我們要瞭解弱小民族被壓迫的厄運和艱辛，以同在暴風雨裡拼命掙扎的同伴們，對鍾先生的這篇譯稿，尤當怎樣的重視啊！」〔註103〕在《文藝月刊》第 11 卷第 1 期「編輯後記」末尾稱：「民族文藝之重要，在今日已成人人皆喻之事實。本雜誌素以嚴肅之態度，提倡民族文藝；但極力避免心不由衷的口號文學。希望諸位作者多多賜稿為感！」〔註104〕

---

〔註102〕何家槐在《文藝月刊》發表文章時，還未加入「左聯」，因此還不能算是左翼作家。

〔註103〕《最後一頁》，《文藝月刊》創刊號，1930 年 8 月 15 日。

〔註104〕《文藝月刊》第 11 卷第 1 期，1937 年 7 月 1 日。

　　也就是說，從這些「編輯後記」裡，我們可以看出《文藝月刊》從 1930年 8 月 15 日創刊到 1937 年「抗戰」爆發，其「民族主義」文藝立場是一以貫之的。這一點和王平陵的回憶中提到《文藝月刊》的創刊是因為「葉楚傖先生首先倡導「『民族主義』的文藝運動，力圖挽救頹風」是可以相互印證的。

　　可是，如何在編輯實踐中貫徹這種思想和立場呢？《文藝月刊》主要是通過刊發兩類文章來體現。

　　一類文章是介紹與翻譯作品。這類作品有可以分為文學、音樂與繪畫雕塑等藝術門類。以《文藝月刊》第四號為例，共刊登文章 21 篇，其中翻譯和介紹外國作家作品占 12 篇，分別是：

| 插　畫 | 翻譯評論 | 翻譯小說 | 譯　詩 | 作家介紹 |
|---|---|---|---|---|
| 《小鳥之死》J・P・Greuze 作 | 《現代美國文學之趨勢》，開浮爾登著，鍾憲民譯 | 《加拉諾夫》，伐佐夫著，惟生譯 | 《夜之印象》，P・Ver laine 著，藤剛譯 | 《梅特林克的〈蟻之生活〉》，銘竹 |
| | 《漫想》，斯威夫德著，銘竹譯 | 《良心的責備》，史特林堡著，銘之譯 | 《牧童的夢》，P・Ver laine 著，藤剛譯 | |
| | 《音樂是可以瞭解的嗎？》，W・Peters，銘之譯 | 《山中之夜》，列尼葉著，李萬居譯 | | |
| | 《保加利亞文學小史》，S・Shtiplieva 著，惟生譯 | 《一個變了的人》，哈代著，陳心純譯 | | |

　　為了進一步的說明這種狀況，再以前面所列《文藝月刊》第二卷共十二期總目為例，作品一共 147 篇，外國繪畫作品、翻譯文藝作品及外國作家作品介紹就佔了 57 篇（幅）。分別為：

| 分類 | 插　畫 | 論　叢 | 小　說 | 戲　劇 | 詩、隨筆小品 |
|---|---|---|---|---|---|
| 篇數 | 11 幅 | 17 篇 | 20 篇 | 7 篇 | 1 篇 |
| 比例 | 64.7% | 77.3% | 32.2% | 77.7% | 2.7% |

　　從以上抽樣統計數據來看，翻譯文藝作品在《文藝月刊》中所佔的比例非常大，而刊登每一篇外國畫作和文藝作品，其用意也比較清楚。刊登「弱小民族」的文藝作品，是因為和這些「弱小民族」有相同的際遇，所產生的

文學有相似之處。不但可以瞭解和借鑒這些民族的文藝，而且認為可以從這些毫不遜色於其它大民族的文藝的經驗中尋找民族的自信。《文藝月刊》第 1 卷第 3 期《最後一頁》，說：

> 第一、本刊海外的文藝介紹，過去似乎以弱小民族的方面為多，將來如果可能，還想這樣做。因為在弱小民族文學中，不但也有可以和強盛的國家的文學相頡頏的作品，而且對於民族的解放，對於平等博愛自由的希求，對於人生的熱情和悲感，在她們的作品中，有時候表現得非常深摯動人。自然這是有她客觀的原因的，她們幾乎全體是經歷過或正還受著異族的壓迫，強國的侵略，因之，國民的生活，一班都陷於貧苦的悲哀。但是她們也不甘於受苦而不反抗，於是民族革命的呼聲，便深深的反映於文學中了。藝術是苦悶的象徵，在這裡是充分的證明了它的確實性。不過在另一面，我們又可以看到令人非常注意的一點，就是她們在提倡民族革命的文學中，卻沒有國家主義的色彩，愛自己的民族，同時卻又愛人類。文學是表現人生，改造人生，創造人生；我們對於在厄運中掙扎的弱小民族的文學，真是值得無限同情與珍視的。……

而對美國、法國、英國等文藝家和作品的介紹，完全是為提倡「民族文藝」尋找理論根據和提供「民族文藝」的典範文本。在 1937 年 5 月 1 日出版的第四、五兩期合刊的「戲劇專號」裡，就刊有以下幾個翻譯劇作及相關介紹：

| 劇作及介紹 | 劇　　　名 | 作　　　者 | 譯　者 |
|---|---|---|---|
| 劇　作 | 《詩人的愛》 | Rene Blum，Georges Delaquys 合著 | 方　於 |
| | 《賊》 | Tristan Bernard 著 | 包乾元 |
| | 《老婦人 LA VIEILLE》 | 莫泊桑著 | 李稚農 |
| | 《白衣人》 | Sidney Kingsley 著 | 侯鳴皋 |
| 介　紹 | 《介紹梁譯莎翁名劇》 | 秋濤（王平陵） | |
| | 《讀 le Cid 兩種漢譯》 | 徐仲年 | |

在本期的《編輯後記》裡，就直接交待了刊發這些劇作的動機是「中國關於戲劇技巧方面的參考資料，到現在為止，少得太可憐了！而舊戲這一部分遺產，還只有舊戲可以應用。現代劇的形式與內容，都得要在域外已有的成果中，努力去搜集，學習；因此，像這種企圖以最新的姿態出現於劇壇的

戲劇，大家都還在暗中摸索，艱苦備嘗」。因此，可以說《文藝月刊》所刊發的作品，大到一些中長篇作品，〔註105〕小到一幅「插畫」，無不表現出這種意圖。例如對1卷第4號的一幅小「插畫」《小鳥之死》，編輯這樣說：「J・P・Greuze 的《小鳥之死》被移植到本刊上了；雖然經過了不愼高明的製版業和印刷業的手，受了不少損害，可是我們仍然能從這幅中深深感到 Greuze 畫意的名貴。Greuze（1725～1825 年）是十八世紀初期一個特出的風俗畫家，如多數的美術史家所言，他是很優美的法蘭西精神的所有者。」〔註106〕

　　這種「法蘭西精神」，當然就是指「法蘭西民族」的精神。如果如此「名貴」的畫作《小鳥之死》承載著的就是全部的「法蘭西民族精神」，那麼，中國最偉大的文藝也應該承載著「中國」民族的全部精神，《小鳥之死》不但是中國藝術家奮鬥的方向，也是成功的典範。《文藝月刊》就是這樣通過對世界上其它「弱小民族」文藝的介紹，爲中國作家提供「民族文藝」的範本和理論指導，爲「民族文藝」提供合法性支持。

　　另一類是立足中國古代文化藝術的挖掘與介紹的論著與作品。作品的創作主要以歷史事件、人物爲題材，而評論與研究主要以中國古代文學藝術等爲研究對象。簡單列表如下：

| 類別 | 篇　　　　名 | 作　　者 | 刊　　期 |
|---|---|---|---|
| 論著 | 《南宋時代陷金的幾個民族詩人》 | 蘇雪林 | 第5卷第1期 |
| | 《陶淵明考》 | 聖　旦 | 第6卷第4期 |
| | 《宋代女詞人張玉娘》 | 唐圭璋 | 第6卷第4期 |
| | 《西崑詩派述評》 | 程千帆 | 第7卷第6期 |
| | 《美髯詩人蘇東坡》 | 王德篪 | 第8卷第6期 |
| | 《韓愈及其門弟子的文學論》 | 羅根澤 | 第9卷第4期 |
| | 《舊體閨情詩的研究》 | 徐中玉 | 第9卷第4期 |

〔註105〕這些作品在《文藝月刊》上隨處可見。小說如李青崖的譯作《一個十八歲的兒子》（法國貝爾納爾著，第2卷第1期）、《一個學習檢察官》（法國法朗上著，第2卷第3期）、《近水樓臺》（法國郭季葉著，第2卷第7期）、《官迷的夢》（法國都德著，第2卷第11、12期合刊）。戲劇如馬彥祥譯，歐尼爾作的《戰線內》（第6卷第2期）、蘇芹蓀譯，梅士斐作的《鎖了的箱子》（第6卷第3期）、高昌南譯，莎士比亞的《朱理亞・愷撒》（第7卷第2期，1935年2月1日）等。

〔註106〕《編後雜記》，《文藝月刊》第1卷第4號。

| | 《石濤再考》 | 傅抱石 | 第 10 卷第 6 期 |
|---|---|---|---|
| | 《南宋民族詩人陸放翁辛幼安之詩歌分析》 | 施仲言 | 第 11 卷第 1 期 |
| | 《李後主誕生千年紀念》 | 逸 珠 | 第 11 卷第 1 期 |
| 創作 | 《馬嵬驛》（小說） | 絳燕（沈祖棻） | 第 8 卷第 6 期 |
| | 《狄四娘》 | 張道藩 | 第 8 卷第 6 期 |
| | 《會稽之夜》（小說） | 吳復原 | 第 9 卷第 4 期 |
| | 《北望》（詩歌） | 鄭康伯 | 第 10 卷第 6 期 |
| | 《秦淮集》（詩歌） | 汪辟疆 | 第 10 卷第 6 期 |
| | 《孝陵之春》（詩歌） | 瑟 若 | 第 10 卷第 6 期 |

　　表面上看，這些論著和創作除少數幾篇外，其餘似乎都是一些極爲平常的藝術問題探討和歷史題材的創作。可是，將這一類文章放在特定的歷史環境中，它便具有了《文藝月刊》編者所認爲的「民族文藝」的意義。

　　在第 10 卷第 6 期《編輯後記》裡，編輯就這樣陳述：

　　　　文藝已漸漸向著民族方面去進展，這是年來一種可喜的現象；
　　也是現代文藝必定趨向的一條大路。但是我們認定提倡民族文藝，
　　並不僅僅是高喊著口號，是要把我們民族的祖先，在歷史上所遺留
　　的「威武不能屈」和「獨立不拔」的精神，在現在「沉醉」和「享
　　樂」的迷夢中，重新恢復到固有的地位，使人們加上一種「警惕」
　　和「自信」。這才是民族文藝的眞精神。本期所刊登的文章，如傅抱
　　石君的《石濤再考》，鄭康伯君的《北望》，就是含著富有民族意義
　　的作品；其他如陶秋英君的《金華與富春江》，雖然是一篇善於描寫
　　風景的散文，但能使讀者這篇散文的人們，都發生一種「如此江山」
　　的感想。我們認定這一類的文藝，不必表現著劍拔弩張的氣概，實
　　在能給與愛好民族文藝的讀者一種認識和暗示。

　　　　復次，本期的插圖，有嚴幾道先生《江亭餞別圖》及一時名流
　　題詞，共計七八幀。嚴先生是我國留學界的老前輩，而且是譯著界
　　唯一的作家，畫者爲林畏廬先生，也是善譯西方小說的先進。嚴先
　　生以高才碩學，他在前清時不顧久領著編譯名詞館的虛名職務，憤
　　而辭職，專意去努力他的編譯事業；在人格上，這是何等值得可敬！
　　本圖向來從未發表過，而且是文藝的珍品。本期把它影印，公諸世

人，這也是本刊的一種榮幸。〔註107〕

　　將古老的歷史文化藝術與「民族」的建構聯繫起來，從今天的眼光來看，無疑是現代「民族」建構過程中一個極為重要的部分。如果我們說「民族是被感覺到的和活著的共同體，其成員共享祖國與文化」，那麼，民族至少要在相當的一個時期，在通過「擁有它自己的故鄉來把自己構建成民族」的同時，「為了立志成為民族並被承認為民族，它需要發展某種公共文化」。〔註108〕這種「公共文化」很大程度上又是與民族的「歷史與記憶」聯繫在一起的。歐內斯特‧勒南（Ernest Renan）認為「英雄的過去、偉大的人物、昔日的榮光，所有這一切都是民族思想所賴以建立的主要基礎」。〔註109〕這種歷史與記憶就屬於「公共文化」。這種不可替代的獨特的「文化價值」也就是韋伯所強調的「民族主義標記的信仰」。在這個意義上說，《文藝月刊》刊發這些文類的價值，包括對「古代詩人」、「藝術家」的緬懷與確認，對一切中國歷史上存在過的「昔日榮光」和「英雄過去」的「集體記憶」（文學藝術）的重新發掘，都暗合著構建「民族」所需要的最基本的要件──「公共文化」。它所包含的內容顯然也就被大大地延展了。

　　由此看來，《文藝月刊》所理解的「民族文藝」，比起《前鋒周報》和《前鋒月刊》來要寬泛得多，也不願意將「民族文藝」表現出「劍拔弩張的氣概」，但「卻給愛好民族文藝的讀者一種認識和暗示」。

　　這樣的一種編輯理念和運作方式，使得《文藝月刊》在提倡「民族主義文藝」時態度相對溫和，甚至顯得傳統與保守。對此，主編王平陵卻甚為自得，他說：

> 在四海困窮，讀者購買力大非昔比的時候，每一種刊物的主編者，苟非在營業上用盡心計，加重刺激，真是不容易存在。而《文

〔註107〕《文藝月刊》第10卷第6期，1937年6月1日。

〔註108〕〔英〕安東尼‧史密斯：《民族主義理論，意識形態，歷史》，葉江譯，上海：上海世紀出版集團，2006年版，第12～13頁。

〔註109〕韋伯也持同樣的觀點，在解釋阿爾薩斯人為什麼沒有屬於德意志民族的感情的原因在於「他們的英雄是法國歷史上的英雄。如果科爾馬博物館的管理人想要給你看他最珍愛的藏品，它會將你從格隆沃德祭壇畫引開，帶你到意見展覽室，在那裡擺滿了三色旗、救火梯、以及其它頭盔和紀念品等最無意義的展品；那些展品是來自對他而言的英雄時期」。參見安東尼‧史密斯：《民族主義理論，意識形態，歷史》，葉江譯，上海：上海世紀出版集團，2006年版，第38～39頁。

藝月刊》在這時候，並沒有像此刻流行的刊物似的，為著取得讀者
的激賞，把不當痛罵的人，無故痛罵了一頓，或者把不當恭維的人，
平白地拍一陣馬屁；更沒有發明簡筆字，提倡大眾語；也沒有揚言
要整理文學遺產；它壓根兒就不會打算到那一套，一切還是率循舊
章，頑強地顯出學院式的傻氣，因此，它的不能和當世流行的刊物，
競爭銷數的多寡是無可諱言的事實。〔註110〕

　　王平陵這段話在暗中嘲諷左翼刊物的同時也不無自我標榜的嫌疑，不
過，他的這種闡述大概也能概括《文藝月刊》的編輯態度。它放棄了創刊時
初步擬定的「同人」路線，以比較平易、務實的態度出現，以至於引起南京
「民族主義文藝」期刊《開展》月刊的批評：「若是一個文藝社團的『同人
雜誌』也這樣辦法，則未免太失去了這社團存在的意義了。試翻遍十多期的
文藝月刊，幾乎找不出幾篇是他們社員的作品，這現象，若非編輯者之過分
崇拜偶像，則一定是刊物本身之側重於商業化。然而，以一本同人雜誌而如
果染上了這兩種傾向之一，也已經是很可怕的病態了。」〔註111〕顯然，《開
展月刊》對《文藝月刊》的批評還是比較隔膜的，遠不如上海的《新壘》的
概括準確而犀利：「《文藝月刊》的表現，是為文藝而文藝的，從不提什麼
民族文藝，不知其背景的，且不知是黨派的文藝刊物。在黨派的立場，它
雖是無功，但能如世故老人般，很安分守道，不生事端，沒有如矛盾那麼荒
唐」。〔註112〕

　　《新壘》月刊作為「改組派」的刊物，儘管它認為《文藝月刊》「雖是無
功」並不完全準確，因為《文藝月刊》能聯絡到八百多位〔註113〕不同政治立
場的知名作家、教授、學生等撰稿人的加入，本身就是巨大的成功。但是，
《新壘》月刊敏銳的注意到了《文藝月刊》「安分守道」背後深層次裡的「黨
派」立場，而且指出其「如世故老人般」的「不生事端」，這樣的觀察確實入
木三分。

---

〔註110〕王平陵：《我與文藝月刊》，《人言》第 2 卷第 2 期，1935 年。
〔註111〕辛予：《一九三一年南京文壇總結算》，《矛盾》（月刊）第 2 期，1932 年 5 月
　　　　25 日。
〔註112〕李焰生：《黨派文藝的清算》，《新壘》（月刊）第 3 卷第 1 期，1934 年 1 月 15
　　　　日。
〔註113〕另據張大明的統計，《文藝月刊》出刊的 12 年中，它的作者人數「起碼在五
　　　　六百人以上」，但實際人數應該還要多。見張大明：《國民黨文藝思潮》，臺北：
　　　　秀威信息科技股份有限公司，2009 年版，第 72 頁。

　　至此，《文藝月刊》無論從「宣言」《達賴滿的聲音》中的「自相矛盾」和編輯實踐中的「調和」，最終都指向一點，就是國民黨南京政府利用文藝雜誌這種大眾媒介所進行的意識形態控制。國民黨試圖樹立「民族意識」這種主導的價值觀，從而取得文化「領導權」，這一點上與其它「民族主義文藝」期刊並無二致。不過，《文藝月刊》提供了另外一種控制的方式，它不是以阿爾都塞所說的以「喚詢」（interpellation）或「召喚」（hailing）的方式進行，而是以葛蘭西所說的「通過展示自身是最好的、能夠滿足其它階級——甚至暗含整個社會——的利益和願望的組織來實現」。也就是說，它的控制是通過「贊同」而不是通過「強迫」來進行的。例如在「三民主義文藝政策」剛制定後，梁實秋就在《新月》發表《論思想統一》，竭力反對文藝需要有「政策」，堅稱「文藝至死都是自由的」。不過很快就在提倡「爲文藝而文藝」的《文藝月刊》上發表了多達六篇作品。這一方面說明這種「展示」的必要性；另外一個方面，按葛蘭西的觀點，「贊同」也不是簡單、毫無疑問地達成，而是必須經過不斷地協商、重建。因爲「無論統治階級在多大程度上呈現自身利益能夠容納從屬階級的利益，他們之間的利益也還是對立的」，所以，《文藝月刊》無論是「爲文藝而文藝」到「爲民族國家」文藝的「宣言」，還是從不刊發「劍拔弩張」的「民族文藝」作品的低調運作，都只是在主導意識形態範疇內的「協商和重建」，「從某種程度上吸收各種對立的因素，從而平息和安撫它們」。從這個意義上說，葛蘭西彷彿在提醒我們，「贊同」並不比「喚詢」進步多少，「同意接受統治的主體和那些將自己誤認爲是意識形態製造者的主體同樣是被動的」。〔註114〕

<hr>

〔註114〕　〔英〕利薩・泰勒，安德魯・威利斯著：《媒介研究：文本、機構與受眾》，吳靖，黃佩譯，北京：北京大學出版社，2008 年版，第 31 頁。

# 第五章　話語鉗制：審查制度的形成與影響

## 第一節　審查制度的形成

### 一、概念界定

　　「審查」（censorship）這一概念，亨利・萊奇曼（Henry Reichman）的界定是「撤銷、禁止或限制某些載有圖畫、信息和思想內容的文學藝術或教育類出版物的流通，因爲這些出版物不符合檢查者的道德和其它標準……通俗地說就是：你不得閱讀這本雜誌和圖書，因爲我不喜歡。」〔註1〕《簡明不列顛百科全書》則將其定義爲「進行書報檢查，就是進行判斷和批評，作出評價和估計，以及實行禁止和壓制。」〔註2〕不過，上述二者的界定似乎都帶有描述性質，沒有明確「審查」本身和「管理」及「權力」之間的共生關係，它們的問題在於「未指出誰有權利以及採取何種手段查禁書籍」。〔註3〕從歷史上看，東方和西方大概都有共通的地方。在西方，最早的「檢查」起源於古希臘羅馬時期，「censorship」一詞，就是從拉丁語 censere（古羅馬負責社會風紀檢查和道德行爲監督的檢查官）一詞發展而來。公元前 399 年，蘇格

---

〔註1〕 Henry Reichman. Censorship and Selection: Issues and Answer for School. American Library Association 1993. 2.

〔註2〕 《簡明不列顛百科全書》第 7 卷，北京：中國大百科全書出版社，1986 年，第 342 頁。

〔註3〕 沈固朝：《歐洲書報檢查制度的興衰》，南京：南京大學出版社，1999 年版，第 2 頁。

拉底因「否認國家承認的諸神，講授新的神學理論」而被處死，也許可以看作是審查制度的濫觴。在中國，最早的「禁書」也可以追溯到秦始皇利用王權「焚書坑儒」。也就是說，無論西方還是中國，教會和王權作為兩種最主要的權力始終在「書刊檢查」中發揮著最核心的作用。

儘管說中國有幾千年的「禁書」歷史，但是「書刊檢查」（censorship）眞正體系化爲一種制度仍然是源於十五世紀的歐洲，它不僅包括原初意義上教會和王權以簡單殘酷的暴力手段所進行的書刊檢查，而且包括國家通過法律的、行政的、經濟的手段所進行的書刊檢查。後者即我們所需要進一步討論的「書刊審查制度」或者「書刊檢查制度」，它的形成是在印刷技術的發明和發展的基礎上，國家權力介入思想文化領域的產物。與傳統的王權教會介入方式不同，它是以國家的名義，以法律的方式介入思想文化領域，具體地說就是出版領域。現代意義上的書刊審查制度無論在檢查的方式還是在檢查的範圍上，都形成了一套體系化的規範，不僅包括出版前的檢查（pre-publishing censorship），由此衍生出特許制、登記制、預懲制以及保證金制等控制措施，而且也包括出版後的檢查（post-publishing control），或者叫懲罰性檢查（punitive censorship），以及由此衍生的追懲制；在檢查的範圍上，不僅包括對圖書、期刊、報紙、影視作品、戲劇或其它旨在公開流通的文字作品的出版或預演前的審查，而且還包括「上述作品在出版或公映、公演後的批評、禁止和懲罰」。主要指「禁止出版或公映公演判決的司法行爲」，禁止「政府控制機構如公共圖書館、海關、郵政部門的禁止入藏、入關和郵寄的行政行爲」以及「檢察官、主編、編輯的刪改或批評家的批評等」。〔註4〕

基於這樣的理解，「書刊審查制度」就可以界定爲國家或者權力擁有者利用自上而下的強制性的權力對出版物和其它輿論工具進行管理和監督的一種體系。這一概念的界定不僅包括對傳統的書刊雜誌等出版物的檢查，同時也包括對一切輿論工具的檢查。不過，爲了使對問題的探討不至於空疏，在接下來的討論中本文將「出版物」的探討主要集中於文藝出版物，而將「其它輿論工具」的範圍框定在電影的討論上。至於選擇「電影」的原因，主要基於兩個方面的考慮。一方面在於國民黨南京政府時期電影業的蓬勃興起使得電影審查事實上在其整個審查體系中佔有重要的地位；另一方面，電影審查本身包括電影劇本的審查，它本身就可以作爲一種純粹的出版物而出

---

〔註4〕 王清：《國外書刊檢查制度概觀》，《出版發行研究》，1999年第4期。

現。而且從根本上講，電影作爲一種新興的媒介形式不過是出版物的演化和延伸。

## 二、作爲文藝統制策略的書刊審查制度的形成與確立

中國的現代書刊審查，同樣也伴隨著印刷技術的改進和報紙、書刊、電影等現代傳媒而出現。1906 年，晚清政府頒佈了《大清印刷對象專律》，正式以法律的形式開啓了中國現代新聞及書刊審查的先河。緊接著，頒佈了《報章應守規則》（1906 年 10 月）、《報館暫行條規》（1907 年 9 月）、《大清報律》（1908 年 1 月）、《欽定報律》（1911 年 12 月）等一系列的法律法規，但是，晚清政府的政權已經在風雨中飄搖，這些法律法規並沒有得到眞正的施行。民國以後，1914 年 12 月 4 日，北洋政府頒佈了一部《出版法》，其中第四條規定「出版之文書圖畫，應於發行或散佈前，稟報該警察官署，並將出版物以一份送該官署，以一份由該官署送內務部備案」。第十一條，規定了「文書圖畫」有八種情況不得出版，〔註 5〕更爲明確地規定了書刊出版前審查的基本模式和具體措施。在這之後，針對新聞出版的法令條文也不斷出臺，在執行上也有所動作。在 1913 年 11 月到 1916 年 3 月間，就查禁了近 60 種報刊雜誌（其中有部分傳單布告），1920 年 2 月到 7 月五個月間，查禁了「宣傳過激主義」的書刊「達八十三種之多」。〔註 6〕然而，北洋政府派系林立，內部四分五裂，軍閥各自爲政，各種政策法令的實施不能不大打折扣，一個相對於全國而言的完整的書刊審查體系並未形成。

以電影檢查爲例，可以更好地說明這一點。1923 年，上海總商會上書北洋政府，歷數由進口電影「爲揣摩顧客心理起見，又專喜尋取奸盜邪淫之事實，以博庸眾之觀聽」，因而要求「迅訂檢閱取締之章程，頒行全國，以抗薄俗」。〔註 7〕1924 年，通俗教育研究會也書呈「教育部」，謂國產電影《閻瑞生》、《張欣生》等「淆惑心理簡單之人民……使此等殘忍慘酷之狀日接於目中」，「爲防流弊起見，擬懇咨行內務部通令所屬一律嚴禁」。〔註 8〕在這些團

〔註 5〕中國第一歷史檔案館編‧《中華民國史檔案資料彙編》第三輯文化，南京：江蘇古籍出版社，1991 年版，第 434～435 頁。

〔註 6〕中國第二歷史檔案館編：《中華民國史檔案資料彙編》第三輯文化，南京：江蘇古籍出版社，1991 年版，第 506～511 頁。

〔註 7〕《總商會電請取締影片》，《新聞報》1923 年 3 月 18 日。

〔註 8〕中國第二歷史檔案館編：《中華民國史檔案資料彙編》第三輯文化，南京：江蘇古籍出版社，1991 年版，第 176～178 頁。

體的呈請下，1926 年 2 月 18 日，北洋政府教育部批准了「通俗教育會」的
《審查影劇章程》，指令其按章施行。《章程》規定了「凡編演影劇，不論該
劇片在本國製造或外國輸入者，均須經本會審定後方准映演」。擬定了禁演
「四條」：「迹近煽惑，有妨治安者；迹涉淫褻，有傷風化者；兇暴悖亂，影
響人心風俗者；侮辱中國和有礙邦交者」。剪截或修改「四條」：「情節乖謬，
不合事理者；形容過當，易起反感者；意在勸誡，而反近誘惑者；大體尚佳，
間有疵累者」。〔註 9〕當然在《章程》中也規定了褒獎的「四條」。不過，《章
程》儘管在獎與禁兩個方面都制定了標準，但指令「通俗教育研究會」進行
審查顯然有些勉為其難。首先，「通俗教育會」僅僅是教育部下屬的一個研究
機構，宗旨是「研究通俗教育事項，改良社會，普及教育」，當然也就談不上
行政權力；其次，通俗教育研究會常設人員只有學務局三人，警察廳三人，
教育部指派若干人為日常工作人員，其餘為聘請的學校及研究機構人員。「會
員為名譽職，均不支薪」。〔註 10〕在行政權力和人員配備二者都不具備的情況
下來實施電影檢查，顯然是一件不現實的事情。

　　中國的現代書刊審查制度的真正形成和確立，是在國民黨南京政府時期
才得以完成的。1927 年國民黨在南京建立政權，在一年左右時間內，國民黨
在抓緊軍事上的「統一」和政治上的「清黨」，迅速確立了「以黨治國」的基
本模式，實現了至少在名義上的國家統一，為書刊審查制度的確立創造了最
基本的條件。在一定程度上，國民黨實現了國家的統一和真正上臺掌握了國
家行政權力，構成了在全國範圍內實施強制性書刊檢查的兩個基本前提。
1928 年國民黨南京政府宣佈進入「訓政」時期，國家機器全面介入思想文化
領域。集中表現在制定一系列文化政策，力圖通過國家機器的力量，確立三
民主義一元意識形態地位。國民黨中央宣傳部作為國民黨最高宣傳機關，自
1929 年後開始全面推動和指導思想文化領域各項工作的開展，成為意識形態
領域的掌控者和各項文化工作的推動者。從現在所見的材料中，可以發現在
1929 年 1 月間，國民黨中央宣傳部在 1927 年頒佈的《本黨宣傳方略》的基礎
上制定了詳盡的宣傳實施方案，其中包括《省及特別市黨部宣傳工作實施方
案》、《區黨部宣傳工作實施方案》等，幾乎都涉及到了如何進行書刊及郵政

---

〔註 9〕 中國第二歷史檔案館編：《中華民國史檔案資料彙編》第三輯文化，南京：江
　　　　蘇古籍出版社，1991 年版，第 176～178 頁。
〔註 10〕 中國第二歷史檔案館編：《中華民國史檔案資料彙編》第三輯文化，南京：江
　　　　蘇古籍出版社，1991 年版，第 101～104 頁。

檢查的內容，這說明國民黨的書刊審查與國民黨的宣傳工作之間的緊密聯繫。同年 6 月 4 日，國民黨中宣部召開「全國宣傳會議」，通過了《確定本黨之文藝政策案》，在提倡「創造三民主義文藝」的同時，明確規定「取締違反三民主義之一切作品（如斲喪民族生命，反映封建思想，鼓吹階級鬥爭等文藝作品）」。﹝註 11﹞進一步將書刊檢查納入到國民黨文藝政策的總體設計框架之中。

在這個背景之下，國民黨南京政府的書刊審查制度通過法律法規政策的不斷完善和專門檢查機構的設立兩個方面逐步形成並最終確立。

### （一）法令法規的出臺

1927 年 12 月 20 日，國民黨南京政府大學院頒佈了《新出圖書呈交條例》，這是國民黨執政以來頒佈的第一個書刊審查法規，不過，這一法規太過於簡單，總共只有四條，並且只是規定了新出圖書須送交大學院備查，雖不排除審查的成分，但沒有涉及審查內容的條文，充其量也僅是國民黨在「清黨」之後在文化領域的後續政策而已。因此，這一條例在國民黨書刊審查制度的建構中並不具備特別的意義。

眞正標誌著國民黨書刊審查制度的開端是兩項法律法規的出臺：1929 年 1 月由國民黨中宣部制定、國民黨中央執行委員會第 190 次會議通過的《宣傳品審查條例》和 1930 年 11 月 19 日由國民黨立法院通過的《出版法》。

《宣傳品審查條例》一共十五條，包括宣傳品的審查範圍、方式、標準、內容、處理辦法等幾個部分。其中，宣傳品之審查範圍涵蓋了報紙及通訊稿、刊物、書籍、戲曲電影以及一切傳單標語公文函件通電等。審查的標準就是「總理遺教」、「本黨主義」、「政綱政策」、「決議案」法令及「中央黨務政治記載」。第五條第六條涉及審查的內容，照錄如下：

第五條　凡含有下列性質之宣傳品爲反動宣傳品：

一、宣傳共產主義及階級鬥爭者；二、宣傳國家主義、無政府主義及其它主義而攻擊本黨主義政綱政策及決議案者；三、反對或違背本黨主義政綱政策及決議案者；四、挑撥離間分化本黨者；五、妄造謠言以淆亂觀聽者。

﹝註11﹞《中央日報》1930 年 6 月 6 日。

第六條　凡含有下列性質之宣傳品為謬誤宣傳品：

一、曲解本黨主義政綱政策及決議案者；二、誤解本黨主義政綱政策及決議案者；三、記載失實足以影響觀聽者。

在審查後的處理上，分為獎懲兩項。「對於本黨主義政綱政策決議案及一切黨政事實能正確認識而有所闡發貢獻者，得嘉獎提倡之」；對「謬誤者糾正或訓斥之」，「反動者查禁查封或究辦之」。在具體的執行上，條例還規定主要由中宣部或各級黨部宣傳部負責審查，對「刊物之查禁印售，反動宣傳品機關之封閉，及其負責人之究辦」，由「中央國民政府令主管機關執行之」。〔註12〕

《宣傳品審查條例》的這樣一些措施，在《出版法》中以法律的形式被再次強化和固定了下來，有的條文幾乎就是《條例》的條理化和書面化。不過，變化仍然是明顯的：

第一、黨政部門之間有了明確的職責與分工。與《出版法》相比，《宣傳品審查條例》的「黨化」色彩更為濃厚，強調更多的是「黨」的利益與安全，對比《宣傳品審查條例》中被列為「反動宣傳品」的第五條和《出版法》中「出版品登載事項之限制」的第十九條，可以明顯看出這一變化。

十九條規定：

出版品不得為左列（原文豎排）各款之記載。

一、意圖破壞中國國民黨或破壞三民主義者。二、意圖顛覆國民政府或損害中華民國利益者。三、意圖破壞公共秩序者。四、妨害善良風俗者。

第一項幾乎就把《條例》中列為「反動宣傳品」的四條完全囊括了，第二條中，加入了「國民政府」和「中華民國」字眼，把意圖把「黨」的利益和「國家」的利益統一在一起，這當然也符合國民黨「以黨治國」的根本特徵。但是，在《出版法》中更強調政府的作用與參與卻也是明顯的。「黨」的部門與「國民政府」的部門職責更為明確。在第七條「登記」一項上，普通的新聞紙和雜誌只需要到「內政部」申請登記，只有「有關黨義或黨務事項之登載者」，才向「中央黨部宣傳部聲請登記」。而且對普通出版物的改正增刪主要由「內政部」負責，有關「政治傳單或者標語」，由警察機關負責審核。只有內容涉及「黨義或黨務者」，才由中央黨部宣傳部負責審核。

〔註12〕張靜廬：《中國現代出版史料》（乙編），上海：上海古籍出版社，2003年版，第522～525頁。

　　第二、在處罰上，《出版法》措施更爲完備、具體，操作性更強。在《條例》中，對違禁者的處理是「訓斥」、「查禁查封或究辦」，具體由「中央國民政府令主管機關執行」，但是，具體如何執行，由誰執行並未明確。而在《出版法》中，執行的措施、處罰的力度等都有明確規定。例如規定沒有申請登記就發行新聞紙及雜誌者，處二百元以下的罰金；不按規定寄送新聞紙雜誌備審者，處百元以下罰金；對登載有違禁內容者，對發行人、編輯人、著作人、及印刷人一年以下有期徒刑、拘役或一千元以下之罰金，但其它法律規定有較重之處罰者，還要依其規定處以重罰等等，極爲詳備。並且在 1931 年 10 月 7 日，針對在《出版法》在實施中出現的問題，內政部和宣傳部還就登記與審查專門聯合出臺了《出版法實施細則》，使得出版法的施行條例更往精細化方面發展。如對何謂有關黨義、黨務事項之出版品，就專門作出了四條規定。對送審的書籍稿本，也專門作了三條規定。

　　不過，令人奇怪的是，在《宣傳品審查條例》中明確屬於「宣傳品」的戲曲和電影，在《出版法》中卻被排除出「出版物」之外，其中原因值得探究。

　　在《出版法》中，審查的範圍只限定於新聞紙、雜誌和書籍，這當然並非將電影和戲曲排除出審查範圍之外，而是針對戲曲和電影有了更爲專門的系統的規定。1930 年 11 月 3 日，立法院通過了一部專門的《電影檢查法》，由國民政府正式公佈實行。規定：「凡電影片，無論本國制或外國制，非依本法經檢查核准後，不得映演。」第二條規定有以下情形之一者，不得核准：「一、有損中華民族之尊嚴者；二、違反三民主義者；三、妨害善良風俗者或公共秩序者；四、提倡迷信邪說者」。〔註 13〕

　　與《出版法》十九條相比，其規定的四項有三項是相同的，不過針對電影很大一部分需要從國外進口的現狀，加上此前因爲上海大光明和光陸兩戲院放映美國派拉蒙公司出品、羅克（Harold Lloyd）主演的影片《不怕死》（Welcome Danger）所引發的「不怕死」案件〔註 14〕產生的影響，《電影檢查

〔註13〕中國第二歷史檔案館編：《中華民國史檔案資料彙編》第五輯文化（一），南京：江蘇古籍出版社，1991 年版，第 356～358 頁。
〔註14〕1930 年 2 月 21 日，洪深因爲到大光明戲院觀看《不怕死》這一影片，認爲影片有「辱華」情節，隨即登臺演講，聲明「不能忍受這樣的侮辱與污蔑，不應該再看這張影片」，此舉引起觀眾共鳴並要求大光明戲院退票。戲院總經理高永清遂召人將洪深扭送至巡捕房，拘禁三小時後才被巡捕房釋放。洪深隨

法》第二條加入了「有損中華民族之尊嚴者」一項，算是「順應民意」的一個舉措，也是國民黨構建「民族國家認同」的一個重要組成。依據此法，1931 年 2 月 3 日，行政院又公佈了《電影檢查法施行規則》，進一步將此法細化。為了各級部門執行的方便和更易操作，1932 年，教育部又出臺了《電影片檢查暫行標準》，又將影片應該修剪和查禁的四條標準做出了更為詳細的解釋。其中對「有損於中華民國及民族之尊嚴者」一項做出九款解釋；對「違反三民主義者」一項做出了八款解釋；「妨害善良風俗或公共秩序者」做出了多達十八條解釋；對「提倡迷信邪說者」做出了六款解釋。其它「取材于禁書」、「未登記」、「有嘲罵性質文字」等以往沒有明文規定的也做了補充性的說明。

由此可見，由《宣傳品審查條例》開始，到《出版法》和《電影檢查法》兩個正式的法律條文的出現，以及由此派生出的法令法規，不但是越來越詳細完備，而且越來越往專門化方向發展，而這一變化，正是書刊審查逐漸制度化所必須經歷的一個過程。

## （二）專門檢查機構的設立

國民黨建立政權後在抓緊法令法規制定的同時，還必須得保證這些法令法規得到徹底的貫徹與實施，否則法令也是一紙空文。成立專門的審查機構，就成為審查制度得以完成的第二個要件。

### 1. 電影檢查專門機構

電影審查的專門機構，最早是 1928 年 8 月 18 日在上海市成立的「戲曲電影審查委員會」。1928 年 8 月 9 日《申報》曾報導過該會的組織情況，主要由市黨部宣傳部、教育局、社會局聯合組成，由社會局長潘公展任主席。〔註15〕曾任上海市教育局長的徐佩璜提到過組織該會的情況。他說：二十年代末，「市上所行之影片，則惟娛樂之是求，於是製作者，務投人所好，而誨

---

後向上海市黨部提出報告銷毀該片，而後又向法院提出控告，要求將該片銷毀，大光明戲院登報公開道歉，賠償其人身被辱的損失。此舉獲得上海市黨部支持，上海市電影檢查委員會隨即封殺影院廣告，禁映羅克所主演之影片，並上呈國民黨中央宣傳部、國民政府，由行政院轉飭各省市政府查禁該片，並由宣傳部請求外交部函令中國駐舊金山領事館向美方交涉，最終以該片主演羅克正式道歉、大光明戲院被罰款五千元，並登報向國人道歉，承諾以後放映諸片當隨時於事前聲請檢查告一段落。

〔註15〕《戲曲電影將受審查》，《申報》1928 年 8 月 9 日。

淫誨盜及違反潮流之片，遂日出不窮，而電影之功用失矣。十八年春，本市黨政當局，有鑒於此，爰有戲曲電影審查會之設立；然以其非專電影，收效蓋尠」。〔註16〕在該會成立之初，上海市特別市黨部宣傳部部長陳德徵曾主張將所草擬的檢查委員會審查條例交由國民黨中宣部「裁核公佈，並即日通令大學院、內政部及各省各特別市黨部，一致遵照是項條例，嚴密組織，切實審查」。〔註17〕可是，並未得到切實的響應。據此推測，缺少國民黨中央高層的支持，加上成立的時間不長，該會並沒有開展多少實質性的工作。

在 1929 年 7 月 1 日，教育部、內政部頒佈的《檢查電影片規則》開始施行後，上海特別市隨即 9 月 12 日成立了「上海特別市電影檢查委員會」（10月 1 日，接收原「戲曲電影審查委員會」之工作；次年 7 月 1 日，由於「上海特別市」改為「上海市」，也隨之改稱「上海市電影檢查委員會」）。關於該電影檢查委員會成立的原因和經過，上海特別市市政府在上呈行政院的呈文中就專門交代：「本會係根據教育、內政二部會頒檢查點影片規則第三條之規定，由上海特別市教育、社會、公安三局會商實施辦法，送經開會集議，從長考慮。僉以本市為國產影片出產之區，亦為外國影片承轉之地，檢查監督責任綦重，若由三局隨時會同辦理，或不免有疏虞之處，且輾轉需時，亦不免有稽遲之弊。緣經議決共同組織電影檢查委員會，以專責成而期迅疾。同時訂定『上海特別市電影檢查委員會規則』九條，於十八年七月十二日會呈上海特別市政府批准組織」。〔註18〕

在人員組成上，按《電影檢查委員會規則》第三條和第五條的規定，由教育局指派陳德徵（局長兼第四科科長）、徐公美、楊佩文、張眉孫、姚賡夔，社會局指派馮柳堂（主管科長）、宓季方、孫詠沂、顧肯夫，公安局指派黃光斗（主管科長）、龔堪塑、董致和、俞鴻潤等十三人為檢查委員會委員，指定陳德徵為主席，黨部指導員周寒梅。實際上，人員基本還是原來「戲曲電影審查委員會」那批人，只不過主席由潘公展換成了陳德徵，以前的「戲曲電影審查委員會」是以上海市黨部宣傳部為主導，現在是以行政機關為主導。由於有了教育部和內政部的法規《檢查電影片規則》作為依據，「上海特別市

---

〔註16〕《上海市電影檢查委員會業務報告（1929～1931）‧序二》，上海市電影檢查委員會編印，1931 年 7 月。

〔註17〕《市宣傳部請中央劃一戲曲電影審查條例》，《申報》1928 年 9 月 27 日。

〔註18〕《上海市電影檢查委員會業務報告》，上海市電影檢查委員會編印，1931 年 12 月，第 9 頁。

電影檢查委員會」可以名正言順的取得上海市政府的支持，因此在經費配備上，由上海特別市政府支撥，「計臨時費洋一千二百一十七元（購置放映機及辦公用具），經常費每月二百一十二元（職員薪給及辦公費用）」。〔註19〕

「上海電影審查委員會」成立後，於11月9日公佈的《上海特別市電影檢查委員會檢查電影片規則》，詳細規定了電影送檢到審查的各項原則以及基本的工作程序，其中，審查程序最為詳盡，它所建立的這套程序後來基本完全被全國統一的電影檢查委員會所保留；1929年11月12日，檢查委員會宣佈實施檢查市內中外各影片，規定了影片送審和補審的辦法，要求「凡已經攝成及舶來之各影片，應一律在十八年十二月三十一日前送交本會補行檢查」，正在攝製或預備攝製之影片，一律實行辦理規定的各項手續。這項措施「自進行以來，異常順利，所有中外影片均爭先恐後送會檢查」。〔註20〕

從1929年11月至1931年6月，共計檢查影片996部，其中國產片441部，占44%；美國片504部，占51%；德國片40部，英國片5部，日本片3部，法國片1部，意大利片1部，蘇聯片1部，合占5%。〔註21〕僅僅從1929年11月12日至1930年1月底，共計檢查影片264部，國產片190部，外國片74部。〔註22〕

次年的7月19日，「南京電影戲劇審查委員會」成立。據《南京市電影戲劇審查委員會組織暫行規則》的第一條之說明，該會的成立是「南京市黨

〔註19〕 中國第二歷史檔案館編：《中華民國史檔案資料彙編》第五輯第一編文化（一），南京：江蘇古籍出版社，1994年版，第336～338頁。

〔註20〕 中國第二歷史檔案館編：《中華民國史檔案資料彙編》第五輯第一編文化（一），南京：江蘇古籍出版社，1994年版，第338～339頁。

〔註21〕 此數字來自於《上海市電影檢查委員會業務報告》第35頁的統計資料，汪朝光加上了一個百分比。不過，需要指出的是汪朝光把《報告》裡面的數字和上海特別市政府上呈行政院的有關上海市電影檢查委員會情況的報告書中統計的數字作了對比，懸殊很大，認為是《報告》的資料更可信，其實是汪先生把統計的時間弄錯了。上海特別市政府上呈行政院的報告時間1930年2月12日，它所說的「本會自十八年十一月十二日截止本年的一月底」，就應該是1929年11月12日到1930年的1月底，汪先生疏忽中把它看成是1931年1月底，乃至於數字懸殊如此之大。參見汪朝光：《檢查、控制與導向——上海市電影檢查委員會研究》，《近代史研究》，2004年第6期；中國第二歷史檔案館編：《中華民國史檔案資料彙編》第五輯第一編，文化（一），南京：江蘇古籍出版社，1994年版，第336～343頁。

〔註22〕 中國第二歷史檔案館編：《中華民國史檔案資料彙編》第五輯第一編，文化（一），南京：江蘇古籍出版社，1994年版，第340頁。

部、南京市政府、首都警察廳爲防止違反黨義，及團體妨害風化及公安與提倡迷信邪說及封建思想等不良事實之表演，爲改進社會教育起見，共同組織南京市電影戲劇審查委員會」。不過，在行政院抄送《南京電影戲劇審查委員會組織暫行規則》致國民政府文官處的函件中透露，「此項暫行規則，在立法院制定檢查電影片法規公佈後，應即廢止」。〔註23〕意味著「南京電影戲劇檢查委員會」僅僅是一個臨時性的地方電影檢查機構，國民黨中央政府已經決定制定電影檢查法，以統一全國在電影檢查條例制定上各自爲政的混亂局面。與此同時，配合電影檢查法成立全國統一的電影檢查機關也勢在必行。相關檔案材料也證實國民黨中央確實也有此意，「中央鑒於電影事業日臻發達，宣傳效力宏大，其對於社會所發生之影響，善惡兩方均能深入人心，若無組織完備、機能敏活之機關，施以嚴密之檢查，必至滋生流弊，貽毒社會」。〔註24〕因此在同年 11 月 3 日《電影檢查法》頒佈，其中第三條就規定「電影檢查委員會之組織另定之」，以法律條文的形式將全國統一的電影檢查委員會的組織提上了議事日程，1931 年 2 月 3 日，行政院公佈了《電影檢查法施行規則》和《電影檢查委員會組織規程》，2 月 25 日全國統一的電影檢查委員會成立。

電影檢查委員會成立以後，按組織規程規定，人員組成上由教育部派出 4 人，內政部派出 3 人，日常工作由常務委員主持，任期 3 個月，輪流擔任，下設幹事 2 人、書記 2 人，技術員 1 人，受常務委員指揮，辦理會務，（在安石如任常務委員時，改爲幹事 4 人，書記 8 人）。第一任委員分別爲彭百川、劉銘塤、包明芳、熊開先、王德溥、王學素、馮成麟七人，其中彭百川爲常務委員。電影檢查委員會檢查電影時，中央黨部宣傳部派員參加指導。同時，通令各地原有檢查機關一律撤銷，這一決定對「上海市電影檢查委員會」來說，當然是一件壞事，1931 年 4 月 8 日，「上海市電影檢查委員會」就上呈上海市政府，認爲「本市情形複雜，戲院林立，影片公司甚多，又與各國接近最深，自不能不有權宜辦法，似應仍有存在之必要」，試圖保留建制，但沒有得到上海市政府的支持，令其「應即預備結束一切，聽候中央辦理」。〔註25〕「上海市電影檢查委員會」不得不在 6 月 12 日停止工作，宣佈撤銷。從中也

---

〔註23〕 中國第二歷史檔案館編：《中華民國史檔案資料彙編》第五輯第一編，文化（一），南京：江蘇古籍出版社，1994 年版，第 344～345 頁。

〔註24〕 《我國電影檢查行政之沿革》，南京第二歷史檔案館，全宗 748-967。轉引自汪朝光：《檢查、控制與導向》，《近代史研究》，2004 年第 6 期。

〔註25〕 《上海市政府致上海市電影檢查委員會》，上海市檔案館藏，Q235-2-1622。

不難看出統一的中央集權在審查制度形成中起到的重要作用。

《電影檢查法施行規則》規定，各地方電影檢查委員會撤銷以後，電影查禁工作主要由各地教育機關和警察機關負責進行。1932 年 3 月 1 日，「中央電影檢查委員會」「誠恐各地陽奉陰違，中央法令不能普遍推行」以及「各地辦法不能一律，手續不易劃一，致生流弊」，因此，擬定《各地教育主管機關會同警察機關稽查電影辦法》七條，由教育部、內政部轉呈行政院備案後施行，進一步規範了電影檢查的執法程序以及地方教育行政機關與警察機關的職責。「教育行政機關監督電影檢查執行情況，如有違禁事，則由警察機關負責糾正。」爲了調動地方各級部門的積極性，該辦法還規定，對「罰鍰」（罰款），「以五成歸警察機關公用，其餘五成撥歸教育行政機關，作爲辦理社會教育之用」。〔註 26〕

自此，一個以「中央電影檢查委員會」爲中心，地方各級教育部門、警察部門通力協作的自上而下的檢查運行機制完全形成。

### 2. 圖書雜誌審查專門機構

1934 年 5 月，國民黨專門的圖書審查機構「圖書雜誌審查委員會」成立。它的成立是由國民黨中央宣傳委員會查禁一百四十九種文藝書刊引起的。

1934 年 2 月，國民黨中央宣傳委員會密令上海特別市黨部執行委員會查禁內容爲鼓吹階級鬥爭的一百四十九種文藝書刊，並附了詳細的「反動刊物目錄一份」，要求「嚴行查禁」，並「勒令繳毀各刊物底版，以絕根除」。〔註 27〕這份書目涉及到上海現代、光華、大江、開明、神州國光等大小書局二十多家，單單現代書局一家就被禁二十七種。由於事涉各方利益，2 月 25日，上海各書局派出代表向市黨部請願，並上呈市黨部，全文如下：

> 呈爲大宗出版物，奉令禁燬，請求重新審查，分別從輕處置，
> 以蘇商困而維文化事：竊商店等在本市經營出版事業，已歷多年，
> 雖屬盈利性質，但未嘗不禆助教育，發揚文化。故對於各書之出版，
> 素極審慎從事，冀免貽害社會，干犯刑章，因而害及自身之營業。
> 近來中央政府對於出版物取締甚嚴，商店等益深懷惕，不敢稍涉疏

〔註 26〕 中國第二歷史檔案館編：《中華民國史檔案資料彙編》第五輯文化（一），南京：江蘇古籍出版社，1994 年版，第 363～365 頁。
〔註 27〕 王煦華、朱一冰：《1927～1949 年禁書史料彙編》，北京：北京圖書館出版社，2007 年版，第 70 頁。

忽，凡奉內政部出版法規定各條，悉經遵照辦理。乃本月十九日先後勞鈞部派員挨戶至商店等各家面諭稱奉，中央黨部宣傳委員會密令禁止各種出版物發售，並限期將印成存書紙板呈部銷毀，綜計查禁書籍，共達百數十餘種之多。其中有前已呈蒙中央黨部審核修正准予發行者，有曾蒙內政部審查註冊賦予出版著作權者，有出版已歷多年早蒙認為無礙者，均未蒙諭知應行查禁理由，輒一律予以查禁。群情惶駭，莫可言喻。竊思商店等均繫小本經營，一書之成，自收稿以迄出版，經過時日，常恒一年半載，所投資本，不下四五百金。故印行之際，不敢不慎之又慎。此次奉令查禁各書，自信絕無干犯法令之處。縱令難免疏忽，至多不過篇章字句之間稍有不妥，倘中央黨部認為尚多違礙，果蒙明白指示，令飭修改，商店等自皆樂於遵行。令不分輕重，一律禁燬，際此教育衰頹，商業凋敝之秋，商店等勉強支持，已覺萬分竭蹶，受此重大打擊，勢將無以自存。且此後出版各家，懍於此種嚴重之處置，復將不敢印行書籍，對於文化前途，似乎不無妨礙。為此迫切聯名呈請，鈞部俯鑒商店等困苦情形，乞賜轉呈中央黨部，將此查禁大宗出版物，重新嚴密審查。倘有違礙之篇章字句，請予分別指出，飭令商店等遵照修改，或留出空白，改版印行，免其完全銷毀。庶商店等辛苦經營之血本，不至絲毫無著，而中央糾正思想，取締出版之志意，亦彌見慎重，於文化前途，裨益實多。是否可行，伏乞批示遵行，實為德便。除呈上海市教育局、中央黨部外，謹呈。〔註28〕

這份呈文上呈上海市黨部之後，黨部委員童行白接見了代表，並「面諭各代表再擬具體辦法，另行具呈，鈞部代為轉呈中央黨部，設法重行審查」。〔註29〕得到童行白這一「面諭」，上海各書局及編輯們就馬上聯合商議如何處置這批「禁書」的辦法。魯迅先生曾在《且介亭雜文二集・後記》中極為憤慨的提到這個會議。他說：「不知何月何日，黨官、店主和他的編輯們，開了一個會議，討論善後的方法，著重的是在新的書籍雜誌出版，要怎樣才可以免予禁止。聽說這時就有一位雜誌編輯先生某甲，獻議先將原稿送給官

〔註28〕 王煦華、朱一冰：《1927～1949年禁書史料彙編》，北京：北京圖書館出版社，2007年版，第78～81頁。

〔註29〕 王煦華、朱一冰：《1927～1949年禁書史料彙編》，北京：北京圖書館出版社，2007年版，第82頁。

廳，待到經過檢查，得了許可，這才付印。文字固然絕不會『反動』了，而店主的血本也得以保全，真所謂公私兼利。別的編輯們好像也無人反對，這提議完全通過了。」

這次會議之後，上海各書店就第二次上呈上海市黨部，擬具辦法七條：

一、此次奉令禁燬各書，由商店等暫行點數封存，不再發售，靜待後命。

二、各書中有業蒙中央黨部審查修改或經各級黨部及行政機關審閱註冊，並准許發行者，由商店等列表注明審閱註冊准許年月，請求查案仍准發行。

三、各書中有奉令禁止多年，書已無存，版亦銷毀，無從檢呈者，請求免予檢呈，以後決不重印發行。

四、各書中有經商店等公認爲確有反動行迹者，將該書紙板存書，分別檢出，遵令呈送中央銷毀。

五、各書中有經商店等公認爲並非反動，或其中偶有一二違礙字句者，由商店等列表說明該書內容，請求重行審查，准許發行，或將其中違礙字句酌量刪改，保留其餘各部分，准許發行。

六、以後中央認爲反動形迹之著作人，其著作品除完全關係純粹學術者外，商店等不再爲之刊行。但以前已出版作品，如其中並無反動意味者，仍請求顧全商店等血本，准許發行。

七、以後出版書籍，除一律遵照出版法於出版後呈送內政部外，如商店等認爲出版後或許發生問題者，得將原稿呈請中央黨部或各級黨部指定之審查員或審查機關先行審查，俟奉准許後再爲印行，並將准許證刊入書中。〔註30〕

在這七條中，前五條是書店在官方一紙禁令之下對過去所出版的書籍作自我檢查與自我規範，後兩條是對將來的書籍出版所提的建議。恰好最值得注意的就是第六條和第七條。前者提出對「中央認爲反動形迹之著作人」，其作品「商店不再爲之刊行」，直接封殺「著作人」，以或得國民黨官方的體諒；後者提出在書稿出版前將原稿送審的辦法，直接促成了國民黨對書刊審查基本模式的變化，即由出版後審查（post-publishing control）或者叫懲罰性檢查

---

〔註30〕 王熙華、朱一冰：《1927～1949年禁書史料彙編》，北京：北京圖書館出版社，2007年版，第82～83頁。

（punitive censorship）改變爲出版前的檢查（pre-publishing censorship）。這個辦法既能保全書店的「血本」，又能杜絕「反動書刊」，協助國民黨官方制裁「中央認爲反動形迹之著作人」。

這個「兩全其美」的辦法理所當然得到了國民黨各級黨部的首肯和重視，國民黨中央執行委員會常委會專門進行了討論，決定在國民黨中央宣傳委員會下設立「圖書雜誌審查委員會」。這個過程及基本情況，《民國二十四年上海市年鑒》中有一段詳細的記載：

> 民國二十三年（1934 年）春間，中央宣傳委員會遵照四中全會意旨，並徇出版界之請求，爰有事先審查圖書雜誌原稿之計議，以圖出版界之便利，籍以增進審查之效能，旋經擬具中央宣傳委員會圖書雜誌審查委員會組織規程，呈經中央常會核准備案，並決議先在上海辦理。此會遂於是年六月六日正式在上海立成。賃定環龍路上海別墅爲會址，嗣因房屋不敷，乃遷南市也是園辦公，此會係中央宣傳委員會直屬機關，一切均依據圖書雜誌審查辦法及秉承指示處理。

> 其組成係委員制，委員九人，由中央宣傳委員會聘定有關係之黨政機關高級人員擔任之，並指定三人爲常委，一人兼任秘書，委員會下分設總務、社會科學、文藝三組，各設正副組長各一人，幹事錄事若干人分長各該組事務。〔註 31〕

這個記載中提到的《中央圖書雜誌審查委員會組織規程》是 1934 年 4 月 5 日擬具的，規程第一條宣稱「中央宣傳委員會爲審愼取締出版刊物，增進審查效能，並減除書局與作家之損失起見，特設立本會」。實際上《年鑒》中記錄的更符合實情，設立「中央圖書雜誌審查委員會」主要原因「有事先審查圖書原稿之計議」，而這個方案正好是上海書業界所提出來的。之所以要將這個「審查委員會」設立在上海，一方面是二十年代以後，全國出版業集中在上海，印行的圖書占全國總量的三分之二以上，單商務印書館、中華書局、世界書局 1934 年至 1936 年三年間「三家的出版物的平均數占同期間全國出版物的平均數百分之六十五」。〔註 32〕國民黨所要重點防範的左翼文藝書刊也

---

〔註 31〕　上海市年鑒委員會編：《民國二十四年上海市年鑒》，上海市通志館出版，1935年 4 月。

〔註 32〕　王雲五：《十年來中國出版事業——1927～1936》，《中國現代出版史料》現代

主要集中於上海；另外一方面，這一方案是上海提出的，各出版機關將圖書原稿的送審也更爲方便，漏審的情況就會減少，這恐怕就是其宣稱的「增進審查效能」。

於是，在 1934 年 5 月 25 日，「中央圖書雜誌審查委員會」成立，〔註33〕聘潘公展、李松風、吳醒亞、吳開先、丁默村、孫德中、胡天冊、項德言、方治等 9 人爲圖書雜誌審查委員會委員，潘公展、李松風、方治爲常務委員，項德言兼任秘書。委員會下設總務、文藝、社會科學三個組，組長分別由高蔭祖、王新命、朱子爽擔任，審查員有項德言、朱子爽、張增、展鵬天、劉民臬、陳文煦、王修德等七人。〔註34〕6 月 1 日，國民黨中央宣傳委員會頒佈《圖書雜誌審查辦法》，「圖書雜誌審查委員會」正式開展工作。6 月 15 日，國民黨上海市黨部向上海市書業公會轉發「圖書雜誌審查委員會」開始工作的通令，「令上海市書業公會轉飭當地各書店，依照公佈審查辦法，將圖書原稿送請該會審查爲荷等由」。〔註35〕7 月 16 日，上海市教育局又轉發上海市黨部的通令，令上海市書業公會轉飭上海各書局，將圖書雜誌原稿送「圖書雜誌審查委員會」審查。就這樣在層層通令之下，一個以「圖書雜誌審查委員會」爲中心的自上而下的專門審查機構體系開始形成。

由此，不難得出結論，國民黨的書刊審查制度，從法律制定上經歷了早期的審查條例到正式立法的定型化和體系化過程，也是一個在不斷的審查實踐中由不成熟到成熟的過程。從執行措施的演變上，由向大學院呈繳圖書到

---

乙編，張靜盧輯注，上海：上海書店，2003 年版，第 337 頁。

〔註33〕中央圖書雜誌審查委員會成立的時間有些爭議，《上海市年鑑》中的記載顯示是 1934 年的 6 月 6 日，但由於《圖書雜誌審查委員會組織規程》早於 4 月 5 日已經通過中常會，而《圖書雜誌審查辦法》早於 6 月 1 日已經出臺，第二條就明確要求將稿本呈送中央宣傳委員會圖書雜誌審查委員會審查，因此 6 月 6 日似不大可能；倪墨炎先生在《現代文壇災禍錄》（上海書店出版社，1996 年，第 219 頁）中認爲是成立於 6 月 1 日，但《中央日報》在 5 月 30 日就已經報導了圖書雜誌審查委員會的委員名單及基本情況，由此推斷圖書雜誌審查委員會的成立應在 5 月 30 日之前；薛綏之主編的《魯迅雜文辭典》（濟南：山東教育出版社，1986 年版，第 303 頁）中認爲該會成立於 5 月 25 日，應該是較爲確切的。

〔註34〕據《中央日報》1934 年 5 月 30 日的報導；另參見司馬卒：《新生事件概述》，張靜盧編：《中國現代出版史料·現代乙編》，上海：上海書店，2003 年版，第 146 頁。

〔註35〕據上海市書業同業公會檔案，轉引自倪墨炎：《現代文壇災禍錄》，上海：上海書店出版社，1996 年版。

內政部登記註冊，再到中宣部、內政部和教育部的聯合實施審查，最後至成立專門的審查執行機構進行原稿審查，這一過程使得書刊審查一步步的規範化、制度化。國民黨的書刊審查制度就是通過法律法規體系的不斷完善到專門的審查機構從地方到中央的相繼成立從而最終得以完成的。不過需要強調的是，相對於中華民國早期的軍閥政權而言，國家的統一形成了全國性的實施統一的書刊審查基本條件，同時，國民黨南京政權的「以黨治國」集權模式，為強制性的書刊審查提供了基本的體制保障。從這個意義上說，全國範圍內的現代書刊審查制度的形成，是在國民黨南京政權成立的十年間才逐步形成並最終確立。

## 三、審查制度的運作方式

### （一）電影審查制度的運作

二十年代電影作為大眾娛樂的形式進入中國，經歷了幾年短暫的繁榮之後，社會上就有諸多反對「不良」電影的呼聲。不過，由於缺少來自官方實質性的支持，它始終停留於輿論層面。隨著國民黨南京政權的建立，1929 年9 月 12 日在上海成立的電影審查委員會就是這種輿論落實到制度層面的一次預演。這個「預演」極為成功，它不但打開了向上海「租界」實行電影審查的口子，而且為全國統一的「中央電影審查委員會」提供了極具參照意義的操作範式。

### 1. 順應社會輿論，取締武俠神怪影片

1927 年南京政權建立前後，正是武俠神怪片泛濫之時。據不十分精確的統計，1928～1931 年間，上海大大小小的約有五十家電影公司，共拍攝了近四百部影片，其中武俠神怪片竟有二百五十部左右，約占全部出品的百分之六十強，由此可見當時武俠神怪片泛濫的程度。〔註36〕

〔註36〕 關於這一段時間武俠神怪片的興起，明星影片公司是始作俑者。1928 年 5 月，明星影片公司攝製的《火燒紅蓮寺》（鄭正秋編劇，張石川導演）正式公映，「不料一出之後，竟近轟動」，於是，三年之間，《火燒紅蓮寺》居然續拍達十八集之多。從此，這種所謂「火燒片」就盛行一時。《火燒青龍寺》、《火燒百花臺》、《火燒劍峰寨》、《火燒九龍山》、《火燒七星樓》（六集）、《火燒平陽城》（七集）、《火燒白雀寺》、《火燒靈隱寺》、《火燒韓家莊》、《火燒白蓮寇》等相繼出現。多家影片公司甚至成立了專門拍攝武俠神怪片的作坊。有的片子一拍就是幾集甚至十幾集，如友聯影片公司拍《荒江女俠》（13 集）、《兒女英雄傳》（5 集）、《女俠紅蝴蝶》（4 集）；月明影片公司連續拍攝了《關東大

這些「不良」影片引起了整個社會輿論的批評，認爲這「無形中擴大了空想的虛無主義，其在民間的流毒，眞像洪水猛獸，一方面造成理想成事實的神行萬能、以致於四川峨媚道上有許多神經瘋狂者跑上去，另一方面還造成野蠻的英雄主義、到處可以動手打人，這當然是神怪片的造就」。〔註37〕更有人批評「海上新出電影，既無主義，又乏常識，僅取古今寡廉鮮恥之事，編爲腳本，如繪如生，不忍卒睹」。〔註38〕

「上海市電影檢查委員會」成立之後，首要的一件事就是拿武俠神怪片開刀。1930年2月3日奉令「禁止形狀怪異，驚世駭俗之古裝影片」，2月7日又通過《取締形狀怪異驚世駭俗古裝辦法》，5月10日，通過取締《火燒紅蓮寺》及其它類似之神怪影片案。1929年11月到1931年6月間，「修剪通過者」95部，「禁止映演者」11部〔註39〕，修剪通過者、禁映者70%以上皆爲武俠神怪片。《上海市電影檢查委員會業務報告》中曾經這樣總結：「近年以來，國產影片，益見充斥，如《西遊記》，如《火燒紅蓮寺》，如《濟公傳》，如《火燒平陽城》，如《火燒七星樓》等等，光怪陸離，幾若雨後春筍，集神怪片之大成，其影響於社會：小則足以轉移個人之思想，大則足以阻礙一國之文化，爲害之烈，誠有不堪設想者在；故本會成立之初，即列『取締神怪影片』爲重要工作之一，如《火燒紅蓮寺》、《新西遊記》、《續盤絲洞》、《乾

侠》13集，《女鏢師》6集；這些影片的主角大都是「侠客」種『蕩婦』，他們之間的調情和武打，就構成了影片的全部內容。與此同時，《唐皇遊地府》、《乾隆遊江南》（九集）等武俠神怪片也隨即出現，內容荒誕不經，拍攝手法不倫不類，布景也不中不西。在《乾隆遊江南》這部充滿「妖光劍影」的影片中，影片中清朝皇帝的頭上，居然還留著「分頭」。「《盧鬢花》、《萬丈魔》、《金鋼鑽》、《飛行大盜》、《媚眼俠》、《畫室奇案》、《美人島》（前後集）、《古屋怪人》、《東方夜譚》等一類影片中，除了奇形怪狀的布景之外，處處仍不忘穿插裸體女人的鏡頭」。參見程季華主編：《中國電影發展史》第1卷，北京：中國電影出版社，1981年版，第133～135頁。

〔註37〕金太璞：《神怪片查禁後——今後的中國電影界向哪裡走？》，中國電影資料館編：《中國無聲電影》，北京：中國電影出版社，1996年版，第666頁。

〔註38〕中華民國大學院編：《全國教育會議報告·乙編》，上海：商務印書館，1928年版，第428～432頁。

〔註39〕禁映演的影片分別爲：《大破地獄》（出品公司不明）、《續紅俠》（友聯公司）、《理想中的英雄》（錫藩公司）、《烏雞國》（大中國公司）、《僵屍（Dracula）》（Universul）、《Far call》（Fox）、《Man Without Woman》（Fox）、《六集嘉興八美圖》（暨南公司），加上禁映的「辱華」影片《風流船主（Yankee Cliper）》（pathe）、《不怕死》和《東方即西方》，一共11部。

隆遊江南》等影片之片段修剪,《僧道鬥法》(一名《烏雞國》)、《大破地獄》、《續紅俠》、《僵屍》(Dracula)等影片之全部禁演,均爲本會取締神怪影片顯著之成績。」不過,電影是一個投資極高的行業,「鑒全部禁演,於商人損失過大,而片段修剪,又不能使全片原意徹底糾正,補苴罅漏,既非善策」,「上海市電影檢查委員會」於是在 1931 年 1 月 9 日決議「取締神怪片辦法」三項:即日起,不准開攝神怪影片;已經攝製中的神怪片,限期完成,送電影檢查委員會檢查;連續拍攝的長片,應將材料改良,對不能修改者,只准予攝製至多一集。〔註40〕

　　「上海市電影檢查委員會」通過這一系列的審查措施,基本上遏制了武俠神怪片的進一步蔓延,一方面順應了「民意」,取得民眾和社會輿論的支持,規範了電影業,逼迫電影公司轉換方向,如聯華公司以藝術影片爲號召,就得到社會和官方的一致同情與讚許;另外一方面,藉此消弭武俠神怪片所宣揚的落後的神怪思想和快意恩仇的暴力反抗意識,爲三民主義一元意識形態地位的樹立和民族國家意識的培養開闢了道路。

## 2. 利用高漲民氣,取締三大「辱國」影片

　　「上海市電影檢查委員會」成立後,要切實的推行電影審查,「租界」是一個非常棘手的問題,由於治外法權的原因,對在「租界」的電影院、外國電影公司和外國電影,中方無權干涉。但是,如果不對「租界」電影實施檢查,「上海市電影檢查委員」會就形同虛設,失去存在的意義,因爲「租界」電影業佔據著上海的大半江山,而且只對中方電影實施檢查,於情於理都很難交待。起初,「上海市電影檢查委員會」的想法非常簡單,爲防止「不良」影片流向外埠,訂立了取締中外影片進出口辦法。規定「無論中外影片,凡未經本會檢查許可者,一律不准出口;進口之影片,非經本會檢查許可,一律不准提取」。〔註41〕可是這項措施因「財政部恐有礙外交,呈請行政院從緩執行」而「暫緩執行」,「上海市電影檢查委員會」才感到事情並非想像的順利,抱怨說「此項消息傳出之後,中外影片商人又復觀望如初,致本會行使職權,感受種種困難,而中央檢查電影之政令,遂亦因之不能徹底推行」。〔註42〕然而,

---

〔註40〕《取締神怪影片》,《上海市電影檢查委員會業務報告》,上海市電影檢查委員會編印,1931 年,第 175〜177 頁。

〔註41〕中國第二歷史檔案館編:《中華民國史檔案資料彙編》,第五輯第一編文化(一),南京:江蘇古籍出版社,1994 年版,第 338〜339 頁。

〔註42〕中國第二歷史檔案館編:《中華民國史檔案資料彙編》,第五輯第一編文化

這項工作畢竟不是要不要做，而是如何做的問題。「不怕死」事件的發生，爲「上海市電影檢查委員會」找到了一個打開「租界」電影檢查的突破口。

這件事情的基本起因是 1930 年 2 月 22 日，戲劇家洪深因爲在有外商背景的上海大光明戲院觀看《不怕死》（英文名：Welcome Danger，美國派拉蒙公司出品，Harold Lloyd 中文名羅克主演），認爲有「辱華」情節，隨即登臺呼籲觀眾抵制該影片，不料被戲院人員帶至巡捕房，拘禁三小時才釋放。洪深隨即向上海市黨部提交呈文，提出取締該片，嚴懲影院，並向法院提出控告，要求大光明戲院公開道歉，賠償損失。

事情發生以後，「上海市電影檢查委員會」隨即介入，於事發當天立即施行緊急處置措施：第一、訓令「大光明」、「光陸」兩戲院剋日停演《不怕死》影片，聽候查辦。〔註 43〕第二、函請本市各報館撤除「大光明」、「光陸」兩戲院所登《不怕死》影片廣告。〔註 44〕

次日，「上海市電影檢查委員會」又隨即在各報發佈通告。通告稱：「查大光明光陸兩戲院近日開映之羅克《不怕死》影片，其中侮辱華人之處，令人髮指。該兩戲院憑藉租界爲護符；事前既不向本會申請檢查，事後又不聽觀眾勸告停止映映，喪心病狂，莫此爲甚。除設法取締外，凡我國人，幸勿再往觀覽。」2 月 25 日，又發表致國人宣言，在簡單介紹此事件情況之後，稱「今該兩戲院，雖已自知罪責所在，自動停映；然此事體大，殊未計即此可以恕宥其已往之罪。國人孰不愛國，愛民族，願一致奮起表示，以免他日

---

（一），南京：江蘇古籍出版社，1994 年版，第 338～339 頁。

〔註43〕 附致大光明光陸兩戲院訓令 十九年二月二十二日年「令大光明、光陸影戲院 爲令遵事：頃據報告戲院暨光陸、大光明戲院所演《不怕死》「Welcome Danger」影片完全描寫華人爲盜賊、爲綁匪、販鴉片以及其它種種下流野蠻，惡劣行爲，侮辱華人，無所不用其極。該戲院競利令智昏，不顧本國民族光榮，國際地位，貿然開映，（而大光明戲院）且憑藉租界庇護，唆使洋人毆辱愛國觀眾洪深等，喪心病狂，莫此爲甚。本會職責所在，未便忽視；除謀適當之制裁外，合亟令仰該戲院剋日將《不怕死》影片停映，聽候查辦。毋遠，此令。主席陳德徵」。參見《上海市電影檢查委員會業務報告》，上海市電影檢查委員會編印，1931 年 12 月。

〔註44〕 附《致各報館公函》十九年二月二十二日「逕啓者：查本市特別區域內大光明光陸兩戲院所映羅克主演之《不怕死》有聲影片，侮辱華人，無所不用其極；於我國民族光榮，國際地位，影響至巨；除設法取締外，相應函請貴館查照，迅將該兩戲院所登《不怕死》影片廣告撤除爲荷。此致申、新、時事、時、民國各報。主席陳德徵」。《上海市電影檢查委員會業務報告》，上海市電影檢查委員會編印，1931 年 12 月。

再有此種影片之產生；本會職責所在，尤當力與一切不良之影片及喪心之奸商奮鬥焉！」

　　這幾項辦法的先後實施，使大光明和光陸兩戲院營業大受影響，儘管已經停映《不怕死》，並登報道歉，但「上海市電影檢查委員會」並不打算輕易的放過這件事，尤其是對被認為是「態度極狡頑，絕無誠意」的大光明戲院，這個有著外商（美國商人註冊）背景的戲院正是電影檢查委員會所要整治的絕佳的目標。3月18日，「上海市電影檢查委員會」鑒於光陸戲院「既已痛改前非，應予自新之路，議決與大光明戲院分別處理」。5月2日恢復光陸戲院刊登廣告案，同時通過對大光明戲院的處理辦法：(1)罰款五千元，充慈善事業經費；(2)登報向國人道歉（道歉原文須經本會核定）；(3)在羅克未向我國道歉之前，不准再映演羅克主演各片；(4)以後該院所映各片，應一律先向本會申請檢查、核准後，方能公映；並須遵守一切法令。(5)該院遵辦上列四項決議案後，准其恢復廣告。

　　在此之前，大光明戲院曾三次呈文，請求解禁廣告刊登，「自願酌助款項，作慈善之用」，但均遭拒絕。「上海市電影檢查委員會」這種強硬的態度讓大光明戲院一籌莫展，直到8月2日通過外交部函告羅克已正式來函道歉，9月30日通令解除羅克主演各片後，事情才有了轉機。10月15日，大光明戲院再次上呈請求解禁，「上海市電影檢查委員會」在所提出的四項條件全部滿足之後，方才撤銷了對大光明戲院在各報停登廣告的禁令。自事情發生到最後得到解決，時間竟達八個月之久，連國民黨的文件中都稱「歷時半載，營業一落千丈，損失之巨，非可言宣」。〔註45〕

　　從對《不怕死》事件的處理中，可以看到「上海市電影檢查委員會」從一開始就主導著整個事件的進展。利用民眾的民族情緒和民族情感，發動了官方和民間兩方面的力量：在官方力量的發動上，從上海市黨部、上海市政府到中央黨部宣傳部、教育部、內政部、外交部，幾乎對「上海市電影檢查委員會」所有呈文都一應照准；在民間力量的發動上，「上海市電影檢查委員會」發動了所謂「三十五同胞致《覺悟》編者函」，要「覺悟為中國人爭口氣」，不要再刊登大光明影院的廣告，並要求刊登，轉告大光明戲院院主，「如果他們不自動停映這張完全侮辱華人的影片的時候，請注意：我們中國人也

---

〔註45〕《上海市電影檢查委員會業務報告》，上海市電影檢查委員會編印，1931年12月，第116～120頁。

有熱血。我們中國人也會不怕死的。」〔註 46〕各種社會團體也紛紛聲討這一電影，支持「上海電影檢查委員會」的工作；在處置此事的措施上，「上海市電影檢查委員會」沒有採取任何容易引發外交糾紛的處理方式，方式溫和但不失其態度的強硬，迫使租界及外商影業自動送檢，順利打開了租界電影檢查的入口。

緊接著，「上海市電影檢查委員會」開始對「租界」電影進行全面的整治。取締了美國環球公司出品的《東方即西方》（原名 East is West）和美國百代公司出品的《風流船主》（原名「Yankee Cliper」）。

《東方即西方》中，講一中國女子，愛一美國少年，「在愛史中，以各種方式，暴露中國人醜點，如片中有中國婦女市場一節，定其名曰『Love Boat』誠聞所未聞。市場女子，每名僅售洋十六元，服裝之奇異，亦爲近五世紀中人所未能夢見，侮辱意味，十分濃厚」。這個片子在芝加哥放映時，中國駐芝加哥總領事觀看後認爲該片有「辱華」嫌疑，總領事抗議未果，就致函上海市政府對該片嚴加取締。1930 年 12 月在租界上映後，「上海市電影檢查委員會」檢查後認爲其「侮辱我國國體，又復不顧邦交，拒絕我國駐芝加哥總領事之勸告，一意孤行，殊屬可惡」。隨即於 5 月 22 日作出議決對付辦法五項：「一、《東方即西方》一片，應由該公司即日全部修正或銷毀；二、該公司不得再製侮辱華人之影片；三、該公司應以總公司名義，在上海各大報向我國國民道歉；四、該公司總經理，應向我國駐芝加哥總領事道歉；五、以上各款，未全部實行以前，該公司一切影片，除業經檢查許可者外，一律不許公演。」〔註47〕6 月 1 日，環球電影公司在上海各大報登報導歉，6 月 10 日，美國環球影片公司聲明接受決議案。

對於百代公司出品的《風流船主》，由於「片內人物全用紅頂花翎服裝，跪拜禮節，對於我國婦女尤多侮辱之描寫」，「上海市電影檢查委員會」認爲，此片流傳，將使不諳我國國情之外人，疑我國爲半開化民族，而生蔑視觀念，

---

〔註46〕之所以認爲這一函件是上海電影檢查委員會的操作，原因是《覺悟》和上海市電影檢查委員會的特殊關係。電影檢查委員會的主席和《覺悟》副刊的實際掌管者都是陳德徵，完全有理由認爲是電影檢查委員會通過這一函件製造聲勢和輿論，爲爭取「不怕死」事件下一步的解決朝著電影檢查委員會預定的方向發展。

〔註47〕《上海市電影檢查委員會業務報告》，上海市電影檢查委員會編印，1931 年 12 月，第 133 頁。

影響我國國際地位，當不亞於《不怕死》和《東方即西方》兩片。1931 年 4 月 10 日左右，這個片子未經許可就在公共租界虹口大戲院公映，「上海市電影檢查委員會」於 4 月 16 日「嚴飭虹口大戲院將該片送會檢查」，同時「函請各報館將該院全部廣告，悉行撤除，以資懲戒！」這個決議作出兩天後，百代公司於 4 月 18 日隨即將「原片全部送會檢查」。由於有大光明戲院的教訓，虹口大戲院不敢怠慢，同一天「亦來呈聲明錯誤，自甘處罰；並申請恢復廣告，以免損失」。4 月 24 日，上海市電影檢查委員會作出議決「虹口大戲院登報向國人道歉，並處罰款三十元。《風流船主》影片，由全體委員檢查後，再行核議辦理」。〔註48〕

　　「上海市電影檢查委員會」對後兩部影片的制裁，與處理「不怕死」事件所採取的手法基本一致，以政府交涉、媒體廣告封殺和經濟制裁為主，引導社會輿論形成高壓態勢，迫使外商就範，步步為營，環環相扣，不能不說是成功的。

　　相比較而言，教育部、內政部聯合組建的全國統一的電影檢查委員會在運作上就遜色多了，儘管「上海電影檢查委員會」從檢查的影片占實際上映影片比例，禁映影片占全部放映影片的比例都遠遠低於電影檢查委員會。

　　1931 年 3 月 1 日教育部和內政部聯合組成的電影檢查委員會成立。在基本的運作方式上與「上海市電影檢查委員會」差別不大，甚至可以說，教育部內政部電影檢查委員會一定程度上就是「上海市電影檢查委員會」的工作的延伸與擴大。初期，其工作的重點也基本集中於兩個方面：一是對國內神怪武俠片的取締；二是對國外進口的「誨淫誨盜」和「辱華」影片的查禁。從 1931 年 6 月 15 日開始到 1934 年的 2 月 20 日，電影檢查委員會查禁了國產影片 60 餘部，95%以上都是因為違反《電影檢查法》第二條第三、四款規定的「妨害善良風俗或公共秩序」及「提倡迷信邪說」的神怪武俠片；查禁國外影片 70 餘部，80%以上是違反《電影檢查法》第二條第三款的「誨淫誨盜」片，10%左右是違反第二條第一款「有損中華民族尊嚴」的「辱華」片。

　　不過，隨著形勢的發展，教育部內政部電影檢查委員會的工作也並非沒有變化，其中對「非戰」影片的查禁和蘇俄影片的審查就是兩個新的工作內

---

〔註48〕《上海市電影檢查委員會業務報告》，上海市電影檢查委員會編印，1931 年 12 月，第 135 頁。

容。對於「非戰」影片的查禁，是奉「中央訓令，以值抗日剿匪期間，應取締非戰思想之影片」進行的，包括「淞滬戰爭」期間對《西線無戰事》的「停檢」以及對英國公司出品的《前進》的禁映，都屬於因有「非戰」思想而被查禁的例子。對蘇俄影片的審查上，在中蘇絕交期，概不接受蘇俄影片檢查，及中俄復交後，核准了《人生大道》、《金山》等五個影片。據電影檢查委員會的「工作述要」，在檢查《金山》時，「由中央黨部指導員介紹中央黨部熟悉俄文之某同志偕其俄籍夫人來會擔任翻譯，經數次檢查考慮後，並將群眾搗亂一段八公尺剪去，始予通過」。由此透露出電影檢查委員會已經開始著重注意對危及國民黨政權穩定和一元意識形態建構的電影的審查。除上述二者外，最爲突出的例子，就是對宣揚階級意識的左翼電影的審查。

本來電影檢查委員會在成立之初，嚴屬取締神怪武俠片，意圖在迫使國產電影公司「改變作風描寫現實社會生活」，從而將國產電影納入國民黨意識形態建構的預定軌道。電影檢查委員會曾經遵照「中委陳立夫先生所擬《中國電影之出路》辦法，數度召開各公司代表來會談話，指示途徑，並迭次通令愼重攝製」，並且在一定程度上這種做法也確實取得了成效，比如「聯華公司首先攝製《人道》等片，明星、天一各公司亦望風而起，各有新片之製作」。〔註49〕然而，隨著1933年前後中共領導下的左翼電影的興起，事情的發展遠遠超出了電影檢查委員會的預期。電影業開始關注現實題材，但卻迅速「左轉」，「差不多電影皆弄成非普羅作者不能編劇，非普羅作品不上鏡頭的風氣」。〔註50〕於是，對左翼電影的檢查，就成爲電影檢查委員會的防範重點，在1933年1月到11月，就查禁了「有關階級鬥爭及違反三民主義之影片」10部，檢查修剪有關階級鬥爭及違反三民主義之國產片5部，其中明星公司攝製的《壓迫》剪去「大資本家做交易所壓迫小資本家一段，寅生被資本家迫赴茶樓賣妻一段」85公尺，《姊妹的悲劇》中「地主扣押佃戶，豪紳靶打黃包車夫，幼麟被刺」117公尺；天一公司攝製的《掙扎》「劣紳壓迫佃戶、殺人」18公尺。〔註51〕1933年10月4日電影檢查委員會告誡國產影片公司的通告稱：「吾國際此內憂外患交并、社會道德淪亡之時，端賴電影廣爲宣

---

〔註49〕《內政教育部電影檢查工作總報告》，內政教育部電影檢查委員會編印，1934年，第393～401頁。

〔註50〕《普羅毒的傳佈》，《汗血月刊》第2卷第1號，1933年10月15日。

〔註51〕《內政教育部電影檢查工作總報告》，內政教育部電影檢查委員會編印，1934年，第350～351頁。

傳。……使一般觀眾，於娛樂之中潛移默化，共趨正軌。」但「近來所攝影片，多應社會之需要，盡情描寫感化大眾，但間有矯枉過正者，或陷於超越現實之流弊，甚或鼓吹階級鬥爭，影響社會人心至大。迭經本會嚴屬制裁，或指示修正，並誘掖不遺餘力，不免源源而來，殊非正風勵俗之道，合亟懇切告誡電影界，此後務宜各自注意。切勿玩忽，致干未便。」〔註52〕儘管如此，電影檢查委員會畢竟對左翼電影刪剪多於禁映。電影公司也因為電影的高投入千方百計將影片上映，左翼電影仍然不斷發展並蔚為大觀。這使得電影檢查委員會遭受來自國民黨內的多方批評與指責。中央宣傳委員會主任邵元沖致電蔣介石稱「內教兩部所組織電影檢查委員會……近來內教兩部所派職員意見不一，各以情感用事，對於左傾色彩影片，往往徇情通過，指導員無法糾正，只有以不出席審查作消極之抵制。至外間流言百出，此時前方積極剿匪，後方乃獨鼓吹造匪電影，矛盾現象實非黨國之幸」。1933 年 11 月 18 日蔣介石隨即將此轉達行政院長汪精衛，提出由中央宣傳委員會主辦電影檢查，「徹底改組電影檢查委員會，以息流言，而利宣傳」。國民黨上海市黨部吳醒亞、潘公展等人也於 11 月 22 日上呈國民黨中執委，稱「對於宣傳共產之影片，自應絕對禁止流傳，乃中央內教二部電影檢查委員會對此殊嫌放任，直使懷疑其非本黨同志所組織，因此，該會徇情通融等傳說，常喧騰遐邇，實深惋惜」。〔註53〕並呼應了中央宣傳委員會試圖改組電影檢查委員會的要求。在各方壓力之下，由於對左翼電影的檢查「不力」，內政部、教育部聯合組建的電影檢查委員會不得不於 1934 年的 3 月 19 日接受「改組」，移交隸屬於中央宣傳委員會的中央電影檢查委員會，黯然收場。

「中央電影檢查委員會」實際上是左翼電影勃興的刺激下，國民黨黨務系統加強意識形態管制的產物。它的成立，進一步強化了國民黨對具有廣泛社會影響力之電影的控制。從運作方式上看，「中央電影檢查委員會」基本也是沿襲既往的檢查模式，只不過在對左翼電影的審查力度上，「中央電影檢查委員會」更為敏感，並「因事權統一，且行政地位較高，指揮較前便利良專，故成績尚從人意」。〔註54〕

〔註52〕中國第二歷史檔案館編：《中華民國史檔案資料彙編》，第五輯第一編文化（一），南京：江蘇古籍出版社，1994 年版，第 369～370 頁。
〔註53〕《內政教育部電影檢查工作總報告》，內政教育部電影檢查委員會編印，1934 年，第 347～348 頁。
〔註54〕《我國電影檢查行政之沿革》，中國第二歷史檔案館藏檔，檔號 718-967。

## （二）圖書雜誌審查制度的運作

國民黨的書刊審查制度經歷了一個逐步形成、演變的過程，在這個形成與演變過程中，其基本的運作方式也幾經變遷，極爲複雜。不過，綜合起來看，三十年代書刊審查制度的基本運作方式也有迹可尋，從對圖書雜誌出版機構的登記到圖書雜誌出版後的追懲，再到圖書雜誌出版前的原稿審查，由不成熟到成熟，由單純的取締到體系化的控制，其控制的重點主要集中在圖書雜誌的生產和流通領域。

### 1. 通過對書店的控制以控制圖書雜誌的生產

20 世紀 30 年代的書店，兼具圖書雜誌的出版與銷售兩大功能，如左翼在上海成立的「湖風書店」，不但出版李輝英的《萬寶山》、張天翼的《小彼得》、白薇的《打出幽靈塔》、蔣光慈的《田野的風》等左翼作家作品，同時還發行《北斗》和《正路》雜誌，而「第一線書店」出版了胡也頻的小說集《往何處去》、黃嘉謨的戲劇《斷鴻零雁》，同時又發行文藝雜誌《無軌列車》。由於書店的這一特點，國民黨三十年代早期的書刊審查，首先就拿「不良」書店開刀，以杜絕「不良」書刊的出版和流通。典型的例子就是對「創造社」出版部、「第一線」、「曉山」、「勵群」、「湖風」等書店的查封。

1929 年 2 月 7 日，上海臨時法院查封了位於上海北四川路的「創造社」出版部，原因是「創造社」印發了「共產黨的反動刊物」《喇叭》、《未明》、《創造月刊》、《思想》、《流螢》、《IIDEC》、《湖波》、《戰迹》、《白華》等；〔註55〕1929 年 9 月查封了「春野書店」，同時查封的還有上海的「第一線書店」、「曉山書店」、「勵群書店」，原因都在於發行或銷售「共產黨書籍」。「春野書店」因爲「銷售與共產主義有關之《世界周刊》」被查封，「第一線書店」因爲印行提倡「階級鬥爭」之雜誌《無軌列車》被查封，「曉山書店」則因爲發行的《我們》（月刊）第三期中「選載《獻給既經死了的 SP》及《重來》」等「完全共黨口吻」的反動詩文被查封，「勵群書店」因代出「血潮社」刊物《血潮》被查封。1932 年 7 月，「湖風書店」被查封，原因也是因爲「湖風書店」出版發行的《北斗》雜誌爲「共產黨文藝刊物」。國民黨中宣會的檔案材料稱這種刊物「乃係他們（按：共產黨）文化鬥爭戰線上一種策略，與各地赤匪之暴

〔註55〕見 1929 年 1 月 16 日國民黨中央執行委員會秘書處、國民政府文官處批准查封創造社的檔案材料，江蘇省政府公函第二八九號。轉引自倪墨炎：《現代文壇災禍錄》，上海：上海書店出版社，1996 年版，第 12～13 頁。

動（即所謂政治鬥爭）係取一致之行動。當此赤匪尚待剿滅之時，對於此種與赤匪取一致行動之刊物，似不能任其流傳，助長赤焰，搖惑人心。」國民政府於是密令「上海市政府會同當地司法機關嚴密辦理，以遏亂萌」。〔註56〕由此看來，這些書店的被查封幾乎都是出於「防共」、「反共」的需要，是國民黨「清黨」政策的延伸，其基本的運作程序是國民黨中央宣傳部（中央宣傳委員會）負責市場調查，將出版發行「反動刊物」的書店名單轉國民政府，國民政府令地方政府或法院負責查封。在具體的操作上，國民黨中央宣傳部於 1929 年 6 月專門擬定了《取締銷售共產書籍各書店辦法》，要求書店必須實行登記，並提出取締共產書籍三項辦法，要求上海特別市政府及臨時法院、各級黨部宣傳部、各地黨員隨時注意各書店銷售之書籍，按周報告，遇共產書籍時，隨時處分或者報告高級黨部，由高級黨部會同當地政府予以嚴厲之處分。

　　與查封書店相關的是印刷所和印刷工人的管理，在《取締銷售共產書籍各書店辦法》中，提出了兩條辦法，「請求中央訓練部通告各省市印刷業商會及工會，轉告該地印刷所及印刷工人，令其不得代印共產書籍及印刷品，並通令全國各黨政機關嚴密注意各印刷所之印刷；各印刷所及印刷工人，如私印共產書籍及宣傳品，一經發覺即行予以嚴厲之處分」。於是，在 1929 年 7 月，印刷郭沫若《我的幼年》的光華印刷所，印刷錢杏邨《力的文藝》的泰東印刷所，印刷《蘇聯的經濟組織》（漢鍾譯）的大東印刷所等分別受到「懲處」。〔註57〕可見，國民黨在三十年代初期對書店和印刷所的控制，其意圖從源頭上通過對圖書雜誌生產機構的管理與控制以杜絕「言論荒謬，詆毀黨國，誘惑青年」的共產黨文藝書籍的生產與流通。

## 2. 通過郵政檢查以控制「反動」圖書雜誌的流通

　　作為重要的控制手段之一，郵政檢查在國民黨取得政權之初就極為重視。1927 年 7 月，南京市戒嚴司令部就設立「郵政檢查委員會」，檢查往來一切郵件。這是國共分裂後國民黨軍方設立的第一個郵政檢查專門機構。不過，國民黨軍方的郵政檢查，主要還是立足於從軍事上獲得情報信息，對郵政檢

---

〔註56〕 轉引自倪墨炎：《現代文壇災禍錄》，上海：上海書店出版社，1996 年版，第 32 頁。

〔註57〕 中國第二歷史檔案館編：《中華民國史檔案資料彙編》第五輯第一編文化（一），南京：江蘇古籍出版社，1994 年版，第 287～292 頁。

查中遇到的大量的圖書雜誌的檢查工作，牽涉到意識形態領域的控制，還是由國民黨各級黨政宣傳部門管轄。由於檢查標準並不統一，各地黨政機關各自爲政，魯迅先生在 1928 年致章廷謙的信中提到「《語絲》之不到杭州，據云被扣」就是指《語絲》雜誌在上海已經由郵政檢查通過，但到了浙江杭州後又被浙江省黨部以「言論乖謬，存心反動」扣押的情形。

1929 年 8 月 29 日，國民黨中央第 31 次常務會議通過了《全國重要都市郵件檢查辦法》。9 月 27 日國民黨中央決定在南京、上海、漢口、廣州、天津、青島、北平、哈爾濱八個特別市設立郵政檢查所，「以前南京、上海、北平、廣州、鄭州及其它各地所設之郵件檢查所或同性質之郵件檢查機關一律取消」，〔註58〕這個檢查辦法的出臺和專門郵政檢查機構的成立，基本上統一了郵件檢查的各自爲政的局面。1930 年 4 月 24 日，爲了加強對郵件的控制，國民黨中央又出臺了《各縣市郵電檢查辦法》，進一步擴大了郵件檢查的範圍，形成了全國從上到下的郵政檢查網絡。

在此背景下，郵政檢查工作從以下兩方面展開：一方面，通過郵政檢查搜集全國範圍內的圖書雜誌出版信息，以此查封書店，取締雜誌社等機構。最爲典型的是國民黨查封湖風書店的例子。1932 年 6 月，安徽蕪湖郵件檢查所在檢查中發現了「左聯」刊物《北斗》雜誌第二卷第二期，隨即將雜誌呈送國民黨中央宣傳委員會，中宣會審查後認爲，該雜誌所刊載之文字，如《民族革命戰爭的五月》中有「工人農民苦力決死地要衝出到長江上海等地，來把一切帝國主義的海陸空軍驅逐出去。可是在決死地阻礙他們衝出來的卻正是地主資產階級等語」。《五四和新的文化革命》中有「中國現在也只有反對著一切紳商的幾萬萬勞動群眾才需要新的文化革命……他們的思想意識上的鬥爭——文化戰線上的鬥爭——是和一般的政治經濟鬥爭密切聯繫著的」一段。認定「該刊爲共產黨文藝刊物已屬毫無疑義，其所以出版此種刊物，乃係他們文化鬥爭戰線上一種策略，與各地赤匪之暴動（即所謂政治鬥爭）係取一致之行動。當此赤匪尚待剿滅之時，對於此種與赤匪取一致行動之刊物，似不能任其流傳，助長赤焰，搖惑人心。而其主編該刊之人，以及出版該刊之上海湖風書局，若不予以查拿封閉，殊不足以以遏亂源而杜反動。爲此檢同原刊一冊，擬請鈞會迅予轉函國民政府，令飭行政、司法兩院

---

〔註58〕中國第二歷史檔案館編：《中華民國史檔案資料彙編》，第五輯第一編文化（一），南京：江蘇古籍出版社，1994 年版，第 159～161 頁。

密令上海行政、司法機關會同查禁該項共黨刊物《北斗》，拿辦其主持人並查封湖風書局」。在國民黨中執委致函國民政府之後，國民政府隨即密令行政院轉令「上海市政府會同當地司法機關嚴密辦理，以遏亂萌」。1932 年 7 月，「湖風書局」被查封。〔註59〕同樣，1931 年 1 月上海「華興書局」的查封，也是因爲河南省政府郵政檢查員何恩霈查出上海「華興書局」寄往河南大學及濟汴中學的兩冊「共產黨」圖書目錄廣告，便層層上報，最終由行政院向上海市政府發出查封指令。〔註60〕

另一方面，通過郵政檢查，扣押「反動」書刊雜誌。由於許多所謂「反動」圖書雜誌的出版機構、地址及發行人等信息全部都是假的，有的甚至於「假託本黨刊物名稱與式樣，或用小說名稱印成封面而內容純係宣傳共黨謬論」，這就使得通過查獲的刊物順藤摸瓜查封出版機關的辦法失去作用，於是乾脆通令各地郵政檢察機關對「反動」書刊一律扣留焚毀。1930 年 4 月 19 日，國民黨中執委就通令「查毀共黨假名刊物」，令「各省市黨部並函國民政府轉令各省政府及所屬機關，對於寄遞各刊物，一體注意檢查，一經查出，即予扣留燒毀，以遏反動」。〔註61〕國民黨中宣部爲此還不斷將要查禁的圖書雜誌編成目錄通報各地郵政檢查機構，對目錄中的書刊予以扣留。在 1936 年編製的《查禁社會科學 676 種書刊目錄》中，「1929 年至 1931 年的共 367 種，其中陸續通令『各省市宣傳部及各地郵政檢查所查禁扣留』『通令各地郵檢所扣留焚毀』者達 182 種」。〔註62〕由此可見，在國民黨的書刊檢查中，被扣留的書刊很大一部分都是通過各地郵政檢查所來具體實施的。郵政檢查作爲控制書刊流通的一種重要方式，在國民黨的書刊審查制度中發揮著重要的作用。

然而，不管是從圖書雜誌的生產環節就對書店等出版機關的查封還是在流通環節加強郵政檢查，都屬於圖書雜誌審查中的事後審查，用專業的術語就是「出版後審查」（post-publishing control）或「懲罰性審查」（punitive censorship）。

---

〔註59〕　參見倪墨炎：《現代文壇災禍錄》，上海：上海書店出版社，1996 年版，第 30～34 頁。

〔註60〕　中國第二歷史檔案館編：《中華民國史檔案資料彙編》第五輯第一編文化（一），南京：江蘇古籍出版社，1994 年版，第 300 頁。

〔註61〕　王煦華，朱一冰：《1927～1949 禁書史料彙編》第二冊，北京：北京圖書館出版社，2007 年版，第 244 頁。

〔註62〕　倪墨炎：《現代文壇災禍錄》，上海：上海書店出版社，1996 年版，第 239～240 頁。

　　1934 年「圖書雜誌審查委員會」的誕生，開始了原稿審查，即所謂預先審查（pre-publishing control），變由單一的「出版後審查」爲「出版前檢查」和「出版後檢查」並行。6 月 1 日發佈的《圖書雜誌審查辦法》第三條規定：「圖書雜誌稿本送審時，聲請人應開具以下各事項，即書刊名稱，稿本頁數及其附件，聲請人姓名、住址，編著人姓名、住址」。對「內容認爲有不妥之處者，發還聲請人，令飭依照審查意見刪改」，對「全文有犯《宣傳品審查標準》第三項之情形，及違背《出版法》第四章第十九條之限制者」，將原件扣押並送中央宣傳委員會核辦。圖書雜誌出版後，如發現與審查稿本不符時，由「中央圖書雜誌審查委員會」呈請中央宣傳委員會轉內政部予以處分。專門的圖書雜誌審查委員會的出現和原稿審查辦法的發佈，就從源頭上把所謂「反動」圖書雜誌扼殺在出版之前。

　　魯迅先生在《且介亭雜文二集‧後記》中曾經對圖書雜誌委員會的原稿審查工作有過這樣的揭露：

　　　　總而言之，不知何年何月，「中央圖書雜誌審查委員會」到底在上海出現了，於是每本出版物上，就有了一行「中宣會圖書雜誌審委會審查證……字第……號」字樣，說明著該抽去的已經抽去，該刪改的已經刪改，並且保證著發賣的安全——不過也並不完全有效，例如我那《二心集》被刪剩的東西，書店改名《拾零集》，是經過檢查的，但在杭州仍被沒收。……

　　　　至於審查員，我疑心很有些「文學家」，倘不，就不能做得這麼令人佩服。自然，有時也刪禁得令人莫名其妙，我以爲這大概是在示威，示威的脾氣，是雖是文學家也很難脫體的，而且這也不算是惡德。還有一個原因，則恐怕是在飯碗。要吃飯也決不能算是惡德，但吃飯，審查的文學家和被審查的文學家卻一樣的艱難，他們也有競爭者，在看漏洞，一不小心便會被搶去了飯碗，所以必須常常有成績，就是不斷的禁，刪，禁，刪，第三個禁，刪。……

　　其實，魯迅先生作品所遭遇的刪改，其實還遠不止於文中提到的《二心集》。《集外集》由群眾公司出版時，原稿被刪去 10 篇，在《且介亭雜文二集》送審時，「被全篇禁止的有兩篇：一篇是《什麼是諷刺》，爲文學社的《文學百題》而作，印出來時，變了一個『缺』字；一篇是《從幫忙到扯淡》，爲《文學論壇》而作，至今無蹤無影，連『缺』字也沒有了」。在《且介亭雜文‧後

記》魯迅曾說：「《不知肉味和不知水味》是寫給《太白》的，登出來時，後半篇都不見了，我看這是『中央宣傳部書報檢查委員會』的政績。」「《中國人失掉自信力了嗎》也是寫給《太白》的。凡是對於求神拜佛，略有不敬之處，都被刪除，可見我們的『上峰』正在主張求神拜佛。」「《臉譜臆測》是寫給《生生月刊》的，奉官諭：不准發表。」〔註63〕在 1934 年 12 月 26 日致趙家璧的信中，談到《病後餘談》時也說：「我曾為《文學》明年第一號作隨筆一篇，約六千字，所講是明末故事，引些古書，其中感慨之詞，自不能免。今晚才知道被檢察官刪去四分之三，只存開首一千餘字」，於是，我「要求在將這頭在第二期註銷，聊以示眾而已」。〔註64〕除了對魯迅作品的刪禁之外，對郭沫若、茅盾、阿英、夏衍等左翼作家的作品，在書店將原稿送審時圖書雜誌審查委員會也基本以同樣的手法給以刪禁。

1934 年 9 月 25 日《中華日報》上曾刊登《中央圖書雜誌審查委員會工作緊張》的這麼一條消息，被魯迅先生幾乎全文寫入《且介亭雜文二集·後記》中：「這審查辦得很起勁，據報上說，官民一致滿意了。九月二十五日的《中華日報》云——中央圖書雜誌審查委會工作緊張。中央圖書雜誌審查委員會，自在滬成立以來，迄今四閱月，審查各種雜誌書籍，共計有五百餘種之多，平均每日每一工作人員審查字在十萬以上。審查手續異常迅速，雖洋洋巨著，至多不過二天，故出版界咸認為有意想不到之快，予以便利不少。至該會審查標準，如非對黨對政府絕對顯明不利之文字請其刪改外，餘均一秉大公，無私毫偏袒，故數月來相安無事。過去出版界因無審查機關，往往出書以後，受到扣留或查禁之事。自審查會成立後，此種事件，已不再發生矣。聞中央方面，以該會工作成績優良，而出版界又甚需要此種組織，有增加內部工作人員計劃，以便利審查工作雲。」〔註65〕

這一個總結，也許可以算得上是國民黨當局自以為值得稱道的地方，過去出版界無審查機關，書出後受到扣留或查禁，自然引起書店的不滿，為「體恤商艱」成立的圖書雜誌審查委員會，實行原稿審查後，自然「此種事件，已不在發生矣」。不料隨之而發生的「新生事件」，〔註66〕將國民黨的書刊審

---

〔註63〕《且介亭雜文·後記》。
〔註64〕魯迅書信：致鄭振鐸，1935 年 1 月 8 日。
〔註65〕《且介亭雜文二集·後記》，《魯迅全集》第 6 卷，北京：人民文學出版社，2005 年版，第 463～481 頁。
〔註66〕1933 年 12 月鄒韜奮主編的《生活周刊》被查禁以後，由杜重遠接編，改名《新

查制度推到全國輿論的風口浪尖，並最終導致正躊躇滿志的「中央圖書雜誌審查委員會」走向消亡。

## 第二節　審查制度與文藝雜誌的興起

　　三十年代前期是定期刊物最為繁榮發達的時期。「自民國二十一年起到民國二十六年秋事變前止，各種雜誌時生時滅，但一般的趨勢是越出越多，估計全國比較重要的雜誌有五六百種，總數達一千數百種。」〔註67〕其中 1934 年達到雜誌出版的頂峰，被當時許多報章稱之為「雜誌年」。據舒新城的統計，1934 年全年出版雜誌達 716 種，與 1933 年相比增加了 81 種。另據上海通志館對上海出版的雜誌數量的調查，1933 年上海一地出版的雜誌總數有 215 種，而到 1934 年，「有人估計目前全中國約有各種定期刊物三百餘種，內中倒有百分之八十出版在上海」。〔註68〕當時曾有這樣的描述：「有人把 1934 年稱為『雜誌年』，你只消到書鋪子裡去逗留兩三分鐘，就馬上會感到此言不謬」。〔註69〕《申報》「市聲」欄目也感歎：「自一月一日起最少每月有一種新刊出版，其已與接洽妥善而尚在編印中者，尚有十餘種」。〔註70〕儘管各類統計以及估算的資料有所差異，但雜誌的興起卻是不爭的事實。

　　在這些不斷興盛繁榮起來的定期刊物中，文藝雜誌佔據著較大的比例。茅盾在《所謂「雜誌年」》中說：「今年自正月起，定期刊物愈出愈多。專售

生》。1935 年 5 月 4 日，《新生》第二卷第十五期刊載易水（艾寒松）的文章《閒話皇帝》，文章泛論古今中外的君主制度，稱「現在的皇帝差不多都有名無實」，比如「日本的天皇，是一個生物學家，對於做皇帝，因為世襲的關係也不得不做，一切的事雖也奉天皇之名義而行，其實早就做不得主，接見外賓的時候用得著天皇，閱兵的時候用得著天皇，舉行什麼大典的時候用得著天皇，此外天皇便被人忘記了；日本的軍部、資產階級，是日本真正的統治者……」此文一經發表，立即引起日本駐滬領事的「抗議」並提起訴訟。最終，《新生》周刊社被封，載有《閒話皇帝》的這一期雜誌被沒收，著作人「易水屢傳無著」沒能到庭，主編杜重遠應「負其全責」，以「誹謗罪」被判刑一年兩個月。由於這篇文章是與其它文稿一起經中央圖書雜誌審查委員會審查通過的，7 月 8 日，國民黨中央宣傳委員會將駐上海的中央圖書雜誌審查委員會七名審查委員撤職，該機構無形撤銷。

〔註67〕 楊壽清：《中國出版界簡史》，上海：永祥印書館，1946 年版，第 62 頁。

〔註68〕 《文壇論壇》，《文學》第 3 卷第 2 期。

〔註69〕 《文壇展望》，《現代》第 5 卷第 2 期，1934 年。

〔註70〕 《申報》1934 年 12 月 24 日。

定期刊物的書店中國雜誌公司也就應運而生。有人估計，目前全中國約有各種性質的定期刊三百餘種，內中倒有百分之八十出版在上海，而且是所謂『軟性讀物』──即純文藝或半文藝的雜誌」。《現代》編者也撰文描述這一景況：「回溯過去，大概在一九二九到三○年那當口，彷彿也有著這麼一種『盛』況，但到九一八的前夜，碩果僅存的純文藝刊物已屬寥寥無幾，等到滬戰發生，便幾乎完全停頓了下來，出版界成爲眞空。一九三二年到三三年，才陸續有所興起。」「在最近的將來，我們就會看到二十種左右較重要的純文藝刊物同時存在著。這『盛況』，大概一九二九到三○年那時期也不過如此吧。」與此相反的現象是單行本書籍的極度的衰落，「即以素稱容易推銷的創作一端論，一九三四年度也非常之少，差不多要叫書評家興『無書可評』之歎。」〔註71〕

　　爲什麼會出現文藝刊物的興起與迅速繁盛，甚至於在 1935 年後「單行本新書的出版日多；而雜誌界的景況卻並未衰落，仍在繼續增加」呢？〔註72〕

　　當時上海乃至全國的出版界、文化界，紛紛撰文探討其原因。《文壇展望》一文就說：「只消把目前出的那單行本的版權頁翻開一看，看一看他的定價，然後再跟一般雜誌的定價一比較，就可以不言而喻。一本十三四萬字的書籍定價至少是一元，而包含字數同樣多的雜誌則僅有三角左右」。「在一個經濟衰弱，頻於破產的國家」，「單行本書籍並不是不再被需要，實是因爲我們讀者已經挑不起這副重擔子，而不得不『避重就輕』，紛紛走向定價較爲公道的報章雜誌去」。〔註73〕將文藝雜誌的興盛歸結爲雜誌本身比書籍定價低廉，是當時一個較爲普遍的看法。不過，阿英（錢杏邨）認爲：「爲什麼雜誌有這樣『繁榮的市面』呢？我不能同意於一般的解釋，在定價便宜上來做結論」。他認爲「許多人不曾注意到的」，「使雜誌必然繁榮的其它條件……是大家有更多的話要說，更多的話希望有人代說」，「中國的民眾」有「苦惱希望訴說，在迷途要摸索一條路」，「只有雜誌能隨時隨地擔負起，一一的去實踐」。〔註74〕同樣，魯迅的看法也是從讀者方面去找原因，但與阿英看法不同的是，魯迅先生在指出現今雜誌之盛行是因爲「上海的居民原就有吃零食」的習慣，有些文學雜誌和綜合性雜誌就是「消閒的零食」，滿足了上海市民

---

〔註71〕《文壇展望》，《現代》第 5 卷第 2 期，1934 年。
〔註72〕楊壽清：《中國出版界簡史》，上海：永祥印書館，1946 年版，第 62 頁。
〔註73〕《現代》第 5 卷第 2 期，1934 年。
〔註74〕阿英：《夜航集》，北京：中國文聯出版社，2002 年版，第 63～64 頁。

的「胃口」。〔註75〕

　　茅盾發展了魯迅的看法，認爲迎合讀者「胃口」是原因之一，但他並不完全贊成將文藝雜誌的興盛僅僅歸結爲「讀者的需要」。他說：「就是想辦雜誌的人，現今非常之多。中國社會是一個複雜的社會，什麼系，什麼派，說也說不清楚，而系中又有系，派中又有派。這種現象反映到文壇上，幾乎是兩個人就成爲一系，三個人就成爲一派。而這些又和社會上的各種派系直接間接有關係。於是各人得辦一個雜誌，發表自己的意見，或者（用一句時髦話），『擴大影響』。……這一切，都不是爲了『廣大的讀者的需要』，而是爲了自身的需要」。在他看來，即使是「讀者的需要」，也「不是簡單的一回事」，讀者也分爲喜歡「零食」和喜歡「大魚大肉」的兩個部分，喜歡吃「大魚大肉」的去吃「零食」充饑並非因爲讀者的主動選擇，「而是『特別國情』不許有新鮮的大魚大肉供給他們」。〔註76〕而造成這種「特別國情」原因就是「國民黨反動派的禁書令和圖書雜誌審查法的推行」。〔註77〕

　　茅盾敏銳地看到了「雜誌年」背後的政治因素。儘管說經濟因素、讀者原因都可以成爲雜誌繁盛的某方面原因，但從根本上說，20 世紀 30 年代是現代中國一個典型的政治化的年代，在政治化語境中誕生的文化現象也許需要回到政治本身才能得到闡釋，尤其是具體到文藝期刊的大量出現，它不可能與政治無關。因此，從國民黨的書刊審查制度著眼重新審視三十年代文藝雜誌的興起，也許更能接近問題的眞實。

## 一、反抗與鬥爭中興起的左翼文藝刊物

　　三十年代左翼刊物與國民黨的書刊審查相伴相生，在某種意義上甚至可以說是左翼書刊的興起催生了國民黨的書刊審查制度。在《宣傳品審查條例》和《出版法》實施之前，國民黨地方政府已經開始對左翼書刊的查禁。1927年 7 月開始，上海市教育局奉上海市政府的訓令，開始「函請」上海市公安局、臨時法院嚴密查禁「反動書刊」，到 1928 年 12 月，就查禁了《短褲黨》、

---

〔註75〕 魯迅：《零食》，《魯迅全集》第 5 卷，北京：人民文學出版社，2005 年版，第 525 頁。

〔註76〕 《所謂「雜誌年」》，茅盾：《中國文論》三集，《茅盾全集》第 20 卷，北京：人民文學出版社，1990 年版，第 132～135 頁。

〔註77〕 茅盾：《我走過的道路》（中），北京：人民文學出版社，1984 年版，第 250 頁。

《一條鞭痕》、《文化批判》、《幻洲》、《疾風周刊》、《星期周刊》、《雙十周刊》等不下三十餘種。但是，由於「各書坊對於功令，往往陽奉陰違，且朝令停刊，夕換名目，照常販賣，書中既無編輯人姓氏，又無發行印刷地點，內容刊載大都詆毀中央，謾罵黨國，煽惑農工，鼓吹風潮，且有假託本黨名義，妄鼓邪說，淆惑觀聽者。察其宗旨類皆違反革命，宣傳赤化」，在 1929 年 1 月至 6 月間，上海市教育局加大了查禁左翼書刊的力度，五個月的時間就查禁了《無軌列車》、《我們月刊》、《列寧青年》、《紅旗》、《菊芬》、《歡樂的舞蹈》、《創造月刊》、《共產黨宣言》等書刊八十餘種。1929 年 7 月至 12 月間，續行查禁《世界周刊》、《海風周報》、《引擎月刊》、《我的幼年》等書刊二百餘種。〔註 78〕在這些被查禁的書刊中，以宣傳「共產主義」、「階級鬥爭」名義被禁的達百分之八十以上。

　　1929 年後，為了加強對「反動書刊」的查禁，《宣傳品審查條例》、《出版法》相繼實施，對出版界的控制擴大到全國範圍，並日趨嚴密。從 1932 年「商務」、「中華」、「世界」、「北新」等四十餘家書局聯合給當局的「請願書」中，可見當時書刊審查之一斑。「請願書」中說到：「中央及各地黨政軍機關，往往派遣員役，檢查郵寄，搜索書肆；輕則扣押處罰，重則拘禁封閉」，「立法上又有《出版法》及《出版法實施細則》之頒佈，條文繁碎，奉行維艱。例如《出版法實施細則》規定書籍出版之前，應將稿本呈送內政部申請許可，否則概行扣押或處罰。查內政部從前辦理之著作權註冊及新聞雜誌登記，尚多一年半載延不頒發……直等廢紙。至如研討日新月異之科學，論述朝夕變化之世界大勢者，悉成明日黃花，更無待論。且凡稍涉政治之書，除呈送內政部外，更需呈奉中央黨部審核，勢必更多延時日；甚至甲許乙駁，終至妨礙出版。其它苛細之條，煩酷之罰，殆難縷數。」〔註 79〕

　　可是，就是在此嚴密的控制之下，左翼文藝書刊卻越禁越多。從 1928 年開始，左翼文藝雜誌不斷湧現，並以上海為中心掀起一場「普羅文藝」運動，這場運動「蔓延各地，儼然成了一種勢力」。〔註 80〕1931 年經過短暫的沉寂之後，1932 年開始，左翼文藝刊物又開始大量出現。為什麼會形成這種「反常」

---

〔註 78〕 王煦華、朱一冰編：《1927～1949 年禁書史料彙編》第 1 冊，北京：北京圖書館出版社，2007 年版，第 18～54 頁。

〔註 79〕 王煦華、朱一冰編：《1927～1949 年禁書史料彙編》第 3 冊，北京：北京圖書館出版社，2007 年版，第 191～194 頁。

〔註 80〕 《國民黨中執委宣傳部工作報告》，國民黨中執委宣傳部編印，1930 年。

的現象呢？

　　一方面，左翼文藝界運用公開的鬥爭形式，批評書刊審查制度，同時以合法的方式創辦新刊物。「左聯」外圍刊物《文藝新聞》就發表了《談言論與出版自由》（第 11 期 1931 年 5 月 25 日）、《起來！中國的大眾》（1931 年 9 月 28 日第 29 號）、《新年第一件事》（1932 年 1 月 3 日第 43 號）、《反對郵電檢查》（1932 年 1 月 11 日，第 44 號），《十字街頭》十日刊發表《怎樣爭取言論自由》（第三期）等批評文章，魯迅先生也寫下了《扣絲雜感》、《准風月談前記》、《准風月談後記》、《二心集序言》、《偽自由書前記》、《中國無產階級和前驅的血》、《花邊文學序言》、《中國文壇上的鬼魅》、《且介雜文附記》等文，或批評，或譏諷，矛頭直指書刊審查制度。在社會輿論普遍一致譴責書刊審查的情況下，國民黨方面還是不能不有所忌憚。1933 年，武漢警備司令葉蓬密呈中央，建議中央成立文藝「專審機關」，「聘任對於此類文藝素有認識者若干人，悉心審查，權衡至當」，國民黨中央的回覆是「查檢查及禁止反動刊物，早經中央宣傳委員會及內政部負責進行，且內政部時時秉承中宣會意旨辦理，若另設機關審查，不特在事實上為駢枝，且易招外界之誤會」。〔註 81〕與此同時，左翼文藝界積極創辦新刊物，並盡量將刊物辦得「灰色」一些。如《北斗》的創辦，1931 年 9 月由丁玲出面主編，儘管每期都有魯迅、瞿秋白等左翼作家化名寫的作品，但同時也發表葉聖陶、鄭振鐸、沈從文等沒什麼黨派背景的作家以及「新月派」的徐志摩、凌淑華、林徽因等人的作品，刊物的立場不太明顯，只不過到了 2 卷 2 期後，由於「左聯」內部的分歧，刊物才開始「紅」了起來，最終被查禁。而另一「左聯」刊物《文學》的面目更像一個商業性刊物，「第三種人」蘇汶（杜衡）在談到《文學》時就認為：「《文學》月刊雜誌既不是割據一隅的小朝廷，也不是一個旗幟鮮明的大同人雜誌，而是一個大百貨式的文學雜誌。每期中所發表的作品，有左傾的，有右傾的，也有左而近右的，也有右而近左的，有寫實的，也有浪漫的，也未嘗沒有頹廢的。它的態度，也並不能使讀者有堅持的信仰」；〔註 82〕另一方面，左翼文藝界開始運用各種手段，應對書報審查制度。或秘密發行刊物，「既無編輯人姓氏，又無發行印刷地點」，即使有發行人名和地址，也全是假人名

---

〔註 81〕 張靜盧輯注：《中國現代出版史料（乙編）》，北京：中華書局，1955 年版，第 170 頁。

〔註 82〕 《幾種文藝雜誌》，楊晉豪編：《中國文藝年鑑》，上海：北新書局，1935 年版，第 67 頁。

和假地名，如《文化鬥爭》就既無發行人，也無任何發行地址，《新詩歌》第二卷第一期署名聯繫人是「龔素蘭」，實際上「龔素蘭」僅僅是陳白曙的化名，《文學界》署名發行人是「周淵」，而壓根就無「周淵」此人；或者更改刊名，如《太陽》（月刊）被查禁，另改出新刊物《時代文藝》，《時代文藝》後來也被查禁，又改出《海風周報》，兩年間就更換了 5 個刊名，《前哨》剛發行一期被禁後改名《文學導報》，《藝術》（月刊）僅出一期，即遭查禁，改名《沙侖》（英文 Siren 的音譯，汽笛），《萌芽月刊》第六期被禁後改名《新地月刊》，《拓荒者》四五期被禁後改名《海燕》等。一種刊物被禁，改刊名後繼續發行、出售；或冒用或借用假名和已經廢棄的刊名，出版刊物，甚至於有的刊物直接就用國民黨黨刊的名字，即國民黨檔案中所謂的「假託本黨名義，宣傳赤化」。如在國民黨中宣部 1930 年七八九月份文藝刊物審查報告中就稱「反動刊物冒牌發行」，「常常採用『掛羊頭賣狗肉』的政策」，將《共產國際綱領》化名《人口糧食問題》，《中國蘇維埃》化名爲《民權初步》，《武裝暴動》化名《藝術論》，《布爾塞維克》化名《新時代國語教授書》，《烈火》化名《叛逆》，《黑色青年》化名《監獄》等等。而「經過『紅色』染浸的《三民主義》，又假借胡漢民的題字」。也就是說，左翼文藝刊物就是在與國民黨的書刊審查制度不斷的鬥爭中發展起來，書刊審查制度越嚴厲，左翼文藝刊物的發展越迅速。

　　左翼文藝刊物成爲中國共產黨與國民黨在文化領域爭奪的最好的武器，當然有其特殊的原因。一九三三年，一份國民政府查禁「普羅文藝密令」稱：「共黨之通告議案等秘密檔案及宣傳品，及其它各反動組織份子宣傳反動詆毀政府之刊物」，其「旗幟鮮明，立場顯著，最易辯識」。「其最難審查者，即第二種之普羅文藝刊物，蓋此輩普羅作家，能本無產階級之情緒，運用新寫實派之技術，雖煽動無產階級鬥爭，非難現在經濟制度，攻擊本黨主義，然含意深刻，筆致輕纖，絕不以露骨之名詞，嵌入文句，且注重體裁的積極性，不僅描寫階級鬥爭，尤爲滲入無產階級勝利之暗示。故一方煽動力甚強，危險性甚大；而一方又是閃避政府之注意，蘇俄十月革命之成功多得力於文字宣傳，迄今蘇俄共黨且有決議，定文藝爲革命手段之一種，其重要可知也。」〔註83〕說明了文藝雜誌之所以成爲鬥爭手段所具備的兩點優勢。一

〔註83〕張靜廬輯注：《中國現代出版史料（乙編）》，北京：中華書局，1955 年版，第170 頁。

是在中國共產黨的領導下，文藝雜誌的創辦是作爲文藝政策的一個重要環節，是「革命手段之一種」，只要可以達成宣傳的目的，無需考慮更多的商業運營成本。如左翼作家「每逢印行反動書籍，即不問各省書店之是否願爲代購，一律按家郵寄，而各店又以昧於小利，不辨邪正，故每貿然爲之代售」。〔註 84〕二是文藝雜誌與其它「旗幟鮮明，立場顯著，最易辯識」的政治宣傳刊物相比還是有所差別，面目相對較爲模糊，「可以閃避政府之注意」而且使國民黨方面覺得「最難審查」。對文藝書刊內容，什麼該「禁」，什麼該「刪」，標準本身就很難界定，加上國民黨內文藝人才的匱乏，要完成這樣的審查並不容易；除此之外，即便在審查制度本身，也存在不少紕漏。在國民黨書刊審查確立初期，對書刊的審查主要由國民黨中央宣傳委員會負責徵購並審查，但「各地出版物異常繁多，徵購時有遺漏，而各省市黨部對於此項審查工作，又向不注意，以致反動文藝書刊往往充斥坊間，及經本會發覺，予以取締，則該項書刊出版幾經數月，且將銷售無餘矣。故此種審查工作，實無若何效果」。加之「各省市黨部對於各該管轄區域內新出版之文藝書刊似不甚注意審查，偶有因特殊原因，加以審查者，又從不將審查意見報會，僅徑行予以處置；及遇本會密函處置之反動文藝書刊，又不切實執行，致使反動文藝書刊，愈禁愈多，而本會之禁令，反成爲反動文藝書刊最有力量之廣告」。〔註 85〕

## 二、提倡與獎掖中出現的右翼文藝刊物

右翼文藝刊物興起，在本書第三章第一節也做了宏觀上的探討。不過，更進一步講，右翼文藝刊物在三十年代的大量出現，跟國民黨官方的的文化政策，具體到與國民黨的書刊審查制度也息息相關。從 1929 年開始，國民黨將「推動本黨文藝運動」作爲基本的文化政策之後，文藝刊物的創辦就成了國共兩黨利用文藝在意識形態領域展開全面對抗的基本措施之一。國民黨中宣部對各地創辦的各類右翼文藝刊物，不但讚賞有加，而且積極扶掖。在現在所見到的許多官方檔案中，刊物的創辦總是伴隨著刊物的查禁，用國民黨官方的話來說就是「消極的」和「積極的」。因此，對右翼刊物的扶持與獎勵

---

〔註 84〕陳瘦竹編：《左翼文藝運動史料》，南京大學學報編輯部，1980 年，第 330 頁。

〔註 85〕陳瘦竹編：《左翼文藝運動史料》，南京大學學報編輯部，1980 年，第 335 頁。

本身也成爲了國民黨書刊審查制度的一項基本內容。

　　1930 年，在國民黨中宣部的七八九三個月審查文藝刊物報告中稱：「現在本黨同志和一般愛好文藝的青年，紛紛組織闡揚三民主義文學的團體，在上海方面有《前鋒周報》，南京方面有《文藝月刊》、《開展》月刊及《流露》月刊、《橄欖》半月刊等等的發行，更把這烏煙瘴氣，幾被赤色籠罩了的中國文壇，彌漫著青白色的曙光，使一般迷蒙歧途的青年，得走一條正確的出路」。並且在這三個月所審查的 107 種文藝刊物中，在將左翼文藝刊物《文化鬥爭》、《沙侖》、《摩登青年》等定性爲「反動的」刊物的同時將《文藝月刊》、《開展月刊》、《前鋒周報》等幾種文藝刊物定位爲「良好的」刊物。1933 年在「查禁普羅文藝密令」中，在強調嚴密審查刊物的同時，也還「建議中央積極實施民族文學之計劃」，創辦文藝刊物。在 1934 年上海市黨部的文藝宣傳工作報告中，將「過去工作情形」總結爲「消極」和「積極」兩大方面，其中「消極」的方面就是「查禁反動刊物，制裁反動作家」，而積極的方面就是「出版刊物和供給各刊物關於民族文藝運動的作品」，惟後一點因「人力、財力的關係，殊少成績」。因此，上海市黨部宣傳部在提案中提出五條辦法：(1)設立文藝復興委員會予以一定之權力，使成爲統制全國之文藝刊物及推動文藝復興之總機關；(2)酌量停止影響較少之文藝刊物津貼，以便集中財力發行有力之文藝刊物；(3)嚴定標準以審查各書局所已發行之小說戲劇詩歌單行本，依內容之優劣分別獎懲之；(4)自設書店或特約各大書局發行統制機關所認可之各種小說戲劇詩歌雜誌文藝刊物以廣傳揚；(5)愼重選擇黨中同志之長於文藝者專任撰著本黨之文藝作品以替代反動文藝而供讀者之需要。〔註 86〕在國民黨各級官方機構的資助、倡導和獎勵下，1929 年開始，「三民主義文藝期刊」、「民族主義文藝期刊」以及其它右翼文藝刊物開始大量出現，即使在上海的「民族主義文學運動」告一段落之後，杭州、武漢、南昌、安慶等地事實上還存在各級官方機構主辦的提倡「民族文學」的文藝刊物，如浙江省黨部主辦的《黃鐘》就一直堅持到抗戰爆發前夕，1932 年以後興辦的《汗血月刊》、《汗血周刊》、《前途》等雜誌，就完完全全是鼓吹民族文藝，宣傳文化統制。也就是說，在左翼文藝期刊大量出現的 20 世紀 30 年代初，右翼文藝期刊作爲「剿滅」方針也隨之興起。

〔註 86〕　《確定本黨文藝統制政策以遏亂萌而收宏效案》，《文藝宣傳會議錄》，國民黨
　　　　　　中央宣傳委員會編印，1934 年，南京圖書館藏。

## 三、夾縫中生長的商業文藝雜誌

商業性文藝雜誌在三十年代迅速的興起，很容易將原因歸結爲商業競爭。上海作爲 20 世紀 30 年代的出版業中心，不但有「商務印書館」、「中華書局」、「開明書店」、「世界書局」等大書店，同時還擁有大量中小書店，每一個書店要想生存，相互之間的競爭顯然不可避免。但是，因此便認爲這種商業性文藝性雜誌出現完全是因爲商業操作的結果，未免有些草率。實際上，商業性文藝雜誌的興起並非因爲市場競爭下的主動選擇，而是政治干預下被動選擇的結果。1930 年以前，由於書刊審查的相對寬鬆和左翼文藝書籍在青年中「爭相購閱，以爲時髦」，「各小書店以其有利可圖，乃皆相索從事於此種書籍之發行，故有風靡一時，汗牛充棟之況」。然而，1930 年後，隨著書刊審查制度的嚴屬推行，「各小書店已咸具戒心，不敢冒險，以虧血本了」。〔註87〕相對雜誌來說，書籍周期較長，投入的資金較大，「自收稿以迄出版，經過時日，長恒一年半載，所投資金不下四五百金」，一旦被禁，將「血本無歸」，「故印行之際，不敢不慎之又慎」。〔註88〕對有著廣泛讀者市場的左翼文藝書籍的嚴屬取締使得各書店在「營業上無路可走，好銷的書不好出，好出的書不好銷，於是只剩下『雜誌』一條路還可撈幾個現錢」。〔註89〕不過，並非所有的雜誌都是安全的，作爲書店來說，商業利益是首要考慮的，相對平穩並擁有大量市民讀者的商業性文藝雜很快就成爲各書店出版的首要選擇。

「現代書局」創辦的大型文藝雜誌《現代》就是一個極好的例子。1929年到 1932 年間，「現代書局」曾出版過《菊芬》、《歡樂與舞蹈》、《餓人與饑鷹》、《十姑的悲愁》、《流亡》等左翼文藝書籍與《拓荒者》、《大眾文藝》等左翼文藝刊物，但都因「鼓吹階級鬥爭」、「宣傳赤化」等罪名被查禁，書店也因此被懲處。經濟上遭受到巨大損失，使得「現代書局」不得不另尋出路。在此期間，「現代書局」也曾相繼出版過右翼文藝刊物《前鋒月刊》與《現代文學評論》，但市場反應平淡，魯迅先生曾嘲諷這些刊物「有運動而無文學，則亦殊令出版者爲難，蓋官樣文章究不能令人自動購讀也」（《魯迅書信·致李小峰》）。張靜廬進入「現代書局」以後，爲了書店的商業利益考慮，與另

---

〔註87〕《國民黨中宣部致中執委工作報告》，見《出版史料》，1990 年第 3 期。

〔註88〕《上海市二十六家書店致上海市政府呈文》，王煦華，朱一冰編：《1927～1949 禁書史料彙編》第 1 冊，北京：北京圖書館，2007 年版。

〔註89〕茅盾：《所謂雜誌年》，《中國文論》三集，《茅盾全集》第 20 卷，北京：人民文學出版社，1990 年版，第 132～135 頁。

一老闆洪雪帆一起商議決定辦一個沒有政治傾向的刊物，即《現代》。主編施蟄存曾回憶說：「這兩位老闆，驚心於前事，想辦一個不冒政治風險的文藝刊物，於是就看中了我。因為我不是左翼作家，和國民黨也沒有關係，而且我有過辦文藝刊物的經驗。這就是我所主編的《現代》雜誌的先天性，它不能不是一個採取中間路線的文藝刊物」。〔註90〕在國民黨官方檔案中，通常將《現代》、《論語》、《十日談》這類商業性文藝刊物稱之為內容「平庸」的「營業」或「半營業」雜誌。不過，就是這類文藝雜誌，一方面給書店帶來巨大的商業利益，如《現代》出版後，「銷數竟達一萬四五千份」，「第一年度的營業總額從六萬五千元到十三萬元」；〔註91〕另一個方面成為現代作家發表作品的重要園地。尤為重要的是，與主編施蟄存、林語堂、章克標等個人的能力和審美理想相聯繫，形成了現代文學史上極具特色的文學思潮與文學現象。從這個意義上說，現代主義小說、「幽默小品」等文學樣式的形成，也是「戴著鐐銬舞蹈」的結果。

如果說《現代》、《論語》等商業性文藝雜誌不單單是作家謀生的場所，也是現代作家理想的寄託的話，與《現代》等文藝雜誌不同的還有一類完全以市民的的趣味為導向的商業文藝雜誌。在國民黨的審查文件中將這類文藝雜誌稱之為「無聊」雜誌，雜誌的撰稿人稱之為「無聊文人」，稱這些著作家「專門談風論月，毫無中心主張；但他們人數不少，頗具勢力，所有作品，常散見各小報，《春秋》（《申報》副刊），《新園林》（《新聞報》副刊），及過去之《禮拜六》，《紅雜誌》等等；彼等亦頗為一般低級社會所歡迎，蓋歷史使然也。」〔註92〕儘管國民黨官方對這類雜誌不屑一顧，斥之為「無聊」、「庸俗」，但對這類文藝雜誌的態度基本是放之任之，甚至認為是「歷史使然」。由於受到「一般低級社會所歡迎」，並且在政治上沒有風險，任何書店、商家甚至任何人，都可以發行這一類的文藝雜誌，這種商業性文藝雜誌便很快在20世紀30年代中期迅速發展起來。

綜合而言，無論是與政治意識形態結合緊密的左右翼文藝雜誌，還是遠離政治的商業性文藝雜誌，它們的興盛都與國民黨的書刊審查制度有關，甚

〔註90〕施蟄存：《〈現代〉雜憶》，《沙上的腳迹》，瀋陽：遼寧教育出版社，1995年版，第27頁。
〔註91〕張靜廬：《在出版界二十年》，南京：江蘇教育出版社，2005年版，第102、139頁。
〔註92〕《文藝宣傳會議錄》，國民黨中央宣傳委員會編，1934年3月，第158頁。

至於具體到與書刊審查制度中某一項法律法規或措施有關。國民黨書刊審查制度下形成文藝雜誌的繁榮，實際上是一種畸形的繁榮，這不但表現在文藝雜誌的背後是文藝書籍的敗落，而且表現在文藝雜誌存在的時間普遍不長。很多左翼文藝期刊「很少能出到 5 期以上，大都是出一二期就被封，然後改名再出版」。〔註 93〕茅盾曾經指出：「雜誌的所謂『發展』決不是讀者人數的增加，而是雜誌種數的增加。」〔註 94〕

柳湜也總結性地評論道：「近兩年來一談到中國出版界，大家都不免同聲歎氣，只拏圖書方面說，因爲書店受不住社會的蕭條，內地的不靜以及說話的不容易等等打擊，已弄得無書可出。……點綴這蕭條的景象，像脂粉一般的塗在麻臉上的虛假的榮繁是雜誌。書店老闆，目下眞是可憐，他不能不用這花花綠綠的東西去裝飾門面，來獲得那百分之十的微利。於是，市場上喊出雜誌年了。不錯，什麼圖書都不能印出的辰光，而竟印出了七八百種定期雜誌，這不能不顯出是一種神奇。其實，這也沒大了不起，這不過說明作家滿肚子的鳥氣無處發泄，大家餓著肚子來弄一點小玩意，書店就利用了這些牢騷蟲可以少要或不要稿費，把它印出，藉以取得幾個餘利，去開銷門市。於是，在文化市場上這虛假的榮繁就出現了。四馬路各家書店，居然有一兩家擠破了門，其它各家也不致『門可羅雀』的寂寞了。」〔註 95〕應該說，柳湜的觀察是比較準確的。

## 第三節 審查制度與雜文文體的產生

從時間上看，1918 年《新青年》開闢《隨感錄》專欄，可以算是現代「雜文」的開端。不過，「雜文」眞正從報刊雜誌的點綴到獨立發展的文體轉變是在 20 世紀 30 年代。雜文在 20 世紀 30 年代勃興並迅速走向成熟，學界一致的看法是左翼文藝界的推動和魯迅個人的功績。不過，僅僅注意到雜文文體的形成與魯迅個人的貢獻似乎還稍顯簡單，雜文形成的外部環境很容易被忽視了。七十多年前魯迅回應對他「不大寫文章」責難的一段話，也許能提供

〔註 93〕夏衍：《左聯成立前後》，《左聯回憶錄》，北京：中國社會科學出版社，1980年版，第 51 頁。
〔註 94〕茅盾：《所謂雜誌年》，《中國文論》三集，《茅盾全集》第 20 卷，北京：人民文學出版社，1990 年版，第 132～135 頁。
〔註 95〕柳湜：《社會相》，上海：讀書生活出版社，1936 年第 2 版，第 93～96 頁。

我們切入這一問題的進口。他說：「前進的青年，似乎誰都沒有注意到現在的對於言論的迫壓，也很是令人覺得詫異的。我以為要論作家的作品，必須兼想到周圍的情形。」〔註 96〕儘管魯迅說的是「作家作品」，但是這一原則在面對「雜文」時也同樣適用，「兼想到周圍的情形」也許是我們重溫「雜文」這一話題的基本出發點。「周圍的情形」，具體來說就是指國民黨的書刊審查制度。雜文發展的動力，就來源於三十年代書刊審查制度下控制與反控制的鬥爭。「雜文」在某種意義上說就是 20 世紀 30 年代特殊政治語境中的衍生物，而非文體自由發展與自由選擇的結果。

## 一、《自由談》革新與雜文的興起

談論三十年代雜文的勃興，不能不提到《申報·自由談》。唐弢曾提及陳子展在論及《申報·自由談》時說過：

> 如果要寫現代文學史，從《新青年》開始提倡的雜感文不能不寫；如果論述《新青年》以後雜感文的發展，黎烈文主編的《申報》副刊《自由談》又不能不寫，這樣才能說清歷史變化的面貌。
> 〔註 97〕

作為寫出了《中國近代文學之變遷》的文學史家，陳子展不但看到了「雜感文」到「雜文」之間的歷史承繼關係，而且他將《申報·自由談》與《新青年》相提並論，敏銳地注意到了黎烈文主編的《申報·自由談》在「推動雜感文發展方面所起的作用」。〔註 98〕茅盾在《多事而活躍的歲月》也認為「《自由談》的革新引來了雜文的全盛時期」，在中國現代文學史上應當大書一筆。他說：「《自由談》的改革推動了雜文的發展，造就了一批雜文家」，「造就了雜文的全盛時期」。〔註 99〕

既然《自由談》在三十年代的雜文發展過程中起著如此重要的作用，探究《自由談》與雜文勃興之間的關係就特別重要。如果說學界一致認為的雜

---

〔註 96〕《且介亭雜文二集·後記》，《魯迅全集》第 6 卷，北京：人民文學出版社，2005 年版，第 463 頁。

〔註 97〕唐弢：《申報自由談·序》，《唐弢文集》（9）·《文學評論卷》，社會科學文獻出版社，1995 年版，第 246 頁。

〔註 98〕唐弢：《申報自由談·序》，《唐弢文集》（9）·《文學評論卷》，社會科學文獻出版社，1995 年版，第 247 頁。

〔註 99〕茅盾：《我走過的道路》（中），北京：人民文學出版社，1984 年版，第 189 頁。

文的勃興與左翼文藝界及魯迅等人的推動相關這一基本的判斷不錯的話，值得追問的問題是：左翼文藝界爲什麼會選擇《自由談》作爲新的文藝發表陣地，《自由談》又是如何成爲左翼文藝界的話語陣地從而成爲雜文的孵化器？要回答這樣的問題，不能不從國民黨書刊審查制度方面去尋找原因。

從 1928 年開始，隨著國民黨書刊審查制度的推行，左翼文藝書籍和文藝雜誌被宣佈爲「反動」書刊被嚴厲查禁，書店不敢輕易印行，給左翼文藝書刊的出版造成不小的困難。國民黨中宣部 1930 年底的一個審查文藝刊物報告稱由於「嚴加取締」，「所謂左傾的文藝雜誌，差不多都已先後查禁」，書店「多因血本關係，不肯再爲他們印刷，所以反動文藝作品，近來已少發現」。〔註 100〕

這份報告儘管不無誇大的成分，但也並非毫無根據。在 1930 年 8 月 4 日「左聯」執委會所作的《無產階級文學運動新的情勢及我們的任務》決議裡，左翼方面也坦承：「自《拓荒者》、《大眾文藝》、《藝術》……等雜誌繼續被封禁過後，經驗告訴我們，靠書店的合法營業路線，絕對不能代表我們鬥爭活動的雜誌。」「一切革命的馬克思主義的書報，希望那些書店來出版，是一天天困難了。」〔註 101〕左翼文藝作品發表陣地的迅速萎縮，逼迫左翼文藝界必須調整自己的鬥爭策略和方式。爲了突破國民黨書刊審查制度封鎖，秘密發行書刊，利用假名僞裝書刊等都成爲鬥爭手段。不過，唐弢有一段論述：「黨刊可以採取僞裝的辦法，因爲讀者是有組織的對象」，以分贈散發爲主，「文藝書刊就不同了，一般都由書店出版，出版者要核算成本，要設法贏利，讀者的選購又必須出於自願，倘使把一部小說改名《腦膜炎預防法》，愛好文藝的青年便不來『光顧』，結果將是不禁自絕」。〔註 102〕說明這些秘密發行書刊等鬥爭手段本身所適用的範圍還是有限的。因此，積極尋找話語陣地，尋找一種更爲合法的鬥爭方式對左翼文藝界而言就極爲重要。《申報·自由談》這塊新的文藝作品發表陣地的開闢，就是這種合法的鬥爭方式之一。

《申報》作爲一張老牌的商業性報紙，在社會上有較大的影響力，日發行量達十幾萬份，使得傳播效力與左翼的文藝期刊不可同日而語，但是，它在政治和文化立場上卻一直較爲保守。其文藝副刊更是自創刊以來一直爲「鴛

〔註 100〕《中宣部 1930 年（7、8、9）審查文藝刊物報告》，中國第二歷史檔案館藏，部分見《民國檔案》，1991 年第 25 期。
〔註 101〕《文化鬥爭》第 1 卷第 1 期，1930 年 8 月 15 日。
〔註 102〕唐弢：《「奉令停刊」》，《晦庵書話》，北京：三聯書店，1998 年版，第 92 頁。

蝴派」舊文人所把持，不但拒絕使用新式標點，而且多刊登各類消遣和娛樂性文字，特別是 1920 年 4 月 1 日起，周瘦鵑主編《自由談》後，在《自由談》內再闢《文藝俱樂部》欄目，專登各類「插科打諢」、「裝腔作勢」的遊戲小說，使《自由談》幾成「鴛蝴派」的遊藝園地。然而，隨著 1932 年底《申報》老闆史量才採納黃炎培、陶行知等人的建議，決意革新《申報》，以「肩荷此社會先驅與推動時代之重責」，《申報》文藝副刊《自由談》也隨之開始了革新。12 月 1 日，剛從法國回來的湖南人，二十八歲的黎烈文接替周瘦鵑，開始了《申報・自由談》的全面革新。

　　不過，可以肯定的是《申報・自由談》文藝副刊的革新，最初僅僅是使其「不違時代潮流與大眾化」原則，由「舊」文藝向新文藝的轉變。在 11 月 30 日《申報》刊發《今後本報努力的工作——紀念本報六十週年》提到《自由談》時稱：

> 《自由談》雖說只是一種副刊，但為調和讀者興趣，關係也很重大。今後本報刊載文字，約分長篇創作，短篇世界著名小說譯述，科學的故事，世界風土記，婦女和兒童的小品文字，以及幽默文字等，並時常舉行有興味的民意測驗或懸賞徵文，務以不違時代潮流與大眾化為原則。

　　這是《申報》的一個基本態度，《自由談》文藝副刊由「舊」到「新」的革新完全出於是「為調和讀者興趣」的商業考慮。黎烈文在接手《自由談》後發表《幕前致辭》宣稱其編輯態度是牢牢站定「進步和近代化的起點」，同時「不願意離觀眾太遠」，既不肯唱幾句十八摸、五更相思以遷就一般的低級趣味，也「不願大唱高調」，「宣傳什麼主義」來勉強大多數人的口味。〔註103〕從政治上仍然奉行一貫的中間路線，不偏不倚，很難看出《申報・自由談》革新就「左轉」的迹象。在《自由談》調整欄目，廣泛吸收外稿，呼籲來搞「投寄描寫實際生活之雜感隨筆」，並特別要求以「用白話為宜」，「加注新式標點」，也僅僅是照顧「讀者的需求」和「時代的需要」。更為有力的一個例子是，主編黎烈文為使「本刊的內容更為充實，成為一種站在時代前列的副刊」，〔註104〕邀請了大批新文學家為《自由談》撰稿，其中不但有茅盾、郁達夫、鄭振鐸、葉聖陶、胡愈之、謝冰瑩等左翼作家和中間偏「左」的作家，

---

〔註103〕《幕前致辭》，《申報》1932 年 12 月 1 日。
〔註104〕《編輯室啟事》，《申報・自由談》1932 年 12 月 12 日。

也有以寫三角戀愛小說聞名的張資平、林微音等人。後來出現的「腰斬張資平」事件中那篇《自由談》停刊的三角戀愛小說《時代與愛的歧路》，一開始也是黎烈文向張資平的約稿。

左翼文藝界對《申報・自由談》的革新也反應冷淡，儘管黎烈文最早邀請的作家中有茅盾和郁達夫，但是郁達夫兩年前就脫離「左聯」，嚴格意義上不能算是「左聯」中人，茅盾也非「左聯」的核心人物，爲《自由談》寫稿也屬個人的行爲，魯迅甚至「不知道《申報》在什麼時候開始有了《自由談》，《自由談》裡是怎樣的文字」（《僞自由書・前記》）。

然而，這種狀況就在魯迅爲《自由談》撰稿開始發生了根本性的變化。

魯迅爲《自由談》寫稿，純屬偶然。黎烈文曾回憶說：

> 魯迅先生向《自由談》投稿，也是郁達夫先生介紹的。記得有一天他送稿子給我，因爲聽到我說好的稿子很少，刊物不易編得出色，他便問我要不要魯迅先生的稿子，如果要的話，他可以替我去拉。當時我是異常忠於自己的職務，想把刊物編得活潑有生氣，各方面的佳作都一律歡迎，對於在文壇素負盛名的魯迅先生的稿子自無例外，於是在我的肯定回答之後，達夫先生不久果然拉來了魯迅先生的稿子。〔註105〕

黎烈文提到的郁達夫拉來的魯迅的稿子，即 1 月 30 日、31 日發表於《自由談》的《「逃」的合理化》和《觀鬥》兩篇雜文。有人認爲，這兩篇雜文的發表，標誌著《自由談》「這個歷史悠長、良莠相間的文藝副刊已跨入一個嶄新的歷史時代」。〔註106〕這話如果是僅就凸顯魯迅加入《自由談》之後帶來的根本性變化，確是一點不爲過的。

首先，推動了《自由談》的進一步革新，使《自由談》不但「易幟」，而且「變色」。從撰稿人隊伍來看，在魯迅、茅盾的帶動下，大批左翼作家開始有組織地加入《自由談》，使得小說、雜感、散文、隨筆各類題材都源源不斷，客觀上改變了《自由談》的刊物面貌和撰稿人的結構對比。儘管《自由談》聲稱「各方佳作都一律歡迎」，發表不少中間作家的文字，甚至發表過章太炎、吳稚暉等不提倡新文藝的學者的文章，但總體上仍是以發表左翼作家的作品

---

〔註105〕黎烈文：《關於郁達夫》，秦人路，孫玉蓉編：《文人筆下的文人》，長沙：嶽麓書社，1987 年版，第 192 頁。

〔註106〕許鳳才：《浪漫才子郁達夫》，鄭州：河南人民出版社，1989 年版，第 288 頁。

爲主。爲《自由談》撰稿的左翼作家，可以列出一長串的名單，魯迅、茅盾、郁達夫、張天翼、彭家煌、葉紫、草明、歐陽山、唐弢、胡風、徐懋庸、廖沫沙、周木齋、李俊民、臧克家、任白戈、阿英等。當時的右翼報刊及小報對《自由談》的「左轉」曾大加攻擊。《微言》就說黎烈文在魯迅指使下，排斥異己，「腰斬張資平」，企圖爲「左聯」建立「清一色」的天下，要把《自由談》描繪成「赤色王國」，而魯迅就是這個王國的「暴君」。《社會新聞》就在一篇題爲《〈自由談〉態度轉變》中則稱：

> 《申報·自由談》自黎烈文主編後，即吸收左翼作家魯迅、沈雁冰及烏鴉主義者曹聚仁等爲基本人員，一時論調不三不四，大爲讀者所不滿。且因嘲罵「禮拜五派」，而得罪張若谷等；抨擊「取消式」之社會主義理論，而與嚴靈峰等結怨；腰斬《時代與愛的歧路》，又招張資平派之反感，計黎主編《自由談》數月之結果，已形成一種壁壘，而此種壁壘，乃營業主義之《申報》所最忌者。又史老闆在外間亦耳聞有種種不滿之論調，乃特下警告，否則爲此則惟有解約。〔註107〕

如果摒除這種極具感情色彩的描述，而就事實本身來說，《社會新聞》稱《申報·自由談》的迅速「左轉」，「已形成一種壁壘」，倒也並不誇張。左翼作家基本上主導著《自由談》這一文藝副刊的發展方向，並因此使「刊物一天天活潑有生氣」起來。〔註108〕

其次，推動了雜文運動的開展，使雜文迅速勃興。在魯迅答應爲《自由談》撰稿後，黎烈文特刊「啓事」，極爲高調的推出「何家幹先生」（魯迅）和「玄先生」（茅盾），希望人們不要錯過一個「奇文共賞」的機會。而這兩根「臺柱」「每隔兩三天刊載一篇，篳路藍縷，蹊徑獨闢，眞的起了登高呼號、搴旗前引的帶頭作用。左翼青年紛紛出動。老作家如陳望道、夏丏尊、周建人、葉聖陶大力回應」。〔註109〕由此可見，在黎烈文的精心組織策劃，魯迅、茅盾等名作家的支持和推動下，《自由談》因此取得了極大的成功，其中，「雜文」的成就最爲引人矚目。唐弢就論述說：

---

〔註107〕《社會新聞》第 3 卷第 21 期，1933 年 6 月。
〔註108〕黎烈文：《關於郁達夫》，秦人路，孫玉蓉編：《文人筆下的文人》，長沙：嶽麓書社，1987 年版，第 192 頁。
〔註109〕唐弢：《申報自由談·序》《唐弢文集》（9）·《文學評論卷》，北京：社會科學文獻出版社，1995 年版，第 247 頁。

> 《自由談》的成功又不光因爲熱鬧和活潑。不錯，人們第一個
> 印象往往爲它的五光十色、絢麗多彩而驚歎。雜感之外，散文、隨
> 筆、速寫、遊記、讀書記、小考證、文藝評論、科學小品、短篇翻
> 譯等等，應有盡有。其中量受歡迎的，是每天一篇居於議論性的雜
> 感文——也即被稱爲「花邊文學」的一種。……
>
> 　有的作者甚至說，「沒有『花邊文學』就不熱鬧，就不會……抓
> 得住人。」〔註110〕

不但「雜文」引起廣泛注意，連《自由談》上用花邊框起「短評」這種
做法，爲《時事新報》、《中華日報》、《晨報》等同一時期的報紙副刊所襲
用，群起仿傚，蔚然成風。左翼文藝界所推動的《自由談》的革新，本來是
左翼文藝界突破國民黨書刊審查制度的鬥爭方式，卻在客觀上促進了雜文的
興起。

## 二、三十年代雜文的「文體自覺」

「文體自覺」是指文體價值認定與文體選擇，其中包含著文體功能與文
體風格的自覺。從 1918 年《新青年》上的「隨感錄」專欄刊發的時事批評短
文可以看作是現代雜文的開始。之後各類報刊先後刊登的同類性質的議論性
短文，一般被稱爲「隨感」、「雜感」、「評談」、「亂彈」等。不過，這類文字
一般被包含在小品文的範圍之內，被稱之爲「諷刺小品」或「議論小品」。1932
年底，隨著《申報·自由談》的革新，雜文創作隨之而興盛，「雜文」開始逐
漸從「小品文」中分化出來，成爲一種獨立的文體。唐弢有一段描述：

> 自從《人間世》創刊以後，主編者以爲小品文當以自我爲中心，
> 閒適爲格調，於是違反這二個條例的短文章，彷彿都變作棄嬰，被
> 擯絕於小品圈外了。這時候就有人另起爐灶，用雜文這個名目，來
> 網羅所有的短文，而把小品文三字，完全送給以閒適爲格調的東西
> 了。〔註111〕

這段話中說到的「有人」是指魯迅。小品文和雜文的這種分化，實際就
是雜文文體的自覺過程。這一過程與《自由談》緊密相關，伴隨著審查制度

---

〔註110〕唐弢：《申報自由談·序》，《唐弢文集》（9）·《文學評論卷》，北京：社會科
　　　　學文獻出版社，1995 年版，第 252～253 頁。
〔註111〕唐弢：《小品文拉雜談》，《唐弢文集》（1）·《雜文卷》（上），北京：社會科學
　　　　文獻出版社，1995 年版，第 155 頁。

下控制與反控制的鬥爭，在魯迅的手裡走向成熟。

## （一）「戰鬥」的文體

魯迅《南腔北調集・前記》中說：「指頭一撥，君子就翻一個筋斗」，談到過「雜文」的戰鬥作用，不過，魯迅真正意識到雜文的戰鬥功能，並有意識把「雜文」作爲一種戰鬥工具來提倡是從《自由談》時期才開始的。在《花邊文學・序言》中，魯迅說：「我常常寫些短評，確實從投稿於《申報》的《自由談》上開頭的，集一九三三年之所作，就有了《偽自由書》和《准風月談》兩本。後來編輯黎烈文先生真被擠軋得苦，到第二年，終於被擠出了，我本已可以就此擱筆，但爲了賭氣，卻還是改寫做法，換些筆名，託人抄寫了去投稿，……」魯迅儘管沒有明確將《自由談》上發表的這些「短評」命名爲「雜文」，但是這些「短評」指陳時事，針砭時弊，雖篇幅短小，但談論問題重大。右翼刊物《社會新聞》攻擊其「論調不三不四」，卻正好是魯迅雜文「戰鬥性」的開始。魯迅將收錄這些雜文的兩個集子命名爲《偽自由書》和《准風月談》也包含著這層寓意，「自由」固屬假冒，「風月」又豈可當真！發表於《自由談》上的這些雜文，從「議時事」到「談風月」，標誌著一種新的戰鬥文體的確立，使雜文成爲「感應的神經，攻守的手足」（《且介亭雜文序言》），「戰鬥的『阜利通』（Feuilleton）」。〔註112〕

《偽自由書》中就收錄 1933 年 1 月到 5 月間魯迅在《自由談》上發表的 38 篇「短評」，魯迅自我評價爲「有的由於個人的感觸，有的則出於時事的刺嘲，但意思都極平常，說話也往往很晦澀」（《偽自由書前記》）。然而用天津《大公報》刊載的一篇文章的話來說是「多譏評時事攻訐政府當局之處，以『偽自由書』爲書名，其意亦在詆毀當局」，必須「完全禁止發售」。〔註113〕1933 年 5 月 25 日黎烈文迫於各方壓力，在《自由談》刊登《編輯室啓事》「籲請海內文豪，從茲多談風月，少發牢騷」之後，魯迅的文章「到五月初，竟接連的不能發表了」，原因魯迅推測爲「其時諱言時事而我的文字卻常不免涉及時事的緣故」（《偽自由書前記》）。

《准風月談》收集魯迅從 1933 年 6 月至 11 月間所發表於《自由談》上的雜文 61 篇。寫作這些雜文的動機，用魯迅的話說就是「爲了賭氣」，魯迅

---

〔註112〕瞿秋白：《魯迅雜感選集・序言》，《瞿秋白選集》，北京：人民出版社，1985年版，第 525 頁。
〔註113〕《禁書之善後（續）》，載《大公報》（天津）1934 年 4 月 9 日。

開始「改寫做法，換些筆名，託人抄寫了去投稿」。魯迅在《准風月談‧後記》就稱：「這六十多篇雜文，是受了壓迫之後，從去年六月起，另用各種的筆名，障住了編輯先生和檢查老爺的眼睛，陸續在《自由談》上發表的。」可以看出這一時期魯迅已經自覺地利用雜文作爲戰鬥的武器，並且有意識地利用《自由談》的影響，大力提倡雜文。唐弢曾在《斷片》中回憶可以作爲一個例證，他說：「大概是在 1934 年年初，我遇見魯迅先生，他興致勃勃地說：『敵人禁止它（雜文），我們來提倡它！多幾個人手，事情就好辦』，……我懂得魯迅先生的意思。在他，『應當造出大群的新的戰士』（《二心集‧對於左翼作家聯盟的意見》）的想法從來未曾改變過，他重視雜文，因此希望多有幾個雜文的作者。壯大自己，目的正是爲了削弱敵人。果然，在魯迅先生倡導下，雜文蓬勃興起，作者多起來了，專登雜文的期刊出現了，連幾家有名的大雜誌，也開闢了刊載雜文的專欄；因爲讀者喜愛它，書店老闆有利可圖，願意出版它。這樣。一九三三年和三四年，分別有『小品文年』、『雜誌年』，之稱，成爲對國民黨壓制政策一個有力的諷刺和反擊。」〔註 114〕

### （二）「晦澀」的風格

一般認爲魯迅的雜文，尤其是後期雜文，用筆曲折甚至晦澀，形成了獨特的雜文風格。然而，當記起魯迅「我以爲要論作家的作品，必須兼想到周圍的情形」〔註 115〕的話，完全可以說魯迅雜文風格的形成與其說是魯迅有意爲之的「文體自覺」，不如說是在國民黨嚴厲的書刊審查制度下「鑽網」的法子。

早在 1925 年 4 月 8 日，魯迅在致許廣平的書信中說：「政府似乎已在張起壓制言論的網來，那麼，又須準備『鑽網』的法子」。〔註 116〕儘管這話並非針對國民黨的言論壓制，但可見魯迅對鬥爭手段的重視，將文章寫得「隱晦」一些也成了書刊審查制度下「鑽網的法子」之一。《南腔北調集‧題記》中他說：「語絲早已停刊，沒有了任意說話的地方，打雜的筆墨，是也得給各個編輯設身處地地想一想的，於是文章也就不能劃一不二，可說之處說一點，不

〔註 114〕 唐弢：《斷片》，薛綏之主編：《魯迅生平史料彙編》第五輯（上），天津：天津人民出版社，1986 年版，第 359～363 頁。

〔註 115〕 魯迅：《且介亭雜文二集‧後記》，《魯迅全集》第 6 卷，北京：人民文學出版社，2005 年版，第 463 頁。

〔註 116〕 魯迅：《兩地書‧一○》，《魯迅全集》第 11 卷，北京：人民文學出版社，2005 年，第 40 頁。

能說時便罷休。」〔註117〕

在魯迅開始爲《自由談》撰稿初期，他就在致李小峰的信中表達過他對《自由談》恐怕做不長久的擔心，以至於他對這一時期文字的評價都是「說話也往往很晦澀」。當《自由談》遭到來自國民黨官方的壓力，不得不於1933年5月25日刊登「啓事」，籲請「多談風月，少發牢騷」，望大家「識時務者爲俊傑」並理解編者「苦衷」後，魯迅「爲了賭氣」便「改些做法」，開始作「准風月」文章。這裡值得注意的是「改些做法」，目的爲了更好更順利的爭取文章的發表，但這也就意味著文體風格的改變，這種改變在審查制度下就不是主動的選擇，而是不得以而爲之。他說：「談風雲的人，風月也談得，談風月就談風月罷，雖然仍舊不能正如尊意。想從一個題目限制了作家，其實是不可能的。……『月白風清，如此良夜何？』好的，風雅之至，舉手贊成。但同是涉及風月的『月黑殺人夜，風高放火天』呢，這不明明是一聯古詩麼？」（《准風月談・前記》），魯迅說「談風月」也可以談出「風雲」，實際上即是表明在嚴厲的言論管制下，首要的是讓自己發出聲音，從「風月」談出「風雲變幻」的方式是首要考慮的。因此，從《僞自由書》到《准風月談》，魯迅大量的運用「曲筆」，創作實踐上呈現出對「晦澀」文風的自覺追求。關於這一點瞿秋白指出：「殘酷的強暴的壓力，又不容許作家言論採取通常的形式。作家的幽默才能就幫助他用藝術的形式表現他的政治立場。」〔註118〕這種追求不單單呈現出寫作方式的轉變，也意味著一種新的鬥爭方式的確立，是魯迅提倡韌性戰鬥的策略性考慮。

然而，儘管說《自由談》推動了雜文的勃興，並使雜文無論從形式和內容上都走向成熟，但是，「雜文」這一名目的出現卻是以林語堂等人提倡幽默閒適小品文爲參照，以論爭爲起點而確立自身的。

在1932年，林語堂創刊《論語》，開始提倡「幽默」小品。魯迅在1933年10月隨即發表《論小品文的危機》，批評文學上的這種「小擺設」以爲「可以靠著低訴或者微吟，將粗獷的人心，磨得漸漸平滑」，認爲「生存的小品文，必須是匕首，是投槍，能和讀者一同殺出一條生存的血路的東西」。魯迅所說的「生存的小品文」即是他這時期創作和提倡的雜文，但在命名上他

---

〔註117〕《魯迅全集》第4卷，北京：人民文學出版社，2005年版，第427頁。
〔註118〕瞿秋白：《魯迅雜感選集・序言》，《瞿秋白選集》，北京：人民出版社，1985年版，第523頁。

仍然經常將「雜文」和「小品文」一起混用，有時還用過「雜感」、「短評」這樣的名目。1934 年「小品文的論爭」，使得關注「自我」小品與關注「社會」小品徹底分化，但是，這場論爭並不完全是《太白》和《論語》、《人間世》之間的論爭，它所涉及的範圍更廣。1934 年 9 月發表於《現代》第 5 卷 5 期的林希雋的《雜文與雜文家》這篇文章，直接觸發對「雜文」名目的探討並最終確定下來。林希雋當時是大夏大學的學生，他在文章中指責「雜文的畸形發展」是因為雜文容易作，批評雜文家寫雜文是一種墮落，「與其每日寫十篇八篇不三不四的雜文之類，縱不問寫得怎樣的精彩傑出，寧不如將同樣的工夫製作一篇完整的創作」。這篇文章引起了魯迅的注意，10 月隨即在《文學》3 卷 4 號發表《做「雜文」也不易》作出回應。林希雋的文章之所以引起注意，不僅僅因為他將偉大作品的創作於雜文的創作對立起來，〔註 119〕更重要的是文章開篇涉及到了「雜文」這一文體概念。文章說：

> 最近以來，有些雜誌報章副刊上很時行的爭相刊載著一種散文非散文，小品非小品的隨感式的短文，形式既絕對無定型，不受任何文學製作之體裁的束縛，內容則無所不談，範圍更少有限制。為其如此，故很難加以某種文學作品的稱呼；在這裡，就姑且名之為雜文吧！

魯迅在文章中引用了上面一段文字並評論說「散文非散文，小品非小品，其實也正是『雜文』」。這是魯迅第一次正式探討「雜文」這一個名稱的概念和內涵，也可以算作雜文正式命名的開始。有人做過統計，魯迅雜文「自一九三四年十月後就通稱『雜文』了」，〔註 120〕這個時間，應該就是指魯迅寫下這篇文章之後。聯繫著魯迅有將別人對他的攻擊之詞冠以自己作品集子名稱的習慣，（《南腔北調集》的命名來源於「上海女作家」攻擊其演講「口吃」，南腔北調；《偽自由書》再版時命名為《不三不四集》，來源於《社會新聞》攻擊其「腔調不三不四」，《三閒集》、《二心集》、《花邊文學》的命

---

〔註 119〕在此之前半年，文藝界掀起一場有關「中國為什麼沒有偉大的文學產生」的討論。一九三四年三月鄭伯奇在《春光》月刊創刊號發表《偉大的作品底要求》一文，其中說：「中國近數十年發生過很多的偉大事變，為什麼還沒有產生出來一部偉大的作品？」接著，該刊第三期又在《中國目前為什麼沒有偉大的作品產生》的徵文題下列出十五篇應徵的文章。在討論中，有人對將雜文與偉大作品的創作對立起來，認為雜文的興起是偉大作品產生的障礙，林希雋就是其中之一。

〔註 120〕嚴秀：《魯迅論雜文與小品文》，《中國現代文學研究叢刊》，1986 年第 1 期。

名莫不如此），魯迅將他的最後三部書稿《且介亭雜文》、《且介亭雜文二集》和《且介亭雜文末編》全部以「雜文」命名，不能不說也是基於同樣的理由。不過，就是這種幾乎帶有「賭氣」性質的命名，則直接將他在《自由談》時期就已經意識到的「生存的小品文」名稱固定下來，不但標誌雜文和小品文的正式分離而自成獨立發展的文體，而且確定了後來雜文創作中的「魯迅傳統」。

這樣一來，魯迅所倡導的「雜文」這一文體的明確的規定性逐漸明晰：

第一，它是戰鬥的社會和政治批評，目標指向就是帝國主義、國民黨南京政府、各種形式的落後勢力和幫閒文人。切入當下現實生存問題是其基本內核，秉持批判和反抗精神是其最基本的品格。至於「雜文的形式，存在不存在，……已經不是重要的事了」。〔註 121〕

第二，它是「生存的小品」，是「感應社會現實的神經，是攻防的手足」，是弱者的反抗，完全區別於「以閒適爲格調」的高雅的小品文。

第三，它是時代的產物，是在特定的歷史條件下生長起來的一種文體，聶紺弩說魯迅的雜文「其實已經及身而絕」〔註 122〕這一看法，似乎正想說明它不單單是魯迅等左翼作家的主體創造，更多的時候是審查制度背景下被動選擇的結果。

〔註 121〕《聶紺弩雜文集・序》，北京：生活・讀書・新知三聯書店，1981 年版，第 3 頁。
〔註 122〕《聶紺弩雜文集・序》，北京：生活・讀書・新知三聯書店，1981 年版，第 2 頁。

# 結　語


　　1927～1937 年間，國民黨圍繞著民族主義進行一元的意識形態建構，利用文藝作爲基本手段保證這一目標的實現，以在全國範圍實施文藝統制。這種統制的基本的目標主要針對左翼文藝，但不僅僅限於左翼文藝。其基本策略主要表現在通過文藝政策的導向性作用、文藝社團的組織化功能、文藝媒介的傳播功能推進文藝運動；與此同時，實施嚴厲的書報審查制度，控制文藝的生產與流通，以禁止其它意識形態的傳播。在利用文藝政策的導向作用上，國民黨從「三民主義文藝政策」、通俗文藝政策等的制定以及一系列保障、推動及獎勵措施的出臺，策動和推進文藝運動的開展；在文藝社團的組建上，通過創辦「中國文藝社」，扶持「前鋒社」、「開展社」、「流露社」等性質相同但運作方式各異的右翼文藝社團，利用這些文藝社團的組織化作用，將國民黨體制內文人和一些自由知識分子聯絡在一起，爲文藝運動開展提供創作和理論的人才基礎；在利用文藝媒介的傳播功能方面，通過開闢《中央日報》、《民國日報》等黨報文藝副刊以及創辦右翼文藝雜誌，將其作爲其官方意識形態話語的生產場所和傳播平臺；在文藝審查制度的實施上，從書刊審查和電影審查兩個方面進行嚴厲的審查，禁止「有害」書刊和電影的流通。這些措施和實施策略之間相互聯繫又相互促進，構成了國民黨南京政府成立後十年間文藝統制的基本體系。

　　國民黨在文藝領域採取了一系列的文化統制措施，從實施的效果來看並不好。從其策動的文藝運動來看，通俗文藝運動幾乎沒什麼效果，三民主義文學運動幾乎不能算是一個「運動」，民族主義文學運動也殊少成績。以影響較大的民族主義文藝運動而言，其「成員非但沒能創作有分量的作品，也沒

有在文壇上博得任何聲望和尊敬」。〔註 1〕從其實施的文藝審查制度來說，不但沒能得到廣泛的社會支持，相反卻引起的社會各界的激烈反抗，而重點防範和壓制的左翼文藝書刊、電影等卻是越禁越多，其發佈的書刊查禁目錄有時反而成革命文藝書刊有力的廣告。

國民黨文藝統制失敗的原因是複雜的，但核心原因是民族主義作為一種政黨意識形態本身的問題。

作為一種意識形態，民族主義在一定時期確實能發揮整合人心、組織動員的強大力量，但是，民族主義作為一種意識形態的積極作用只有在有限的、特定的歷史時間和特定的環境中才會有效，如果超越特定的時間和語境加以普遍化，成為一種國家的普遍原則，民族主義作為一種意識形態的積極作用就會失效。國民黨在取得政權之後，極力建構為其官方意識形態的民族主義即是如此。一開始由於「中東路事件」所引發的中蘇武裝衝突（1929 年 7 月），其宣揚的民族主義一定意義上具有「禦外」性質因而贏得了社會較多的支持和關注，但是在 1930 年以後，來自外部的壓力減弱，其民族主義便迅速實用化為對中共的軍事「圍剿」和政治打壓，成為對內鎮壓和實施全面統制和藉口，它的合理性就面臨挑戰。特別是 1931 年「九一八事變」後，國民黨南京政府實行「攘外必先安內」的方針，對日本一再妥協和退讓，進一步使其宣揚的民族主義遭受質疑。加上 1932 年以後國民黨對德意法西斯主義的借鑒和特務系統的建立，使得整個 20 世紀 30 年代的大多數時間，在民族主義的旗幟下實際上實施的是政治獨裁和國家統制。當國民黨的民族主義失去「禦外」的功能之後，其「民族至上」，「國家至上」和「一致對外」的口號，就成為剝奪一些社會群體和個人的自由，特別是成為壓制和打擊共產黨及其它政治勢力的手段。三十年代知識分子特別是青年知識分子看到了這一點，對左翼文學所高揚的階級意識產生了極大的熱情並迅速「左轉」也就在情理之中。

國民黨的民族主義的脆弱性，根本原因在於它是為其思想上的專制主義和政治上的獨裁服務的，是從自身政治立場出發的實用主義。表現出在核心觀點上不斷變換，搖擺不定。陳獨秀在 1927 年就嘲諷說：「國民黨改組時廣州支部鄧澤如等反對打倒帝國主義的政綱，函呈孫總理，一則曰『使我黨叢

---

〔註 1〕劉心皇：《現代中國文學史話》，臺北：正中書局，1971 年版，第 513～515 頁。

國際之仇怨』，再則曰『使我黨永無獲得國際同情之一日，更使我華僑黨人在海外無復立足之餘地。』蔣介石開始清黨時，李石曾對汪精衛說：『目前只宜反對北洋軍閥，不必牽及反對帝國主義』。最近蔣介石對新聞記者說：『我們既然要對俄絕交，便必須與各國一致來反對第三國際。』這就是國民黨的民族主義！」〔註2〕

　　國民黨民族主義隨著它的政治需要而遊移不定，表現在其策動的文學運動中，就呈現出理論上的混亂和創作上極其低劣的狀態。理論方面，三民主義文學理論家，民族主義文學的理論家各執一詞，莫衷一是。非但顯得混亂，而且空洞貧乏。在其廣爲人知的《民族主義文藝運動宣言》中，主張中國應當創造以民族意識爲「中心意識」的民族主義文藝，並從丹納的理論出發論證文藝從古代開始原本就是表現民族意識的，認爲而近代是民族主義時代，因而也是民族主義文藝時代。茅盾在《「民族主義文藝」的現形》中批駁了這一理論的謬誤，指出民族主義文藝僅僅是國民黨「維持其反動政權的手段」，是「國民黨對於普羅文藝運動的白色恐怖以外的欺騙麻醉的方策」。茅盾強調，「世界上沒有單純的社會組織，所以被壓迫民族本身內也一定包含著至少兩個在鬥爭的階級，──統治階級與被壓迫的工農大眾。在這狀況上，民族主義文學就往往變成了統治階級欺騙工農的手段，什麼革命意義都沒有了。」〔註3〕這個立足於現實政治的「欺騙麻醉的方策」，在「中國文藝社」以「本社同人」發表的重要宣言《達賴滿的聲音》中也有所表現。它宣稱「文藝的本質，絕無形成階級性的可能了，因爲文藝既非有閒階級的消閒品，也不是無產階級的洗冤錄」，「文藝家的立場，並沒有踏在人和階級的領域上；所以文藝家的製作，是永久的普遍的流傳於全人類，爲全人類所愛好，所欣賞，所批評，而絕不僅是屬於某一階級的專利品」。在否定了文藝的「階級性」同時，呼籲「青年們」、「文藝家」，不要受文藝「階級論」的蠱惑，要認清時代的形勢，「大家走攏來些，手攜著手，肩並著肩，把自己最眞實最寶貴的東西獻出來，爲我們自己，爲我們民族，爲我們的國家」，去從事眞正的「文藝」創造。這篇「宣言」不講「民族主義」而用「全人類」旗號來替代，目的只

是在於攻擊左翼文藝的「階級論」，卻將自身陷入到了一個尷尬的境地。《達賴滿的聲音》極力否認文藝的「階級性」背後，眞正的原因是反對「普羅文藝」讓「青年們盲目附和，如瘋如狂」。它們試圖推進的「文藝運動」，僅僅是以「挽救頹風」的一種策略或者工具，最終的目標是加強和維護自身政權的合法性。

在這樣的理論指導下創作的文學作品必然極爲低劣。「三民主義文學」的代表作《杜鵑啼倦柳花飛》不但藝術上極其粗糙，而且連國民黨中央宣傳部對這部作品也不滿意，指斥其「內容平淡，描寫技巧又極蠢拙，修詞不文不白，造句異常生硬」，「根本就不是文藝的作品」。〔註4〕而民族主義文學家的代表作品《黃人之血》、《隴海線上》、《國門之戰》、《矛盾》、《變動》等作品，從總體上說成就也不高。特別是在《黃人之血》和《隴海線上》兩部作品中，對民族主義的認識含混不清，漏洞百出。瞿秋白和魯迅就指出《隴海線上》將「中央軍」對閻馮之間的戰爭比作兩個民族之間戰爭的十分荒謬。《黃人之血》在對「民族主義」的理解和認識上更爲荒誕不經。該劇描寫拔都元帥統帥黃色人種遠征歐洲，主要目標是征戰俄羅斯的事迹，藉以影射黃色人種的西征聯軍應聯合起來進攻蘇聯這個「赤色帝國主義」，而不應當自相殘殺。魯迅駁斥了作者這一立論，指出日本沒有去進攻蘇聯，而是直接出兵進攻中國東北，這又如何解釋呢？魯迅指出了作者所做的，實際是「中日提攜，共同反共」的迷夢，這個「迷夢」與當時國民黨南京政府的對內對外政策的是合拍的。

國民黨文藝統制的失敗，應該說就是以國家力量全面介入文藝的生產、流通和消費領域，力圖以文藝作爲建構和撒播意識形態的失敗例子。它說明一個僅僅依靠民族情感維持的意識形態不可能持久，一旦外來的危機減輕或者消失，維持其政權合法性的意識形態就會土崩瓦解。一個立足於維持其專制政權，掩蓋階級和社會矛盾的遊移不定的意識形態，更不可能提供文化、思想領域一個核心的、體系化的、合理的闡發空間，從而保證意識形態不斷的生產與再生產，增加國家政權的合法性。作爲文藝統制策略的民族主義文藝運動的失敗，也說明一個理論混亂、作家缺乏、社會抵制的文藝運動，即使沒有來自敵對的左翼文藝陣營的批判，也很難收到預期的效果。

---

〔註4〕 《國民黨中宣部十九年七八九三個月審查文藝刊物報告》，藏於南京中國第二歷史檔案館，全宗號718、卷號925。

　　不過，國民黨在取得政權後十年間在意識形態和文化領域的種種努力，包括對民眾進行民族國家觀念的灌輸和「民族中心意識」的培育，對民族傳統文化和傳統道德的倡導，一定程度上迎合了民眾對建立一個強大民族國家的期待，同時也與許多知識分子「文化救國」的理念不謀而合，從而贏得了部分民眾和知識分子的支持。利用文藝爲中介所進行的民族主義一元意識形態的建構，雖然結果是失敗了，但其整個過程卻是異常複雜。從文藝體制建構的層面，它建立起了從政策、社團組織、媒介、審查等一系列的文藝管控體系，從國家層面全面介入文藝生產、流通和消費的各個環節，這在從傳統國家向現代國家轉型中，是一個值得注意的歷史現象。注意到這種歷史現象的複雜性並作比較具體的闡釋和研究，是本書一個基本的立足點。這種複雜性，還需要作進一步的研究和分析，在文化學、傳播學、政治學上將有著重要的意義。

　　因此，本書的研究不是一個結束，而僅僅是一個開始。

# 附　錄

## 右翼文藝期刊一覽表

| 刊物名稱 | 出版地點 | 創刊時間 | 停刊時間 | 主 編 | 發行機構 | 總期數 |
|---|---|---|---|---|---|---|
| 藝術界 | 上海 | 1925 年 9 月 21 日 | 1931 年 12 月 | 朱應鵬 | 《申報》 | |
| 藝術界周刊 | 上海 | 1926 年 1 月 15 日 | 1927 年 12 月 | 朱應鵬、徐蔚南等 | 光華書局，良友公司 | 27 期 |
| 青白之園 | 上海 | 1928 年 12 月 9 日 | 1930 年 9 月 18 日 | 青白社 | 民國日報副刊 | 37 期 |
| 覺 悟 | 上海 | 1929 年 4 月 30 日 | 1930 年 12 月 | 陶百川等 | 民國日報副刊 | |
| 大 道 | 南京 | 1929 年 2 月 | 1931 年 12 月 | 王平陵 | 中央日報副刊 | |
| 青 白 | 南京 | 1929 年 2 月 | 1931 年 5 月 | 王平陵 | 中央日報副刊 | |
| 草野周刊 | 上海 | 1929 年 5 月 4 日 | 1931 年 8 月 | 郭蘭馨、王鐵華等 | 草野社出版部 | |
| 前鋒周報 | 上海 | 1930 年 6 月 22 日 | 1931 年 5 月 3 日 | 李錦軒 | 光明出版部 | 46 期 |
| 流 露 | 南京 | 1930 年 6 月 | 1933 年 3 月 | 左漱心 | 拔提書店 | 3 期 |
| 橄 欖 | 南京 | 1930 年 6 月 | 1933 年 12 月 | 線路社 | 線路社 | 39 期 |
| 開 展 | 南京 | 1930 年 8 月 8 日 | 1931 年 11 月 15 日 | 曹劍萍、潘子農、翟開明 | 開展書店 | 12 期 |
| 文藝月刊 | 南京 | 1930 年 8 月 15 日 | 1941 年 11 月 1 日 | 王平陵、徐仲年 | 中國文藝社 | 126 期 |
| 長 風 | 南京 | 1930 年 8 月 15 日 | 1930 年 10 月 15 日 | 徐慶譽 | 時事月報社 | 5 期 |
| 文藝周刊 | 南京 | 1930 年 9 月 | 1931 年 12 月 | 王平陵、繆崇群 | 中央日報副刊 | 56 期 |
| 前鋒月刊 | 上海 | 1930 年 10 月 10 日 | 1931 年 4 月 10 日 | 前鋒社 | 現代書局 | 7 期 |
| 初陽旬刊 | 杭州 | 1930 年 11 月 | 1930 年 12 月 | 初陽社 | 初陽社 | 5 期 |
| 當代文藝 | 上海 | 1931 年 1 月 15 日 | 1931 年 11 月 15 日 | 陳穆如 | 上海神州國光社 | 11 期 |
| 南 風 | 上海 | 1931 年 4 月 1 日 | 1931 年 6 月 1 日 | 蔡步白 | 光華書局 | 3 期 |

| 現代文學評論 | 上海 | 1931 年 4 月 10 日 | 1931 年 10 月 20 日 | 李贊華 | 上海現代書局 | 7 期 |
|---|---|---|---|---|---|---|
| 青年文藝 | 南京 | 1931 年 4 月 28 日 | 1931 年 9 月 22 日 | 開展文藝社 | 中央日報副刊 | 20 期 |
| 橄欖周刊 | 南京 | 1931 年 5 月 7 日 | 1931 年 12 月 16 日 | 線路社 | 中央日報副刊 | 25 期 |
| 青春月刊 | 南京 | 1931 年 5 月 20 日 | 1931 年 7 月 20 日 | 向培良、朱之倬、戴望舒 | 南華書局 | 3 期 |
| 南華文藝 | 南京 | 1932 年 1 月 1 日 | 1932 年 10 月 1 日 | 曾仲鳴 | 上海嚶嚶書屋 | 19 期 |
| 矛 盾 | 南京 | 1932 年 4 月 20 日 | 1934 年 6 月 1 日 | 潘子農 | 矛盾出版社 | 16 期 |
| 黃 鐘 | 杭州 | 1932 年 10 月 3 日 | 1937 年 2 月 15 日 | 胡健中（蘅子）、白樺、陳大慈 | 黃鐘文學社 | 118 期 |
| 前 途 | 南京 | 1933 年 1 月 1 日 | 1938 年 10 月 | 劉炳黎 | 前途月刊社 | 58 期 |
| 新 壘 | 上海 | 1933 年 1 月 10 日 | 1935 年 6 月 1 日 | 李焰生 | 新壘文藝月刊社 | 30 期 |
| 汗血月刊 | 上海 | 1933 年 4 月 15 日 | 1937 年 10 月 | 劉達行 | 汗血書店 | 42 期 |
| 汗血周刊 | 上海 | 1933 年 7 月 10 日 | 1937 年 10 月 30 日 | 汗血周刊社 | 汗血書店 | 所見 24 期 |
| 新 壘（半月刊） | 南京 | 1933 年 8 月 15 日 | 1934 年 2 月 1 日 | 新壘社 | 新壘社南京分社 | 12 期 |
| 華北月刊 | 北平 | 1934 年 1 月 | 1935 年 2 月 | 丘楠、林國材 | 華北月刊社 | |
| 中國文學 | 南京 | 1934 年 2 月 1 日 | 1948 年 8 月 1 日 | 「流露社」、蕭作霖、陸印泉 | 現代書局、讀者書店 | 8 期 |
| 民族文藝 | 上海 | 1934 年 4 月 1 日 | 1934 年 9 月 15 日 | 馮白樺 | 汗血書店 | 6 期 |
| 國民文學(原名《民族文藝》) | 上海 | 1934 年 10 月 15 日 | 1935 年 7 月 15 日 | 張資平 | 汗血書店 | 8 期 |
| 文 藝 | 武漢 | 1935 年 3 月 15 日 | 1937 年 9 月 15 日 | 胡紹軒 | 武昌新生命書房與華中圖書公司 | 32 期 |
| 民族文藝月刊 | 南昌 | 1937 年 1 月 15 日 | 1937 年 5 月 | 何勇仁 | 江西民族文藝月刊社 | 5 期 |
| 火 炬 | 安慶 | 1937 年 2 月 10 日 | 1937 年 6 月 10 日 | 民族文藝社 | 安徽民族文藝社 | 6 期 |
| 奔 濤 | 武漢 | 1937 年 3 月 1 日 | 1937 年 6 月 16 日 | 王亞明 | 華中圖書公司 | 9 期 |
| 天 風 | 鎮江 | 1937 年 6 月 1 日 | 1937 年 6 月 1 日 | 天風社 | 江蘇文藝協會 | 1 期 |

參考劉增人：《中國現代文學期刊史論》，錢振綱：《民族主義文學社團報刊考辨》，畢豔博士論文《三十年代右翼文藝期刊研究》及部分原刊校訂彙編而成。

# 參考文獻

## 一、主要報刊雜誌

1. 南京：《中央日報・大道》（1929 年 2 月～1931 年 12 月）。
2. 南京：《中央日報・青白》（1929～1931 年 5 月）。
3. 南京：《中央日報・文藝周刊》（1930 年 9 月～1931 年 12 月）。
4. 南京：《中央日報・青年文藝》（1931 年 4 月～1931 年 9 月）。
5. 上海：《民國日報・青白之園》（1928 年 12 月～1930 年 9 月）。
6. 上海：《民國日報・覺悟》（1928～1930 年 12 月）。
7. 上海：《申報・藝術界》（1926～1927 年）。
8. 上海：《申報・青年園地》（1929～1930 年）。
9. 上海：《申報・書報介紹》（1929～1930 年）。
10. 上海：《申報・自由談》（1932～1935 年）。
11. 《前鋒周報》，上海：前鋒社，1～26 期（1930 年 6 月～1931 年 5 月）。
12. 《前鋒月刊》，上海：前鋒社，1～7 期（1930 年 10 月～1931 年 4 月）。
13. 《草野》，草野社，1～4 卷 13 期（1929 年 5 月～1931 年 8 月）。
14. 《流露》（月刊），南京：流露社，1～2 卷 3 期（1930 年 6 月～1933 年 3 月）。
15. 《中國文學》，上海：流露社，1 卷 1 期～2 卷 1 期（1934 年 2 月～1935 年）。
16. 《長風》（半月刊），南京：時事月報社，1～5 期（1930 年 8～11 月）。
17. 《開展》（月刊），南京：開展文藝社，1～12 期（1930～1931 年 11 月）。
18. 《文藝月刊》，南京：中國文藝社，1～11 卷 2 期（1930～1941 年）。

19. 《現代文學評論》，上海：現代書局發行，1～3 卷 1 期（1931 年 4～10 月）。

20. 《民族文藝》（《國民文學》），上海：民族文藝社編，1～2 卷 2 期（1934 ～1935 年）。

21. 《矛盾》（月刊），南京（上海）：矛盾出版社編輯發行，1～3 卷 4 期（1932 ～1934 年）。

22. 《黃鐘》（周刊、半月刊），杭州：黃鐘文學社，1～10 卷 7 期（1932～ 1937 年）。

23. 《西湖文苑》（月刊），杭州：西湖文苑社編，1～2 期（1933 年 5～6 月）。

24. 《橄欖》（月刊），南京：線路社編輯，1～39 期（1930～1933 年）。

25. 《線路》（半月刊），南京：線路社編，1～35 期（1931～1933 年）。

26. 《新壘》（月刊），上海：新壘社編，1～5 卷 6 期（1933～1935 年）。

27. 《新壘》（半月刊），南京：新壘社南京分社編，1 卷 1～8 期（1933 年 8 ～12 月）。

28. 《人言周刊》，郭明、謝雲翼編，1 卷 1～46 期（1934 年 2～12 月）。

29. 《社會新聞》（三日刊、旬刊、半月刊），上海：社會新聞社編，1～13 卷 24 期（1932～1935 年）。

30. 《文藝》（月刊），武漢：武漢文藝社編，1～6 卷 3 期（1936～1937 年）。

31. 《火炬》（旬刊），安慶：民族文藝社，1～2 卷 3 期（1937 年 2～6 月）。

32. 《民族文藝月刊》，南昌：江西民族文藝社，1 卷 1～3 號（1937 年 1～3 月）。

33. 《奔濤》（半月刊），武漢：奔濤半月刊社，1～9 期（1937 年 4～7 月）。

34. 《文藝新聞》，上海：文藝新聞社印行，1～60 號（1931～1932 年）。

35. 《前哨·文學導報》，1 卷 1～8 期（1931 年 4～11 月）。

36. 《獨立評論》（周刊），1～244 期（1932～1937 年）。

37. 《清華學報》，第 9 卷第 4 期，1934 年 10 月 4 日。

38. 《文化建設》，1～3 卷 7 期（1934～1937 年）。

39. 《汗血月刊》，上海：汗血書店，1～10 卷 1 號（1933～1937 年）。

40. 《汗血周刊》，上海：汗血書店，1～9 卷 19 期（1933～1937 年）。

41. 《中央半月刊》，1～2 卷 24 期（1927～1930 年）。

42. 《革命評論》（周刊），第 16 期（1928 年）。

43. 《文化鬥爭》，第 1 卷第 1 期（1930 年 8 月 15 日）。

44. 《現代》，第 5 卷第 2 期（1934 年）。

45. 《文化評論》創刊號（1931 年 12 月）。

46. 《讀書雜志》，第 2 卷第 1 期（1932 年 1 月）。

47. 《出版消息》，第 34～35 期合刊（1934 年）。

48. 《文學》，3～5 卷 2 期，（1933～1935 年）。

49. 《中心評論》，第 1 期（1936 年）。

50. 《文藝先鋒》，文藝先鋒社，1～2 卷 11 期（1943 年）。

51. 《新流》第 6 期（1943 年）。

52. 《光化》第 5 期（1945 年）。

## 二、主要全集及選集

1. 馬克思恩格斯：《馬克思恩格斯全集》第三卷，北京：人民出版社，1960 年版。

2. 孫中山：《孫中山選集》（上、下），北京：人民出版社，1956 年版。

3. 瞿秋白：《瞿秋白選集》，北京：人民出版社，1985 年版。

4. 瞿秋白：《瞿秋白文集》（文學編 1、2），北京：人民文學出版社，1986 年版。

5. 魯迅：《魯迅全集》（1～18 卷），北京：人民文學出版社，2005 年版。

6. 張其昀主編：《先總統蔣公全集》第 1 冊，臺北：中國文化大學出版部，1984 年版。

7. 秦孝儀主編：《先總統蔣公思想言論總集》第 10、11 卷，臺北：中國國民黨中央委員會黨史編纂委員會，1984 年版。

8. 茅盾：《茅盾全集》（19、20 卷），北京：人民文學出版社，1991 年版。

9. 田漢：《田漢文集》第 15 卷，北京：中國戲劇出版社，1983 年版。

10. 唐弢：《唐弢文集》（9）‧（文學評論卷），北京：社會科學文獻出版社，1995 年版。

## 三、檔案文獻數據、論著、作品

1. 朱應鵬、傅彥長、張若谷：《藝術三家言》，上海：良友圖書印刷公司，1927 年版。

2. 傅彥長：《十六年之雜碎》，上海：金屋書店，1928 年版。

3. 《戴季陶主義資料選編》，中國人民大學中共黨史系，1983 年編印。

4. 《中國國民黨整理黨務法令彙刊》，中央組織部印行，1928 年 7 月。

5. 《全國宣傳會議會議錄》，中國國民黨中央宣傳部編印，1929 年 6 月。

6. 《設置黨報條例草案》、《指導黨報條例》、《設置黨報辦法》，南京：中國第二歷史檔案館藏，全宗號 722，卷號 400。

7. 《國民黨中執委重要通令通告彙刊》，封面爲胡漢民題字，標「秘密」字，時間不詳。

8. 中華民國大學院編：《全國教育會議報告》（乙編），上海：商務印書館，1928 年版。

9. 《民族主義與國家主義》，訓練總監部政治訓練處印行，1929 年 8 月。

10. 《國民黨中央宣傳部審查全國報紙雜誌刊物總報告（十九年七、八、九月份）》，南京：中國第二歷史檔案館藏，全宗號 718、卷號 925。

11. 《上海市政府致上海市電影檢查委員會》，上海市檔案館藏，Q235-2-1622。

12. 葉秋原《藝術之民族性與國際性》，上海：上海聯合書店，1929 年版。

13. 《上海市電影檢查委員會業務報告（1929～1931）》，上海市電影檢查委員會編印，1931 年 7 月。

14. 《國民黨中執委第三屆宣傳部工作報告》，國民黨中執委宣傳部印，1931 年 10 月。

15. 黃震遐：《大上海的毀滅》，上海：大晚報館，1932 年版。

16. 王哲甫：《中國新文學運動史》，北平：景山書社，1933 年版；上海書店，1986 年影印。

17. 《宣傳法規彙編》，國民黨中央宣傳委員會編印，1933 年 10 月。

18. 國民黨中央宣傳委員會文藝科：《文藝宣傳計劃規章統計表格彙刊》，1934 年。

19. 《內政教育部電影檢查工作總報告》，內政教育部電影檢查委員會編印，1934 年。

20. 《文藝宣傳會議錄》，中國國民黨中央宣傳委員會編印，1934 年。

21. 吳原編：《民族文藝論文集》，杭州：正中書局，1934 年版。

22. 馮白樺：《世界的民族文學家》，上海：現代書局，1934 年版。

23. 王平陵：《文藝家的新生活》，南京：正中書局，1934 年版。

24. 萬國安：《三根紅線》，上海：四社（時事、大陸、大晚、申時電訊）出版社，1934 年版。

25. 《民族文藝選萃第一集》，安徽省反省院編印，1935 年 7 月。

26. 林淙：《現階段的文學論戰》，上海：光明書局，1936 年版。

27. 上海市年鑒委員會編：《民國二十四年上海市年鑒》，上海市通志館，1935 年。

28. 楊晉豪編：《中國文藝年鑒》，上海：北新書局，1935 年版。

29. 《文藝宣傳要旨》，中國國民黨中央宣傳委員會編印，1936 年 12 月。

30. 徐懋庸：《文藝思潮小史》，上海：生活書店，1936 年版。

31. 柳湜：《社會相》，上海：讀書生活出版社，1936 年版。

32. 李何林：《近二十年中國文藝思潮論》，上海：生活書店，1939 年版；陝西人民出版社，1981 年重印。

33. 鄧文儀：《中國國民黨之建設》，重慶：黃埔出版社，1940 年版。

34. 朱子爽：《中國國民黨教育政策》，重慶：國民圖書出版社，1941 年版。

35. 王集叢：《三民主義文學論文選》，重慶：時代思潮出版社，1942 年版。

36. 胡秋原：《民族文學論》，重慶：文風書局印行，1943 年版。

37. 張道藩編：《文藝論戰》，重慶：正中書局，1944 年版。

38. 趙友培：《三民主義文藝創作論》，重慶：正中書局，1944 年版。

39. 楊壽清著：《中國出版界簡史》，上海：永祥印書館，1946 年版。

40. 徐仲年著：《旋磨蟻》，南京：正中書局，1948 年版。

41. 戈公振：《中國報學史》，北京：三聯書店，1955 年版，據上海商務印書館，1935 年版重印。

42. 蔣介石：《民生主義育樂兩篇補述》，《三民主義（增錄民生主義育樂兩篇補述）》，臺北：三民書局，1965 年版。

43. 陶希聖等著：《三十年代文藝論叢》，臺北：中央日報社，1966 年版。

44. 劉心皇：《現代中國文學史話》，臺北：正中書局，1971 年版。

45. 李牧：《三十年代文藝論》，臺北：黎明文化事業股份有限公司，1973 年版。

46. 袁道宏：《王平陵之文藝生活》，《王平陵先生紀念集》，臺北：正中書局，1975 年版。

47. 北京師院中文系魯迅書信注釋組：《「圍剿」魯迅資料選編》，1977 年印行。

48. 北京大學等編：《文學運動史料選》（三），上海：上海教育出版社，1979 年版。

49. 唐紹華：《唐紹華自選集》，臺北：黎明文化事業股份有限公司，1980 年版。

50. 陳瘦竹：《左翼文化運動史料》，南京：南京大學學報編輯部，1980 年。

51. 《左聯回憶錄》（上、下），北京：中國社會科學出版社，1980 年版。

52. 程季華主編：《中國電影發展史》第 1 卷，北京：中國電影出版社，1981 年版。

53. 陶百川：《困勉狂狷八十年》，臺北：臺灣東大圖書股份有限公司，1984 年版。

54. 榮孟源：《中國國民黨歷次代表大會及中央全會資料》，北京：光明日報出版社，1984 年版。

55. 茅盾：《我走過的道路》（中），北京：人民文學出版社，1984年版。

56. 黃萍蓀：《風雨茅廬外紀》，香港：三聯書店香港分店，1985年版。

57. 《中國國民黨歷次代表大會及中央全會資料》，北京：光明日報出版社，1985年版。

58. 浙江省中共黨史學會編印：《中國國民黨會議宣言決議案彙編》（1、2分冊），1985年印行。

59. 夏衍：《懶尋舊夢錄》，北京：生活‧讀書‧新知三聯書店，1985年版。

60. 《簡明不列顛百科全書》第7卷，北京：中國大百科全書出版社，1986年版。

61. 林毓生：《中國意識的危機》，貴陽：貴州人民出版社，1986年版。

62. 張覺民：《現代雜誌編輯學》，北京：中國書籍出版社，1987年版。

63. 秦人路、孫玉蓉編：《文人筆下的文人》，長沙：嶽麓書社，1987年版。

64. 王文彬：《中國報紙的副刊》，北京：中國文史出版社，1988年版。

65. 徐乃翔、欽鴻：《中國現代文學作者筆名錄》，長沙：湖南文藝出版社，1988年版。

66. 唐沈、韓之友、封世輝等編：《中國現代文學期刊目錄彙編》，天津：天津人民出版社，1988年版。

67. 蘇光文：《文學理論史料選》，成都：四川教育出版社，1988年版。

68. 左聯會址恢復辦編：《中國三十年代文學研究》，上海：上海社會科學出版社，1989年版。

69. 許鳳才：《浪漫才子郁達夫》，鄭州：河南人民出版社，1989年版。

70. 《中國新文學大系 1927～1937》第19集，史料‧索引一，上海：上海文藝出版社，1989年版。

71. 中國戲曲志編輯委員會編：《中國戲曲志‧浙江卷》，北京：文化藝術出版社，1990年版。

72. 尚海、孔凡軍、何虎生等主編：《民國史大辭典》，北京：中國廣播電視出版社，1991年版。

73. 張大明：《不滅的火種——左翼文學論》，成都：四川文藝出版社，1992年版

74. 劉哲民編：《近現代出版新聞法規彙編》，上海：學林出版社，1992年版。

75. 郭緒印主編：《國民黨派系鬥爭史》，上海：上海人民出版社，1992年版。

76. 郭傳璽主編：《中國國民黨臺灣四十年史綱》，北京：中國文史出版社，1993年版。

77. 中國戲曲志編輯委員會編：《中國戲曲志・湖北卷》，北京：文化藝術出版社，1993 年版。

78. 中國第二歷史檔案館編：《中華民國史檔案資料彙編》第五輯第一編文化（一、二），南京：江蘇古籍出版社，1994 年版。

79. 余英時：《錢穆與中國文化》，上海：上海遠東出版社，1994 年版。

80. 潘子農：《舞臺銀幕六十年——潘子農回憶錄》，南京：江蘇古籍出版社，1994 年版。

81. 湖南省地方志編纂委員會編：《湖南省志》第 30 卷，人物志（下），長沙：湖南出版社，1995 年版。

82. 中國戲曲志編輯委員會編：《中國戲曲志・廣西卷》，北京：中國 ISBN 中心出版，1995 年版。

83. 陶緒：《晚晴民族主義思潮》，北京：人民出版社，1995 年版。

84. 黃志雄：《中國現代文學期刊史略》，南昌：百花洲文藝出版社，1995 年版。

85. 施蟄存：《沙上的腳迹》，瀋陽：遼寧教育出版社，1995 年版。

86. 馬良春、張大明主編：《中國現代文學思潮史》，北京：北京十月文藝出版社，1995 年版。

87. 中共上海市委黨史資料徵集委員會編：《上海革命文化大事記（1919.5～1937.7）》，上海：上海書店出版，1995 年版。

88. 中國電影資料館編：《中國無聲電影》，北京：中國電影出版社，1996 年版。

89. 馬龍閃：《蘇聯文化體制沿革史》，北京：中國社會科學出版社，1996 年版。

90. 王文彬：《中國現代報史資料彙輯》，重慶：重慶出版社，1996 年版。

91. 曹聚仁：《文壇五十年》，上海：東方出版中心，1997 年版。

92. 廖超慧：《中國現代文學思潮論爭史》，武漢：武漢出版社，1997 年版。

93. 陳安湖主編：《中國現代文學社團流派史》，武漢：華中師範大學出版社，1997 年版。

94. 包亞明主編：《文化資本與社會煉金術——布爾迪厄訪談錄》，上海：上海人民出版社，1997 年版。

95. 宋原放：《出版縱橫》，上海：上海人民出版社，1998 年版。

96. 蔡銘澤：《中國國民黨黨報歷史研究》，北京：團結出版社，1998 年版。

97. 唐弢：《晦庵書話》，北京：三聯書店，1998 年版。

98. 江沛、紀亞光：《毀滅的種子——國民政府時期意識形態管理研究》，西安：陝西人民教育出版社，1998 年版。

99. 李正西編：《梁實秋文壇沉浮錄》，合肥：黃山書社，1999年版。

100. 沈固朝：《歐洲書報檢查制度的興衰》，南京：南京大學出版社，1999年版。

101. 符兆祥編：《卓爾不群的——王平陵》，臺北：世界華北作家出版社，1999年版。

102. 鄭興東：《受眾心理與傳媒引導》，北京：新華出版社，1999年版。

103. 周蔥秀、涂明：《中國近現代文化期刊史》，太原：山西教育出版社，1999年版。

104. 宋應離：《中國期刊發展史》，開封：河南大學出版社，2000年版。

105. 羅鋼、劉象愚編：《文化研究讀本》，北京：中國社會科學出版社，2000年版。

106. 《上海出版志》編纂委員會編：《上海出版志》，上海：上海社會科學院出版社，2000年版。

107. 黃瑚：《中國新聞事業發展史》，上海：復旦大學出版社，2001年版。

108. 江沛：《戰國策派思潮研究》，天津：天津人民出版社，2001年版。

109. 〔日〕阪口直樹：《十五年戰爭期的中國文學》，宋宜靜譯，臺北：稻鄉出版社，2001年版。

110. 宋原放編：《中國出版史料》第1卷（下），濟南：山東教育出版社，2001年版。

111. 羅志田：《亂世潛流：民族主義與民國政治》，上海：上海古籍出版社，2001年版。

112. 阿英：《夜航集》，北京：中國文聯出版社，2002年版。

113. 曠新年：《1928革命文學》，濟南：山東教育出版社，2002年版。

114. 賀淵：《三民主義與中國政治》，北京：社會科學文獻出版社，2002年版。

115. 陳世宏編：《雷震案史料彙編：國防部檔案選輯》，臺北：臺北國史館，2002年版。

116. 鄒躍進：《通俗文化與藝術》，長沙：湖南美術出版社，2002年版。

117. 王本朝：《中國現代文學制度研究》，西南政法大學出版社，2002年版。

118. 趙家璧等：《編輯生涯憶魯迅》，石家莊：河北教育出版社，2002年版。

119. 馬俊山：《走出現代文學的「神話」》，北京：中國社會科學出版社，2002年版。

120. 林精華：《民族主義的意義與悖論》，北京：人民出版社，2002年版。

121. 孔海珠：《左翼·上海（1934～1936）》，上海：上海文藝出版社，2003年版。

122. 張靜廬編：《中國現代出版史料乙編》，上海：上海古籍出版社，2003 年版。

123. 周寧：《想像與權力：戲劇意識形態研究》，廈門：廈門大學出版社，2003 年版。

124. 張昆：《大眾媒介的政治社會化功能》，武漢：武漢大學出版社，2003 年版。

125. 胡惠林：《文化政策學》，上海：上海文藝出版社，2003 年版。

126. 倪偉：《民族想像與國家統制》，上海：上海教育出版社，2003 年版。

127. 戴木才：《政治文明的正當性：政治倫理與政治文明》，南昌：江西高校出版社，2004 年版。

128. 洪長泰：《新文化史與中國政治》，臺北：一方出版社，2003 年版。

129. 胡正強：《中國現代報刊活動家思想評傳》，北京：新華出版社，2003 年版。

130. 孟繁華：《傳媒與文化領導權：當代中國的文化生產與文化認同》，濟南：山東教育出版社，2003 年版。

131. 張灝：《時代的探索》，臺北：聯經出版公司，2004 年版。

132. 劉淑玲：《大公報與中國現代文學》，石家莊：河北教育出版社，2004 年版。

133. 王彬彬：《風高放火與振翅灑水》，北京：人民文學出版社，2004 年版。

134. 朱曉進等：《非文學的世紀》，南京：南京師範大學出版社，2004 年版。

135. 劉小清：《紅色狂飆——左聯實錄》，北京：人民文學出版社，2004 年版。

136. 方維保：《紅色意義的生成——20 世紀中國左翼文學研究》，合肥：安徽教育出版社，2004 年版。

137. 周平遠：《文藝社會學史綱要》，北京：中國大百科全書出版社，2005 年版。

138. 馬龍閃：《蘇聯劇變的文化透視》，北京：中國社會科學出版社，2005 年版。

139. 魏朝勇：《民國時期文學的政治想像》，北京：華夏出版社，2005 年版。

140. 劉增人等著：《中國現代文學期刊史論》，北京：新華出版社，2005 年版。

141. 中國社會科學院近代史研究所民國史研究室、四川師範大學歷史文化學院編：《一九二〇年代的中國》，北京：社會科學文獻出版社，2005 年版。

142. 張靜廬：《在出版界二十年》，南京：江蘇教育出版社，2005 年版。

143. 朱曉進：《政治文化與中國二十世紀三十年代文學》，北京：人民出版社，2006 年版。

144. 孟兆臣著：《中國近代小報史》，北京：社會科學文獻出版社，2005 年版。

145. 湖北省政協文史和學習委員會編：《湖北文史》，2006 年第 1 輯。

146. 張小紅：《左聯與中國共產黨》，上海：上海人民出版社，2006 年版。

147. 張君勱：《民族復興之學術基礎》（卷下），北京：中國人民大學出版社，2006 年版。

148. 秋虹編：《墨香悲秋：陳曉南紀念文集》，長沙：湖南美術出版社，2006 年版。

149. 王本朝：《中國當代文學制度研究（1949～1976）》，北京：新星出版社，2007 年版。

150. 鄭大華、鄒小站主編：《中國近代史上的民族主義》，北京：社會科學文獻出版社，2007 年版。

151. 王煦華、朱一冰編：《（1927～1949）禁書史料彙編》（1～4 冊），北京：北京圖書館出版社，2007 年版。

152. 王鐵仙：《中國現代文學精神》，北京：人民出版社，2008 年版。

153. 秦豔華：《現代出版與二十世紀三十年代文學》，濟南：山東人民出版社，2008 年版。

154. 張俊才：《現代中國文學的民族性建構》，太原：山西人民出版社，2008 年版。

155. 張大明：《國民黨文藝思潮》，臺北：秀威信息科技股份有限公司，2009 年版。

## 四、國外理論論著、工具書

1. 〔法〕布迪厄：《藝術的法則——文學場的發生與結構》，劉暉譯，北京：中央編譯出版社，2001 年版。

2. 〔意〕葛蘭西：《獄中札記》，曹雷雨、姜麗、張躍譯，北京：中國社會科學出版社，2000 年版。

3. 〔英〕厄內斯特·蓋爾納：《民族與民族主義》，韓紅譯，北京：中央編譯出版社，2002 年版。

4. 〔美〕杜贊奇：《從民族國家拯救歷史：民族主義話語與中國現代史研究》，王憲明譯，北京：社會科學出版社，2003 年版。

5. 〔美〕本尼迪克特·安德森（Benedict Anderson）：《想像的共同體——民族主義的起源與散佈》，吳叡人譯，上海：世紀出版集團，2005 年版。

6. 〔英〕埃里克·霍布斯鮑姆：《民族與民族主義》，李金梅譯，上海：世紀出版集團，2006 年版。

7. 〔英〕安東尼·D·史密斯：《民族主義理論，意識形態，歷史》，葉江

譯，上海：上海世紀出版集團，2006 年版。

8. 〔英〕馮客（Frank Dikotter）：《近代中國之種族觀念》，南京：江蘇人民出版社，1999 年版。

9. 〔英〕馬克・尼古拉斯：《法西斯主義》，袁柏順譯，長春：吉林人民出版社，2007 年。

10. 〔美〕沃爾特・拉克爾：《法西斯主義——過去、現在、未來》，張峰譯，北京：北京出版社，2000 年版。

11. 〔美〕柯偉林（William Kirby）：《蔣介石政府和納粹德國》，陳謙平等譯，北京：中國青年出版社，1994 年版。

12. 〔美〕約翰・A・霍爾：《國家》，施雪華譯，長春：吉林人民出版社，2007 年版。

13. 〔英〕鮑桑葵：《關於國家的哲學理論》，汪淑鈞譯，北京：商務印書館，1995 年版。

14. 〔美〕賈思弗蘭科・波齊：《近代國家的發展——社會學導論》，北京：商務印書館，1997 年版。

15. 〔加〕陳志讓：《軍紳政權——近代中國的軍閥時期》，北京：三聯書店，1980 年版。

16. 〔德〕尤爾根・哈貝馬斯：《交往與社會進化》，張博樹譯，重慶：重慶出版社，1989 年版。

17. 〔美〕沃納・塞佛林：《傳播理論：起源、方法與應用》，郭鎮之等譯，北京：華夏出版社，2000 年版。

18. 〔英〕尼克・史蒂文森：《認識媒介文化》，王文斌譯，北京：商務印書館，2001 年版。

19. 〔奧〕凱爾森：《法與國家的一般理論》，沈宗靈譯，北京：中國大百科全書出版社，1996 年版。

20. 〔美〕科布爾・帕克斯・M（Coble, Paks・M）：《江浙財閥與國民政府（1927～1937）》蔡靜儀譯，天津：南開大學出版社，1987 年版。

21. 〔美〕R・韋勒克：《文學思潮與文學運動的概念》，北京：中國社會科學出版社，1989 年版。

22. 〔美〕易勞逸：《毀滅的種子——戰爭與革命中的國民黨中國（1937～1949）》，南京：江蘇人民出版社，2009 年版。

23. 〔美〕費約翰：《喚醒中國——國民革命中的政治、文化與階級》，李恭忠、李里峰等譯，北京：生活・讀書・新知三聯書店，2004 年版。

24. 〔英〕戴維・米勒、韋儂・波格日諾：《布萊克維爾政治學百科全書》，北京：中國政法大學出版社，1992 年版。

25. 〔意〕莫斯卡（Gaetano Mosca）：《統治階級》（Ruling Class），賈鶴鵬譯，

上海：譯林出版社，2002 年版。

26. 〔美〕羅伯特·達爾：《現代政治分析》，上海：上海譯文出版社，1987年版。

27. 〔法〕路易·多洛（Louis Dollot）：《國際文化關係》，孫恒譯，上海：上海人民出版社，1987 年版。

28. 〔美〕路易斯·科塞：《理念人——一項社會學的考察》，郭方等譯，北京：中央編譯出版社，2001 年版。

29. 〔英〕斯道雷：《文化理論與通俗文化導論》，楊竹山等譯，南京：南京大學出版社，2001 年版。

30. 〔美〕易勞逸：《流產的革命——1927～1937 年的國民黨》（The Abortive Revolution），陳謙平等譯，北京：中國青年出版社，1992 年版。

31. 〔美〕阿爾蒙德，鮑威爾：《比較政治學》，上海：上海譯文出版社，1987年版。

32. 〔英〕利薩·泰勒、安德魯·威利斯著：《媒介研究：文本、機構與受眾》，吳靖、黃佩譯，北京：北京大學出版社，2005 年版。

33. 〔美〕費正清、費維愷編：《劍橋中華民國史 1912～1949 年》（上、下），北京：中國社會科學出版社，1994 年版。

34. Louis Althusser, "Ideology and Ideological State Apparatuses." *Ideology and the State*: London: Verso, 1984.

35. Henry Reichman. Censorship and Selection: Issues and Answer for School. American Library Association 1993. 2

36. Les relations culturelles internationals, Louis Dollot, Paris: Pr. Univ. de France, 1964.

37. Gellner, Ernest. *Nation and Nationalism*, Cornell University Press, 1983.

38. Sargent, Lyman Tower. *Contemporary Political Ideologies*. Seven Edition. Brooks/Cole Publishing Company, California, 1987.

39. Shiles, Edward, *Ideology: The Concept and Funcyion of Ideology*. International Encyclopedia of Social Science. Vol. 8. David L. Sills ed. The Macmillian Company & The Free Press, New York, 1968.

## 五、期刊論文

1. 蔣洛平：《關於「民族文藝」——一個備忘的提綱》，《重慶師範學院學報》（哲學社會科學版），1982 年第 4 期。

2. 朱曉進：《從〈前鋒月刊〉看前期「民族主義文藝運動」》，《南京師範大學學報》，1986 年第 3 期。

3. 嚴秀：《魯迅論雜文與小品文》，《中國現代文學研究叢刊》，1986 年第 1期。

4. 林穗芳：《「雜誌」和「期刊」的詞源和概念》，《編輯學刊》，1993 年第 2 期。

5. 皮明勇：《中國近代民族主義的多重架構》，《戰略與管理》，1994 年第 3 期。

6. 郭洪紀：《儒家的華夏中心觀與文化民族主義》，《歷史教學問題》，1994 年第 5 期。

7. 王列：《國家的文化意識形態職能》，《文史哲》，1994 年第 6 期。

8. 陳儀深：《自由民族主義之一例——〈獨立評論〉對中日關係問題的處理》，臺北《中央研究院近代史研究所集刊》，1999 年第 32 期。

9. 王清：《國外書刊檢查制度概觀》，《出版發行研究》，1999 年第 4 期。

10. 王奇生：《論國民黨改組後的社會構成與基層組織》，《近代史研究》，2000 年第 2 期。

11. 賈植芳：《甘守寂寞探左聯》，《文匯報》2001 年 2 月 10 日。

12. 錢振綱：《民族主義文藝運動研究》，北京師範大學博士學位論文，2001 年。

13. 錢振綱：《民族主義文藝運動社團與報刊考辨》，《新文學史料》，2003 年第 2 期。

14. 汪朝光：《檢查、控制與導向》，《近代史研究》，2004 年第 6 期。

15. 周雲鵬：《民族主義文學（1930～1937 年）論》，復旦大學博士學位論文，2005 年。

16. 畢豔：《三十年代右翼文藝期刊研究》，湖南師範大學博士學位論文，2007 年。

# 後　記

　　本書是在我的博士論文的基礎上修改而成的。2007 年，我進入華東師範大學攻讀中國現當代文學專業的博士研究生，師從王鐵仙先生。剛入校時的半年時間，先生與我見面的時間並不多。一方面是先生還兼著華東師範大學出版社總編一職，社務也很繁忙；另外一方面，由於博士一年級大部份開設學位基礎課，地點都在閔行新校區，我也住那裡，每次到中山北路老校區和先生見面也頗費周折。先生也只是不時通過電話、郵件，瞭解我每周的讀書報告，順便也拉拉家常，詢問我的學習和生活狀況。上上課，讀讀書，沒有工作上的不如意煩心，也沒有家庭的瑣事牽累，倒也其樂融融。不過，這樣的日子並未持續多久，從博士一年級下學期開始，先生就安排我儘快確定論文的選題方向，由此也開始了我真正艱苦的讀博生活。

　　我雖然碩士階段學的也是文學，碩士論文也是研究張承志的小說，參加工作後也從事中國現當代文學的教學工作，但實際上並未形成自己的研究方向。要確定自己的研究選題，我才發現自己真正要讀的書，要查閱的資料實在是太多了。在浩如煙海的文獻材料中查找我自己認為有價值的線索，一次次的肯定之後的自我否定，的確是讓我苦不堪言。而最讓我難堪的是博士一年級下半學期，先生為我開了一門專業課，見面的機會就越來越多了。見面，自然就少不了談論論文的選題，我與先生無數次談了我的「宏大」的構想和我認為非常有「價值」的問題，很多次都被先生三言兩語點醒，有時甚至讓我無言以對，暗自羞慚，最終不得不放棄。應該說，這一階段，我嘗試探討過若干個選題的價值和操作的可能性，這一過程現在看來雖然有些笨，但卻從某種意義上彌補了我知識和能力上的一些欠缺，先生沒有將一個既定的框

架和選題丟給我，讓我按部就班的去「寫作」，而是給了我按照自己的學術興趣充分選擇的自由，這無疑是讓我受用一生的。

選擇「國民黨文藝政策」作爲研究對象，主要在於我的興趣點還是在民國時期的文學。這一時期的文學與社會、政治、經濟、文化有太多的聯繫，甚至於在特定時候，文件就決定文學。因此，探討文學所以產生的思想文化背景比探討文學文本本身似乎更有意義，其背後複雜的社會、政治和文化機制，是我很感興趣的。我將選題的基本構想和先生做了一次深入的溝通，儘管我的構想還存在諸多問題，但由於我做了很多的「備功」，先生原則上還是同意了我的選題。

開完題之後，我開始了艱難的寫作過程。我完全低估了這一選題的材料收集難度。由於眾所周知的原因，民國期刊、報紙，特別是與國民黨文藝相關文藝期刊缺乏整理與收藏，損壞和遺失嚴重，收集起來自然很費周章。即使有檔案文獻可以使用，各大圖書館、檔案館還是有著極爲嚴苛的規定。所以，很長一段時間，我都爲了一些材料、檔案的事情犯愁，經常爲了一兩則關鍵性的材料往來於在南京、上海各個圖書館和檔案館之間，往來奔波勞累、經濟上的捉襟見肘，常常讓我一籌莫展。不過，這與寫作過程中曠日持久的煎熬相比，也只能算是極爲平常的事情。爲某個問題冥思苦想踟躕於斗室，又爲有一點新的發現而興奮不已，這是我當時寫作本書的常態。花了兩年左右的時間，論文才最終得以完成，對我來說，無異於類似「成年禮」的一個象徵。

然而，當我將論文初稿交到先生手裡的時候，先生對很多地方並不滿意，在我的電子文稿上，密密麻麻都是先生的批註，大到論文框架的調整，小到字詞的斟酌，甚至一個標點符號，我眞正感受到了先生的嚴謹與認眞。先生已近古稀之年，卻常常爲了我的論文修改到深夜。師母後來談起來的時候，有爲先生身體健康的擔憂，也有對先生長期形成的深夜工作習慣的無奈。臨近必須提交論文送審的時間，先生都還在爲了我論文中的一些細小的問題而進行一次次的溝通，既緊張又擔心，生怕有何閃失。

盲審以及答辯都極其順利，特別是評審專家對我論文的肯定，我才終於看到先生似乎如釋重負的輕鬆表情。在答辯會上，先生專門邀請了德高望重的錢穀融先生作爲答辯主席，復旦大學的朱文華教授、唐金海教授、周斌教授、華東師範大學的楊揚教授作爲答辯組成員，讓我倍感榮幸。的確，我論

文從構思到寫作的完成，直至答辯，每一步都凝聚著先生的心血，這是我無論如何也不能忘懷的。

　　我博士畢業後到昆明理工大學國際學院工作，由於學院繁重的教學和事務性工作，加上沒可能申請到所謂的「出版基金」，本來打算畢業後隨即修改出版的計劃也就擱淺下來。儘管對論文中未曾充分研究的右翼作家仍然興趣未減，對中國文藝社骨幹作家仍然有著較濃厚的興趣，稍微有點空閒也在努力搜集相關資料，成文的有《徐仲年創作年表簡編》、《右翼作家著作編目》等，然而，仔細想想也還真難算得上是什麼研究成果。直至 2013 年上半年，有幸結識了至今仍未謀面的北京師範大學的李怡老師，李怡老師是現代文學研究領域的翹楚，也是我最爲敬重的師長。他和他的團隊著力打造和開拓「民國文學」的新研究路向，在北京師範大學還專門成立了「民國文學和文化研究中心」，這真讓人深受鼓舞。李老師提出的「民國機制」以及由此引發的相關討論，給了我極爲重要的指導和啓迪。

　　和李老師的一次通信中，他告訴我他正在主編一套「民國文學叢書」，在臺灣花木蘭文化出版社出版，並吩咐我將論文修改後收入該文叢，這對我來說真是莫大的鼓勵，也承蒙李老師的提攜和幫助，才有機會將我的論文在臺灣公開出版。這份知遇之恩，是我永生難忘的。

　　在本書出版之前，本來設想再加上「民族主義話語建構」一章，重點討論「民族主義文學」的典型文本在民族主義這種意識形態話語建構中的作用和意義，再增添有關「新月事件」的一些案例，但是苦於材料收集準備不足、教學任務繁重等原因，僅將部份章節和文字稍作調整，修訂明顯有錯訛和表述不清的文字，將本書交付出版，實稍顯倉促，這是需要說明的。

　　另外，要特別感謝南京師範大學的朱曉進先生，華東師範大學的楊揚、陳子善、殷國明三位先生，新疆大學的汪娟女士、雲南人民出版社的高照女士，以及讀博期間共同奮鬥過的強中華、袁洪權、沈祖春、代雲紅、謝仁敏、李秀華、殷學國、楊茜、王苗、唐慧麗等諸位同學。希望本書在臺灣的出版，可以不辜負諸位師友的關心、幫助和支持。是爲後記！

牟澤雄

二〇一三年冬於春城昆明